PARIS

SOUS LOUIS XIV

FOLLET

PARIS
SOUS LOUIS XIV

MONUMENTS ET VUES

TEXTE

PAR AUGUSTE MAQUET

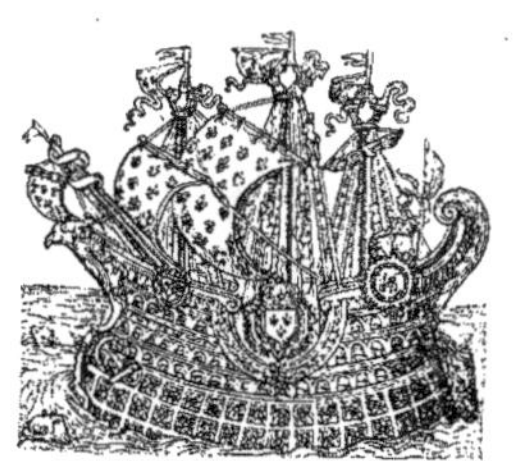

PARIS

LAPLACE, SANCHEZ ET CIE, ÉDITEURS

3, RUE SÉGUIER, 3

1883

'HISTOIRE de Louis XIV et celle de Paris sont faites depuis longtemps et bien faites soit par d'innombrables contemporains, témoins véridiques des choses qu'ils racontent et qui ont tout raconté, soit par d'illustres écrivains qui ont ajouté à leur gloire en rédigeant les annales de la grande ville ou celles du grand siècle.

On ferait un dictionnaire rien qu'avec les noms de tous ceux qui ont écrit sur Paris ou sur Louis XIV : diplomates, hommes de guerre, de cour et de finances, gens du monde, savants, philosophes, artistes, poètes, archéologues, chroniqueurs. De leurs livres, mémoires, registres, notes, souvenirs, correspondances et pamphlets, on ferait une bibliothèque.

Aussi la matière est-elle épuisée. Sur le champ récolté, plus un épi pour le glaneur. On pourrait, par amour de l'esthétique, ou au profit de certaines doctrines, ciles avancées, on pourrait paraphraser Saint-Simon, donner des entorses à Voltaire, conspuer Dangeau, et redire autrement ce que tant d'autres ont dit; mais, quant à produire un fait nouveau qui révèle quelque chose, quant à rajeunir le connu par l'inconnu, cela n'est au pouvoir de personne. En histoire on n'invente pas.

Il faudrait qu'un écrivain, pour se décider à traiter de pareils sujets et en extraire un livre curieux et utile, découvrît quelque manuscrit égaré, comme les moines de Saint-Gall retrouvèrent celui de Tite-Live; mais, de nos jours, les manuscrits sont imprimés avant d'être recopiés, et l'on ne sait plus ce que c'est que palimpsestes; il faudrait donc que cet écrivain rencontrât (après 200 ans!) un survivant, un témoin nouveau, tout bourré de secrets et de révélations inédites dont il enrichirait le monde.

Mais les centenaires les plus obstinés n'ont jamais atteint deux siècles; ils sont morts sans avoir rien dit, et Virgile et Dante ne sont plus là pour faire parler les ombres. Ce serait donc une œuvre téméraire et sans gloire que recopier l'histoire déjà faite, sous prétexte de galvaniser une époque bien finie et endormie à jamais dans son glorieux linceul.

Ainsi pensait, et bien convaincu, celui qui écrit ces lignes, lorsqu'un éditeur de Paris, homme d'un goût sérieux, vint lui demander d'écrire une étude sur Paris au temps de Louis XIV. L'écrivain, conformément à ses principes, répondit qu'il ne voyait ni prétexte pour entreprendre cet ouvrage, ni moyen de le réussir; que la foi manquerait à l'auteur, l'attrait au livre, et le public à la publication; trois éléments indispensables qu'on ne pouvait réunir sans un miracle.

L'éditeur ouvrit alors son carton qui renfermait toute une collection des monuments, édifices et vues de Paris, dessinées et gravées de 1650 à 1700, c'est-à-dire en plein règne de Louis XIV. Gravures fines et fermes, vraies comme des photographies, sûres et correctes comme un tracé de Mansart ou de Perrault, tout empreintes de l'élégance sereine et du caractère majestueux de l'époque. Elles représentaient Paris, naïvement, tel qu'il était alors, avec ses ruines et ses nouveautés, ses palais naissants, échafaudés encore, ses églises décrépites, ses quais ébauchés, ses rivages indécis, son fleuve vagabond, certains morceaux du Louvre sortant des mains d'Henri IV, la Tour de Nesle à demi éventrée sur les brèches du mur de Philippe-Auguste; rien de convenu, rien de fardé : un Palais-Cardinal totalement inconnu des Parisiens; tout le quartier Saint-Germain sorti fraîchement de terre, et les nobles promenades de Marie de Médicis, et la Conférence et les Portes triomphales qui n'existent plus, et les ruines romaines qui existaient encore.

Tous ces tableaux animés par la population du temps, les chevaux, les chiens, les costumes, les carrosses, les soldats de l'époque, et les bateaux, et les coches sur la Seine, et les oiseaux dans l'air...

Le tout, authentique, signé, daté, incontestable toujours, unique souvent; une noble curiosité, une trouvaille d'antiquaire.

L'écrivain regardait silencieux, surpris. Il croyait entrevoir, ressuscitée un moment par magie, cette vieille ville, en train, comme celle d'Auguste, de redevenir neuve, et il se la montrait à lui-même, à lui Parisien, comme un guide explique Pompéï au voyageur.

— Oui, dit-il enfin, cela ferait une curieuse illustration, mais incomplète, car auprès de ces gravures du xviie siècle, toute ornementation moderne sera un contresens ou une faiblesse. Il eut fallu pouvoir tout demander à cette époque, les fleurons, les lettres, des portraits.....

L'éditeur vida le carton qui contenait : frontispices, vignettes, culs-de-lampe, chiffres, attributs, lettres ornées de l'époque; et signés Sébastien-Leclerc, Bailly,

Lepautre, Simonneau, Audran, Puget le fils ; toutes les richesses de la glyptique orne-
mentale, mise au service, cherchée à grands frais, et trouvée miraculeusement à profusion, pour satisfaire à toutes les exigences du texte.

Une série de magnifiques portraits d'artistes et de maîtres du xviiᵉ siècle cou-
ronnait l'œuvre ; exhibition de gravures introuvables ; Puget, Sarrazin, Mansart, Guillain,
Coysevox, Coustou, Anguier, Perrault — créés, comme exprès, pour illustrer la mémoire
de leur œuvre ; maîtres puissants, enchanteurs tant de fois nommés dans l'ouvrage, et
qui apparaîtraient sur la scène pour recueillir l'applaudissement public.

C'était en un mot une trouvaille, inespérée, irréalisable, un ensemble harmonieux,
homogène. Le livre a désormais sa raison d'être, il vit, et, dans de telles conditions,
devient une œuvre utile, originale. On appellera le volume : *Paris sous Louis XIV. —
Monuments. — Vues.*

Cela plaira beaucoup à ceux qui estiment, qu'avant nous, il y avait quelque chose, et
qu'il y aura quelque chose encore après nous. *Paris sous Louis XIV* sera un recueil
choisi de légendes historiques, attachées modestement, pieusement, par l'auteur, comme
des inscriptions, à chacun des monuments ou édifices de Paris de 1638 à 1715, et ces
fragments d'histoire locale, écrits avec conviction et indépendance, auront le double mérite de consoler les Parisiens qui aiment leur ville, et de gêner ceux qui la brûlent.

On a dit : Heureux les peuples qui n'ont pas d'histoire ; mais ce mot, spirituel
peut-être, n'est qu'un paradoxe menteur. Les peuples comme les individus ont tous
une histoire quelconque. Faisons de cette phrase creuse une maxime française, et
disons : Heureux les peuples qui n'ont pas à rougir de leur histoire, et bienheureux
ceux qui en ont une glorieuse, la respectent, et savent la faire respecter.

Septembre 1882.

PARIS SOUS LOUIS XIV

ous ne rechercherons pas, d'après le grec et le latin, si Paris doit son nom au voisinage d'un temple d'Isis, Par'Isis, ni si Lutèce s'appelait ainsi à cause des marécages qui l'entouraient. Ces savantes études n'ont jamais abouti à un renseignement positif. Lutèce-Paris était une cité classée, célèbre déjà sous Jules César : assiégée à cette époque, elle se défendit vaillamment, devint glorieuse quoique vaincue, et les rois francs l'adoptèrent pour leur capitale et leur séjour, à partir du moment où la Gaule, arrachée au joug des Romains, et devenue chrétienne avec Clovis, c'est-à-dire vers 500, constitua un royaume indépendant, et fit son entrée dans le monde civilisé.

Certes il y avait loin de cette ville de bois et de boue à la grande Cité dont nous entreprenons d'écrire l'histoire ; mais onze siècles passèrent sur le berceau de Paris avant que Louis XIV, recueillant l'héritage de tant de rois, enrichi de leurs trésors, et resplendissant de sa propre gloire ajoutée à toutes les gloires passées, formât la résolution de compléter Paris et d'en faire la plus magnifique des villes connues. Cependant, à dater du sixième siècle, les rois avaient commencé à bâtir, à orner Paris, et plusieurs monuments de grande importance attestent les efforts des princes, le zèle des premiers évêques parisiens, la générosité des citoyens et des fidèles. Nous retrouverons ces édifices ou leurs débris à mesure que nous déroulerons l'histoire de la ville, nous les signalerons, en leur lieu, ne voulant pas nous attarder en chemin, et nous ferons impartialement, aux prédécesseurs de Louis XIV, la part qui leur est due de notre reconnaissance, parfois de notre admiration.

Paris, du temps des Romains, était renfermé dans ce qu'on appelle l'île du Palais, la Cité. Rome, jalouse, parqua longtemps dans ces étroites limites les Parisiens conquis, dont cette île était plutôt alors la prison que la patrie. Mais les rois Mérovée, Childéric et Clovis, vainqueurs à leur tour, ayant chassé l'ennemi, proscrit l'idolâtrie, et substitué la loi nationale et chrétienne plus douce, au despotisme arbitraire des étrangers payens, le pays se rassura, respira ; quantité d'habitants nomades accoururent à Paris que protégeaient contre un retour des Romains les forteresses naguère romaines, le Châtelet, par exemple, et ces nouveaux venus commencèrent à bâtir en dehors de l'enceinte, au Nord surtout. Saint-Clément ou Saint-Marcel, Saint-Vincent dont Saint-Germain l'Auxerrois est devenu le patron, Notre-Dame des Bois ou Sainte-Oportune et Saint-Pierre ou Méderic (Saint-Merry) datent de cette époque, et composent la première période des accessions dont s'enrichit Paris sans discontinuer pendant treize siècles.

Ainsi, vers la moitié du dixième, en 954, sous le règne de Lothaire, Paris avait ajouté trois quartiers à l'ancienne ville qui n'a jamais cessé de s'appeler *la Cité*. C'étaient donc quatre quartiers qui composaient Paris : la Cité, Sainte-Oportune, la Verrerie et la Grève.

En 1190, sous Philippe-Auguste, plusieurs nouveaux quartiers étaient venus s'ajouter à la ville de Lothaire. Au nord : le bourg Saint-Germain l'Auxerrois, le bourg l'Abbé et Beau Bourg et le bourg Thiboust (plus tard Bourgtibourg) : au midi, l'espace immense désigné sous le nom d'Université ; quatre quartiers neufs : de Saint-Jacques la Boucherie, de Saint-Germain l'Auxerrois, de Saint-André des Arts et de la place Maubert. Philippe-Auguste y joignit quantité de vignes, de marais, de vergers, de terres labourables, terrains qui se couvrirent bientôt de constructions, et que le glorieux roi de France avait réussi, en 1211, à enfermer dans un cercle formidable de murailles, forts, et ouvrages de défense d'un solide travail.

Enfin, sous les règnes de Charles V et de Charles VI, d'innombrables habitations s'établirent en dehors de l'enceinte de Philippe-Auguste : on dut en composer huit quartiers nouveaux qui prirent les noms de Sainte-Avoye, Saint-Martin, Saint-Denis, des Halles, Saint-Eustache et Saint-Honoré, en sorte que de 1422 à 1589 Paris se trouva divisé en seize quartiers.

Vainement, pour arrêter ce prodigieux accroissement de la capitale, contraire à l'intérêt des provinces et à toute administration régulière de police, en vain, disons-nous, Henri II, en 1549, et Henri III après lui, avaient-ils défendu formellement qu'il fût bâti de nouvelles maisons : moins de cent ans après, le quartier de Saint-André des Arts s'était accru de plus de moitié vers le nord, en sorte que ce quartier disproportionné fut, en 1642, par Louis XIII, divisé en deux parts, dont l'une fut appelée quartier de Saint-Germain des Prés. Paris comptait donc dix-sept quartiers ; cette division subsista jusqu'en 1701.

A cette date, M. d'Argenson, lieutenant de police depuis 1697, ayant représenté au conseil d'État l'inégalité des dix-sept quartiers de Paris — celui de Saint-Germain des Prés composait à lui seul le quart de la ville — le nombre immense de maisons, rues, places et quais dont Paris s'était accru depuis l'avènement du roi Louis XIV (1643), le conseil jugea nécessaire une nouvelle division de la ville, fixa le nombre des quartiers à vingt, dont trois nouveaux, Saint-Benoit, du Luxembourg et de Saint-Eustache furent distraits de ceux trop étendus de la place Maubert, Saint-Germain des Prés et Montmartre.

Ces vingt quartiers, par une déclaration du roi du 12 décembre 1702, et un arrêt du conseil d'État du 14 février de la même année, furent bornés et limités ainsi qu'il suit :

1er QUARTIER. — DE LA CITÉ

Il sera composé : des îles du Palais, de Notre-Dame et de Louviers, depuis la pointe orientale de l'île de Louviers jusqu'à la pointe occidentale de l'île du Palais et de tous les ponts desdites îles, y compris la culée du Pont au Change.

2e QUARTIER. — DE SAINT-JACQUES LA BOUCHERIE

Ce quartier sera borné à l'orient par les rues Planche Mibray, des Arcis et de Saint-Martin exclusivement ; au septentrion, par la rue aux Ours exclusivement. A l'occident, par la rue Saint-Denis depuis le coin de la rue aux Ours, jusqu'à la rue de Gèvres y compris le marché de la porte de Paris et le grand Châtelet inclusivement, et au midi, par la rue et le quai de Gèvres inclusivement.

3e QUARTIER. — DE SAINTE-OPORTUNE

Ce quartier sera borné à l'orient par le marché de la Porte de Paris et la rue Saint-Denis exclusivement ; au septentrion, par la rue de la Ferronnerie, y compris les Charniers des Saints-Innocents du côté de la même rue et par une partie de la rue Saint-Honoré inclusivement, depuis ladite rue de la Ferronnerie, jusqu'aux coins des rues du Roule et des Prouvaires ; à l'occident, par les rues du Roule et de la Monnaie et par le carrefour des Trois-Maries jusqu'à la rivière ; le tout inclusivement et au midi, par les quais de la Vieille-Vallée de Misère et de la Mégisserie inclusivement.

4ᵉ QUARTIER. — DU LOUVRE OU DE SAINT-GERMAIN L'AUXERROIS

Ce quartier sera borné à l'orient par le carrefour des Trois-Maries et par la rue de la Monnaie et du Roule inclusivement ; au septentrion, par la rue Saint-Honoré y compris le cloître Saint-Honoré inclusivement, à prendre depuis les coins du Roule et des Prouvaires jusqu'au coin de la rue Fromenteau. A l'occident, par la rue Fromenteau jusqu'à la rivière inclusivement, et au midi par les quais inclusivement depuis le premier guichet du Louvre jusqu'au carrefour des Trois-Maries.

5ᵉ QUARTIER. — DU PALAIS-ROYAL

Il sera borné à l'orient par les rues Fromenteau et des Bons-Enfants exclusivement ; au septentrion par la rue Neuve-des-Petits-Champs exclusivement ; à l'occident, par les extrémités des faubourgs Saint-Honoré et du Roule inclusivement, et au midi par les quais inclusivement depuis le premier guichet du côté du quai de l'École.

6ᵉ QUARTIER. — DE MONTMARTRE

Il sera borné à l'orient par les rues des Poissonnières et Sainte-Anne exclusivement jusqu'à l'extrémité des faubourgs ; au septentrion, par les extrémités des faubourgs inclusivement ; à l'occident, par les marais des Porcherons inclusivement ; au midi, par la rue Neuve-des-Petits-Champs, la place des Victoires et les rues des Fossés-Montmartre et Neuve-Saint-Eustache inclusivement.

7ᵉ QUARTIER. — DE SAINT-EUSTACHE

Il sera borné à l'orient par les rues de la Tonnellerie, Comtesse-d'Artois et Montorgueil, exclusivement jusqu'au coin de la rue Neuve de Saint-Eustache ; au septentrion, par les rues Neuve-Saint-Eustache, des Fossés-Montmartre et la place des Victoires exclusivement ; à l'occident, par la rue des Bons-Enfants inclusivement et au midi par la rue Saint-Honoré exclusivement.

8ᵉ QUARTIER. — DES HALLES

Il sera borné à l'orient par la rue Saint-Denis exclusivement, depuis le coin de la rue de la Ferronnerie jusqu'au coin de la rue Mauconseil ; au septentrion, par la rue Mauconseil exclusivement ; à l'occident, par les rues Comtesse-d'Artois et de la Tonnellerie inclusivement ; au midi, par la rue de la Ferronnerie et partie de celle de Saint-Honoré exclusivement.

9ᵉ QUARTIER. — DE SAINT-DENIS

Sera borné à l'orient par la rue Saint-Martin et par celle du faubourg exclusivement ; au septentrion, par le faubourg Saint-Denis et de Saint-Lazare inclusivement ; à l'occident, par les rues Sainte-Anne, des Poissonnières et Montorgueil inclusivement ; jusqu'au coin de la rue Mauconseil ; au midi, par les rues aux Ours et Mauconseil inclusivement.

10ᵉ QUARTIER. — DE SAINT-MARTIN

Sera borné à l'orient par les rues Bar-du-Bec, Sainte-Avoye et du Temple exclusivement ; au septentrion, par les extrémités des faubourgs inclusivement ; à l'occident, par la rue Saint-Martin et la grande rue du Faubourg inclusivement ; au midi, par la rue de la Verrerie inclusivement, depuis le coin de la rue Saint-Martin jusqu'au coin de la rue Bar-du-Bec.

11ᵉ QUARTIER. — DE LA GRÈVE

Il sera borné à l'orient par la rue Geoffroy-Lasnier et par la Vieille rue du Temple exclusivement ; au septentrion, par les rues de la Croix Blanche et de la Verrerie exclusivement ; à l'occident, par les rues des Arcis et Planche-Mibray inclusivement, et au midi par les quais Pelletier et de la Grève inclusivement, jusqu'au coin de la rue Geoffroy-Lasnier.

12e QUARTIER. — DE SAINT-PAUL OU DE LA MORTELLERIE

Sera borné à l'orient par les remparts inclusivement depuis la rivière jusqu'à la porte Saint-Antoine; au septentrion, par la rue Saint-Antoine exclusivement; au couchant, par la rue Geoffroy-Lasnier inclusivement, et au midi par les quais inclusivement, depuis le coin de la rue Geoffroy-Lasnier jusqu'à l'extrémité du Mail.

13e QUARTIER. — DE SAINTE-AVOYE OU DE LA VERRERIE

Sera borné à l'orient par la Vieille rue du Temple exclusivement; au septentrion, par les rues des Quatre-Fils et des Vieilles-Haudriettes exclusivement; à l'occident, par les rues Sainte-Avoye et Bar-du-Bec inclusivement, depuis le coin de la rue des Vieilles-Haudriettes jusqu'à la rue de la Verrerie, et au midi par les rues de la Verrerie et de la Croix Blanche inclusivement, depuis le coin de la rue Bar-du-Bec jusqu'à la Vieille rue du Temple.

14e QUARTIER. — DU TEMPLE OU DU MARAIS

Sera borné à l'orient par les remparts et la rue du Mesnil-Montant inclusivement; au septentrion, par les extrémités des faubourgs du Temple et de la Courtille inclusivement; à l'occident, par la Grande Rue des mêmes faubourgs et la rue du Temple inclusivement, jusqu'au coin de la rue des Vieilles-Haudriettes, et au midi par les rues des Vieilles-Haudriettes, des Quatre-Fils, de la Perle, du Parc-Royal et Neuve-Saint-Gilles inclusivement.

15e QUARTIER. — DE SAINT-ANTOINE

Borné à l'orient par les extrémités des faubourgs inclusivement; au septentrion, par l'extrémité des mêmes faubourgs et par les rues Mesnil-Montant, Neuve-Saint-Gilles, du Parc-Royal et de la Perle exclusivement; à l'occident, par la Vieille rue du Temple inclusivement, depuis les coins des rues des Quatre-Fils et de la Perle jusqu'à la rue Saint-Antoine, et au midi par la rue Saint-Antoine inclusivement, depuis le coin de la Vieille rue du Temple jusqu'à l'extrémité du faubourg.

16° QUARTIER. — DE LA PLACE MAUBERT

Borné à l'orient par les extrémités des faubourgs inclusivement ; au septentrion, par les quais de la Tournelle et de Saint-Bernard inclusivement ; à l'occident, par la rue du Pavé de la place Maubert, le marché de la place Maubert, la montagne de Sainte-Geneviève et les rues Bordet, Mouffetard et de l'Ourcine inclusivement ; au midi, par l'extrémité du faubourg Saint-Marcel inclusivement.

17° QUARTIER. — DE SAINT-BENOIT

Borné à l'orient par la rue du Pavé de la place Maubert, le marché de la place Maubert, la montagne Sainte-Geneviève, les rues Bordet, Mouffetard et de l'Ourcine exclusivement ; au septentrion, par la rivière y compris le Petit-Châtelet ; à l'occident, par les rues du Petit-Pont et Saint-Jacques inclusivement ; au midi, par l'extrémité du faubourg Saint-Jacques inclusivement, jusqu'à la rue de l'Ourcine.

18° QUARTIER. — DE SAINT-ANDRÉ

Borné à l'orient par les rues du Petit-Pont et Saint-Jacques exclusivement ; au septentrion, par la rivière, depuis le Petit-Châtelet jusqu'au coin de la rue Dauphine ; à l'occident, par la rue Dauphine inclusivement ; au midi, par les rues Neuve des Fossés-Saint-Germain-des-Prés, des Francs-Bourgeois et des Fossés-Saint-Michel ou de Hyacinthe exclusivement, jusqu'au coin des rues Saint-Jacques et Saint-Thomas.

19° QUARTIER. — DU LUXEMBOURG

Borné à l'orient par la rue du faubourg Saint-Jacques exclusivement ; au septentrion, par les rues des Fossés-Saint-Michel, des Francs-Bourgeois et des Fossés-Saint-Germain-des-Prés inclusivement ; à l'occident, par les rues de Bussy, du Four et de Sève inclusivement ; au midi, par les extrémités du faubourg inclusivement, depuis la rue de Seine jusqu'au faubourg Saint-Jacques.

20ᵉ QUARTIER. — DE SAINT-GERMAIN DES PRÉS

Borné à l'orient par les rues Dauphine, de Bussy, du Four et de Seine exclusivement ; au septentrion, par la rivière y compris le Pont-Royal et l'Ile aux Cygnes ; à l'occident et au midi, par les extrémités du faubourg jusqu'à la rue de Seine.

Ainsi fut divisé Paris, par ordonnance du roi, signée à Versailles le 12 décembre 1702, l'an 60ᵉ de son règne. C'est ce plan logique et irréprochable au point de vue de la chronologie et de l'histoire, qui va nous guider sûrement dans la description du Paris sous Louis XIV. Approuvé par le ministre d'État Desmarets, exécuté sous la surveillance du lieutenant de police d'Argenson, il réunit toutes les conditions d'une scrupuleuse exactitude, et s'impose à la confiance avec une souveraine autorité.

Nous allons suivre fidèlement cet itinéraire dans Paris.

PLAN DE PARIS EN 1654

2

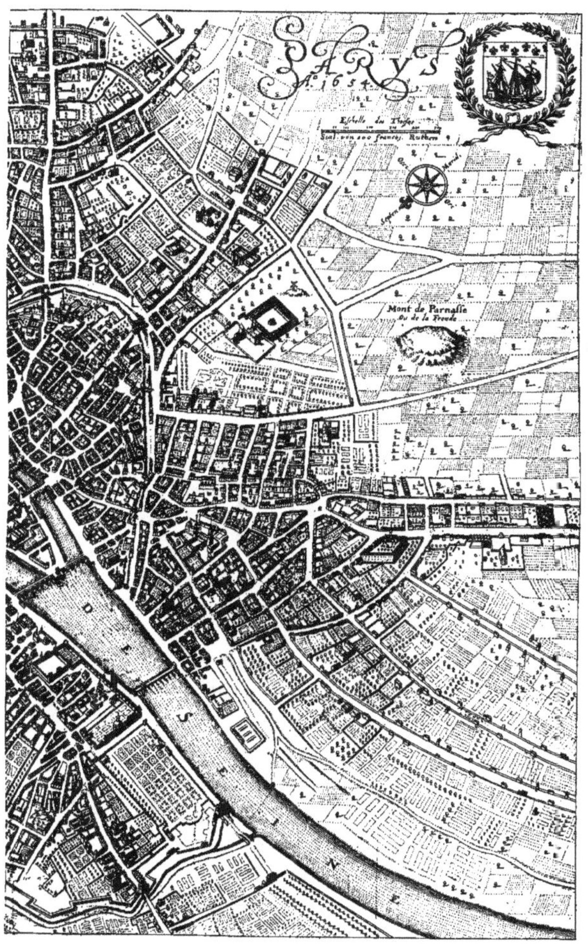

PARYS
A. 1654
Eschelle du Toyse
Mont de Parnasse
ou de la Froede
DE SEINE

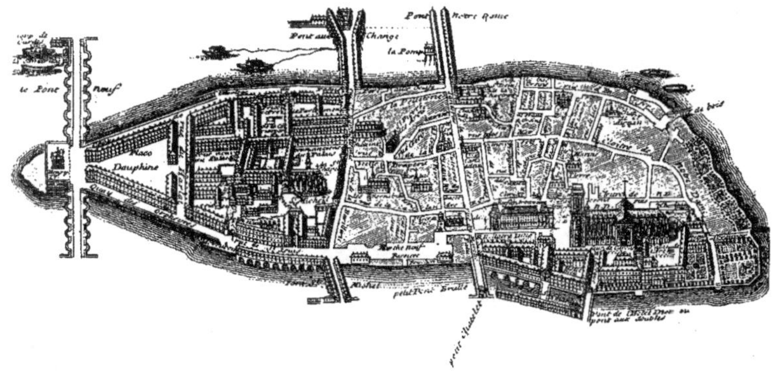

PREMIER QUARTIER. — DE LA CITÉ

LA BASILIQUE DE NOTRE-DAME

ı l'origine de Paris est obscure, plus obscure encore est celle de la cathédrale. Les historiens français les moins éloignés de ses commencements ne s'accordent pas entre eux, même contemporains. Les uns prétendent que la première église de Paris fut fondée par saint Denis vers l'an 250, les autres ont réfuté cette légende, alléguant l'invraisemblance du fait. Comment saint Denis eût-il bâti une église en présence du gouvernement romain, là même où il souffrit le martyre pour s'être déclaré chrétien ?

Mais on peut admettre que la conversion de l'empereur Constantin (313) ayant donné paix et relâche à l'église chrétienne, les évêques profitèrent de cette accalmie pour élever, à Paris, un temple de leur religion.

La tenue d'un premier concile à Paris, en 360, fait incontesté, semble prouver

l'existence d'une église dans la Cité. Plusieurs témoignages authentiques du viie, du viii[e]
et du ixe siècle prouvent aussi que cette première église parisienne existait seule, et sous
l'invocation de Saint-Étienne, jusqu'au règne de Childebert Ier.

Ce prince, sur les conseils de saint Germain, entreprit de rebâtir l'église de Paris
devenue trop petite pour un clergé trop nombreux, et un peuple considérable de fidèles
fervents. Cette première église, Saint-Étienne, avait été fondée à la pointe Orientale de
l'Île, c'est-à-dire sur l'emplacement ou à peu près de Notre-Dame actuelle ; Childebert
construisit sa basilique en 555, partie sur les ruines de l'ancienne église, partie sur celles

BASILIQUE DE NOTRE-DAME. — FAÇADE

d'un temple des Nautes parisiens, dont les matériaux furent employés dans la construction
de Notre-Dame.

L'édifice de ces *Nautes parisiens*, qu'il ne faudrait pas croire avoir été des bateliers,
mais bien des trafiquants et commerçants riches, puisqu'ils avaient, sous Tibère, élevé de
leurs deniers un temple à Jupiter, le temple de ces payens, disons-nous, fut démoli en 554
par édit de Childebert qui ordonnait la destruction générale des idoles et temples élevés
aux faux dieux. Et lorsqu'on creusa dans Notre-Dame une crypte destinée à la sépulture
des archevêques de Paris, les terrassiers déterrèrent neuf pierres carrées dont cinq
sculptées en bas-relief, avec des inscriptions latines. Ces neuf pierres étaient confondues
dans l'énorme massif de deux murs antiques appliqués l'un sur l'autre et qui traversaient
le chœur dans sa largeur. Les figures et les légendes de ces pierres exercèrent longtemps
la sagacité des archéologues.

C'est dans Notre-Dame que vint se réfugier, après le meurtre de Chilpéric son mari, la reine Frédegonde, poursuivie par Childebert II, roi d'Austrasie. Elle y avait apporté ses trésors, et ne cessa, dit l'historien Aimoin, d'y commettre ses forfaits et ses violences, sans crainte de Dieu et de sa divine mère, dans leur propre maison. Enfin un document de l'an 861 établit que l'église cathédrale se composait alors de deux édifices, le vieux Saint-Étienne et Notre-Dame, basilique. La réalité de ces deux vocables Saint-Étienne et Notre-Dame réunis dans la Cité est un fait acquis, sans contestation possible, à l'histoire.

La basilique de Childebert n'échappa point, disent les historiens, aux incendies, au pillage des Normands. L'abbé Le Bœuf prétend qu'en 857, à la deuxième invasion, elle fut détruite, et que Saint-Étienne fut seule épargnée. Il paraît constant qu'au siège de Paris par ces mêmes Normands, en 886, la châsse de Saint-Germain fut apportée dans la Cité par les religieux de l'abbaye, mal protégés en rase campagne, et que cette vénérable relique fut mise en sûreté dans la cathédrale de Saint-Étienne.

Notre-Dame fut-elle ou non reconstruite immédiatement, nous l'ignorons ; toujours est-il qu'au commencement du dixième siècle, Anschéric, cinquantième évêque de Paris, eut recours à la libéralité du roi Charles le Simple pour faire réparer l'église cathédrale, et Louis-le-Gros, en 1123, fit don au doyen de l'église de Paris d'une somme annuelle de dix livres pour couvrir l'église Notre-Dame, appelée alors l'Église Neuve, *Ecclesia nova*. Saint-Étienne en ruines s'appelait le *Vieux*.

S'il règne, chez les historiens et chroniqueurs du temps, certains doutes que les ténèbres du moyen âge ont changés en erreurs, on se souviendra qu'ils pouvaient faire confusion, quant aux églises bâties dans la Cité depuis Childebert. Tout autour de Notre-Dame, à gauche, s'élevaient : le vieux Saint-Étienne, — la première cathédrale alors en ruines, — derrière l'abside de Notre-Dame, Saint-Denis-du-Pas, Saint-Jean-le-Rond ; et Notre-Dame elle-même, comme nous venons de le voir, tombait de vétusté, manquait d'ampleur, de style, et ne répondait plus aux exigences du service ni aux besoins d'une époque agitée, d'un esprit public déjà difficile à satisfaire.

Le douzième siècle touchait à sa fin, lorsqu'un évêque de Paris, Maurice de Sully, conçut le projet, non plus de restaurer Notre-Dame, mais de la reconstruire à neuf, sur de nouveaux plans, et dans des proportions dignes de l'idée, de l'œuvre, et d'une ville capitale, séjour des rois. C'était un homme sans naissance, mais non sans génie, un grand prélat et un saint homme. Il sut intéresser à ses desseins le roi Louis le Jeune et tout un peuple de fidèles, et assuré de puissantes coopérations, il commença par faire abattre l'ancienne basilique de Childebert. Quelques historiens affirment qu'il conserva les fondations de l'église primitive, *lesquels travaux reposaient su— pilotis*. Il y a là peut-être deux erreurs, tout au moins une. Les fondations du colossal ouvrage de Maurice de Sully furent bâties à nouveau, disent quelques-uns, et, en tout cas, ce ne fut pas sur pilotis. Il est avéré que Notre-Dame est construite sur un gravier consistant. On en eut la preuve, en 1699, lorsqu'on fouilla, pour construire le maître-autel, au-dessous des fondations anciennes.

Le chœur et la nef ne sont point sur le même alignement. C'est en général ce qu'on remarque dans tous les plans d'églises construites au moyen âge; le biais à gauche peut représenter, dit-on, l'inclinaison que prit la tête du Christ expirant sur la croix. Ce peut être aussi une simple question d'orientation. Et en cette circonstance, Maurice de Sully aurait fait obliquer la nef par un léger coude, afin de la placer en face de la nouvelle rue qu'il fit percer en 1163 et 1164, rue Neuve-Notre-Dame, entrée plus noble et plus commode que celle de la petite rue des Sablons qui donnait jadis accès à l'ancienne basilique.

Les travaux poursuivis avec ténacité duraient encore en 1177, et un auteur contemporain, Robert du Mont, écrivait à cette date : « Maurice avance dans son travail; le chevet en est terminé; il reste à le couvrir; le monument sera incomparable... s'il s'achève. » Il s'acheva.

La première pierre avait été posée en 1163 par le pape Alexandre III réfugié en France. Le grand-autel fut consacré sous Philippe-Auguste, le mercredi après la Pentecôte, en 1182, par le légat du Saint-Siège et par l'évêque Maurice; et le chœur devait être terminé en 1185, car le patriarche de Jérusalem, Héraclius, venu en France pour y prêcher la croisade, célébra la messe dans Notre-Dame le 17 janvier de ladite année, en présence de Maurice de Sully et de son clergé.

Du reste, la basilique fonctionnait déjà dans toutes les parties de son service; elle recevait des morts illustres. Un fils du roi Henri II d'Angleterre, Geoffroy, duc de Bretagne, y fut inhumé en 1186, devant le grand-autel, ainsi que la reine Élisabeth de Hainaut, femme de Philippe-Auguste, morte en 1189. On y transféra aussi le corps de Philippe, fils de Louis le Gros, mort en 1161, et inhumé d'abord à Saint-Étienne. Toutefois la cathédrale n'était pas achevée. Maurice de Sully n'eut pas cette joie ni cette gloire qu'il avait si bien méritées par tant de zèle, de talent et de persévérance. Il mourut le 11 septembre 1196, et laissa cent livres pour que sa chère église fût couverte en plomb.

Les plans se poursuivirent après lui sous l'épiscopat d'Eudes de Sully, son successeur. Le portail méridional fut commencé en 1257 sous le règne de Louis IX, Regnault de Corbeil étant évêque de Paris. L'architecte, qui se qualifiait du titre modeste de *maçon*, Jehan de Chelles, inscrivit son nom à la base du dit portail; le portail septentrional ne fut construit qu'en 1313, sous Philippe-le-Bel, avec le produit de la confiscation des biens des Templiers. Les bas-côtés de l'église n'ont été bâtis qu'à la fin du treizième siècle. Somme toute il a fallu plus de deux siècles pour achever l'œuvre de Notre-Dame, on peut même affirmer qu'en 1447 l'argent manquait pour mener les travaux à bonne fin, et le roi Charles VII abandonna quelques-uns de ses revenus à cet effet.

Le siècle avait été cruel. Tant de guerres étrangères et intestines, tous les fléaux ensemble, peste, invasion, famine ; la France n'avait plus parfois de territoire, presque plus de soldats, jamais d'argent ; mais elle avait la foi et ne périt pas. Lorsqu'il rentrait un peu de numéraire à Paris, Paris l'offrait pour l'achèvement de Notre-Dame, et pourquoi ne serait-ce pas Notre-Dame qui suscita Jeanne d'Arc ?

L'histoire mouvementée de la construction de Notre-Dame est terminée. Le sommaire qu'on vient de lire contient à peu près tout ce qui mérite d'être su. Il reste à faire connaître sa distribution intérieure et extérieure et les perfectionnements ou embellissements qui l'ont enrichie de Louis IX à la fin du règne de Louis XIV.

Notre-Dame est construite en forme de croix latine. Elle a, de longueur dans œuvre, 390 pieds ; sa largeur, entre la nef et le chœur, est de 144 pieds. La hauteur du sol à l'endroit le plus élevé de la voûte est de 104 pieds. La façade a 120 pieds de développement.

Cent vingt grosses colonnes du style roman supportent la voûte. On a fait observer judicieusement que les arcs de ces colonnes eussent dû être en plein cintre ; mais quand s'achevèrent les piliers de la nef, le style ogival importé de la croisade avait détrôné le style roman, et ce fut l'ogive qui s'installa partout, jusqu'à l'achèvement complet de l'édifice. L'intérieur se compose d'une nef à doubles bas-côtés, on y a compté jusqu'à quarante-cinq chapelles dont beaucoup ont disparu, celles surtout qui, s'élevant dans l'intérieur des croisées, interceptaient le jour, et donnaient à l'église un caractère mystérieux de majesté sombre, trop sombre sans doute, puisqu'on y ramena la lumière au prix même des splendides vitraux de couleur qui faisaient l'admiration de toute l'Europe, et qu'on eut tort de remplacer par des vitraux blancs. Nous parlerons en leur lieu des plus importantes de ces chapelles, presque toutes du quatorzième siècle.

Une galerie règne au-dessus des bas côtés à la hauteur de l'orgue, et fait tout le tour de l'église, interrompue seulement par la Croisée. Elle est divisée par 108 colonnes, chacune d'un seul morceau de pierre ; on y accède par trois escaliers, deux à l'entrée de la nef, le troisième à droite du chœur du côté de la chapelle de la Vierge. C'est aux balustres de cette galerie, immense tribune, qu'on attachait pendant la guerre les drapeaux pris sur l'ennemi ; pendant la paix on les ôtait. C'est là qu'en 1693, après la victoire de la Marsaille, le prince de Condé venu à Notre-Dame pour assister au *Te Deum* d'actions de grâces, apercevant Luxembourg qu'entourait la foule et qui ne pouvait se frayer un passage dans cette galerie décorée des drapeaux de Nerwinde, Steinkerque et Fleurus, vint à lui, le prit par la main, et lui ouvrit la route en disant : « Place, messieurs, place au tapissier de Notre-Dame. »

La grande nef était ornée de statues dont une colossale de saint Christophe portant Jésus enfant sur ses épaules. Cette figure avait de haut vingt-huit pieds, son pouce mesurant un pied : à côté de saint Christophe était la statue agenouillée d'Antoine des Essarts, chambellan de Charles VI, et au bout de la nef, à côté du dernier pilier, à droite de l'entrée du chœur, la statue équestre de Philippe le Bel, élevée par son ordre, après la victoire de Mons-en-Puelle. Le roi était représenté au moment où surpris par la deuxième attaque des Flamands il n'avait pas eu le temps de s'armer de toutes pièces ; les brassards lui manquaient. Cette figure héroïque, monument curieux de l'art de cette époque, fut détruite à coups de sabre (1792), par les Marseillais, en pleine cérémonie des vêpres.

Notre-Dame avait un orgue en 1190. Le grand-autel primitif du chœur fut remplacé, sous Louis XIV, par l'autel votif que projetait Louis XIII, lorsqu'en 1638 il mit son royaume et sa personne sous la protection de la Vierge. La mort ne lui permit pas d'accomplir son vœu ; mais Louis XIV accepta l'héritage, et la première pierre du nouvel et magnifique autel fut posée, en 1699, par le cardinal de Noailles. Sous l'autel, à la plus haute assise des fondements, une pierre fut déposée qui contenait deux médailles d'or et deux d'argent avec cette inscription sur une lame de cuivre doré : *Votum a patre nuncupatum solvit*. A droite et à gauche de l'autel, deux statues agenouillées : Louis XIII, par Coustou, Louis XIV, par Coysevox, toutes deux de 1715.

Le chœur de Notre-Dame, fermé quinze ans pendant l'exécution de ce travail splendide, fut rouvert le 6 mars 1714 pour le *Te Deum* chanté en grande pompe et avec grande joie des peuples à l'occasion du traité de paix de Rastadt. C'est au bas des marches du nouveau maître-autel que furent déposées les entrailles de Louis XIII et de Louis XIV.

Sur la clôture du chœur, extérieurement, couraient en bas-relief, au-dessus d'une suite de petits arceaux gothiques, les Mystères de la vie de Jésus, travail naïf, rehaussé d'enluminures et d'or, et sur cette même clôture, en face la porte Rouge, construction d'un art charmant élevée par Jean-sans-Peur en 1404, on voyait la figure d'un homme agenouillé, mains jointes, surmontée d'une inscription : *Jean Ravy, maçon de Notre-Dame et son neveu Jehan le Bouteillier ont exécuté ces histoires, parfaites en* 1361.

On comptait, avons-nous dit, dans Notre-Dame, quarante-cinq chapelles, dont le détail excéderait les limites restreintes imposées à notre ouvrage. Voici du moins les noms des principales chapelles : de sainte Anne, richement embellie et dotée par Anne d'Autriche, de saint Barthélemy et de saint Vincent, de saint Jacques et de saint Philippe, de saint Antoine et de saint Michel, de saint Augustin et Marie-Madeleine, de la Vierge, de saint Pierre et de saint Paul, de saint Remy, de saint Nicaise, de la décollation de saint Jean-Baptiste, de saint Martin, de saint Michel, de saint Ferréol et de saint Ferrutien fondées en 1320, de saint Marcel, de sainte Catherine, de saint Laurent — peintures de Louis de Boulogne — saint Georges et saint Blaise, saint Léonard.

Toutes ces chapelles servaient de sépultures à quantité de personnages célèbres dont les restes furent depuis dispersés ou perdus.

Maurice de Sully avait bâti, en 1161, son palais épiscopal parallèlement à la cathédrale. Cet édifice, agrandi en 1514, le fut encore en 1568, et le cardinal de Noailles, archevêque en 1697, fit abattre l'ancien archevêché, qu'il remplaça par le palais archiépiscopal détruit en 1831.

La grande Sacristie et le Trésor occupaient l'espace compris entre les chapelles saint Pierre, saint Denis et saint Georges. Là était le passage de communication entre l'église et le palais archiépiscopal, dont nous venons de parler. La grande Sacristie fut successivement dépositaire des vases sacrés, reliquaires et objets d'une précieuse antiquité qu'on appelait *le Trésor*. Ce trésor renfermait, entre autres richesses, nombre d'ouvrages du treizième siècle, les insignes de Charlemagne, le reliquaire de la Sainte-Couronne d'épines. des calices, croix en or et pierres précieuses. Il fut pillé dans l'émeute du 13 février 1831 suivie de la démolition de l'archevêché.

L'EXTÉRIEUR DE NOTRE-DAME

La façade principale de la cathédrale se compose de trois portails appelés : portail du milieu, portail de sainte Anne, à droite, et portail de la Vierge, à gauche. Vers le midi, s'ouvre une quatrième porte dans l'aile droite de la Croisée, une autre dans l'aile gauche, et une autre, la porte Rouge, qui donne accès dans les bas côtés du chœur. En tout six portes d'une richesse un peu touffue d'ornementation sculpturale. Les trois portails principaux sont consacrés à l'histoire de la Vierge, patronne du monument. On y arrivait primitivement par treize degrés que les exhaussements successifs du sol de la Cité ont fait disparaître. Au-dessus de ces trois grands portiques est la galerie dite des Rois, parce qu'elle offrait les statues des Rois bienfaiteurs de l'Église : vingt-huit figures de pierre, intéressantes sculptures du treizième siècle représentant par ordre de date vingt-huit rois, de Childebert Ier à Philippe-Auguste.

Au-dessus de la galerie des Rois, celle de la Vierge, nommée ainsi à cause de la statue qui décorait le balustre du milieu. Et au-dessus de la grande rose, est la galerie des colonnes, travail merveilleux, un chef-d'œuvre d'audace et de délicatesse. Superposée à la galerie des colonnes règne la galerie des tours qui relie les deux tours et embrasse chacune d'elles.

Ces deux tours terminent la façade dont elles complètent l'ensemble et l'ornement sans égal. Elles sont carrées, d'une symétrie et d'une ordonnance irréprochables. Leur

LA BASILIQUE DE NOTRE-DAME. VUE DU COTÉ DE LA TOURNELLE.

hauteur est de 204 pieds, on compte 380 degrés pour arriver du bas des tours aux plates-formes.

Elles renfermaient, au temps dont nous faisons l'histoire, tout un matériel de sonnerie unique au monde. Dans la tour de gauche il y avait sept cloches, et six dans le petit clocher sur la Croisée. Dans la tour, côté de l'archevêché, deux grosses cloches dont la plus forte, donnée, en 1400, par Jean de Montaigu, qui la nomma Jacqueline du nom de sa femme. Cette Jacqueline populaire s'étant trouvée dissonante, fut refondue en 1661 et baptisée par Louis XIV et la reine Marie-Thérèse, sa femme, qui la nommèrent Emmanuel-Louise-Thérèse. C'était donc, dans Notre-Dame, un total de quinze cloches estimées, dit un historien, *pour leur sonnerie harmonieuse*. Il ne reste aujourd'hui à la cathédrale que cette cloche appelée le *bourdon*, chef-d'œuvre de l'art campanaire, qui pèse 32 milliers, son battant 976 livres.

Notre-Dame, perfectionnée au siècle de Louis IX, époque si remarquable par le mouvement puissant qui se manifesta dans les arts, les sciences et les institutions, cette magnifique cathédrale est un des plus beaux édifices du moyen âge. Elle prend de son ordonnance largement solide, de ses lignes fièrement horizontales une physionomie toute particulière. Elle respire la force, elle pénètre les cœurs du sentiment de sa majesté. C'est un monument unique en son genre. Aussi les Parisiens sont-ils fiers, et légitimement, de posséder cette merveille, et pardonnera-t-on à l'auteur de cette histoire, qui est Parisien, de n'avoir consacré à la description de Notre-Dame qu'un nombre de pages en disproportion avec la grandeur du sujet. Mais tant de choses nous restent à passer en revue dans ce Paris sous Louis XIV! C'est toujours bien commencer que mettre Dieu dans son exorde, et pareil hommage doit porter bonheur. Les Romains idolâtres disaient dans Lutèce même : *ab Jove principium*, Horace écrivait pour Auguste : « Si tu es maître sur la terre, c'est parce que tu te confesses inférieur aux Dieux. » Et il ajoutait : « Les Dieux trop négligés ont bien fait du mal à notre patrie en deuil. » Méditons cette morale d'un païen et, après la maison de Dieu, abordons le palais des Rois.

LE PALAIS DE LA CITÉ

On rencontre toujours même obscurité dans les origines de chacun des monuments de la Cité; l'existence d'un palais sous la domination romaine et les premiers rois de la première race a été révoquée en doute. Il est certain, quelle qu'en soit la date, qu'un palais s'éleva dans la Cité; les preuves abondent lorsqu'on arrive au sixième siècle. C'est dans ce palais, que Childebert et Clotaire, en 526, vinrent demander à Clotilde les trois jeunes fils de Clodomir, et que Clotaire poignarda de sa main deux de ces enfants. Les rois, à cette époque, habitaient aussi et plus volontiers le palais des Thermes habité jadis par Julien et Valentinien, mais il n'est pas douteux que plusieurs d'entre eux ne fissent en même temps leur séjour dans le Palais de la Cité.

Cet édifice, dont il ne reste ni plans, ni dessins, ni descriptions topographiques, fut réparé, augmenté ou même rebâti par les maires du palais, véritables rois des rois fainéants de la première race. Hugues Capet, qui habitait le palais des Thermes, le quitta pour se fixer dans celui de la Cité que Robert, son fils, fit rebâtir entièrement.

C'est du règne de saint Louis que date l'histoire certaine du Palais. Ce prince y fit faire des réparations et des embellissements considérables. On lui doit la construc-

lion de la Grande Salle dite de Saint-Louis, de la Petite Salle qui fut plus tard la Grand'
Chambre, et enfin de la Sainte-Chapelle, monument d'un art gothique supérieur à tout
ce qui jusqu'alors avait paru en Europe. Quelques historiens rapportent que cette Grande
Salle fut bâtie sous Philippe le Bel par Enguerrand de Marigny ; mais leur autorité
n'infirme pas l'opinion contraire ; la grand'salle était destinée aux réceptions d'apparat ; les
ambassadeurs y présentaient leurs lettres de créance ; on y célébrait les festins de gala, les
noces des enfants de la famille royale. On y voyait la fameuse table de marbre, mono-

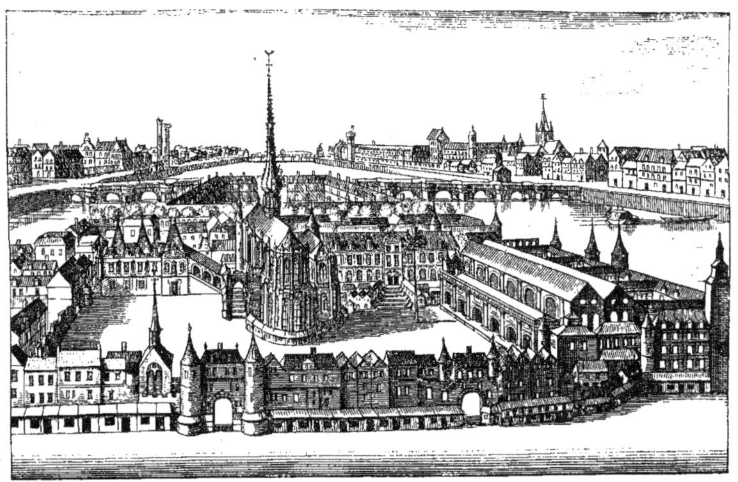

lithe de proportions gigantesques, sur laquelle dînaient seuls, en grande cérémonie, les
empereurs, rois et princes du sang ; sur laquelle, aussi, les enfants de la Basoche représentaient leurs *mystères, moralités* et *sotties*.

La salle immense était pavée de marbre blanc et noir. A l'une de ses extrémités
s'élevaient, sur deux colonnes, les statues de Charlemagne et de saint Louis. L'autre
extrémité était presque entièrement occupée par la fameuse table de marbre. Outre cette
table il y en avait une autre, en bas dans la cour du Palais ; c'est devant cette dernière
qu'en 1357, furent traînés et outragés par la plus vile populace les corps du maréchal de

Normandie, Robert de Clermont, et du maréchal de Champagne, Jean de Conflans, que le prévôt des marchands Etienne Marcel fit égorger dans la chambre même et sous les yeux de Charles V, alors dauphin de France. Charles V habitait donc le Palais.

Charles VI l'habitait aussi, et l'an 1383, avant d'avoir perdu la raison, lorsqu'il rentra dans Paris vainqueur des Flamands, il vint juger dans la cour du palais les prisonniers Maillotins dont les crimes, pendant son absence, avaient ensanglanté et déshonoré Paris. Son trône s'élevait en haut du perron du grand escalier, sur une estrade entourée des princes du sang, de la cour, d'un formidable appareil de guerre ; il avait déjà fait exécuter à mort les plus criminels de la faction et se disposait à punir de même les autres coupables, lorsqu'on vit accourir épouvantées les familles de ces prisonniers : les hommes tête nue, les femmes, cheveux épars, tendaient les bras vers le trône et agenouillés criaient en sanglotant : merci, miséricorde ; le roi demeura silencieux, son chancelier prit alors la parole, et reprocha véhémentement à cette populace ses rébellions, son insolence, les cruautés, les outrages qu'elle avait commis envers le roi et ses serviteurs. Dans la foule terrifiée régnait un morne désespoir. Alors les oncles du roi embrassant ses genoux demandèrent avec larmes la grâce des prisonniers, et Charles VI se laissa fléchir.

Cette cour du Palais servait aux assemblées solennelles ; les rois y tenaient leurs états. Philippe le Bel, en 1314, y avait convoqué les députés des villes de France pour obtenir d'elles une contribution sous forme d'emprunt. Une fois déjà, pareille assemblée avait été réunie au même lieu, par le même roi, pour délibérer sur les affaires publiques.

Dans le Palais, Charles V reçut l'empereur Charles VI et son fils Venceslas ; Charles VI, Manuel Paléologue, empereur d'Orient et l'empereur de Hongrie Sigismond. Louis le Gros y était mort ainsi que Louis le Jeune : Jean sans Terre, Henri II et Henri III, rois d'Angleterre, l'avaient habité, et Henri III, dit-on, y avait fait hommage à saint Louis, dans le jardin du Palais, à l'endroit où le saint roi rendait la justice à ses plus humbles sujets. Ce petit jardin fut remplacé plus tard par les bâtiments de la Conciergerie ; François Ier, en 1531, y résidait encore et offrit le pain bénit en qualité de premier paroissien dans la petite église Saint-Barthélemy, dépendance du palais.

Ce vieux palais, témoin de tant d'événements, hôtellerie de tant de rois et de héros, fut détruit en majeure partie le 7 mars 1618, sous la régence de Marie de Médicis, par un incendie dont nul n'a pu jamais connaître la cause ni l'auteur. Les uns prétendirent : *qu'une étoile tombée du ciel avait embrasé l'édifice,* d'autres accusèrent un de ces marchands, dont les boutiques étaient installées autour des piliers, d'avoir oublié la nuit du feu dans un réchaud, d'autres enfin soupçonnaient les complices de Ravaillac d'avoir incendié le Palais pour anéantir le greffe et en même temps beaucoup de témoignages et de dépositions compromettantes, qui eussent jeté du jour sur les causes de l'assassinat d'Henri IV ; les registres du parlement enlevés à temps par le greffier Voisin purent être sauvés : on n'informa pas, on se mit à reconstruire.

Jacques de Brosse, le célèbre architecte du Luxembourg, fut chargé de ce travail achevé en 1622. La grande salle de Saint-Louis (salle des Pas perdus) fut rétablie entièrement, voûtée de pierres de taille, divisée en deux berceaux d'arcades soutenues par des piliers massifs d'ordre dorique. Sous cette salle une autre existait, de mêmes dimensions, mais plus basse, et cette double construction, d'une solidité majestueuse, d'une savante distribution, composait un ensemble fort admiré dans un siècle où, certainement, ne manquaient ni les excellents architectes ni les œuvres grandioses.

En 1683, six fenêtres furent ouvertes dans la voûte pour donner plus de jour à la salle, et une riche chapelle fut construite à l'une des extrémités. Mais ce qu'on ne remplaça point, ce fut l'ornementation des plafonds voûtés, les riches lambris de bois, les piliers de même matière enrichis d'azur et d'or, et, parmi ces piliers, la longue série des statues des rois de France, dont les vaincus ou fainéants avaient tête basse et mains pendantes, tandis que les conquérants et les braves portaient haut leurs mains armées.

La Grand'chambre, auprès de la grande salle, fut aussi bâtie par saint Louis. On l'appelait la Chambre des pairs — qui avaient là leur juridiction — ou Chambre dorée, à cause de ses lambris chargés de dorures. Dans les lanternes ou tribunes, étaient peints les costumes des présidents, conseillers ou avocats, voire même des procureurs du siècle passé.

Le plafond était un merveilleux placage de chêne dont les plus épaisses ogives n'avaient pas un pouce et demi d'épaisseur, les pendentifs plus de quatre, bien que les culs-de-lampe eussent un pied de saillie ; ce travail enrichi d'ornements délicats avait été commandé par Louis XII, ainsi que le dessus de la porte : un lion de pierre accroupi, tête basse et queue entre les jambes, symbole de la soumission humble que les plus puissants doivent à la loi.

C'est dans la Grand'chambre que les rois venaient tenir leur lit de justice, et que le parlement s'assemblait, toutes chambres présentes, lorsqu'il s'agissait de graves délibérations. Là aussi les pairs prêtaient serment.

Le parlement, comme on le voit, cohabitait pour ainsi dire avec les rois. Philippe le Bel, en 1302, lui avait assigné dans le Palais un séjour fixe et sédentaire.

La tour carrée, située autrefois à l'angle du Palais dont elle était dépendante, reçut, en 1370, la première horloge qu'on eût vue à Paris, faite par un horloger allemand appelé en France par Charles V. On en répara le cadran sous Henri III qui l'orna de deux figures de Germain Pilon : la Force et la Justice supportant l'écusson aux armes de France et de Pologne. La cloche de cette Tour sonna, dit-on, le signal de la Saint-Barthélemy.

C'est au Palais qu'avait été déposé le testament de Louis XIV, testament annulé, en 1715, dans cette Grand'Chambre par le parlement et les pairs réunis.

LA SAINTE-CHAPELLE

Saint Louis fit élever cette chapelle en 1246 sur l'emplacement d'un oratoire bâti dans l'enceinte du Palais, par Louis le Gros, disent les uns, par Robert, disent les autres, et qui s'appelait Saint-Nicolas. Le pieux monarque pouvait ainsi, grâce au voisinage immédiat, concilier ses fonctions royales et ses devoirs de chrétien. Mais il fut guidé surtout par le désir d'installer dignement le trésor des reliques qu'il avait acquises de l'empereur d'Orient. Voici en peu de mots l'histoire de ces acquisitions.

Vers la fin du règne de Baudouin II, dernier empereur français de Constantinople, l'empire attaqué de toutes parts allait succomber, les caisses étaient vides. Baudouin eut l'idée d'engager, à un riche Vénitien, pour une somme considérable, la Sainte Couronne d'épines conservée précieusement à Constantinople; il se réservait le droit de la racheter dans un délai fixé, moyennant paiement du principal et des intérêts de la somme prêtée. L'échéance arriva; l'empereur ne pouvant payer, le gage allait devenir la propriété du prêteur, lorsque Louis IX, secrètement averti par l'empereur grec, envoya des ambassadeurs à Venise pour racheter la Couronne d'épines qui fut apportée en France, enfermée dans trois cassettes, la première de bois, la deuxième d'argent, scellée des sceaux de l'empire; la dernière, d'or, contenait la couronne. Le roi, la reine-mère, les frères du roi et une suite considérable de prélats et de seigneurs allèrent au-devant de la sainte relique qu'ils rencontrèrent à Villeneuve-l'Archevêque, le 10 août 1239. Le roi ouvrit la première cassette, vérifia les sceaux de la deuxième, et dans celle d'or trouva la Couronne d'épines qui fut exposée à la vue, à l'admiration d'un peuple immense, puis replacée dans son enveloppe d'or que le roi scella de son propre sceau. D'abord la relique fut déposée dans la grande église de Sens par le roi lui-même; ensuite le cortège, grossi par les populations et les députations de chaque ville et village, se dirigea vers Paris où, huit jours après, le roi et son frère Robert, en simple tunique de bure et pieds nus tous deux, précédant une foule de prélats, de chevaliers, de seigneurs émus « de joie et attendris » portèrent sur leurs épaules la Sainte Couronne à Notre-Dame d'abord, puis à la petite chapelle Saint-Nicolas, l'oratoire du palais dont nous avons parlé plus haut.

Les deux reines assistaient à la cérémonie qui eut lieu le 18 août 1239. Une médaille fut frappée en mémoire de cette solennité.

Quelque temps après, l'empereur Baudouin ayant engagé de nouvelles reliques que le saint roi voulut dégager encore et qu'il reçut le 14 décembre 1241, la modeste chapelle de Saint-Nicolas ne parut plus digne de posséder tant de rares trésors, et Louis IX résolut la construction d'une Sainte Chapelle, en remplacement de Saint-Nicolas qui fut abattue. Les plans et travaux du nouvel édifice furent confiés à Pierre de Montreuil, architecte de l'abbaye Saint-Germain-des-Prez. On doit à la piété de Louis IX et au génie de l'architecte l'un des plus beaux monuments de l'art gothique, le plus finement ouvragé qui soit encore debout. Le dessin et la structure en sont d'une élégance et d'une délicatesse surprenantes et ce travail exquis doit, à la perfection de son exécution, une solidité que six siècles ont mise vainement à l'épreuve. Ses voûtes en croix d'ogive, d'une élévation considérable, sont liées si correctement qu'elles ont résisté à tout, même au contact de l'incendie du Palais en 1618, même au furieux incendie allumé par l'imprudence des plombiers dans la Sainte-Chapelle même, en 1630. Les flammes consumèrent en entier le clocher, merveille d'art, toute la charpente de l'église dévorée par le ruissellement du plomb liquéfié, sans compter la quantité prodigieuse d'ornements, en pierre et en plomb, qui décoraient le comble comme une parure de dentelle. Le dommage fut réparé aux frais du Roi et un vaste réservoir de plomb installé sur les voûtes, trop tard, comme toujours.

La Sainte-Chapelle a deux étages superposés ; la chapelle supérieure réservée au roi et à la Cour s'appelait Sainte-Croix ou Sainte-Couronne, l'inférieure dédiée à la Vierge était destinée aux chapelains, chanoines et officiers de la Sainte-Chapelle et autres personnes domestiques du Palais.

Le bâtiment de la Sainte-Chapelle a dans son œuvre dix-huit toises de longueur sur quatre et demie de largeur. La hauteur des deux étages, du sol inférieur au sommet de l'angle du fronton, est de dix-huit toises. L'édifice a donc une longueur égale à sa hauteur.

La chapelle supérieure était décorée de grands vitraux régnant au pourtour et séparés par des jambages larges au plus de trois à quatre pieds. Ces trumeaux portaient les statues des douze apôtres. Rien de plus splendide, comme couleur et comme caractère, que ces vitraux d'une sveltesse élégante et hardie. Leur beauté était passée en proverbe, on disait : Beau comme le rouge des vitraux de la Sainte-Chapelle. Il y avait sous les orgues une Notre-Dame de Pitié, statue de Germain Pilon, son chef-d'œuvre, que de maladroites restaurations ont détériorée plus tard.

Sur le maître-autel, était le modèle réduction en vermeil, de la Sainte-Chapelle, de quatre pieds de hauteur, tout resplendissant de pierres précieuses, admirable travail, commandé en 1680 par Louis XIV et exécuté par maître Pijard, orfèvre et gardien des reliques. Ce coffret renfermait quelques ossements de Louis IX et sa discipline ; d'autres restes du saint roi, reliques aussi, appartenaient à l'abbaye de Saint-Denis. Derrière le maître-autel, à un rond-point auquel on accédait par deux escaliers, apparaissait la grande châsse en bronze doré, dépositaire de toutes les reliques achetées de l'Empereur d'Orient. Baudoin les avait accompagnées d'une déclaration en latin, certifiant l'authenticité de ces reliques et servant pour ainsi dire de catalogue à la précieuse collection. Y étaient énumérés : la Sainte Couronne d'épines, la vraie croix, le fer de lance qui frappa le flanc du Christ, le roseau, l'éponge, le suaire, la robe de pourpre, et d'autres reliques en assez grand nombre, toutes légitimées par le sceau impérial l'an 1247 « *huitième de notre empire.* »

Un de ces morceaux de la vraie croix, le plus grand, fut volé dans la nuit du 10 mai 1575 et ne fut jamais retrouvé. La malveillance soupçonna Catherine de Médicis, ou son fils Henri III, de l'avoir vendue aux Vénitiens.

La Sainte-Chapelle, y compris les reliques, coûta au roi saint Louis trois millions environ, monnaie de son temps. Les historiens n'ont pas tous estimé à ce prix et le monument et le dépôt qui lui était confié. Dulaure, respectueux en apparence mais sceptique, à propos d'une certaine croix comprise dans les reliques et dont la propriété était de *donner toujours la victoire,* s'étonne assez plaisamment que, s'il croyait à sa vertu, Baudoin toujours guerroyant et toujours vaincu n'ait pas gardé cette croix pour son usage.

Les deux chapelles étaient desservies par deux sacristies placées dans un bâtiment en saillie faisant partie de l'édifice principal. Le *trésor,* collection d'objets précieux et de riches ornements d'église, occupait deux armoires de la sacristie de la chapelle haute. A l'étage au-dessus, deux vastes salles reçurent le dépôt des chartes et archives, qui ne fut plus exposé aux aventures comme l'avaient été les archives de Philippe-Auguste, car ce prince, en 1195, surpris par une embuscade des Anglais aux environs de Blois, perdit là toutes ses chartes, titres et parchemins et jusqu'au sceau royal qu'il emportait d'ordinaire en ses expéditions.

Philippe le Bel, en 1364, fit transférer à la Sainte-Chapelle les archives de France. La charge de trésorier des Chartes fut créée par Philippe-Auguste, remplie de règne en règne par les magistrats les plus éminents, parmi lesquels Mornay, Gérard de Montagu, les de Thou, Mathieu Molé, etc. Fouquet, en 1658, de procureur général devenu surintendant des finances, créa dans cette trésorerie tout un personnel d'officiers et de commis, qui disparut après sa disgrâce. Le trésor des Chartes en revint alors à l'adminis-

tration passée et fut toujours régi par le seul procureur du parlement, comme il l'avait
été depuis 1582.

Nicolas Boileau Despréaux, le poète du *Lutrin* de la Sainte-Chapelle, y fut enterré
en 1711, dans la chapelle inférieure, sa paroisse et celle de sa famille.

LE PONT SAINT-MICHEL

Ce pont, situé dans l'île du Palais sur le bras méridional de la Seine, prit son nom de
la petite église Saint-Michel à laquelle il aboutissait. Il existait sous le nom de Pont-Neuf

PONT SAINT-MICHEL

vers le milieu du treizième siècle; et en 1378, sous Charles V, une assemblée des présidents, conseillers du Palais, du chapitre de Notre-Dame et de bourgeois notables, décida

SIMON GUILLAIN
Sculpteur du Roy et Recteur de l'Académie
Royale de Peinture et Sculpture.
Mort le 26 Decembre 1658

la reconstruction de ce pont. Hugues Aubriot, prévôt des marchands, fut chargé d'organiser les travaux, et, selon l'usage de la Prévôté de Paris, requit pour ouvriers tous les vagabonds, joueurs et fainéants, population nombreuse.

L'ouvrage, retardé par diverses contestations entre la Cité et l'abbaye Saint-Germain-des-Prez, ne fut achevé qu'en 1387. Le procès durait encore, lui, en 1393. Le pont fait de bois fut emporté en 1616, et rebâti en pierre, deux ans après, sur trois arches, couvertes de 32 maisons toutes de même style.

LE PONT-AU-CHANGE

Construit dès son origine en bois, il s'appela le Grand Pont jusqu'en 1141, sous Louis VII. Ce prince y ayant installé son change et tous les changeurs de Paris, ce pont a pris et gardé le nom de pont-aux-Changeurs et pont-au-Change. En 1618, cinquante forges d'orfèvres étaient établies sur un côté de ce pont, cinquante-quatre changeurs avaient leurs boutiques sur l'autre côté. Mais le pont fut consumé par un incendie le 24 octobre 1621, et reconstruit en pierre par André du Cerceau en 1639 ; on l'acheva en 1647, toujours bordé de maisons selon le funeste usage de ce temps, où l'on ménageait avarement le sol. Ces maisons, indépendamment du double danger qui les menaçait jour et nuit, interceptaient l'admirable vue de Paris sur tout le cours de la Seine.

Nous avons parlé de la tour de l'horloge du Palais, située à l'un des coins du pont-au-Change. A l'autre extrémité du pont, du côté du Grand Châtelet, s'éleva un petit arc orné de deux pilastres ioniques et d'un fronton aux armes de France et d'Autriche. Dans la niche de marbre noir, trois figures ronde-bosse en bronze, ouvrage de Simon Guillain, représentaient Louis XIV âgé de dix ans, couronné par une victoire ; à sa droite et à sa gauche Louis XIII et Anne d'Autriche ; sur le piédestal cette inscription :

« Ce pont commencé le 19 septembre 1639, sous le règne de Louis le Juste, achevé le

MONUMENT DU PONT-AU-CHANGE

« 20 octobre 1647, régnant Louis XIV, sous l'heureuse régence de la reine Anne
« d'Autriche, sa mère. »

LE PONT NEUF. — LA SAMARITAINE. — LA STATUE DE HENRI IV

Le Pont-Neuf traverse les deux bras de la Seine qui ont formé l'île du Palais et
relie malgré ces deux obstacles les deux rivages du fleuve. Il fut commencé sous

LE PONT-NEUF, VU DU LOUVRE

Henri III qui, accompagné de Catherine, sa mère, et de Louise de Lorraire, sa femmè,
en posa la première pierre, en 1578, le 30 mai, jour des obsèques de Quélus et Maugiron,
ses amis. Jacques André du Cerceau en fit les plans, et commença les travaux qui,
longtemps interrompus par les troubles et les guerres civiles, ne furent repris que sous
Henri IV, et terminés, en 1604, par l'architecte Guillaume Marchand. Ce pont magnifique
est long de 170 toises et large de 12. Le roi y avait autorisé l'installation volante de tentes-
boutiques louées au profit de ses valets de pied ; ces tentes portatives se pliaient chaque
soir. Il en résultait beaucoup d'encombrements et d'incommodités ; ces échoppes cachaient
entièrement la vue admirable des plus riches, des plus illustres monuments de Paris.

Du côté du midi par où le pont fut commencé, il y a cinq arches, et sur l'autre

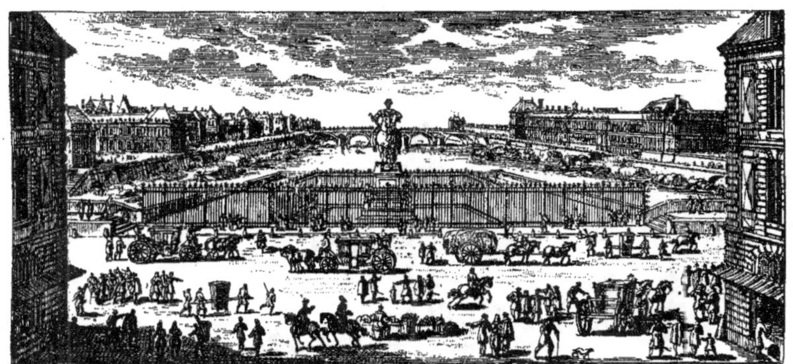

VUE DU PONT-NEUF ET DE LA STATUE DE HENRI IV

partie au nord sept. Sur chaque pile, s'avance en saillie de la largeur de la pile, une
demi-rotonde. La statue équestre d'Henri IV fut dressée à l'extrémité de l'île du Palais,
sur une esplanade en corps avancé vers la rivière à l'endroit où les deux bras réunis de
la Seine composent sa plus grande largeur.

Louis XIII fit ériger ce monument à son glorieux père. Commencé le 23 août 1614,
il ne fut achevé qu'en 1635 sous le ministère de Richelieu, après avoir subi diverses
interruptions et vicissitudes dont l'histoire fort accréditée, sinon indiscutable, ne
manque pas du moins de curiosité. La voici d'après un grand nombre d'historiens :
« Le grand-duc de Florence Ferdinand avait commandé, pour sa propre statue, un
cheval de bronze qui fut exécuté par Jean de Bologne, élève de Michel-Ange. Ferdinand
mourut et le cheval restait sans emploi. Cosme II, successeur de Ferdinand, l'offrit à

Marie de Médicis, veuve d'Henri IV et régente de France, et l'envoya en France par un vaisseau qui fit naufrage sur les côtes de Sardaigne où le cheval de bronze demeura toute une année englouti dans la mer. Retiré péniblement et chargé sur un autre

navire, il aborda enfin au Havre en mai 1613, puis à Paris en remontant la Seine. » On lui aurait d'abord construit un piédestal de marbre, en attendant le cavalier, de sorte que ce cheval seul occupa longtemps la population parisienne, et que le monument, même lorsqu'il fut achevé, s'appelait encore : *le cheval de bronze.*

La découverte du procès-verbal d'inauguration, publié dans le *Mercure français* de 1614, pages 339 à 343, a démenti cette légende.

Le piédestal dessiné par Civoli avait, aux quatre angles, des esclaves ou prisonniers enchaînés ; quatre bas-reliefs remarquables de Francheville ornaient ce piédestal : les batailles d'Arques et d'Ivry, la prise d'Amiens, l'entrée d'Henri IV à Paris.

Cette statue périt au mois d'août 1792, renversée et fondue comme toutes les statues de rois que possédait Paris.

LA SAMARITAINE

C'était une machine hydraulique placée à la seconde arche du Pont-Neuf du côté

LA SAMARITAINE

du Louvre. Henri III, dit-on, mais ce n'est pas prouvé, en avait autorisé la construction pour fournir de l'eau tant au Louvre qu'aux jardins des Tuileries. Sous le règne d'Henri IV, un flamand proposa un modèle d'une pompe qui élèverait les eaux de la Seine dans un réservoir d'où la distribution s'en ferait à volonté ; le roi accepta et autorisa, malgré l'opposition du prévôt des marchands. En 1608, les travaux étaient achevés. Cette pompe tombant en ruines fut reconstruite en 1712, et achevée en 1715. Robert de Cotte en fit le plan et les dessins. Un édifice nouveau, plein de vie et d'originalité, s'éleva sur le Pont-Neuf, et la curiosité des Parisiens fut vivement excitée. C'était la première fois qu'ils jouissaient du spectacle de belles eaux jaillissantes. Rien n'était moins attrayant que cet assemblage des charpentes et des pilotis de la pompe en dehors du Pont-Neuf, mais, sur ce pont, la façade du petit monument eut un succès énorme : c'était un pavillon carré, de proportions élégantes, à deux étages, surmonté d'un campanile gracieusement assis ; au-dessous, une horloge à cadran, et, plus bas, un groupe représentant Jésus avec la Samaritaine au puits de Jacob ; le puits figuré par une vasque pleine de l'eau que versait abondamment une coquille placée au-dessus.

Sous la vasque on lisait cette inscription : *Fons hortorum puteus aquarum viventium*, et le campanile de charpente revêtue de plomb doré contenait les timbres de l'horloge, et la sonnerie d'un joyeux carillon qui jouait à toutes les heures.

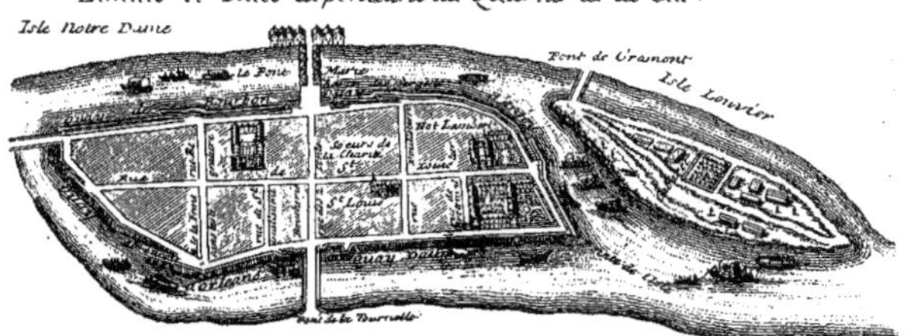

L'HOTEL DE BRETONVILLIERS

Maison remarquable, surtout par sa situation à la pointe de l'Ile, sa vue magnifique et le luxe de ses décorations intérieures. Elle avait été bâtie vers 1660, par un riche financier, favori du cardinal Mazarin, qui l'employa *au maniement des finances*. Il pros-

péra dans ces fonctions, et usa, dit-on, noblement de sa richesse. Il se nommait Bénigne
le Ragois de Bretonvilliers. Bourdon avait décoré sa galerie. Mignard avai. couvert les
trumeaux de sa grande salle d'excellentes copies d'après Raphaël. Les fondations du bâti-

HOTEL DE BRETONVILLIERS

ment et de la plupart des dépendances furent prises sur le lit de la rivière et établies
sur pilotis : M. de Bretonvilliers fit faire, à ses frais, tout le quai de la Pointe de l'Ile, et
employa plus de huit cent mille livres à ces ouvrages.

HOTEL DES URSINS

Cet édifice, d'une vénérable antiquité, était situé dans l'île du Palais, entre les rues
Glatigny et Saint-Landry, près de la petite église Saint-Landry bâtie sur le bord de la
rivière. L'hôtel des Ursins occupait tout l'emplacement situé entre les quatre rues qu'on
appela les Ursins, haut, bas, et milieu des Ursins. Il avait à sa gauche Saint-Landry.
La ville de Paris en fit présent, par reconnaissance des services rendus, à Jean Jouvenel,

prévôt des marchands en 1380, homme de sagesse et de résolution qui, dans ces temps troublés, exposa souvent sa vie pour défendre les privilèges de sa ville contre les violentes

HOTEL DES URSINS

usurpations des grands et des gens de guerre. Ses descendants ajoutèrent à leur nom de Jouvenel celui des Ursins.

VUE DU PONT MARIE

A. La Tour des Galériens.
B. Le Pont-Marie.
C. L'église Notre-Dame.
D. La maison de M. Esselin.
E. La maison de M. de Bretonvilliers.
F. La maison de M. Lambert.

Ce quartier de la Cité formé des quatre Iles, du Palais, de Notre-Dame, de Saint-Louis et de Louviers, et dont la mesure est en longueur de cinq cents toises au plus et de cent quarante environ en largeur, soit cinquante-cinq arpents, ce pauvre petit espace, berceau de Paris et, pour ainsi dire, de la France, renfermait, sous Louis XIV, vingt et une églises dont la Métropolitaine et douze paroissiales, deux longues rues aboutissant à quatre ponts, et cinquante-huit moyennes ou petites; cinq places publiques dont le parvis Notre-Dame et la place Dauphine. On accédait à la Cité par sept ponts, le pont de Bois, le pont de l'Hôtel-Dieu, le Petit-Pont, le pont Notre-Dame, le Pont-au-Change, le pont Saint-Michel et le Pont-Neuf.

On y comptait : 1 300 maisons et 700 boutiques ou échoppes, y compris celles du Pont-Neuf, mobiles et portatives, comme on sait, sans parler des 240 boutiques de l'ancien et du nouveau Palais, dont les marchands habitaient ailleurs ; deux corps-de-garde pour la sûreté publique, 2 fontaines publiques, sans compter la maison de pompe du pont Notre-Dame et la Samaritaine, 2 abreuvoirs, 2 boucheries, 4 communautés ou couvents, 3 prieurés, 3 prisons, 4 cours publiques, 3 juridictions ecclésiastiques, 14 juridictions temporelles, l'hôtel du Premier-Président, maison royale ; 2 ports, Saint-Landry et du Terrain. Ce quartier, on peut dire cette ville, était éclairé par 311 lanternes.

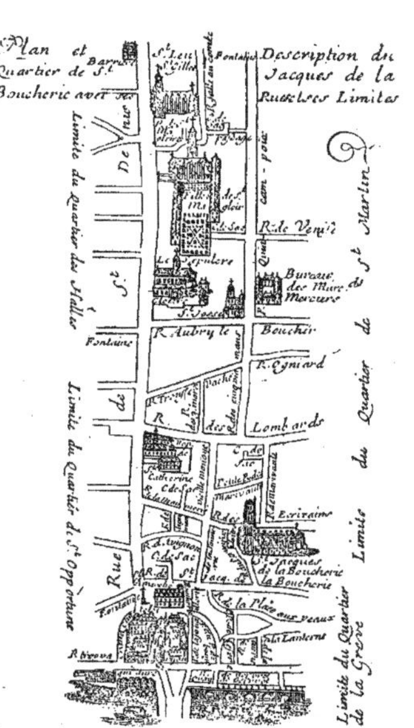

PLAN DU IIe QUARTIER

IIE QUARTIER. — DE SAINT-JACQUES-LA-BOUCHERIE

LE GRAND-CHATELET

ARIS, compris d'abord dans la Cité, eut à se défendre contre de nombreux ennemis, et dut s'entourer de bonnes murailles et de forteresses. Le Grand-Châtelet fut l'une des plus solides. Il était assis à l'un des bouts du Pont-au-Change, sur l'emplacement de la place du Châtelet d'aujourd'hui. Fut-il bâti par les Romains — par César — comme on dit toujours, et comme cela est toujours douteux quant à Paris; fut-il la forteresse destinée par le vainqueur des Gaules à maintenir les Parisiens dans l'obéissance et à les obliger de payer tribut, voilà ce que rien ne prouve, pas même l'inscription *tributum Cæsaris* qu'on lisait encore, en 1570, sous une vieille voûte du Châtelet, car à cette époque on inscrivait beaucoup de latin sur les édifices, et ces mots : tribut à César, pouvaient signifier simplement, selon la remarque de Jaillot : *Rendez ou payez au roi ce qui est dû à César.*

Rien n'est donc certain relativement aux origines du Grand-Châtelet, et les historiens qui en ont parlé font observer que, d'ailleurs, l'architecture de cette forteresse n'est en aucune façon de l'architecture romaine. De fait, on ne rencontre de documents sûrs qu'à dater du règne de Louis VII qui fait mention du Grand-Châtelet et dont plusieurs actes et ordonnances démontrent que cet édifice servait de demeure au prévôt de Paris.

Sans contredit, un château fort, ou du moins une défense, existait à chaque bout du pont en deux parties qui reliait la cité du nord au rivage méridional de la Seine. C'était de ce dernier côté, sur l'emplacement du futur Grand-Châtelet, c'était, disons-nous, une tour non encore achevée en 886, et que le gouverneur de Paris, le comte Eudes, se hâta de compléter en bois, lorsque les Normands vinrent avec un millier de barques mettre le siège devant la ville; c'était, du côté Nord, le Petit-Châtelet. Attaquée avec la rage des loups qui veulent la proie, la Cité se défendit avec l'héroïsme du désespoir et la constance de la foi. Les Normands finirent par échouer, et se retirèrent sans avoir pu, après vingt assauts et dix mois de siège, s'emparer de cette tour du Grand-Châtelet toujours relevée le lendemain du jour où les Normands l'avaient démolie ou brûlée. Ce

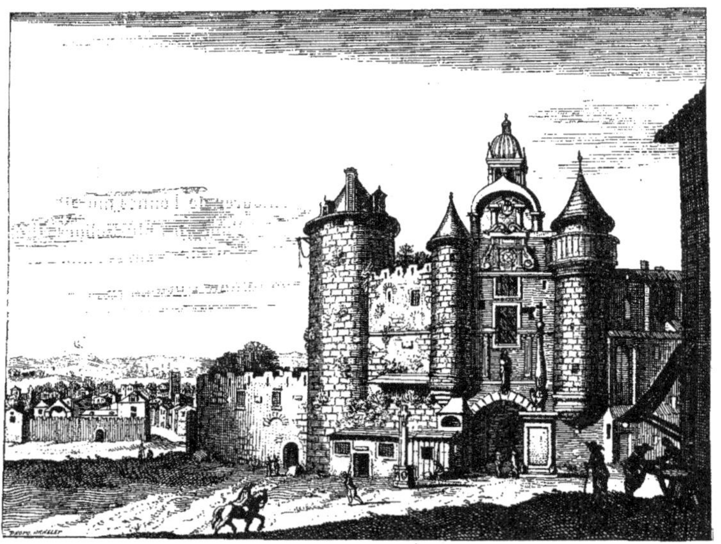

LE GRAND-CHATELET DE PARIS

siège immortalisa Paris, son évêque Goslin, qui combattit en soldat, et le comte Eudes, qui fut depuis roi de France.

Des actes et déclarations de Louis VII, on peut inférer que le Grand-Châtelet et même le Petit avaient été construits à nouveau par Louis le Gros, prince belliqueux, entreprenant, et habitué à bien défendre ses possessions. Il continua, dans ce château neuf, d'entretenir la Prévôté de Paris, institution de police administrative fondée par les rois, ses prédécesseurs, alors que le parlement n'étant pas déclaré sédentaire, les prévôts, et avant eux les vicomtes de Paris, rendaient la justice dans le ressort, très étendu depuis Philippe-Auguste, des vicomté et prévôté de Paris.

Le Châtelet était le siège de ces juridictions. Le prévôt de Paris, chef du Châtelet, représentait le roi dans cette cour de justice. Saint Louis fit de grands travaux pour agrandir la demeure du prévôt, et faciliter le fonctionnement de l'institution; il consolida, il créa; mais les bâtiments tombant en ruines vers 1450, Charles VI transféra la juridiction au Louvre, et les officiers du Châtelet n'y reprirent leurs séances que sous Louis XII. Enfin, Louis XIV fit construire un nouveau Châtelet en 1684. On conserva de l'ancien plusieurs tours, on restaura les vieilles salles, on en créa bon nombre de nouvelles, les cours furent plus grandes, plus aérées; les prisons n'y gagnèrent rien, car on rapporte qu'elles surpassaient en horreur tout ce que peut inventer l'imagination. Bref, la juridiction du Châtelet fut installée de la façon la plus complète; la charge du prévôt et ce magistrat ou officier furent remplacés, en 1667, par la création d'un lieutenant-général de police.

Étaient établies au Châtelet les juridictions suivantes : le parc civil, le présidial, la chambre civile, la chambre de police, la chambre criminelle, la chambre du Procureur du roi, et l'audience des auditeurs. Le Châtelet devenait donc une maison de justice et de police; il avait cessé d'être une forteresse, bien qu'il en eût conservé les dehors menaçants et l'aspect farouche. Paris se souvenait encore, au début de notre siècle, du défilé noir, étroit, sinistre, que le passant devait traverser, sous la voûte du Grand-Châtelet, pour aller de la rive gauche à la rue Saint-Denis ou pour en revenir.

Il en était de même du Petit-Châtelet, situé au bout méridional du Petit-Pont, à l'entrée de la Cité qu'il défendait de ce côté comme le Grand-Châtelet faisait du sien. Même passage étranglé, sous même voûte rébarbative, pour le citadin qui rentrait rue Saint-Jacques. C'était d'ailleurs, comme le Châtelet, son aîné, une prison et des plus affreuses. Nous pouvons en donner une idée.

Au Grand-Châtelet on comptait huit divisions ou prisons particulières : *le Berceau, la Grièche, le Paradis, la Gourdaine, le Puits, les Chaînes, la Boucherie, les Oubliettes.* Une ordonnance d'un roi d'Angleterre, qui se qualifiait roi de France, Henri VI, mentionne, en 1425, quinze prisons, dont dix se payaient plus cher que les autres (car tout prisonnier payait son logement!) et par conséquent devaient être les moins horribles.

Les cinq moins chères, — un denier par nuit — s'appelaient *la Fosse, le Puits, la Gourdaine, le Berceau,* et *les Oubliettes.* Dans la Fosse, on descendait le prisonnier par une poulie comme un seau dans un puits. Ce cachot était peut-être la lugubre *chausse d'Hypocras* où le prisonnier, les pieds dans l'eau, ne pouvait ni rester debout, ni se coucher. Il y mourait ordinairement dans la quinzaine. Il y avait un autre cachot, *Fin d'aise*, cloaque affreux de boue et d'ordure, peuplé de rats et de reptiles.

Le Grand et le Petit-Châtelet furent, sous le règne de Charles VI (12 juin 1418), le théâtre d'un abominable carnage. Les Cabochiens, maîtres de Paris pour le duc de Bourgogne, poursuivaient impitoyablement les Armagnacs, partisans du duc d'Orléans. Ils arrêtèrent et enfermèrent dans ces deux forteresses tout ce qu'ils purent trouver de personnages de marque, et les y égorgèrent avec des raffinements de cruauté. On les précipitait du sommet des tours, et la populace, toujours la même, recevait ces malheureux corps sur le fer des piques, le tranchant des faux, et les achevait sans miséricorde. Quatre mille victimes, dit-on, périrent ainsi dans cette exécrable journée.

Le Grand-Châtelet était destiné, 374 ans plus tard, à en voir encore deux autres pareilles.

<h3 style="text-align:center">ÉGLISE ET TOUR SAINT-JACQUES-LA-BOUCHERIE</h3>

Cette église paroissiale date peut-être du dixième siècle. Située dans un centre populeux, elle s'agrandit et prospéra au point d'envahir et d'accaparer le quartier tout entier. Elle était la paroisse des bouchers, des pelletiers, tanneurs, population bruyante et remuante qui fit beaucoup trop parler d'elle sous Charles VI. Saint-Jacques devait son surnom (la Boucherie) au grand nombre de ses paroissiens aux bras ensanglantés. Dans le quatorzième et le quinzième siècle, le territoire de cette paroisse occupait, ou à peu près, tout l'espace compris entre la Seine, les rues Aubry-le-Boucher, Saint-Denis et Saint-Martin. C'était le séjour de cette puissante agglomération de riches marchands qui tenaient en fief, comme des seigneurs, leurs étaux de bouchers. « C'étaient eux, » comme l'écrit un savant historien de Paris que nous avons toujours grand plaisir à citer, J. de Gaulle, «c'étaient eux qui avaient fait la révolte et la révolution de 1413, qui, d'un roi de France, avaient fait un petit roi de Bourges ; eux qui avaient failli brouiller à jamais les destinées de la France entière en livrant Paris aux Anglais. » Auprès de ces potentats étaient venus se loger, sans tarder, tous les Lombards, banquiers de l'époque, attirés comme vautours dans ce quartier du sang et de l'argent.

L'église s'était donc agrandie, avec plus de souci des bénéfices que de la question d'art ; ses paroissiens l'avaient dotée de grands biens ; les révolutionnaires de ce temps-là ne pillaient pas les églises, ils les enrichissaient. Elle possédait le privilège fort envié du droit d'asile ; on y construisit même, en 1405, une chambre à l'usage des réfugiés qui venaient s'y mettre en franchise. Ce n'étaient pas souvent d'honnêtes gens qui réclamaient

SAINT-JACQUES-LA-BOUCHERIE

ce droit d'asile. Un certain Perrin Macé venait d'assassiner le trésorier de France Jehan

Baillet, en 1357 ; il accourut se cacher à Saint-Jacques-la-Boucherie où Charles V, le Sage, le fit prendre d'abord, et pendre ensuite. Mais l'évêque de Paris, dont on venait de violer ainsi les privilèges, fit détacher le cadavre du gibet, et inhumer dans l'église même qui lui donna ainsi un asile tardif mais perpétuel.

Louis XII, un roi sage aussi, retira ce privilège à Saint-Jacques-la-Boucherie.

L'église s'agrandissait toujours. Elle n'était pas encore achevée en 1399, puisqu'à cette époque l'un des bienfaiteurs les plus zélés de la paroisse, Nicolas Flamel, fit construire le petit portail du côté de la rue Marivault. L'histoire légendaire de ce digne bourgeois de Paris, simple écrivain, et de sa femme Pernelle est trop connue pour que nous en donnions ici les détails, plus ou moins authentiques, d'ailleurs. Ce qu'il y a de certain dans la légende, c'est que Nicolas Flamel, homme instruit, de mœurs polies et douces, était un des plus habiles dans son art, qu'il s'enrichit par son travail dont il savait ménager les fruits, qu'il avait en outre fait un bon mariage, car dame Pernelle était riche, et que, fin spéculateur, il avait acheté bon marché des maisons qu'il revendit cher. Le public ne sut pas ou ne comprit pas ces causes naturelles de la fortune de Flamel, et préféra l'attribuer à des opérations de magie ou d'alchimie. Le bruit se répandit que l'écrivain avait trouvé la pierre philosophale et faisait de l'or pendant la nuit, car on voyait ses vitres éclairées très tard. On comprend mieux aujourd'hui que l'écrivain fasse de l'or lorsqu'il veille devant sa table de travail ; mais alors on admettait de préférence le surnaturel. Ces bruits qui couraient, Nicolas Flamel ne les démentit pas d'abord. Il était au mieux avec son curé, et ne croyant avoir rien à craindre, il exploita la prétendue veine philosophale et vendit, libraire lui-même, et libraire juré, bon nombre de livres d'alchimie, de chimie simple et d'inoffensive magie blanche. Il devint prodigieusement riche et populaire.

Mais, à ce moment, le chancelier de l'Université, Jean Gerson, *le docteur très chrétien*, le courageux curé de Saint-Jean en Grève qui avait osé flétrir éloquemment, en chaire, l'assassinat du duc d'Orléans par le duc de Bourgogne, et poursuivait avec intrépidité dans ses écrits toute fausse doctrine et toute erreur préjudiciable à l'Église, Jean Gerson venait de faire paraître un livre foudroyant contre les *mensonges* et les *superstitions magiques*. Cette censure, qui visait peut-être Nicolas Flamel et sa pierre philosophale, épouvanta si fort l'écrivain qu'il se réfugia, non dans l'asile de sa paroisse, mais dans une dévotion capable de toutes les prodigalités. Il s'épuisa en dons, en offrandes, multiplia les manifestations de son zèle religieux, et mourut ruiné ou peu s'en faut, après avoir fait sculpter en marbre son image et celle de dame Pernelle agenouillées aux pieds de la Vierge et répétées partout dans leur église paroissiale.

Mais la légende le tenait et ne le quitta pas. On assura gravement que l'écrivain et sa

PIERRE PUGET
le Michel-Ange de la France
Peint par son Fils.
A Paris chez Jeaurat rue S.t Jacques au Livre d'Or.
Gravé par Jeaurat.

femme n'étaient pas morts à Paris, qu'ils s'étaient enfuis pour n'être pas inquiétés, après avoir simulé une maladie dont ils furent censés mourir ; qu'on n'avait enterré à leur place que deux bûches, et enfin, au dix-huitième siècle, le voyageur Paul Lucas a écrit, gravement aussi, qu'il avait connu en Égypte un derviche fort grand ami de Flamel et de Pernelle, son épouse, tous deux vivants et en parfaite santé, — après deux cents ans !

L'église fut achevée sous François 1er. La tour date de cette époque. C'est un râre et poétique monument de l'architecture gothique : s'il n'a pas la pureté de style ni la finesse de la Sainte-Chapelle, il commande l'admiration par la richesse de ses ornements, par leur variété bizarre, par la superbe audace de cette tour géante debout dans Paris qu'elle domine et qui semble ramper à ses pieds. Voisine de Notre-Dame qui, de ses tours jumelles, la regarde par-dessus la rivière, la tour Saint-Jacques est haute de 155 pieds depuis le sol de la rue jusqu'à la balustrade. Elle est carrée et mesure, hors d'œuvre, 30 pieds 9 pouces sur chacune de ses faces. Achevée en 1522, elle coûta 1 350 livres !

Ce deuxième quartier de Saint-Jacques la Boucherie contenait en 1702 : 44 rues ou culs-de-sac, 1018 maisons, 3 marchés, 3 paroisses : Saint-Jacques, Saint-Josse, Saint-Leu ; 5 communautés ou couvents, 2 cloîtres, 1 hôpital (de Sainte-Catherine), les 7 juridictions du Châtelet, énumérées plus haut, la cour du Châtelet, où était la Morgue « pour l'exposition des corps morts, noyés ou trouvés dans les rues » ; 1 prison : du Grand-Châtelet ; 2 quais : de Gèvres ou des Oiseaux *sur lequel on passe à couvert du pont Notre-Dame au Pont-au-Change;* 2 places ; 181 lanternes.

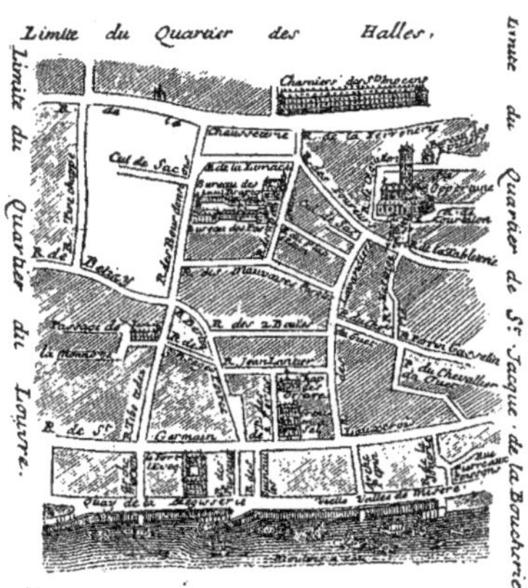

IIIᵉ QUARTIER. — DE SAINTE-OPPORTUNE

ᴿIEN de saillant, ni qui intéresse au point de vue historique ou monumental, dans ce quartier de commerçans et d'ouvriers.

Il renfermait : les Charniers des Saints-Innocents ; une chapelle : des Orfèvres ; le Cloître et l'église Sainte-Opportune ; une prison, le Fort-l'Évêque ; un quai : de la Mégisserie ou Vieille-Vallée-de-Misère ; 640 maisons, 36 rues ou culs-de-sac, 158 lanternes.

IVᴱ QUARTIER. — DU LOUVRE OU DE SAINT-GERMAIN-L'AUXERROIS

L n'est pas impossible, mais il n'est pas prouvé qu'il y ait eu un château portant le nom du Louvre avant le règne de Philippe-Auguste. Ce roi, au contraire, est reconnu, par la plus grande partie des historiens, comme fondateur du Louvre. Pourquoi ce nom : Louvre? La science archéologique s'est donné carrière sur l'étymologie; on a dit : *Lupara,* à cause des loups qu'on chassait dans les bois voisins ; on a dit : *œuvre,* en vieux français, *ouvre* ; par excellence : l'Ouvre ; on a dit tout, sans conclure à rien.

La situation du Louvre, hors la Cité, au bord de la Seine, dans le voisinage des champs et des bois, indiquerait que le fondateur voulut créer une maison de plaisance, qui fût pourtant aussi une forteresse ; respirer le bon air, et en même temps tenir en respect l'ennemi de la ville, et au besoin la ville elle-même. L'édifice, tel qu'on l'attribue à Philippe-Auguste, répond à cette double destination. C'était un vaste parallélogramme s'appuyant à la Seine et s'avançant jusqu'à la rue de Beauvais, sur une longueur de soixante et une toises, sur une largeur de cinquante-huit et demie ; il allait de la rue Fromenteau à celle d'Autriche, depuis rue du Coq. Le bâtiment formait ainsi quatre corps-de-logis, dont les façades, sans aucun ornement, étaient de simples murailles percées de petites et rares fenêtres. La quadruple enceinte était fortifiée, flanquée d'un grand nombre de tours, que défendaient les fossés alimentés par la Seine; et l'entrée principale du grand portail du Louvre était du côté de la rivière.

C'est au centre de ce quadrilatère, vaste cour de 34 toises sur 32, que Philippe-Auguste

fit élever la tour connue longtemps sous le nom de grosse tour du Louvre. Ce palais, ou cette forteresse, était donc un véritable rendez-vous de tours ; on en comptait 26, dont chacune avait son nom et son capitaine. Les principales étaient celles : de la Librairie, de l'Horloge, du Bois, de l'Artillerie, du Fer-à-Cheval, de l'Étang, de l'Orgueil, la tour où se met le roi *quand on joûte,* etc., etc. Charles V en ajouta encore à celles de Philippe-Auguste.

La grosse tour fut logis royal, et aussi prison. Elle était ronde, épaisse, à la base, de 13 pieds, haute de 16 toises, avec une circonférence de 24. Un fossé très profond et très large l'entourait. Elle tenait à la cour par un pont d'une arche avec pont-levis, et au château par une galerie de pierre.

Elle fut terminée en 1214, et, cette même année, la glorieuse année de Bouvines, Philippe-Auguste y enferma son premier prisonnier, Ferrand ou Ferdinand, comte de Flandres, rebelle pris les armes à la main dans la bataille, et qu'on attacha dans la tour des mêmes chaînes qu'il avait préparées pour son souverain Philippe-Auguste : il y resta treize ans. Deux autres comtes de Flandres, rebelles aussi, furent plus tard emprisonnés dans la grosse tour : Guy et ses enfants, sous Philippe le Bel, en 1299, et Louis, en 1322, sous Philippe de Valois.

Louis VIII, le Lion, fils de Philippe-Auguste, ordonna, par testament, que ses trésors fussent mis en sûreté dans la tour.

Ce Louvre devint la résidence habituelle des rois ; on y recevait solennellement les souverains étrangers. Il en fut ainsi pendant deux siècles, et Charles V l'agrandit et l'embellit à grands frais.

Le Louvre était encore, à cette époque, hors de la ville. Charles V l'y enferma. Charles VI y logea d'abord avec Isabeau de Bavière ; mais ensuite il habita de préférence l'hôtel Saint-Paul ; Charles VII, Charles VIII et Louis XI firent de même. Louis XII revint au Louvre ; mais l'entretien qu'il en fit laissa beaucoup à désirer, et d'ailleurs ce palais avait souffert. Sa véritable restauration eut lieu sous François Ier qui, voulant y loger l'empereur Charles-Quint quand ce prince, en 1539, traversa Paris pour aller en Flandres, accommoda le logement à la qualité de l'hôte. « La plupart des croisées furent agrandies et les vitres peintes, dit Sauval ; on dora les girouettes des tours (la grosse tour avait disparu dès 1527), on peignit, on arbora partout les armes de France, on multiplia le nombre des appartements, à ce point que Charles-Quint, le roi, la reine, le dauphin et la dauphine, le roi et la reine de Navarre, les enfants de France, le connétable, le cardinal de Tournon et jusqu'à la duchesse d'Etampes, maîtresse du roi, y eurent chacun des logements proportionnés à leur qualité. Aussi, tant de dépense y fut faite, qu'un registre entier des *œuvres* ou *édifices royaux* en est tout plein. »

Néanmoins il s'en fallait que le Louvre fût achevé. François Ier voulait un vrai palais. Homme de son siècle, un siècle de grand art et d'œuvres gigantesques, il avait ramené d'Italie des peintres, des architectes, des sculpteurs qui, s'ils ne surpassaient pas les nôtres, pouvaient au moins leur donner de l'émulation et des idées neuves. Ce n'est pas sans motif que cette époque fut appelée la Renaissance, et François Ier le Père et restaurateur des lettres et des arts. François et, après lui, son fils Henri II favorisèrent le grand mouvement artistique du seizième siècle, avec autant de zèle et d'intelligence qu'en Italie avaient fait Jules II, Léon V et les Médicis.

On commença, en 1628, les nouveaux travaux du Louvre.

L'architecte Serlio, que François fit venir d'Italie, fournit de beaux dessins qui ne furent pourtant pas suivis. Un Français, Pierre Lescot, seigneur et abbé de Clagny, produisit ses plans et ses projets qu'on adopta, et l'on fit bien, car ces dessins étaient « les *plus réguliers* et *magnifiques* qu'on pût voir. »

Si l'illustre architecte français nous a donné un chef-d'œuvre, le sculpteur qu'on lui adjoignit, un autre Français, Jean Goujon, peupla de merveilles ce nouveau Louvre qui, après trois siècles et demi, debout et toujours splendide, n'a encore été ni dépassé, ni égalé dans aucun pays par aucun maître. François mourut en 1547, sans avoir

terminé son œuvre. Henri II la continua respectueusement, acheva, en 1548, le vieux Louvre, et cette gloire suffirait à illustrer son règne. De fait, après Henri II, les arts, comme épuisés d'efforts, parurent sommeiller durant près d'un siècle. Les guerres de religion, civiles et étrangères, accaparaient tous les bras : dans ce conflit d'intérêts, d'ambitions, dans ce trouble général des consciences, plus de repos, plus d'asile pour la pensée, partout des horizons *noyés* dans la fumée, des villes *noyées* dans le sang ; la controverse tuait l'imagination ; l'épée, le canon posaient et résolvaient questions et problèmes. Est-ce bien là le progrès, et rend-il autant qu'il a fait perdre ?

Henri II était mort au palais des Tournelles. Charles IX abandonna cette résidence et vint demeurer au Louvre. En 1572, le 18 août, furent célébrées en ce palais, dans la salle des Cariatides, les noces de Marguerite de Valois, fille de Catherine de Médicis et sœur du roi Charles IX, avec Henri de Navarre, six jours avant la Saint-Barthélemy.

Le Louvre va jouer son rôle dans la sanglante tragédie. Coligny en sortait lorsqu'il fut blessé derrière Saint-Germain-l'Auxerrois par le coup d'arquebuse de Maurevel. Le surlendemain 24 août, le roi Charles IX décida, au Louvre, l'exécution du massacre, et y prit part, non pas en tirant d'une fenêtre sur les protestants, le fait est reconnu aussi faux qu'invraisemblable, mais en assistant de ses fenêtres à l'égorgement des victimes qu'il avait désignées, en sorte que le château fut entouré de cadavres, et la cour du Louvre inondée de sang. Jean Goujon, qui travaillait paisiblement à quelque chef-d œuvre sur son échafaudage, y fut tué d'une balle le jour de Saint-Barthélemy. Ce fut au Louvre, dans cette nuit du 24 août, que la jeune reine de Navarre, Marguerite, mariée depuis six jours, entendant courir, crier, frapper désespérément à la porte de sa chambre, ordonna qu'on ouvrît. Elle croyait voir entrer le roi son mari ; celui qui entra, effaré, ensanglanté, était un gentilhomme de Navarre, nommé Téjan, poursuivi, et déjà blessé par les assassins, qui entrèrent pêle-mêle derrière lui. Le malheureux se réfugia dans l'alcôve de la reine qu'il saisit pour s'abriter derrière elle, et les furieux l'eussent achevé là, au risque de tuer Marguerite elle-même, sans l'arrivée de Nancey, capitaine des gardes, qui, accouru au bruit, ne put d'abord s'empêcher de rire en voyant la reine dans les bras de cet inconnu, auquel pourtant, vaincu par les supplications de Marguerite, il fit grâce de la vie. Mais il en fut tué là bien d'autres, qui croyaient le Louvre lieu d'asile puisque le roi de Navarre l'habitait. Cependant Henri de Navarre, lui-même, se vit à deux doigts de la mort, lorsque, dans le cabinet des armes, Charles IX l'ayant fait venir lui dit ainsi qu'au prince de Condé la fameuse phrase : Mort, Messe ou Bastille !

Mais, quelques années plus tard, Catherine de Médicis avait oublié la Saint-Barthélemy, Charles IX, mort d'une maladie si étrange ; et le Louvre faisait l'admiration des cours de l'Europe par la magnificence de ses fêtes. Il en fut donné une, en 1581, qui coûta douze cent mille écus.

Dix ans plus tard, pendant la Ligue, le duc de Mayenne fit pendre, au Louvre, quatre des plus furieux ligueurs parmi les Seize qui avaient fait pendre les présidents Brisson et Tardif, et l'année suivante, en 1592, la Ligue y tint les États, parodie des grandes assemblées royales. En février 1610, Bassompierre fut grièvement blessé au Louvre par le duc de Guise, dans un tournoi à camp ouvert que le roi se reprocha d'avoir autorisé.

Et cette même année, deux mois plus tard, dans cette même salle des Cariatides où

Henri IV avait épousé en premières noces une fille de Catherine de Médicis, ce grand prince fut apporté mourant, sinon mort, à sa deuxième femme, encore une fille des Médicis, laquelle, dit un historien, « ne fut ni assez surprise ni assez affligée de cette mort. »

Le 24 avril 1617, sur le pont-levis du Louvre, Concino Concini, maréchal d'Ancre, fut tué à coups de pistolet par Vitry, capitaine des gardes du roi.

Henri IV avait fait exécuter de grands travaux dans le Louvre depuis 1596. Déjà,

LE LOUVRE (COTÉ DU JARDIN DE L'INFANTE)

sous Charles IX, on avait élevé le premier étage du pavillon de l'Infante et réuni ce pavillon par une galerie au château des Tuileries. Mais Henri IV fit monter le deuxième étage du pavillon de l'Infante où est la galerie d'Apollon, dont les peintures sont de Dubreuil, Bunel et Porbus, les sculptures de Barthélemy. Le salon carré fut construit également sous Henri IV, et la décoration des appartements royaux complétée magnifiquement par les riches boiseries qu'on y voit encore.

Sous Louis XIII, qui habita le Louvre avec Anne d'Autriche, on démolit les six

LA COLONNADE DU LOUVRE

Claude Perrault
de L'Accademie Royalle des Siences

dernières tours qui restaient du Louvre de Charles V, et l'on n'y fit rien de nouveau que l'élévation et la décoration des parties supérieures du pavillon de l'Horloge, et le changement de l'entrée principale qui ne fut plus du côté de la rivière, mais du côté des Tuileries.

Ce vieux Louvre fameux, modèle de goût, de grandeur et de grâce, auquel tant de rois, tant de générations du plus pur sang français avaient travaillé avec amour, ce splendide monument du génie de la France et de sa richesse, n'était pas comple. Il ne représentait encore que deux des côtés du quadrilatère de Philippe-Auguste. Louis XIV voulut se donner la gloire d'achever l'œuvre, et, dès 1660, il décida l'ouverture des opérations. D'abord, pour vouloir trop bien faire, on alla, selon l'expression naïve d'un contemporain, chercher bien loin ce qu'on avait sous la main. Les premiers plans de Levau et de d'Orbay, déjà en voie d'exécution, ne parurent pas satisfaisants à Louis XIV, qui rêvait un idéal supérieur. On envoya consulter à Rome Poussin et les plus fameux architectes romains. A Rome, il n'était question que du Bernin, la merveille du moment; le roi fit venir Bernin. Argent, présents, honneurs quasi-royaux, Louis XIV donna tout, on en combla le célèbre artiste. Mais lorsqu'il présenta ses plans, qui consistaient d'abord à sacrifier tout l'ouvrage de Pierre Lescot, c'est-à-dire le vieux Louvre, on hésita, on réfléchit et l'on ne consentit qu'avec peine. Cependant les travaux de Bernin avançaient rapidement, et personne n'était content, lorsqu'on se souvint des projets qu'avait offerts Claude Perrault, un médecin modeste qui s'occupait d'architecture à ses moments perdus; on les examina plus à fond. Le roi, Colbert, le public, les trouvèrent si beaux qu'on regretta de ne pas les avoir adoptés. Ce fut le signal d'une réaction aussi prononcée que rapide : Bernin froissé allégua son âge, sa santé, ses fatigues, et demanda son congé au roi qui le lui accorda, lui fit remettre par Colbert 3 000 louis en or, 12 000 livres de pension pour lui et 1 200 pour son fils. Le Louvre fut alors livré entièrement à Perrault, qui débuta par faire disparaître tout le travail de Bernin, et entama l'exécution de ses plans à lui, le 17 octobre 1665. On commença la colonnade du Louvre en 1666.

Nous n'entrerons pas dans le détail technique de cette architecture célèbre ; des volumes n'y suffiraient pas. Les faits, les dates, le sentiment des choses, voilà tout ce que nous permet, en abrégé, la mesure de notre cadre.

Tout a été dit sur cette colonnade que tout le monde admirait, excepté Boileau. Il avait fait une épigramme sur Perrault, et tenait à ce qu'elle fût justifiée. Il s'agissait d'établir universellement que Perrault, méchant médecin, était un pire architecte, et qui plus est un plagiaire; le puissant critique entreprit là une mauvaise campagne, s'y compromit, et par bonheur, étant un honnête homme, se rétracta loyalement et fit amende honorable, après la mort de Claude Perrault.

Les différents travaux du Louvre furent terminés vers 1670, y compris les façades sur le quai et sur la rue du Coq. L'immense quadrilatère était fermé. Le rôle de la décoration commençait ; Lebrun, premier peintre du roi, fut mis à la tête d'une armée de sculpteurs, peintres, ornemanistes, chargés d'exécuter ses dessins. Puis, après le grand coup de feu de cette mise en train, l'action se ralentit ; Louis XIV, satisfait d'avoir fini le Louvre, s'appliquait à terminer Versailles, et l'on remarque, vers 1679, que Mansard ne faisait plus mention du Louvre dans ses comptes et mémoires relatifs aux bâtiments.

Louis XIV habitait Versailles, sa création nouvelle. Il avait accordé, fidèle à la tradition de son aïeul Henri IV, des logements et d'honorables installations dans le Louvre, non plus aux ouvriers, mais aux compagnies savantes et scientifiques. L'Académie française, dont Louis XIV s'était déclaré protecteur après Séguier et après Richelieu, obtint, et la première de toutes les Académies, un appartement au Louvre où elle tint ses séances.

Après l'Académie française, jouirent de la même faveur celles des Inscriptions et Belles-Lettres, des Sciences, et l'Académie de peinture.

Mais s'il est vrai que les lettres et les arts ornent tout ce qu'ils touchent, il n'en est pas de même quand, après les artistes, les savants et les maîtres, toute une population d'artisans, de boutiquiers, d'entrepreneurs de maçonnerie et de mendiants fond sur un édifice abandonné, s'y installe et s'y cramponne. Le Louvre, malheureusement, devint la proie de cette engeance qui, peu à peu, l'envahit et l'étouffa. Colbert et Perrault étaient morts, Louis XIV n'habitait plus au Louvre, et tout autour de l'enceinte, dans ses cours intérieures même, s'élevaient maisons, magasins, échoppes, matériaux et décombres qui montaient en certains endroits jusqu'au premier étage.

La colonnade ne fut pas plus épargnée que le reste. Elle eût fini par être masquée, si les choses se fussent continuées en pareil état. Il fallut plus tard démolir encore et ragréer et nettoyer, jusqu'au jour où de sages mesures, sévèrement appliquées, assurèrent aux édifices parisiens leur part légitime d'air, de lumière et d'espace ambiant, conditions inflexibles de leur beauté, de leur existence.

LES TUILERIES

Ce palais des grandeurs et des élégances eut d'humbles commencements : on fabriquait jadis d'excellentes tuiles sur l'emplacement même de ses jardins, au lieu dit la *Sablonnière*, peuplé d'un grand nombre de ces fabriques. Charles VI, vers 1416, ordonna que les tueries et *escorcheries* de Paris fussent transférées hors la ville, près les tuileries

Saint-Honoré. Au début du xvi⁰ siècle, un sieur de Villeroy, secrétaire des finances, possédait sur ces terrains une habitation assez vaste, appelée les Tuileries; il la vendit à Louise de Savoie, mère de François I⁰ʳ, qui se déplaisait aux Tournelles, mais ne se plut point davantage aux Tuileries, et les donna viagèrement au maître d'hôtel du jeune dauphin Henri, son petit-fils.

En 1563, ce palais des Tournelles, séjour des rois, fut reconnu malsain, inhabitable. Il était d'ailleurs tombé aussi dans la disgrâce de Catherine de Médicis depuis la mort

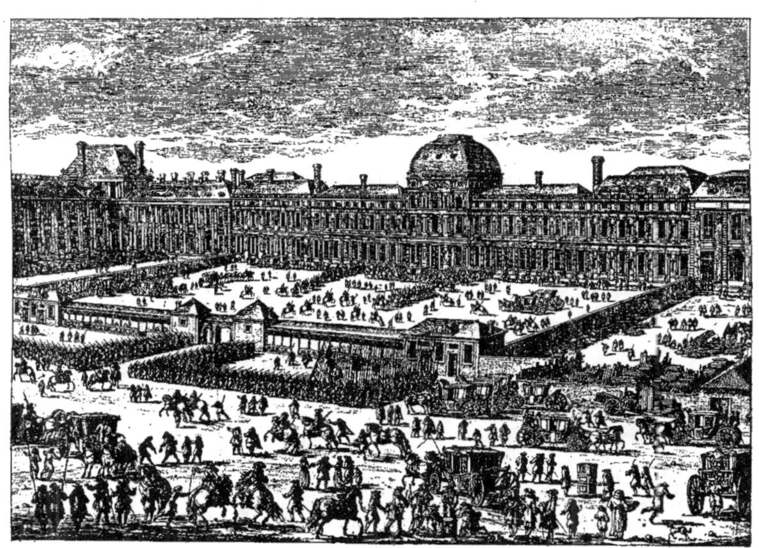

FAÇADE DES TUILERIES

funeste d'Henri II : on cherchait donc à lui construire une résidence digne d'elle. Catherine trouva l'emplacement des Tuileries à sa convenance, et décida qu'elle s'y fixerait. Lorsqu'elle se fut assuré un espace suffisant par beaucoup d'acquisitions dans le voisinage, elle commanda les plans du futur palais à Philippe Delorme, abbé de Saint-Eloy, aumônier et conseiller du roi, et à Jean Bullant, excellent architecte; et ces deux maîtres réalisèrent tout ce que la reine-mère avait espéré de leurs ta ents réunis. On jeta les fondements de l'édifice en mai 1564.

Le château des Tuileries, dans l'origine, se composait seulement d'un pavillon central, se reliant à deux autres par deux galeries, corps-de-logis avec terrasses du côté des jardins, — quatre-vingts toises de développement sur vingt de largeur. Ces cinq parties formaient un ensemble d'une très heureuse disposition, de proportions harmonieuses ; la reine Catherine en fit son habitation ; le roi Charles IX se tenait au Louvre.

Mais lorsque tout fut achevé, un astrologue, auquel Catherine avait demandé son horoscope, lui apprit qu'elle mourrait *près de Saint-Germain*. Cet homme croyait certainement faire sa cour à la reine, en lui prédisant une mort bien heureuse et naturelle, en son nouveau palais, le plus tard possible, au milieu de sa cour, de ses enfants et de ses amis, près de sa paroisse Saint-Germain-l'Auxerrois ; mais Catherine ne l'entendait pas ainsi. Peut-être ne voulait-elle mourir ni là ni ailleurs. Toujours est-il qu'elle n'alla plus même à Saint-Germain-en-Laye, plus à sa paroisse de Paris, et qu'elle se fit bâtir un nouvel hôtel, l'hôtel de Soissons, près de Saint-Eustache. C'est Mézeray, un grave historien, qui nous le dit. Voilà pourquoi Catherine laissa, sans l'agrandir, sans le perfectionner même, ce pur et gracieux palais de Philibert Delorme, et de ce moment au règne d'Henri IV, les guerres de religion et de parti donnèrent aux souverains bien assez d'occupations et de préoccupations en dehors de l'architecture ; mais Catherine de Médicis, pour s'être dérobée au voisinage de Saint-Germain-l'Auxerrois, n'échappa point à l'horoscope, et lorsqu'elle dut se préparer à la mort, le prélat qui se trouva près d'elle pour l'assister, s'appelait Julien de *Saint-Germain*, évêque de Nazareth ; ainsi le dit la légende.

Henri IV, vainqueur de la Ligue et de tous ses ennemis, français ou étrangers, reprit les projets d'embellissements délaissés par sa belle-mère. Il ajouta aux Tuileries deux corps-de-logis et deux pavillons terminaux, ce qui porta la façade de l'édifice à 168 toises et 3 pieds de longueur. Il relia les Tuileries au Louvre par la Grande Galerie du côté de la rivière. Ces ouvrages, qui ne furent terminés que sous Louis XIII, par du Cerceau, ont peut-être le tort, relativement aux Tuileries de Philibert Delorme, de compliquer tout l'ensemble d'une variété trop considérable de styles ; les proportions et l'harmonie si parfaites de l'œuvre première n'ont pu être conservées pour le reste. Un grand trouble en résulte, que voulut faire cesser Louis XIV, sous le règne duquel on put constater qu'il y avait dans l'exécution générale des Tuileries cinq sortes de combles, et cinq espèces de dispositions et de décorations, sans qu'il y eût, pour ainsi dire, aucun rapport entre ces parties ni dans la conception, ni dans la distribution, ni dans le style.

Le travail de raccordement dont furent chargés Levau et d'Orbay constituait une besogne ingrate et féconde en responsabilités dangereuses. Il s'agissait, sans toucher aux constructions premières, de faire disparaître des façades toutes les disparates

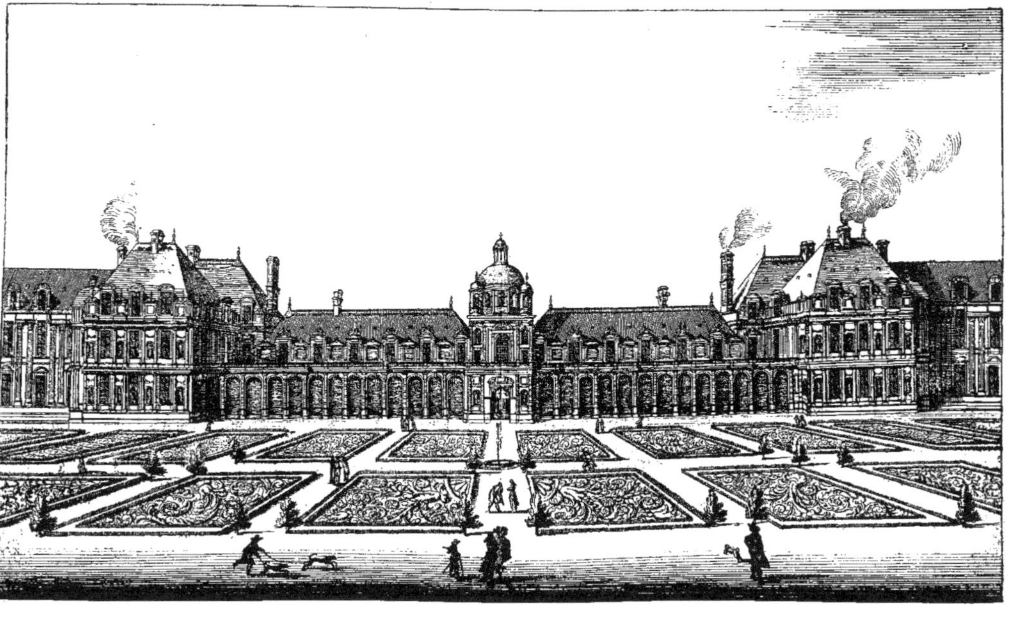

LES TUILERIES (COTÉ DU JARDIN)

d'ensemble et de détail, et de ramener à une ligne d'entablement à peu près uniforme les masses discordantes d'un tel bâtiment. Louis XIV, malgré tant de frais et de persévérance, n'obtint pas le résultat qu'il espérait, et la partie du milieu seule a pu être heureusement remaniée.

Henri IV créa le Jardin des Tuileries, qui, primitivement, était séparé du palais par une rue. L'étendue de ce jardin n'était pas considérable ; on y trouvait cependant un étang, un bois, une volière, une orangerie, un labyrinthe, un écho, sans parler des allées et du parterre. La volière, au milieu du quai des Tuileries, l'écho au bout de la grande allée ; plus loin, entre la volière et la Porte de la Conférence, existaient une garenne et un chenil. Colbert, lorsqu'il entreprit la restauration et l'embellissement des maisons royales, commença par les Tuileries, qu'il réunit au jardin en supprimant la rue qui les séparait. On abattit la volière et différentes maisons jusqu'à la Porte de la Conférence, et, à leur place, on éleva une terrasse, celle du bord de l'eau, parallèle à la terrasse qui longeait le Manège et la rue Saint-Honoré. Ce fut Le Nôtre qui conçut et exécuta les travaux de ce magnifique jardin, malgré des difficultés presque insurmontables, car le terrain n'était pas de niveau dans sa largeur, et pour égaliser ces deux terrasses il eût fallu rapporter plus de 30,000 toises cubes de terre. Le génie de Le Nôtre simplifia tout.

La disposition majestueuse du jardin dessiné par Le Nôtre, le détail si varié dont il l'a enrichi furent d'autant plus admirés que l'espace manquait au créateur pour développer ses idées. Le jardin n'a de longueur que trois cent soixante toises et, de largeur, seulement soixante-huit ; Le Nôtre trouva dans ce petit cadre, des parterres, trois jets d'eau, trois allées principales, dont celle du milieu longue de cent soixante-cinq toises, large de seize, accompagnée de deux contre-allées sous les marronniers ; des bosquets, des boulingrins de figures variées, deux terrasses dont la grande, celle du bord de l'eau, régnait dans un parcours de deux cent quatre-vingt-six toises sur quatorze de largeur. Promenade pour ainsi dire unique dans une ville d'Europe, et d'où les promeneurs, sous de frais ombrages, voyaient le plus riche quartier de la ville, les Invalides, la Seine riante et noble bordant une ligne de palais nouveaux, une campagne semée de villages que bornaient à l'horizon le coteau de Meudon et les collines de Saint-Cloud, perspectives dont Le Nôtre s'était emparé, comme Poussin et Claude Gelée choisissent les lointains de leurs paysages.

ÉGLISE SAINT-GERMAIN-L'AUXERROIS

L'une des plus vieilles églises de France, Saint-Germain-l'Auxerrois, fut, dit-on, bâtie par Chilpéric Ier en l'honneur de saint Germain de Paris, dont le corps devait y être et n'y fut jamais transporté. Cette église, sous les rois de la première race, s'appela toujours

Saint-Germain, et non Saint-Germain-l'Auxerrois. Elle fut plus tard surnommée *le Rond,
Teres* à cause de sa forme circulaire, peut-être aussi pour qu'on la distinguât d'autres églises du nom de Saint-Germain, comme il arriva vers le commencement du xe siècle. Le roi Robert II rebâtit cette église que les Normands avait ruinée, et l'appela Saint-Germain-l'Auxerrois, de peur qu'elle ne fût confondue avec l'abbaye Saint-Vincent et Sainte-Croix qui avait pris ce nom de Saint-Germain ; son véritable patron serait donc saint Germain de Paris.

Saint-Germain s'appelait église Paroissiale et Royale. Paroissiale, parce qu'elle fut dans l'origine la paroisse d'une bonne moitié de Paris ; Royale, parce qu'elle avait été bâtie, rebâtie ou restaurée par des rois. Et ce dernier titre lui fut confirmé par les souverains qui, les premiers, habitèrent le Louvre.

L'édifice était, il est toujours, d'un style noble et délicat. L'avant-portique qui précède le grand portail ne fut construit qu'en 1409, sous Charles VII, par un *maçon, tailleur de pierres*, Jean Gaurel. L'ouvrage coûta, dit-on, neuf cents livres. On l'a très justement admiré. Il donne à Saint-Germain-l'Auxerrois un caractère d'hospitalité en quelque sorte intime. Ces porches ouverts, bien qu'entourés de grilles, étaient l'église sans être dans l'église : ils n'étaient pas, pour le temple chrétien, un ornement d'architecture comme dans les temples du paganisme, ils représentaient un principe religieux ; c'était là qu'attendaient les catéchumènes avant d'avoir acquis le titre de chrétiens et d'être admis dans le sanctuaire. C'était là, entre la rue et le tabernacle, que les pénitents publics faisaient publiquement amende honorable.

Cette église de Saint-Germain-l'Auxerrois a vu passer de bien illustres personnages, se dérouler de bien tragiques événements. Et, sous ses dalles, ont reposé tant de célébrités, que les Parisiens conservent pour cette petite église une sorte de tendresse et de vénération filiales : son histoire est liée étroitement à celle du Louvre, c'est-à-dire à l'histoire même de la France ; chacun sait que son tocsin sonna, par ordre de l'impatiente Catherine, le signal de la Saint-Barthélemy. Dans le cloître de cette église, une maison habitée par Gabrielle d'Estrées reçut bien souvent les visites mystérieuses de Henri IV, et vit mourir bien subitement cette belle Gabrielle que tout Paris vint visiter, exposée dans son manteau de satin blanc, sur un lit de parade de velours cramoisi rehaussé de dentelle d'argent et d'or.

Et le malheureux Concini, maréchal d'Ancre, tué sur le pont-levis du Louvre, avait été secrètement enterré sous l'orgue de Saint-Germain, lorsque la populace acharnée enfonça les portes de l'église, brisa les dalles et en arracha le cadavre pour le pendre à plusieurs gibets, puis le traîner en lambeaux par les rues et le brûler dans Paris.

Sous ces mêmes dalles ont reposé plusieurs chanceliers de France et Malherbe, père de la poésie française, Guy Patin, Claude Melan, le fameux graveur, Dacier et sa femme la savante *Anna Fabri*, les peintres, dessinateurs, sculpteurs illustres, Sarrazin, Coysevox, Coypel, Jacques Stella ; Le Mercier, architecte, auteur du grand vestibule du Louvre, du Palais-Cardinal, de Saint-Roch et du Val-de-Grâce ; Levau, qui construisit les pavillons de Flore et de Marsan, les châteaux de Vaux et du Raincy ; d'Orbay, qui restaura le Louvre et bâtit les Invalides.

L'HOTEL DU PETIT-BOURBON

Cet hôtel, on nommait ainsi les palais royaux avant Louis XII, fut contemporain du

L'HOTEL DU PETIT-BOURBON

Louvre, et participe à toutes les obscurités de son histoire. Il était depuis le xiiie siècle la résidence des ducs de Bourbon, et fut réparé, agrandi chaque fois que se réparait ou s'agrandissait le Louvre, son voisin. C'était une somptueuse demeure, dont il nous a été légué d'intéressants souvenirs. Sauval, qui en vit les restes, déclare que cet hôtel devait avoir été l'une des plus vastes et magnifiques résidences du royaume, témoins, dit-il, « la chapelle, la galerie et la salle qui se voient encore (1660). La galerie était dorée à profusion, et couverte de peintures. La salle, continue l'historien, est sans contredit la plus haute, la plus large et la plus longue qui soit en France, car elle a trente-cinq toises de longueur, dix-huit pas de largeur, et la couverture de son comble s'élève aussi haut que celles de Saint-Eustache et de Saint-Germain. » Ce fut l'habitation du connétable duc de Bourbon, avant qu'il désertât le service de François Ier, son maître, pour aider Charles-Quint contre la France. Il avait, comme on le sait, été poussé à cet acte désespéré de félonie par les persécutions trop intéressées de Louise de Savoie; mais il n'est rien qui puisse justifier une trahison.

Le connétable ayant été tué sous les murs de Rome, son procès lui fut fait à Paris, et d'après la teneur de l'arrêt qui le condamnait comme traître, rebelle et convaincu de lèse-majesté, son hôtel, en 1527, fut en partie démoli, les tours rasées, les armoiries et écussons effacés ou rompus, et les toitures, portes et fenêtres, barbouillées, selon l'usage, par la main du bourreau, de cette couleur d'ocre jaune dont l'exécuteur des œuvres de justice brossait la maison des traîtres; « une couleur jaune de si bonne trempe, ajoute Sauval, que plus d'un siècle n'a pas réussi à l'effacer. »

La Grande-Salle, dont nous venons de parler, servit à l'assemblée des États du royaume en 1614 et 1615. On l'employait fréquemment pour des fêtes, des ballets, et des réunions de réjouissances. On y dressa enfin un théâtre sur lequel venaient s'exercer à danser les princes et la jeunesse brillante de la Cour ; Louis XIV lui-même y parut parmi les danseurs. Cette salle était connue sous le nom de théâtre du Petit-Bourbon, et fut accordée, en 1658, à Molière qui arrivait de province avec sa troupe. Il débuta le 3 novembre par l'*Étourdi* et le *Dépit amoureux*; mais l'entreprise ne prospérant pas, les comédiens abandonnèrent cette salle au bout de deux ans, et le théâtre fut démoli. On utilisa ce qui restait debout de l'hôtel du Petit-Bourbon : le rez-de-chaussée fut affecté aux écuries de la reine, et l'on installa dans les autres corps-de-logis les meubles, tapisseries, armes, armures et objets d'art précieux appartenant à la couronne. Le Petit-Bourbon s'appela dès lors : Garde-meubles du roi, servit presque un siècle à cet usage, et fut démoli entièrement pour dégager les alentours du Louvre.

Ce quatrième quartier comprenait :

3 carrefours : de la Croix-du-Tiroir, *où se font les exécutions à mort*, de l'École, des Trois-Maries ; 2 chapelles : des Orfèvres et de Saint-Louis (dans le Louvre) ; 3 chapitres et 3 cloîtres : de Saint-Germain-l'Auxerrois, de Saint-Honoré, de Saint-Nicolas-du-Louvre ; le château du Louvre, comprenant 7 académies ; 2 communautés : de l'Oratoire, des sœurs de la Charité ; 2 fontaines ; 1 garde-meuble du roi (Petit-Bourbon) ; 2 hôtels des monnaies : l'un rue de la Monnaie, l'autre rue du Petit-Bourbon ; 4 hôtels considérables : de Créquy, du Petit-Bourbon, du trésorier de l'église Saint-Germain-l'Auxerrois, de Sourdis ; 2 juridictions : du grand Conseil, de la Garenne dans le Louvre ; 1 paroisse : Saint-Germain-l'Auxerrois ; 2 places : de l'École, des Trois-Maries ; 4 ports : de l'École, au Foin, au Blé, de Saint-Nicolas ; 3 quais : Bourbon, de l'École, du Louvre ; 752 maisons ; 192 lanternes.

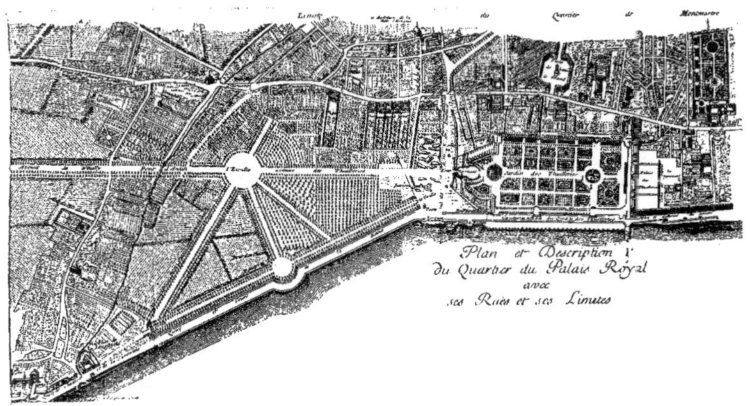

V⁵ QUARTIER. — DU PALAIS-ROYAL

LA PORTE DE LA CONFÉRENCE

ETTE porte, située à l'extrémité occidentale du jardin des Tuileries, sur le quai, de façon à fermer complètement le passage
par le bord de l'eau, fut commencée par Charles IX, et s'appelait alors Porte-Neuve. Achevée sous Henri IV, elle prit le
nom de Porte de la Conférence, sans que nul historien ait pu
expliquer les motifs réels de cette désignation. C'était un édifice
composé de trois pavillons dont un, celui du milieu, en re-
traite, formait la porte défendue par un pont-levis extérieurement à Paris. Elle devint
un bureau d'octroi, de péage. Le quai, ou plutôt la berge qu'elle fermait, et qui s'appela
quai des Tuileries, ne fut empierré, pavé, terminé, qu'après le règne de Louis XIV.
C'était le passage très riant et très fréquenté des promeneurs qui se dirigeaient vers le
Cours-la-Reine et trouvaient là bon air et belle vue.

Mazarin, dit-on, la fit restaurer, ou plutôt reconstruire, vers l'époque des négociations
avec l'Espagne pour le mariage du jeune roi et de l'Infante. De là le nom de Conférence,
que cette porte aurait pris : mais il est certain qu'elle s'appelait déjà ainsi sous
Henri IV.

PORTE DE LA CONFÉRENCE

LE COURS-LA-REINE

En 1600, le jardin des Tuileries n'était qu'une sorte de parc, pêle-mêle de bosquets, de champs et de bâtiments plus ou moins modestes ; Henri IV l'avait créé, mais non réglé ; c'était tout un travail à faire aussitôt que la paix et les finances permettraient à un Le Nôtre de compléter l'œuvre de Catherine de Médicis. Mais au delà des Tuileries, la nature régnait dans toute son indépendance. Cet état dura longtemps, car même après les magnifiques travaux de Louis XIV, on voyait, à l'issue du jardin des Tuileries, un égout traverser toute la largeur de la place vide, et, bordant une rue appelée : des Fossés-des-Tuileries, s'étendait un immense terrain nommé le Magasin-des-Marbres. C'était, en effet, l'entrepôt de tous ces marbres, tant français qu'étrangers, dont le Louvre et les Tuileries avaient enrichi leurs décorations.

La reine Marie de Médicis, « qui aimait la magnificence, » ne trouvant de ce côté

LE COURS-LA-REINE

— les Champs-Elysées n'étaient qu'un désert — aucun lieu de promenade digne de
tant de palais, désigna, en 1616, la partie inculte et inutile qui s'étendait des Tuileries
à Chaillot, le long de la rivière, fit aligner le terrain sur une longueur d'environ
1,600 pas, et planter, de quatre rangées d'ormes, une promenade qui se trouva composée de trois allées larges ensemble de 120 pieds. Dans celle du milieu, destinée aux
voitures, six carrosses pouvaient facilement passer de front.

Cette belle promenade, la première de ce goût et de ce confortable qu'on eût vue à
Paris, reliait heureusement le Louvre, les Tuileries et les charmants villages de la
banlieue jusqu'à Saint-Cloud. Elle fut adoptée avec enthousiasme, et s'appela le Cours-
la-Reine. C'était bien réellement la promenade de la reine, qui la parcourait fréquemment à cheval ou en carrosse, avec sa cour, et lorsqu'il lui plaisait, l'interdisait au
public, fermée qu'elle était à ses extrémités par deux belles portes avec grilles, et sur
les côtés par des fossés.

Qui avait inspiré l'idée de cette création à Marie de Médicis, grande dame de peu
d'imagination et que la Galigaï, sa favorite, appelait dans ses méchantes humeurs :
la *Balorda?* Peut-être le voisinage d'une maison sur le bord de l'eau, à l'extrémité du
Cours-la-Reine, ancienne propriété qui, de Catherine de Médicis, avait passé à Marie,
et que celle-ci recherchait comme but de promenade. Peut-être fut-ce un conseil de
Bassompierre, grand ami de cette reine, à laquelle il avait le privilège de tout dire.
Ce fin et délié courtisan convoitait précisément la maison des deux Médicis, isolée, un
peu perdue, et il aura pensé que la création d'une grande promenade y aboutissant
en égaierait le séjour, et doublerait la valeur. Il avait tant d'esprit, Bassompierre !
Toujours est-il que son rêve se réalisa plus tard, et qu'il succéda, dans cette maison, à
Marie de Médicis. Par malheur, il lui fallait contenir, à grands frais, chaque hiver, la
Seine débordant sur sa propriété. Tout n'est pas joie en ce monde.

Vers 1630, il la prêtait parfois, pour le distraire, au cardinal de Richelieu, son ami.
Mais *son ami* l'ayant fait mettre à la Bastille, où il resta douze ans, cette maison lui
devint inutile : après sa mort elle fut à vendre, et achetée, en 1651, par Henriette de
France, la veuve infortunée de Charles Ier, pour les filles de la Visitation de Sainte-
Marie, qui, reconnaissantes, conservèrent, dans leur chapelle, le cœur de cette reine
morte à Colombes, en 1669, et celui de son fils Jacques II, roi de la Grande-Bretagne,
mort en exil comme sa mère.

LE COUVENT DES FEUILLANTS

En 1586, Jean de la Barrière, abbé de Feuillants, près Toulouse, établit, dans son
monastère de l'ordre de Cîteaux, une réforme tellement sévère, qu'après lui on fut obligé
de la mitiger. Ceux qui embrassèrent ce nouvel institut, approuvé par Sixte-Quint,

ÉGLISE DU COUVENT DES FEUILLANTS

prirent le nom de Feuillants. Le roi Henri III, édifié par l'austérité de ces religieux,
voulut les rapprocher de lui, et manda l'abbé Jean de la Barrière à Paris, où cette pieuse
colonie, composée de soixante-deux moines, se rendit de Toulouse, à pied, en continuelle
procession. Partis le 16 juin 1587, ils arrivèrent à Vincennes le 9 juillet. Le roi,
cependant, leur avait fait bâtir et préparer avec une promptitude et une magnificence
toutes royales un couvent, près des Tuileries; ils s'y installèrent, et comme ils n'avaient
pas d'église, ils s'en firent construire une du produit des nombreuses aumônes que leur
valut le jubilé universel. Henri IV leur avait accordé une station tellement avantageuse

qu'ils recueillirent plus d'argent qu'il n'en fallait pour la dépense de leur bâtiment. Cette église fut achevée en 1601, et Louis XIII en commanda le portail, en 1624, à Mansart, dont cet ouvrage fut le coup d'essai. L'illustre architecte fut souvent mieux inspiré dans la suite, et les dessins qui nous restent de l'église des Feuillants ne commandent qu'une admiration modérée. Cette petite église renferma deux morts illustres : l'un, Louis de Marillac, maréchal de France, que Richelieu, dont il ne faisait pas bon d'encourir l'inimitié, fit ou laissa condamner à mort et exécuter en Grève, le 10 mai 1632. On lui reprochait des exactions dans son gouvernement et cependant il mourait presque pauvre. On dit que Condé passant un jour près de la modeste maison de campagne du malheureux maréchal : « Quoi ! dit-il, ce n'est que cela ! Cela ne valait pas la peine de fouetter un chat. » Et l'opinion générale était bien de l'avis de Condé. Mais Marillac, très dévoué à la reine mère Marie de Médicis, ennemie jurée de Richelieu, avait conseillé et obtenu la disgrâce du ministre, lequel n'oubliait jamais une injure, et, devenu maître des affaires après la fameuse journée des dupes, fit aussitôt rechercher et juger les actes administratifs du maréchal. Le parlement l'avait absous ; une commission, choisie par Richelieu, le condamna à la majorité d'une voix. Il eut la tête tranchée sur un échafaud dressé exprès au bas du perron de l'Hôtel-de-Ville. On lui faisait cette grâce de n'avoir pas à monter en charrette comme un criminel vulgaire.

Sa mémoire paraît avoir été réhabilitée par arrêt du parlement. Son épitaphe, protestation courageuse, placée sur le tombeau où il fut renfermé avec sa femme, le déclare innocent et victime. Cette femme du maréchal de Marillac était de la famille des Médicis, fille de Cosme, alliée par conséquent à la reine, et mourut peu de mois avant le maréchal, du chagrin et des angoisses que lui causa le procès de son mari.

Dans une autre chapelle des Feuillants était la sépulture du prince lorrain, comte d'Harcourt, grand homme de guerre ; celui qu'admirait Condé, lequel pourtant fit sur lui ce couplet pendant la Fronde :

> Cet homme gros et court
> Si connu dans l'histoire,
> Le grand comte d'Harcourt
> Tout rayonnant de gloire,
> Qui secourut Casal et qui reprit Turin,
> Est maintenant recors de Jules Mazarin.

La grande porte des Feuillants, rue Saint-Honoré, faisait face à la place des Conquêtes (place Vendôme) et avait pour point de vue la statue équestre de Louis le Grand.

PLACE LOUIS-LE-GRAND OU DES CONQUÊTES

L'idée de créer cette place vint à Louvois, vers 1683, pour établir une communication directe entre la rue Saint-Honoré et celle des Petits-Champs. On prétend aussi que ce ministre, jaloux de la faveur du maître, voulait, en cette-occasion, lui plaire et flatter son

goût pour les entreprises grandioses. Celle-là devait séduire Louis XIV, et le séduisit en effet. L'emplacement choisi était occupé dans son centre par l'hôtel de Vendôme, bâti par Henri IV pour son bien-aimé fils César de Vendôme, l'aîné des enfants que lui donna Gabrielle d'Estrées. Louis XIV fit acheter, en 1685, l'hôtel de Vendôme, toutes les terres, jardins et propriétés qui l'entouraient, même le couvent des Capucines, qui fut transféré rue Neuve-des-Petits-Champs. On démolit l'hôtel, en 1687, et les travaux commencèrent sur un plan vraiment gigantesque et dans des proportions qui eussent fait de cette place la plus grande et la plus magnifique de l'Europe. Elle fut appelée Place des Conquêtes; on la commençait en effet dans le temps des splendeurs du règne, le temps de Tourville, Duquesne, Luxembourg et Catinat, le temps où Gênes s'humiliait, où l'Europe effrayée se coalisait pour tenter de résister à la France, le temps enfin où l'on avait tant gagné sans rien perdre. La place devait avoir 175 mètres de longueur sur 160 de largeur, former trois lignes de bâtiments, car on eut ouvert en entier le quadrilatère sur la rue Saint-Honoré, afin de donner à la place tout l'air, le soleil et l'espace possibles. On eût logé dans les bâtiments : la Bibliothèque, toutes les académies, la Monnaie, les ambassadeurs extraordinaires : en un mot, l'utile se fût confondu avec le beau dans cette création.

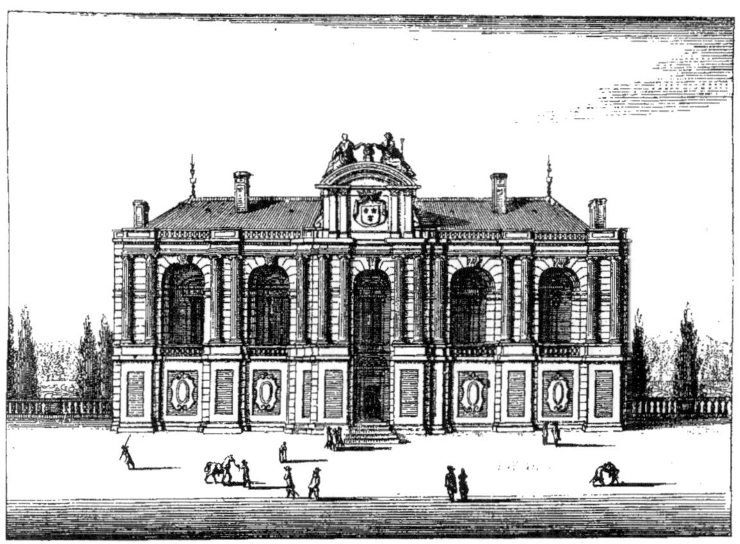

HOTEL DE VENDOME

Toutes les façades des édifices de la place eussent été symétriques, d'une ordonnance riche et majestueuse; et tout autour, au rez-de-chaussée, un large portique voûté, sous lequel les promeneurs et les passants eussent cheminé à couvert, devait donner accès à chacune des maisons qui formaient cet arc. On commençait à bâtir, et déjà s'élevait le grand hôtel de la bibliothèque, lorsque Louvois mourut. C'était en 1691, quatre années avaient suffi pour changer la paix en guerre, les prospérités en disgrâces, la richesse en une gène douloureuse bien que dissimulée. Il fallut tout interrompre, et cette interruption dura jusqu'en 1698, à la paix de Ryswich, demandée par Louis XIV après dix ans de victoires stériles, dont le résultat fut la restitution des pays conquis. Néanmoins, comme la paix semblait être un mieux, M. de Pontchartrain, alors ministre, proposa une reprise des travaux; le roi s'y opposa, en raison de *la misère des peuples*. Les matériaux des ouvrages commencés furent vendus à la ville de Paris, et l'emplacement qu'ils occupaient lui fut cédé, à la condition qu'elle bâtirait, au faubourg Saint-Antoine, un hôtel pour la 2ᵉ compagnie des mousquetaires, et, sur l'emplacement cédé, une place d'après les dessins qui lui seraient fournis. Le plan de Louvois était définitivement écarté.

Mansard en traça un nouveau. Toutes les proportions de cette place étaient réduites. L'ouverture par la rue Saint-Honoré devenait une simple rue, l'arc ou plan primitif se changeait en un carré équilatéral avec angles à pans coupés. Richesse, grandeur, audace, tout disparaissait dans une modeste composition accommodée à l'état de la fortune présente. Au lieu de ces grands édifices nationaux dont tout Paris eût été fier, on vit s'élever, sur la place nouvelle, des hôtels de fermiers généraux et financiers que la misère publique n'avait pas ruinés. Mais on se rabattit sur le seul et réel ornement de la place, la statue équestre du roi, colossale, fondue par Keller, en 1692, d'après le projet de Girardon. La statue, admirablement réussie à la fonte, était haute de vingt pieds, du poids de 70,000 livres, et, assure-t-on, vingt hommes assis pouvaient tenir, à table, dans l'intérieur du cheval. Cette figure d'un roi victorieux, heureux, tout-puissant, fut érigée solennellement, en 1699, alors que Louis XIV avait perdu conquêtes, puissance et bonheur. Le roi, présent à l'inauguration, ne put se retenir de soupirer, de récriminer contre tant de dépenses inopportunes; et le duc de Bourgogne, héritier présomptif de la couronne, refusa d'assister à la cérémonie, en disant : « Comment se réjouir, quand le peuple souffre? »

LE PALAIS-ROYAL

Lorsque Richelieu, après les nombreuses disgrâces de ses commencements, fut parvenu d'abord au Conseil d'État, puis au Cardinalat, respirant pour la première fois dans cette carrière où il n'avait, jusque-là, pas un instant repris haleine, il songea qu'il était temps de s'établir dignement à Paris, et se fit construire un hôtel, dans la rue Saint-Honoré, sur l'emplacement des hôtels de Mercœur et de Rambouillet, ce dernier, jadis, hôtel d'Armagnac. Jacques Lemercier fut son architecte. Les travaux commencèrent en 1629, un an après la prise de la Rochelle. On trouva que cet édifice était bas, humble et sans relief. Richelieu le voulait ainsi, non qu'il fût d'un esprit modeste, mais

JULES MANSART.

parce qu'il craignait d'irriter, par trop de luxe et d'orgueil, les nombreux et très puissants
ennemis qu'il s'était faits. Richelieu ne s'inquiétait guère des conspirations ni des attaques, et les combattait de façon à en triompher toujours ; mais il n'aimait pas le bruit
de la critique, il redoutait l'opinion que l'on ne saurait étouffer par la main du bourreau.
Il commença donc cet hôtel, qui fut appelé simplement hôtel de Richelieu.

Mais peu à peu fortifié contre ses propres appréhensions par l'incroyable dévelop-

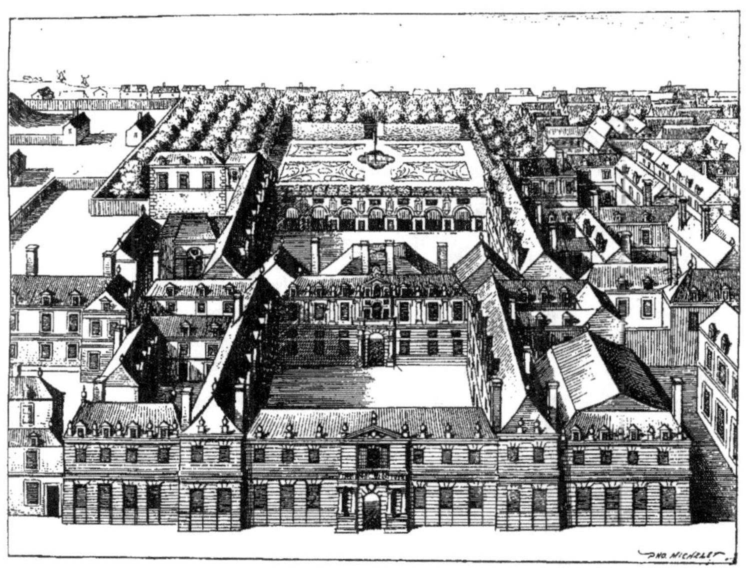

LE PALAIS-ROYAL

pement de son crédit et de sa fortune, il agrandit sa résidence dans les mêmes
proportions, acheta tous les terrains déserts ou inoccupés qui, en deçà ou au delà de
l'ancienne clôture de Charles V, pouvaient être annexés, et lorsqu'il eut, pour ses
jardins et dépendances, tout l'espace qu'un roi eût pu souhaiter pour son palais, il
revendit le terrain à divers particuliers qui bâtirent et créèrent ainsi la rue de Richelieu,
celle des Bons-Enfants et une partie de la rue Neuve-des-Petits-Champs. L'hôtel fut
terminé en 1636, et Richelieu l'appela : Palais-Cardinal, comme le dit Corneille, et aussi

l'inscription gravée en or, sur marbre, qu'on voyait encore au fronton de la première entrée, en 1715.

Cependant Richelieu avait, en 1639, fait à Louis XIII une donation entre vifs de son palais, meubles et joyaux divers d'un grand prix, « par reconnaissance des grâces et faveurs extraordinaires qu'il avait reçues du roi ». Le palais, après la mort du cardinal arrivée en 1642, fut occupé par la reine Régente, Anne d'Autriche et ses deux fils Louis et Philippe, qui en prirent possession le 7 octobre 1643. L'inscription fut changée alors, et le Palais-Cardinal reçut le nom de Palais-Royal. — La famille de Richelieu réclama, pour son honneur, le maintien du mot Palais-Cardinal, et il fut fait droit momentanément à cette demande ; mais bientôt l'usage reprit le dessus, et le Palais s'appela de nouveau et s'appelle toujours le Palais-Royal.

La donation faite à Louis XIII par Richelieu, et qu'il confirma par testament à Narbonne, en mai 1642, comprenait : le Palais, huit tentures de tapisserie, cinq cents mille écus d'argent comptant, un buffet d'argent ciselé pesant 3,000 marcs, un grand diamant taillé en cœur, et la chapelle entière du cardinal composée d'une grande croix, deux chandeliers, un calice et deux burettes, toutes pièces en or garnies de pierreries, un ciboire d'or avec rubis et un reliquaire du roi saint Louis. Nous allons voir de quels bons sentiments fut payé par la Régente et ses enfants le riche présent fait par le cardinal.

Les appartements du Palais, ornés avec une rare magnificence, avaient offert une résidence spacieuse et toute prête à la famille royale. On donna la chambre du cardinal au jeune roi Louis XIV, qui entrait dans sa cinquième année, et comme il fallait aussi un appartement au petit duc d'Anjou, Anne d'Autriche fit détruire, dans la première cour, la galerie de gauche, celle qui faisait la gloire et l'orgueil de Richelieu, la plus vaste et la mieux entendue de tout le palais, et dont la voûte, peinte par Philippe de Champagne, représentait les principales actions de la vie du cardinal.

Il y avait, dans la deuxième, une autre galerie chère aussi à Richelieu qui l'avait créée pour honorer certaines illustrations de la France, au nombre de vingt-cinq, choisies par le cardinal lui-même. Leurs portraits en pied étaient peints par Philippe de Champagne, Juste d'Egmont, Poerson et Simon Vouet. Philippe de Champagne, dont la conscience égalait le talent, n'avait voulu peindre ses héros que d'après les portraits originaux ; ainsi avait-il fait : Henri IV d'après Porbus, Marie de Médicis d'après Van Dyck, Gaston de Foix d'après Raphaël. Dans cette galerie, qui aurait tant de prix aujourd'hui, Richelieu s'était glissé modestement le dernier ; mais là encore vint le poursuivre la haine de ses royaux héritiers, car le roi Louis XIV ayant cédé le Palais-Royal à son frère pour qu'il l'habitât durant sa vie, et donné ledit Palais, en toute propriété (1692), à son neveu Philippe d'Orléans, duc de Chartres, depuis Régent, à l'occasion de son mariage avec Marie de

Bourbon, fille légitimée de France, la galerie des Illustres fut détruite comme l'avait été l'autre, et remplacée par des appartements. Il est heureux pour la mémoire du cardinal que son immortalité n'ait pas dépendu de quelques peintures confiées à ces deux galeries.

En 1652, Louis XIV, âgé de 14 ans, ayant quitté le Palais-Royal pour habiter au Louvre, le Palais fut offert, comme asile, à la veuve infortunée de Charles Ier, Henriette de France, reine d'Angleterre, qui ne dut pas regretter ce Louvre où Mazarin lui avait accordé le logement pour elle et sa fille, mais ne lui payait pas sa pauvre pension ; en sorte que la fille et la petite-fille d'Henri IV eurent froid et faim et, l'hiver, restaient souvent au lit, faute de bois, en ce Louvre de leur glorieux père. Cependant il se fit comme une éclaircie dans la cruelle destinée de ces femmes martyres, et, dix ans après, à la chapelle du Palais-Royal, on célébra le mariage de Monsieur, frère unique de Louis XIV, avec cette même fille d'Henriette et de Charles Ier, cette Madame tant aimée, tant pleurée, « Madame se meurt, Madame est morte. »

Si les voûtes du Palais-Cardinal abritèrent de hautes pensées, de vastes plans, si Richelieu, ce grand tragique, y médita de sombres et profondes combinaisons politiques, on ne peut se rappeler, sans sourire, que le Cardinal rouge fut aussi, à certaines heures, un poète et rima des tragi-comédies sur cette même table où il décidait le plan d'une campagne et signait des ordres d'exécutions capitales. Car il s'était fait construire, pour y produire ses pièces, deux salles de spectacle, l'une réservée à un public de choix et petite, l'autre, un magnifique théâtre, situé dans l'aile droite du palais, du côté de la rue des Bons-Enfants ; la salle pouvait contenir trois mille spectateurs, et l'on y représenta deux tragédies du cardinal, qui s'abrita sous le nom de deux collaborateurs.

Cet homme d'État, si terriblement sérieux, se croyait-il donc au-dessus du ridicule !

On assure que pour faire jouer *Mirame*, et *Mirame* fit rire tous les spectateurs, Richelieu dépensa deux cent mille écus. Que ne les donnait-il à Corneille après *Cinna* qui faisait pleurer le grand Condé? Quel bon placement pour le cardinal, et quel revenu de véritable gloire! Mais les plus grands sont parfois si petits, les plus forts, souvent si faibles !

C'est ce théâtre de Richelieu que Louis XIV donna, en 1660, à Molière, après le mauvais succès du Petit Bourbon, et Molière y fit représenter ses chefs-d'œuvre jusqu'en 1673. Après sa mort, comme si rien n'eût pu le remplacer dans son genre, le théâtre du Palais-Royal cessa de jouer des ouvrages dramatiques ou comiques, la musique s'y installa ; il devint l'Opéra français.

Il nous reste à parler du grand jardin du Palais-Royal, spacieux quadrilatère

qu'en 1642, l'art des illustres jardiniers de Louis XIV n'avait pas encore dessiné selon le
goût grandiose et pur de cette époque. Le jardin de Richelieu n'était pas public ; il se
composait de deux grandes allées de marronniers parallèles, du côté de la rue de Richelieu
et du côté de la rue des Bons-Enfants ; on y trouvait un mail, un grand manège. Plus tard
on y fit, vers 1648, pour l'instruction et l'amusement des fils de France, une sorte de
fort en terrassements avec bastions, demi-lunes et contrescarpes. Là s'exerçait à des

LE FORT ROYAL AU JARDIN DU PALAIS-ROYAL

semblants d'attaques et de défenses obsidionales la jeune noblesse de la nouvelle cour.
Peut-être est-ce là que Louis XIV prit ce goût pour les sièges qui lui valut tant de gloire
et d'avantages, quand, au lieu du fortin du Palais-Royal, il eut en face de lui Philisbourg,
Mons et Besançon, et à ses côtés, au lieu de ses petits courtisans ingénieurs, Vauban.

Toute la façade du Palais-Royal était, en 1639, bornée et masquée par l'hôtel de
Sillery dont il n'était séparé que par la rue Saint-Honoré, relativement très étroite. Déjà
le cardinal songeait à repousser ce gênant voisinage ; mais il mourut avant d'y avoir

réussi. Anne d'Autriche, dès qu'elle s'installa au Palais-Royal, n'hésita pas à se donner de l'air et de la vue. Elle ordonna la démolition de l'hôtel Sillery, en fit une place, y établit des corps de garde; mais tous ces travaux et tant de dépenses n'avaient pas encore dégagé suffisamment le Palais; ce fut seulement vers 1719 que le Régent agrandit et termina la place du Palais-Royal, et y installa le Château-d'Eau, édifice de bon goût, dessiné par Robert de Cotte, pour contenir les réservoirs d'eau de Seine et d'eau d'Arcueil destinées au Palais-Royal et aux Tuileries.

Ce Vme quartier du Palais-Royal comprenait :

1 Abbaye : de Notre-Dame-de-Paix, au faubourg de la Conférence ou Chaillot ; 1 Académie royale pour monter à cheval, rue Saint-Honoré vis-à-vis Saint-Roch ; 1 Balancier du roi pour frapper médailles et jetons, aux galeries du Louvre ; 6 bureaux de perceptions des droits : sur le quai du Louvre et quai des Tuileries, Porte de la Conférence et Patache sur l'eau vis-à-vis le Cours-la-Reine, bureau de Chaillot et de la Ville-l'Évêque ; 2 carrefours : de la Butte-Saint-Roch, et Croix-de-la-Ville-l'Évêque ; 2 Chapelles : de Saint-Nicolas de la Savonnerie au bout du Cours-la-Reine, et de Saint-Nicaise dans l'Enclos des Quinze-Vingts, rue Saint-Honoré ; 1 Chapitre : de Saint-Thomas du Louvre ; 1 cimetière : de la Madeleine à la Ville-l'Évêque, rue d'Anjou ; 2 communautés : des filles Sainte-Anne, des filles de la Charité ; 7 couvents : Capucins, Feuillants, Jacobins, de l'Assomption, Bénédictines, filles de la Conception, Sainte-Marie de Chaillot ; 2 corps de garde, Gardes-Françaises ; 2 promenades : les Champs-Élysées, le Cours-la-Reine ; Grandes et Petites écuries du roi ; 4 égouts ; 3 fontaines ; les Galeries du Louvre où sont logés et entretenus par le roi quantité d'excellents ouvriers ; 1 hôpital : des Quinze-Vingts, rue Saint-Honoré au coin de la rue Saint-Nicaise ; 5 hôtels considérables : de Bournonville ou Noailles, de Crussol, de Longueville, de Rambouillet, de Luxembourg ; 1 imprimerie royale, aux galeries du Louvre ; 1 magasin des marbres entre le Cours-la-Reine et les Tuileries ; 3 manufactures : de tapis façon Turquie à la Savonnerie ; de verrerie, même lieu ; de tabac en poudre près de la Madeleine ; 3 marchés pour le pain et autres vivres ; 2 palais : Tuileries, Palais-Royal ; 4 paroisses : Saint-Philippe-du-Roule, la Madeleine, Saint-Pierre-de-Chaillot, Saint-Roch ; 3 places : des Tuileries, du Palais-Royal, de Louis-le-Grand ou des Conquêtes ; 3 portes : Conférence, Saint-Honoré, Guichet du Louvre ; 5 quais : du Louvre, Conférence, Tuileries, Cours-la-Reine, la Savonnerie ; 1 prison : en bas de Chaillot, bord de la rivière ; 51 rues et 4 culs-de-sac ; 1006 maisons : 332 lanternes.

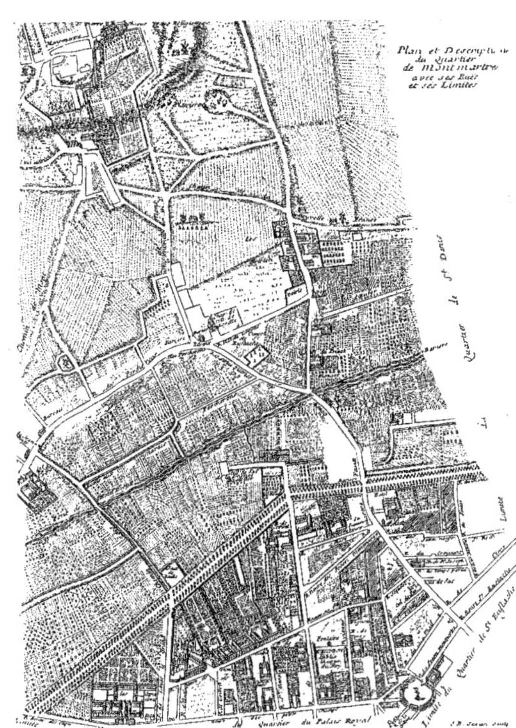

PLAN DU VIe QUARTIER

PLACE DES VICTOIRES

RANÇOIS d'Aubusson, vicomte de La Feuillade, intrépide soldat et courtisan de génie, se dévoua corps et âme au maître et en fut royalement récompensé. Louis XIV le fit duc, pair et maréchal de France, colonel des Gardes-Françaises et gouverneur du Dauphiné. Son amour pour son bienfaiteur allait jusqu'à l'idolâtrie ; sa reconnaissance devint un culte, dont la manifestation enthousiaste avait cela de respectable qu'elle était désintéressée ; La Feuillade, comblé au delà de ses souhaits, n'avait plus rien à prétendre. Il témoigna cette reconnaissance avec tant d'éclat et de générosité qu'elle lui constitue un titre de plus, et justifierait les bienfaits et la faveur du prince.

D'abord il se bornait à élever, en marbre, une statue pédestre à son idole ; mais ce n'était pas assez, il voulut créer dans Paris même une place et un monument. En conséquence, ayant acheté, pour le démolir, l'hôtel de la Ferté-Senectère, emplacement insuffisant, il persuada au Prévôt des Marchands d'y annexer l'hôtel d'Émery, de le démolir aussi, et de réaliser son rêve : une place, ayant pour centre sa chère statue du grand roi. La Feuillade commença par donner pour sa part cinq cent mille livres, se réservant de doubler la somme, et la ville de Paris commença, elle, sur les dessins de l'architecte Prelot, la construction des maisons symétriques destinées à former le rond-point de cette place des Victoires. Ce fut le nom que La Feuillade lui réservait. L'année 1686, féconde en succès guerriers et diplomatiques, était bien choisie pour l'inauguration d'une statue de victorieux. La Feuillade n'attendit pas que les travaux de la place fussent assez avancés pour accompagner la statue. Impatient de payer sa dette et d'achever son œuvre, il fit ériger le monument le 28 mars 1686, avec une pompe et une solennité qui n'étaient exemptes ni de tumulte, ni d'ostentation.

La statue représentait Louis XIV à pied, en habit de triomphateur romain, couronné par la Victoire, et foulant aux pieds Cerbère aux trois gueules, emblème de la triple alliance : groupe colossal, en bronze doré, d'une hauteur de 13 pieds, sur un piédestal de 25. Aux quatre angles des corps avancés du soubassement de marbre, quatre figures d'esclaves enchaînés symbolisaient les Hollandais, la Franche-Comté, l'Allemagne et les divers peuples vaincus depuis vingt années. Ce trophée ambitieux n'était pas fait

PLACE NOTRE-DAME-DES-VICTOIRES

pour calmer, en Europe, les haines jalouses qu'avait allumées l'emblème du Soleil royal, et le monument, qui avait coûté près d'un million à La Feuillade, coûta bien plus cher encore à la France, contre laquelle tous les ressentiments s'unirent, pour une commune vengeance, dans une succession non interrompue de guerres désastreuses. Avant de se venger par les armes, les coalisés criblaient la statue de sarcasmes et d'épigrammes. Cette Victoire de Bronze qui tenait la couronne suspendue sur la tête laurée de Louis XIV, leur faisait dire : *An offert? an tollit?* — « Lui met-elle la couronne? la lui ôte-t-elle? » Et comme autour du piédestal, La Feuillade avait fait ériger, sur des colonnes sculptées, quatre lampadaires magnifiques pour éclairer le monument la nuit, on prêtait à un gascon cette facétie : « Quoi ! le soleil entre quatre lanternes ! »

Plus tard, en effet, au déclin du règne, la Victoire retira réellement sa couronne à la statue, et un arrêté du Conseil d'État supprimait, en 1699, les fanaux nocturnes, *dont le roi dispense le duc de La Feuillade et ses successeurs*. Car le maréchal avait, par testament, imposé, à ses héritiers, l'obligation d'éclairer, à perpétuité, la statue, et de la faire redorer tous les vingt-cinq ans. Un second arrêté vint, plus tard encore, supprimer les socles eux-mêmes de ces somptueux candélabres. — *Transit gloria mundi.*

Ce VIe quartier de Montmartre renfermait :

1 abbaye : de Montmartre, en haut du faubourg Montmartre ; 7 barrières : du Laissez-Passer pour les droits d'octrois, de la Voirie, des Porcherons, des Portes-Blanches, de Conserve, etc. ; 1 bibliothèque du roi, rue Vivien (*sic*) ; 3 chapelles : de Saint-Joseph, Notre-Dame-de-Lorette, des Martyrs ; 1 cimetière : en haut du faubourg Montmartre ; 4 communautés ou couvents : des Filles Nouvelles catholiques, des Capucines, des filles Saint-Thomas, des Augustins déchaussés ; 1 corps de Gardes-Françaises (un sergent et 10 soldats), porte du faubourg Montmartre ; 1 fief : de la Grange-Batelière, relevant de l'archevêché de Paris ; 4 fontaines : rue Saint-Augustin, au bout de la rue de Gaillon, rue Colbert, rue Montmartre, rue des Petits-Pères ; la Grande Pinte, le château des Porcherons ; 9 hôtels considérables : d'Antin, rue Saint-Augustin ; de Chamillard, rue Saint-Augustin ; Colbert, rue Neuve-des-Petits-Champs, Louvois, rue de Richelieu ; de Menars, id. ; de Pont-Chartrain, rue Neuve-des-Petits-Champs ; de Torcy, rue Vivien ; de Tresmes, rue Saint-Augustin, etc. ; 1 palais : Mazarin, rue Neuve-des-Petits-Champs ; 1 paroisse : de Montmartre, Saint-Pierre ; 1 place : des Victoires ; 2 ponts : sur le grand égout du Marais (aboutissant aux Porcherons) ; 756 maisons ; 38 rues et culs-de-sac ; 182 lanternes.

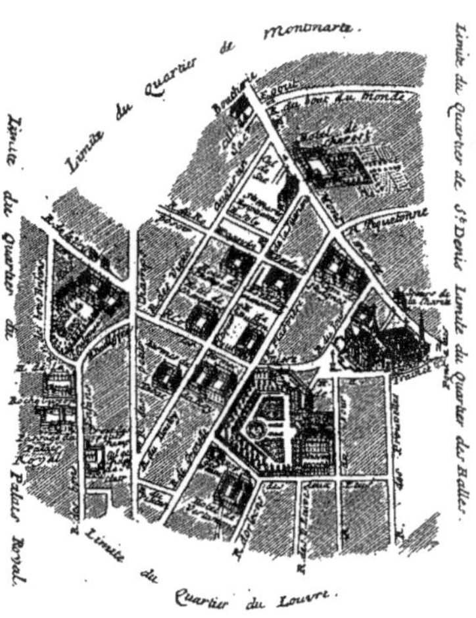

VIIe QUARTIER. — DE SAINT-EUSTACHE

L'HOTEL DE LA VRILLIÈRE (plus tard DE TOULOUSE)

AIMOND Phélipeaux, sieur d'Herbault de La Vrillière et du Verger, secrétaire d'État, se fit construire, en 1620, cet hôtel, sur les dessins de François Mansard. L'édifice profita d'une petite éminence dans une assez courte rue qui, du nom de l'hôtel, s'appela depuis rue de La Vrillière.

Il fut vendu, en 1705, à un fermier des Postes, Rouillé, maître des requêtes, lequel, en 1713, le revendit au comte de Toulouse, fils légitimé du roi Louis XIV et de madame de Montespan. Ce fut alors qu'il cessa de s'appeler hôtel de La Vrillière, et prit le nom d'hôtel de Toulouse.

C'est aujourd'hui l'hôtel de la Banque de France, sauf modifications et suppressions nombreuses.

François Mansard, cet habile et consciencieux artiste si difficile pour lui-même, avait réussi, dans cet ouvrage, à se satisfaire, et indépendamment de l'ordonnance et des distributions intérieures traitées avec un goût et une ingéniosité rares, il avait, de la porte d'entrée, fait un chef-d'œuvre de science et d'invention. Comme alors les riches étaient

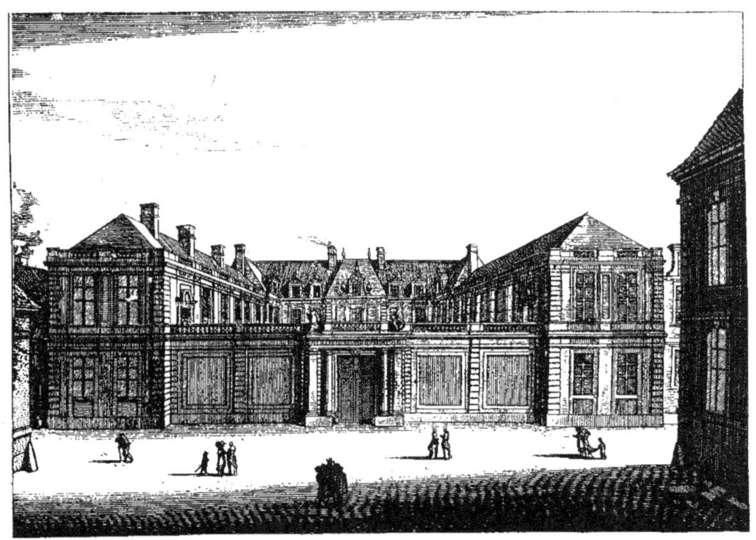

HOTEL DE LA VRILLIÈRE.

véritablement riches, et que le luxe ne coûtait pas cher, la mode voulait qu'un hôtel de grand seigneur ou de fermier général fût meublé somptueusement et enrichi de tableaux, de statues, signés des grands noms italiens, espagnols ou français. L'école flamande et hollandaise était tombée dans le discrédit depuis que Louis XIV avait appelé : magots, les figures de Van Ostadt et de Téniers; d'habiles brocanteurs les achetaient bon marché sournoisement, et les revendirent cher. L'hôtel de La Vrillière acquit donc une célébrité par le choix et la valeur de sa galerie, la richesse de son mobilier.

Mais ce fut à dater de 1713 que, passant aux mains du comte de Toulouse, l'édifice, remanié par Robert de Cotte, devint une maison quasi-royale, et prit des développements en rapport avec la naissance et la haute situation du nouveau propriétaire.

Le comte de Toulouse trouvait d'ailleurs réuni, dans son acquisition, tout ce qu'avaient accompli de merveilles le talent de Mansard, le goût du fondateur La Vrillière, l'opulence du financier Rouillé ; il y trouvait jusqu'à la satisfaction de ses intimes convenances : il

COUR INTÉRIEURE DE L'HOTEL DE LA VRILLIÈRE.

pouvait voir, de sa fenêtre, la statue de son illustre père sur la place des Victoires, et ce voisinage si précieux au cœur d'un fils reconnaissant, le jeune prince le devait à un second La Vrillière, l'avant-dernier occupant, secrétaire d'État aussi, qui, las d'être claquemuré, sans vue, dans la rue de sa famille, employa son crédit et l'autorité de sa charge à faire démolir les maisons qui le séparaient de la place, y perça, *pour utilité publique,* une rue qu'on nomma rue Percée, et obtint, de cette façon, pour son hôtel un débouché, pour lui-même un point de vue remarquable parmi les plus estimés de Paris.

En effet, cette ouverture dégageait devant l'hôtel : la place des Victoires, la rue des Fossés-Montmartre, la rue Montmartre, et un tronçon de la rue Neuve-Saint-Eustache, c'est-à-dire un espace de plus de 300 mètres. Les travaux considérables que le comte de Toulouse fit exécuter dans son hôtel ne furent terminés qu'en 1719. Après ce prince, l'hôtel fut habité par sa veuve et par leur fils, le duc de Penthièvre.

L'ÉGLISE DE SAINT-EUSTACHE

Cette église, l'une des plus populaires à Paris, et qui fut longtemps la plus vaste et la plus magnifique après Notre-Dame, existait comme chapelle, sous le nom de Sainte-Agnès, au treizième siècle. On n'a, sur ses origines, aucun renseignement précis. Cette chapelle aurait été bâtie, disent quelques historiens (du Breuil), par un maltôtier nommé Alais ; selon d'autres, Sainte-Agnès aurait été construite en mémoire d'un saint Eustase — que le peuple de Paris appelait Huitasse — et plus tard Eustache. Il est même des sceptiques qui vont jusqu'à contester l'existence de saint Eustache. L'honnête et savant docteur de Sorbonne Lannoy, qui vivait encore en 1678 et qui avait la réputation d'avoir *détrôné plus de saints du Paradis que dix papes n'en ont canonisé,* épluchait les saints douteux avec plus de rigueur que d'Hozier la noblesse ; on l'avait surnommé le *Dénicheur de saints,* ce qui faisait dire spirituellement au curé de Saint-Eustache : « Quand je rencontre le docteur Lannoy, je lui tire jusqu'à terre ma révérence et mon chapeau, ayant toujours peur qu'il ne me déniche mon saint Eustache qui ne tient à rien. » Ce qu'il y a de certain, c'est l'existence de la chapelle de Sainte-Agnès vers 1251, lorsque les pastoureaux, ces bandits prétendus réformateurs qui parcouraient et dévastaient la France au nombre de cent mille, vinrent visiter Paris. Leur chef, une sorte d'illuminé hongrois, prêcha, travesti en évêque, et fit l'eau bénite dans cette église. Et la première preuve de l'existence de saint Eustache se lit, en juillet 1223, dans le cartulaire de Saint-Germain, où la chapelle est désignée sous ce titre : *Ecclesia sancti Eustachii.* Il est vraisemblable que cette nouvelle église avait été construite sur l'emplacement de l'ancienne Sainte-Agnès.

Saint-Eustache a été souvent, depuis, restaurée et agrandie ; mais ce fut en 1532 seulement que l'on entreprit sa reconstruction complète, et que le prévôt et lieutenant-général de Paris, Jean de la Barre, en posa la première pierre. Cette œuvre importante ne fut terminée qu'en 1642. Le mérite en est encore bien contesté. Dans la masse de l'édifice les fautes abondent, fautes de goût et de construction : du reste, le monument étouffé dans des rues étroites ne saurait être jugé sans appel.

Saint-Eustache, l'une des paroisses les plus fréquentées de Paris, est celle peut-être

qui renfermait le plus grand nombre de sépultures célèbres : Voiture, du Haillan, Bense-
rade, la Mothe-Levayer, Vaugelas, mademoiselle de Gournay, fille adoptive de Montaigne,
Furetière, le docteur René Benoît qui avait été confesseur de Marie Stuart, le comique
italien Scaramouche, Homberg, le célèbre chimiste, Jean de la Fontaine, François

SAINT-EUSTACHE.

d'Aubusson de La Feuillade, pair et maréchal de France, et François Chevert. Là aussi
reposa Colbert dont le tombeau mérite un examen particulier.

TOMBEAU DE COLBERT

Colbert était mort en 1683, âgé de soixante-quatre ans. On raconte que Louis XIV vint,
avec un grand cortège, le visiter au lit de mort pour le consoler de certaines injustices
que Colbert avait profondément ressenties, et lui prodigua tous les témoignages d'une

estime qui n'était point banale. On dit aussi que, lent à mourir, et dans de cruelles souffrances, il répondit à ceux qui, de la part du roi, venaient lui demander divers renseignements, et insistaient, toujours au nom du roi : « Dites à Sa Majesté qu'après l'avoir servie, j'ai fini avec les rois de la terre, et que je n'ai plus affaire qu'à un maître, celui du ciel.

Colbert servit le roi en effet, mais il n'oublia jamais de travailler en même temps

TOMBEAU DE COLBERT

pour la France, et accomplit son œuvre austère avec une inflexibilité que n'aiment pas les peuples. Il mourut donc peu connu de la nation pour laquelle il avait tant fait ; une sorte de haine qu'il n'avait pas méritée fut la récompense de ses services, et, quittant la vie, il n'eut rien à regretter, étant de ceux qui peuvent en appeler à la postérité.

Le plan du tombeau qui l'attendait fut dessiné par Lebrun ; Antoine Coysevox et Baptiste Tuby ont sculpté les figures et les ornements. Colbert est représenté en marbre blanc, agenouillé sur un sarcophage de marbre noir, lisant une prière dans un livre que lui présente un ange prosterné. L'*Ange* est de Tuby ; le *Colbert,* de Coysevox : exécution magistrale de ces deux grands artistes. A droite et à gauche du soubassement, deux *Vertus,* figures assises, grandes comme nature, représentent la Religion et l'Abondance, celle-ci par Coysevox, la Religion par Tuby ; et les inscriptions caractérisent heureusement l'idée et la pratique de l'existence entière du défunt. C'est, pour l'Abondance : *Quæ sunt Cesaris Cesari,* et pour la Religion : *Quæ sunt Dei Deo.*

Ce monument magnifique eût sans doute péri pendant la révolution, comme tout ce qui glorifiait la royauté ; on eut l'idée heureuse de le transporter au musée *civique* des Petits-Augustins, d'où, plus tard, il revint à Saint-Eustache prendre sa place dans la chapelle de la Vierge.

Le marquis de Seignelay, fils aîné de Colbert, avait été, en 1690, déposé dans la sépulture paternelle.

L'HOTEL DE SOISSONS. — LA COLONNE DE CATHERINE DE MÉDICIS

On ne saurait mieux définir le caractère de cet édifice qu'en rappelant l'opinion fort heureusement exprimée d'un historien du dix-huitième siècle :

« Nulle maison n'est plus noble dans le royaume, car depuis cinq cents ans elle a servi d'habitation aux plus grands princes du monde, et changea vingt fois de maîtres, sans changer de nom que cinq fois. Nommé d'abord Hôtel de Nesle, puis de Bohême, puis couvent des Filles Pénitentes, il s'appela, sous Catherine de Médicis, Hôtel de la Reine, et après elle, vers 1612, Hôtel de Soissons, nom qu'il a gardé jusqu'à sa fin. »

Ses maîtres furent successivement : Jean de Nesle ; saint Louis et la Reine Blanche, sa mère, qui y mourut ; Philippe le Bel ; Charles, comte de Valois ; Jean de Luxembourg, roi de Bohême ; Charles d'Artois ; le roi Jean ; Charles V, son fils ; Amédée VI, comte de Savoie ; Louis XII ; les Filles Pénitentes ; Catherine de Médicis ; Christine de Lorraine ; Catherine de Bourbon, sœur d'Henri IV, et les comtes de Soissons.

Nous avons raconté, dans la notice des Tuileries, comment Catherine de Médicis, par superstition, avait renoncé à ce palais pour ne pas mourir *près de Saint-Germain,* et s'était fait construire une résidence nouvelle dans ce vieil hôtel, séjour de tant de personnes royales. Louis XII l'avait concédé aux Filles Pénitentes, Catherine les en évinça, fit raser complètement tous les bâtiments anciens, y adjoignit l'hôtel d'Albret, les terrains et maisons intermédiaires, et, sur l'emplacement libre et immense, elle chargea Jean Bullant et Salomon de Brosse de lui élever son palais, à elle, bien à elle, à l'abri de tous les horoscopes. Ce qui ne l'empêcha pas d'aller mourir à Blois presque seule et peu regrettée.

Les habiles architectes se multiplièrent pour satisfaire aux caprices de la vieille Reine. L'hôtel nouveau parut si magnifique, dit Sauval, qu'il ne le cédait alors qu'au Louvre et aux Tuileries. On y comptait cinq appartements des plus vastes, des plus clairs, des mieux dégagés, tels qu'un seul, même, pourrait suffire au plus grand prince de la terre. Colin, Huguenin avaient sculpté les ornements ; Germain Pilon avait modelé les statues,

L'HOTEL DE SOISSONS

Jean Goujon avait taillé une *Vénus* de marbre sur une fontaine, aux jardins. La chapelle, élevée par Catherine, dans ce palais, surpassait, en goût, en ampleur et en magnificence, celles, créées plus tard, du Louvre, du Luxembourg et du Palais-Cardinal.

L'hôtel de la Reine devint alors ce qu'avaient été les Tournelles, le Louvre et les Tuileries, pendant le séjour qu'y fit Catherine. Les fêtes et les intrigues, les complots et tout l'attirail de la ténébreuse politique florentine, s'y installèrent en permanence, et les jardins de l'hôtel de Soissons furent un moment choisis, par Henri III, pour la sanglante exécution qu'il méditait du duc de Guise.

Ce coup d'État devait avoir lieu au commencement de 1588 ; mais Catherine, toujours

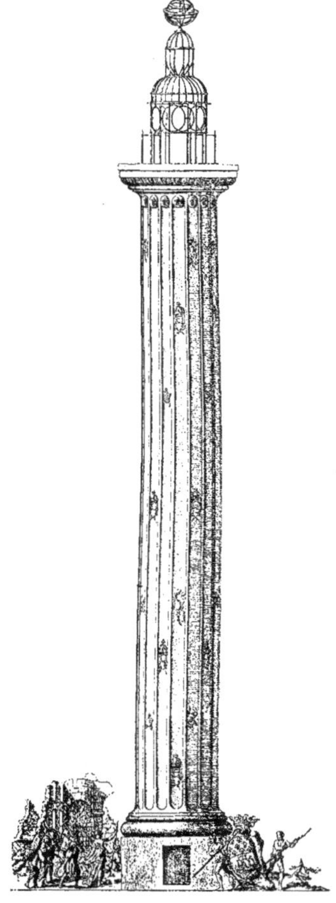

LA COLONNE DE CATHERINE DE MÉDICIS

obstinée à conserver les princes Lorrains pour les armer contre le Béarnais, obtint du répit, fit hésiter son fils qui remit la catastrophe à l'année suivante, cette année 1589, dont les Guises tués à Blois ne virent pas le commencement, et dont Catherine et Henri III ne virent pas la fin. Comment Catherine, la savante astrologue, n'avait-elle pas deviné cette solution?

Ce n'est pas cependant qu'elle eût oublié, dans son palais, l'observatoire indispensable à l'étude des astres ; et celui qu'elle se fit construire, à l'hôtel de Soissons, passait pour la curiosité de l'époque. Dans un angle de la cour principale, s'élevait une colonne haute de plus de cent pieds, imitée de la colonne Trajane dont elle n'avait ni les bas-reliefs, ni la statue qui la couronne. Celle de Catherine n'était décorée que de dix-huit cannelures, mélange de couronnes, de fleurs de lys, de lacs d'amour, de chiffres H et C entrelacés (Henri III et Catherine), et, sur le dôme, s'élevait une sphère d'un diamètre considérable, à laquelle on parvenait par un escalier intérieur, jusqu'à la terrasse destinée, disait le peuple, aux opérations cabalistiques, magiques et astronomiques de la terrible Reine, dont l'appariteur ordinaire, sinon le professeur favori, était ce Cosme Ruggieri, Florentin de la mauvaise Florence, condamné aux galères pour avoir trempé dans la conspiration de La Mole et Coconnas, puis racheté par Catherine qui ne pouvait se passer de ses services. Et, certainement, plus d'un bourgeois du quartier se signait avec une superstitieuse terreur, lorsque de sa fenêtre, la nuit, il apercevait quelque lueur rougeâtre et comme des ombres vacillantes au sommet de cette colonne mystérieuse. Le Ruggieri, qui avait vécu en scélérat, mourut en athée; et après avoir échappé au gibet, fut traîné mort sur une claie à la voirie, par sentence de justice.

On prêtait à Colbert un projet grandiose. Il voulait faire raser cet hôtel de la Reine, gêne et souci de tout un quartier, abri et tanière de tant de crimes et de noires conspirations.

Ce lieu, ainsi épuré, l'on eût fait une immense place, ayant au centre un vaste bassin de marbre, dans lequel fussent venues, en cascades, les eaux de l'aqueduc d'Arcueil et de Rungis. Le tout dominé par quatre fleuves gigantesques de bronze, représentant les principaux de France, et, par-dessus tout, sur un rocher, le roi, son roi à Colbert, terrassant la Discorde et l'Hérésie. Le modèle, en petit, de ce projet fut conservé par Girardon, *comme une pièce curieuse qui pourrait servir un jour.*

Mais non ; il n'y a plus de place, à Paris, pour les statues allégoriques des rois. Il n'y a même plus de rois. L'hôtel de Soissons est devenu la Halle aux blés ; d'honnêtes et robustes garçons, blancs de farine, y promènent des sacs, et frappent, de leur bâton, ce sol où tant de princes et de cavaliers faisaient résonner leurs épées et leurs éperons d'or. On n'y fait plus de chimie, sinon de temps en temps, alors qu'on transmute quelque savant pharmacien en édile ; on n'y fait plus d'astrologie ni de science transcendante, on y vote, le dimanche, lorsqu'il y a lieu. Quant à la colonne de Catherine de Médicis, elle est toujours debout, mais enchâssée dans le mur extérieur de la halle qui maintient sa caducité, l'étaie et la cache le plus possible pour qu'on ne la démolisse pas. On peut encore monter à l'observatoire de la vieille reine, non plus par l'escalier en vis de Bullant, qui est tronqué aux deux tiers, mais par une échelle.

Ce VIIe quartier de Saint-Eustache contenait :

2 carrefours : de Saint-Eustache et de Pont-Alais ; 2 chapelles : de Sainte-Marie l'Égyptienne et de Sainte-Claire ; 1 collège : des Bons-Enfants ; 2 communautés : de Sainte-Agnès et des Sœurs de Charité ; 1 cour derrière le Palais-Royal, écuries et fontaine ; 2 croix : des Petits-Champs et du Bouloy ; 3 égouts : Montmartre, Vieux-Augustins, Bouc du monde ; 2 fontaines : cour derrière le Palais-Royal et rue Coq-Héron ; 1 hôpital : des pauvres veuves, rue de Grenelle ; 14 hôtels : d'Armenonville, de Bullion, Charost, Chamillart, Plessy, Châtillon, Phelipeaux, de Vertamont, de Pomponne, de la Roché-Guyon, Seguier, de Soissons, de La Vrillière (Toulouse) ; 1 jardin : hôtel de Soissons, rue des Deux-Écus ; 1 paroisse : Saint-Eustache, qui a quatre entrées, rue du Jour, grand portail, deux rue Trainée, une, rue Montmartre ; 1 pont : le Pont-Alais ; 30 rues et culs-de-sac ; 480 maisons ; 248 lanternes.

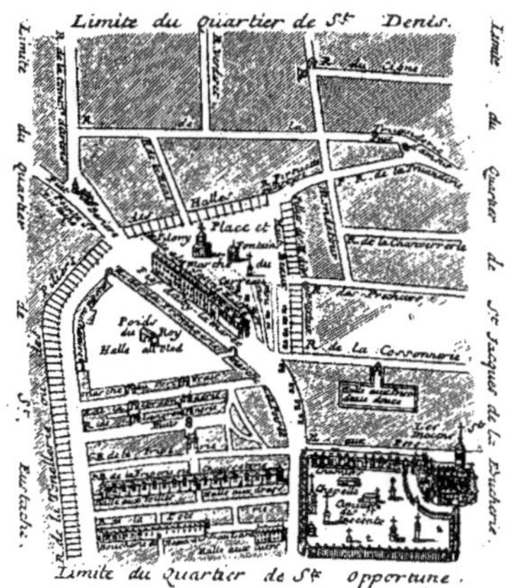

VIIIe QUARTIER. — DES HALLES

E quartier, le seul de tout Paris qui soit véritablement spécial, et l'ait toujours été, ne renferme pas un seul édifice qui mérite le nom de monument. Il avait, au temps dont nous retraçons l'histoire, sa petite église de Saint-Innocent, sa belle fontaine de Lescot et Jean Goujon, — son pilori — est-ce un monument? — et puis rien que des boutiques, des échoppes, des galeries basses et sombres, des piliers et des maisons, 735 ; — mais il avait son cimetière, le cimetière des Saints-Innocents, ce musée funèbre du vieux Paris depuis sa naissance.

En effet, ce n'est pas dans la cité romaine, Lutèce, ni dans le Paris des Mérovingiens ou de la seconde race, ce n'est pas dans ce chétif coin de terre mordu partout et délayé par la Seine, que pouvaient reposer, du sommeil éternel, les multitudes successivement fauchées pendant dix siècles. On n'enterrait pas dans Paris ; à peine les grands ou les illustres, ou les très riches trouvaient-ils une petite place sous la dalle des églises; le vulgaire était transporté hors des murs, dans un terrain spacieux et désert, les Champeaux, situé près d'une petite chapelle des Saints-Innocents, d'où le nom qui fut donné à cette nécropole. L'endroit étant abandonné, sans aucune surveillance, il s'y commettait des désordres, des profanations; et lorsque plus tard l'enceinte de Philippe-Auguste eut englobé ce terrain dans la ville, lorsque les vivants vécurent avec les morts, ce fut un bien plus regrettable scandale: les chiens déterraient les cadavres, s'installaient dans les sépultures comme dans des tanières, et les voleurs, les hommes de ténèbres, s'y réfugiaient aussi et y installaient, à leur tour, la débauche avec le crime. Philippe-Auguste flanqua le cimetière d'une muraille percée de plusieurs portes que l'on fermait et surveillait la nuit, car il voulait, dit son historien, « donner à ses descendants craignant Dieu, l'exemple de faire garder un cimetière qui renfermait les restes de tant de milliers d'hommes. »

Ultérieurement agrandie, cette nécropole fut entourée, le long de sa muraille, d'une galerie circulaire voûtée, dans laquelle, ainsi que dans une chapelle, on inhuma ceux qui pouvaient payer le droit de s'y établir une sépulture séparée. Cette galerie s'appela Charnier des Innocents; et bientôt, malgré ce respect pieux pour leurs morts qui caractérise les Parisiens, sous ces voûtes sombres, le long de ces parois tapissées d'inscriptions funéraires, sur ce pavé de pierres tombales, vint s'établir, dans d'étroites boutiques, toute une population de merciers, lingères, parfumeuses, modistes et d'écrivains publics, confidents et interprètes des secrets d'amour. Et tout Paris passait, achetait, riait, chantait et aimait dans ces Charniers des Innocents.

Le cimetière avait plusieurs entrées : une au coin de la rue de la Ferronnerie, deux sur la rue aux Fers, une par la rue de la Lingerie, une par l'église, rue Saint-Denis.

Je disais plus haut que le quartier ne possédait pas de monument, et néanmoins, on voyait s'élever au milieu du cimetière une sorte de tour à pans coupés, surmontée d'un globe portant une croix. Profondément enterrée, disait-on, par l'exhaussement successif des terrains, cette tour avait encore 40 pieds de haut, et renfermait un escalier qui conduisait à une salle supérieure éclairée de huit fenêtres. Origine, destination, histoire, tout de cette tour était et resta inconnu. Elle servit surtout à exercer l'imagination et la judiciaire des nombreux commentateurs. Chacun produisit son système sans convaincre aucun des autres.

C'était sous la partie de la galerie des Charniers longeant la rue de la Ferronnerie, qu'avait été peinte à fresque la *Danse Macabre*, si fameuse parmi les antiques curiosités de Paris.

Cimetière, antiquités, légendes, tout disparut ensemble vers la fin du dix-huitième siècle. Paris avait souffert héroïquement les incommodités, les dangers mortels de ce terrible voisinage. Mais enfin, un arrêté du conseil d'État ordonna, en 1785, que le cimetière serait converti en un marché public, le terrain creusé de cinq pieds, et tous les ossements transférés dans les carrières souterraines de Montrouge, qui devinrent ainsi les catacombes parisiennes.

Mais avant la création de ce marché nouveau, les Halles de Paris donnaient à Paris une abondance et un spectacle unique au monde. On y trouvait toutes les ressources de

LA FONTAINE DES INNOCENTS

la vie pour le riche et pour le pauvre : tout, dans ce quartier, venait s'offrir à tous : sans sortir de ses limites, le chaland rencontrait en quantités prodigieuses, aliments de toute sorte et de tout prix, boissons, fruits, fleurs, grains, vêtements, étoffes, chaussures, ustensiles. Le tableau de recensement de ce quartier en fournira au lecteur une statistique curieuse.

N'allons pas, toutefois, oublier dans cette notice une œuvre d'art incomparable que Paris posséda longtemps sans en apprécier la valeur. La fontaine des Innocents ne date pas de 1550, comme l'ont écrit plusieurs historiens. Il en est parlé dans des lettres patentes de Philippe le Hardi, en 1273. Mais, à la renaissance des arts en France, cette antique fontaine fut rebâtie, sur les dessins de Pierre Lescot, avec le goût et la grâce incomparables d'une sculpture merveilleuse exécutée par Jean Goujon, et ce morceau parfait courait risque encore une fois de disparaître, sans la restauration parcimonieuse, mais intelligente, qu'on en fit vers 1708.

Les Halles firent beaucoup parler d'elles sous la Fronde. Elles ne tenaient pas pour la cour, et leur idole, le duc de Beaufort, avait fait la conquête de ces dames par ses façons et son langage crûment populaires.

Nous avons le devoir de taire les témoignages étranges d'adoration que certaines d'entre ces bonnes Frondeuses prodiguaient au fils d'Henri IV. La cour l'avait surnommé « le roi des Halles », et de fait, il régnait sur ce quartier si inflammable ; mais il n'abusa point de sa royauté, par bonheur, car une émeute, partie des Halles, mettait vite Paris en combustion. Anne d'Autriche les redoutait. Marie-Antoinette, à Versailles, apprit à les connaître.

Voici l'abrégé de ce que renfermait le quartier des Halles :

4 boucheries : rues de Beauvais, comtesse d'Artois, au Lard, Pirouette en Tiroyre — 28 étaux.

Le carrefour de Guillery, où s'élevait au centre le Pilori, machine à exposition, sorte de carcan à pivot, qui donnait aux passants le spectacle des faces plus ou moins patibulaires des larrons et tire-laine. C'était la demeure ordinaire du bourreau. On déposait là les corps des suppliciés exécutés en Grève. Souvent même, des exécutions capitales y eurent lieu. C'est sur la place Guillery (du Pilori) que le duc de Nemours, Jacques d'Armagnac, eut la tête tranchée, sous Louis XI (1477). C'est là qu'en 1409 avait été décapité Jean de Montagu, grand-maître de la maison du roi (Charles VI) et surintendant des finances, que Jean, duc de Bourgogne, sacrifia criminellement à sa haine pour les Armagnacs. On fit avouer, dans les tortures, à ce malheureux tout ce qu'on voulait obtenir de charges pour le condamner ; mais il rétracta ces aveux devant la hache du bourreau. Son corps resta trois ans pendu au gibet de Montfaucon, où, dit la chronique, les Célestins le gardèrent, jour et nuit, dans une enveloppe pleine d'aromates, jusqu'au jour où il leur fut permis de l'enterrer.

1 chapelle d'Orgemont, sous les Charniers ; le Chapitre et église collégiale des Saints-Innocents ; le cimetière des Innocents ; la grande Halle, contenant les halles et marchés aux blés et aux grains, ouverts les mercredis et samedis ; halle à la farine, tous les jours ; au beurre, *le jeudi après dîner* ; à la chandelle, les samedis ; à la chair de porc frais et

salé, mercredis et samedis ; aux pots de grès et à la boissellerie, aux chaumes, filasses et cordes à puits ; à la marée fraîche, rue de la Fromagerie ; à la saline, devant la place du Carreau au fief d'Alby (halle ouverte où se vend la saline) ; au poisson d'eau douce, rue de la Cossonnerie ; aux cuirs, rue au Lard ; aux draps, lingerie et poterie, rue de la Petite-Friperie ; aux toiles, rue de la Toilerie ; 3 marchés où se distribuent toute sorte d'herbes, légumes, graines de jardiniers et de fruits, commençant depuis la porte du Cimetière des Innocents jusqu'au coin de la rue de la Cossonnerie (est appelé le marché de la poirée aux halles) ; marché au pain, au carrefour Guillery et sous les Piliers des halles, mercredis et samedis ; aux œufs, beurre et fromage, même endroit ; le Parquet, appelé l'Harengerie, où se vend le hareng, la molluc (*sic*), le saumon et autres salines ; les Piliers des halles où l'on va à couvert sous des maisons soutenues par des piliers de pierre, depuis la rue de la Chausseterie jusqu'à celle de la Cossonnerie, faisant le tour de la place du Pilori ; 2 places publiques : celle du Pilori, celle Pont-Alais ; 27 rues ou culs-de-sac ; 735 maisons ; 149 lanternes.

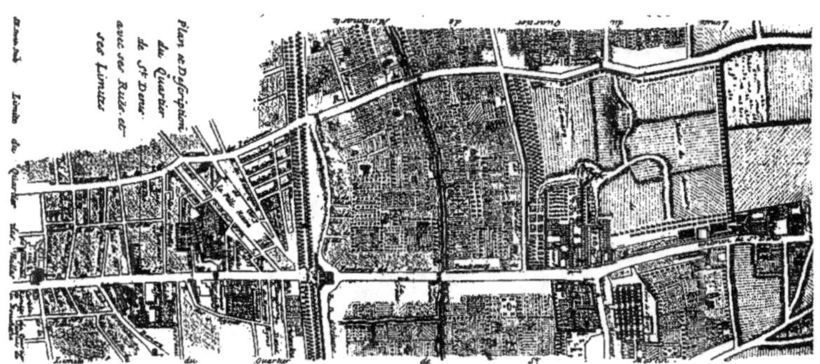

IXᴱ QUARTIER. — DE SAINT-DENIS

L'ÉGLISE SAINT-SAUVEUR

'ÉGLISE paroissiale de Saint-Sauveur remplaça, sous François Iᵉʳ qui la fit bâtir, une chapelle nommée de la Tour, à cause d'une tour carrée à laquelle on l'avait adossée. Cette tour fut conservée et servit d'angle pilier à la nouvelle église. Saint-Sauveur n'avait rien de bien remarquable que sa chapelle de la Vierge dont la décoration, dessin, sculpture et peintures, fut exécutée par Blondel, Jean-Baptiste Lemoyne et Nicolas Coypel.

Louis XIV avait participé à sa restauration au moyen d'une loterie autorisée en 1713. Elle fut démolie définitivement en 1787.

Sous ses dalles furent inhumés les acteurs comiques Turlupin, Gros Guillaume,

Gautier-Garguille, ces trois compères joyeux qui pleurèrent tant et firent tant rire;

près d'eux, Guillot Gorju ; un poète, Colletet, l'inventeur des Crispins, mort en 1690.

LA PORTE SAINT-DENIS

Ce qu'on nommait la Porte Saint-Denis, c'est-à-dire une des entrées de Paris qui portait ce nom, avait reculé successivement vers le nord, à mesure que s'élargissait le territoire parisien. Par là, aux jours solennels, à leur avènement, au retour d'une campagne glorieuse, les rois de France entraient dans leur capitale. On y recevait les nouvelles reines, pour les conduire en grande pompe, soit à Notre-Dame, soit à leur palais. — Marie de Médicis dut faire, par la Porte Saint-Denis, une splendide entrée après son couronnement. — Par là, aussi, sortaient les rois morts qu'on portait à l'abbaye de Saint-Denis, leur dernière demeure. Cette porte fut d'abord construite rue de la

Ferronnerie; Philippe-Auguste la transporta jusqu'à la rue Mauconseil. La nouvelle délimitation de Charles V la plaça au coin de la rue des Deux-Portes. C'était une sorte de forteresse, bien située, bien armée. Henri IV s'y trouvait, le jour du départ des Espagnols commandés par le duc de Féria, et il avait voulu se donner le plaisir de voir défiler, devant lui, ces hôtes funestes, ces alliés rongeurs des ligueurs parisiens.

Il se plaça donc à une fenêtre de la Porte Saint-Denis, ses soldats à lui formant la haie, et tout un peuple dévorant des yeux ce curieux spectacle. La garnison espagnole silencieuse et peu rassurée passa, la tête basse, sous cette fenêtre; et, quand le duc de Féria, défilant à son tour, salua profondément le roi vainqueur : « Messieurs, dit Henri, avec son fin sourire et son accent gascon qui domina tous les bruits, Messieurs, mes baise-mains à votre maître; — allez, — mais n'y revenez plus ! » Et Dieu sait si les Parisiens se prirent à rire.

15

C'est dans le voisinage de cette ancienne porte que fut élevée la nouvelle, en 1674. C'est à vrai dire un arc de triomphe plutôt qu'une porte de ville, et les inscriptions qui la décorent ne dissimulent ni le sens ni la destination du monument. C'est le monument du triomphe de Louis XIV dans les guerres de Hollande. Elle a été dessinée par Blondel. Sa hauteur est de 72 pieds, sa façade d'autant. La baie, de 24 pieds, s'ouvre entre deux pyramides chargées de trophées. A leur base deux figures : la Hollande consternée sur

FONTAINE DE LA PORTE SAINT-DENIS

son lion expirant; le Rhin humilié. Lebrun donna le dessin de ces deux figures exécutées magistralement, comme tout le reste de la sculpture, par Michel et François Anguier. Au-dessus de la porte, un bas-relief sur table renfoncée représente Louis XIV à cheval, en habit de guerre, donnant des ordres aux cavaliers qui l'entourent. Sur la frise, cette dédicace : *Ludovico Magno*.

Ce quartier, dont le territoire est immense, puisqu'il s'étendait des Halles à

Saint-Lazare inclusivement, mais en grande partie sur des terrains de culture, renfermait :

1 chapelle de Sainte-Anne (nouvelle France), aide de la paroisse Saint-Laurent ; 3 paroisses : Saint-Sauveur, rue Saint-Denis, Notre-Dame de Bonne-Nouvelle à la Ville-Neuve, et Sainte-Anne, ci-dessus indiquée ; 1 Chapitre : de Saint-Jacques de l'hôpital ; 1 cloître ayant 4 entrées : 2 rue Mauconseil, 1 rue Mondétour, 1 en l'église rue Saint-Denis ; 1 Communauté de religieux de Saint-Lazare ; 2 Communautés de sœurs Grises, Filles de la Charité, servantes aux pauvres malades, aux prisonniers, et pour l'instruction des jeunes filles : celles du faubourg Saint-Lazare, au coin de la rue Neuve-Saint-Laurent, d'où l'on tire toutes les sœurs pour les envoyer dans les paroisses et hôpitaux de Paris et de France. Il y a, en cette maison, une chapelle et une infirmerie où l'une des sœurs a le soin de panser et saigner les pauvres malades. Celles de la paroisse Bonne-Nouvelle, avec école, rue de la Lune. Celles de la paroisse Saint-Sauveur, où il y a école rue des Deux-Portes ; 1 couvent de Filles : les Filles-Dieu, rue et près la porte Saint-Denis ; 5 corps de garde : gardes françaises, composés de 1 sergent et 10 soldats ; dont un au bout du faubourg, vers le village de la Villette, 1 caporal et 5 soldats ; 2 égouts ; 1 foire franche : de Saint-Laurent, dont l'ouverture est faite tous les ans par M. le lieutenant de police, assisté des officiers du Châtelet ; 4 fontaines : Saint-Lazare, Saint-Denis, du Ponceau, de la Reine, au coin de la rue Greneta ; 2 hôpitaux : de la Trinité, privilégié pour toute sorte d'artisans qui y gagnent le droit de maîtrise après y avoir appris leur métier aux enfants de cet hôpital et de Saint-Jacques l'hôpital ; 2 hôtels : de Bourgogne, ci-devant théâtre pour jouer la comédie, et de Chaumont ; la Nouvelle France, habitation de quantité de maragers (maraîchers) et jardiniers qui sont de la paroisse Saint-Laurent ; 2 places : la Ville-Neuve, la petite place des Filles-Dieu ; 2 ponts sur le grand égout ; 2 réservoirs des eaux venant du Pré-Saint-Gervais ; 48 rues et culs-de-sac ; 1619 maisons ; 304 lanternes.

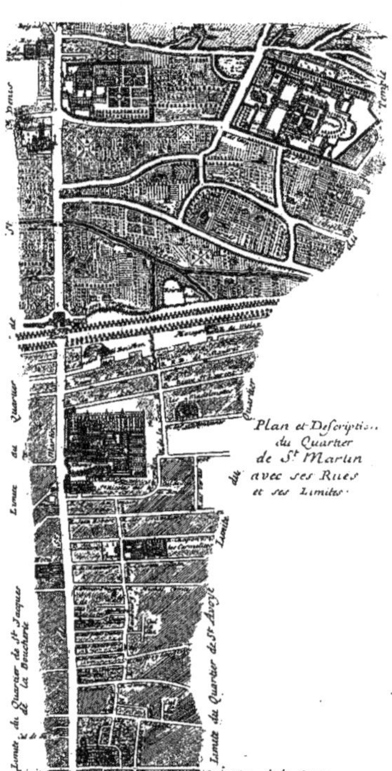

PLAN DU Xᵉ QUARTIER

X^E QUARTIER. — DE SAINT-MARTIN

LA PORTE SAINT-MARTIN

Omme la Porte Saint-Denis et toutes les autres portes de Paris, la Porte Saint-Martin changea plusieurs fois de place, selon que les agrandissements de la ville reculaient l'enceinte dont toutes ces portes fortifiées défendaient l'accès. Après avoir occupé, sous les rois de la première race, l'endroit qu'on nommait l'Arche Saint-Merry, près la rue Neuve-Saint-Merry, elle fut, sous Philippe-Auguste, placée à l'angle méridional formé par la rue Saint-Martin et la rue Grenier-Saint-Lazare. Cette dernière rue se trouvait ainsi en dehors de l'enceinte. La Porte Saint-Martin, qui s'appelait aussi Porte Saint-Merry, fut ensuite, sous Charles V et Charles VI, reculée jusqu'à la rue Neuve-Saint-Denis. C'était une véritable forteresse, un donjon flanqué de plusieurs tours ; on n'y arrivait que par un pont en pierres de trois arches, sans compter le pont-levis ; et enfin, sous Louis XIII, elle fut placée à l'endroit même où s'élève l'arc de triomphe consacré, en 1674, à la gloire de Louis XIV, et que les Parisiens d'aujourd'hui continuent à nommer la Porte Saint-Martin.

Louis XIV venait de conquérir la Franche-Comté ; l'année 1674 avait vu, malgré la défection successive de tous les alliés de la France, nos victoires se multiplier, sans aucune interruption. Turenne, partout triomphant, avait encore six mois à vivre et à vaincre. La ville de Paris éleva un nouveau monument de son admiration et de sa reconnaissance pour le souverain dont le règne jetait sur la nation un si glorieux éclat.

L'arc de la Porte Saint-Martin est trop connu pour que nous soyons obligé de le décrire. Il est percé de trois baies dont la médiane est de beaucoup la plus haute. Deux grands bas-reliefs à la face représentent, l'un, le roi sur son trône, recevant l'hommage d'une nation agenouillée, la Franche-Comté ; l'autre, le roi, en Hercule, couronné par une victoire ailée. — A la face, du côté du faubourg, deux bas-reliefs représentent la prise de Limbourg et la défaite des Allemands. Le dessin et le plan de l'arc sont de

PORTE SAINT-MARTIN

Pierre Bullet ; — les bas-reliefs, de Legros, Marly, Le Hongre et Desjardins. Mais pourquoi représenter nu, et de son vivant, ce roi le plus habillé de tous les Français. Hercule avait sa peau de lion, que ne la prêtait-il au statuaire en cette circonstance.

SAINT-MARTIN-DES-CHAMPS

Lieu vénérable par son antiquité, par son histoire, par la profonde piété des Parisiens envers saint Martin, que les Français considéraient, sous les premiers rois, comme le patron de la France. On jurait sur ses reliques, et sa chape était portée à la tête des

SAINT-MARTIN-DES-CHAMPS

armées. Ce saint avait habité à Paris, vers 385, et le miracle légendaire qu'on lui attribuait — la guérison d'un lépreux par un baiser — l'avait popularisé, au point qu'un oratoire de simples feuillages fut construit par les fidèles à la place même où le miracle s'était accompli ; et ce monument naïf, dont Grégoire de Tours fait mention, fut l'origine du célèbre monastère de Saint-Martin-des-Champs, situé hors de la ville, comme l'indique son nom.

Ce fut d'abord une abbaye, connue sous Childebert III au viiie siècle, et que les Nor-

mands ruinèrent au ixe. Elle fut reconstruite par le roi Henri Ier avec des agrandissements notables, libéralité que Philippe Ier, son fils, confirma par de nouveaux privilèges ;
mais comme il substitua aux chanoines de Saint-Martin, mal notés, dit la chronique,
les religieux de Cluny, Saint-Martin perdit son titre d'abbaye et ne fut plus qu'un
prieuré.

On raconte que saint Louis, lorsqu'il venait à Saint-Martin-des-Champs honorer les
reliques de cette église, donnait à l'offrande des pièces d'or, auxquelles la règle défendait
qu'on touchât sans autorisation, ainsi que le prouve, en 1475, une décision du Parlement
autorisant que lesdites offrandes fussent appliquées aux besoins de la communauté.

Un président du Parlement, Philippe de Morvilliers, fonda, en 1426, une chapelle
(de Saint-Nicolas) dans Saint-Martin-des-Champs, à certaines conditions, dont celle-ci est
bizarre : « Chacun an, la veille de Saint-Martin d'hiver, lesdits religieux donneront au
premier président du Parlement deux bonnets à oreilles — l'un double, l'autre simple,
— « *en disant certaines paroles* » et, au premier huissier du Parlement, un gant et une
écritoire « *en disant certaines paroles.* »

Saint-Martin-des-Champs était l'un des plus riches bénéfices de France, d'un revenu
d'environ 45,000 livres (plus de 150,000 francs aujourd'hui) ; comptant parmi ses dépendances les cures de Saint-Jacques-la-Boucherie, Saint-Nicolas-des-Champs, Saint-Laurent,
Saint-Josse dans la rue Aubry-le-Boucher, la Ville Neuve près la Porte Saint-Denis, et
le prieuré de Saint-Bon — plus une centaine d'autres collations aux environs de Paris.
Tout, dans cette ancienne abbaye, respirait la grandeur, la force et l'autorité. C'était une
basilique ou une abbaye religieuse ; mais, au besoin, une forteresse redoutable par la hauteur et l'épaisseur des murailles, des tours, et les fossés qui l'entouraient complètement.

Ce fut même un séjour royal, très recherché par un grand nombre de princes.
De la grande cour du prieuré on passait dans un cloître magnifique, soutenu par
quantité de colonnes, et certains historiens estiment à quatorze arpents le terrain
enclos occupé par les jardins et dépendances du prieuré. Cet espace immense,
pour Paris, était compris entre la rue Saint-Martin et les rues Frépillon et de la Croix,
depuis la rue Aumaire jusqu'à celle du Vert-Bois : les bâtiments de la communauté
occupaient à peu près l'emplacement du Conservatoire actuel des Arts et Métiers.

Saint-Martin-des-Champs, outre sa richesse et ses privilèges, possédait un champ
clos — lice toujours prête à recevoir les champions autorisés, soit qu'il s'agît d'une
épreuve judiciaire, aux temps reculés de la monarchie, soit, plus récemment, que les combattants eussent à vider, en public, une querelle importante, avec l'assistance de parrains,
et quelquefois sous les yeux du roi et de la cour. Le cas échéant, échafauds, barrières et
tribunes étaient promptement installés, — s'ils ne l'étaient en permanence, comme sem-

blent vouloir l'insinuer des écrivains, qui ajoutent que ces bons religieux louaient, à bon compte, aux champions, l'endroit où ils pouvaient se couper la gorge.

Ce fut dans le champ clos de Saint-Martin que, par autorisation du Parlement, eut lieu, en 1336, le duel judiciaire du chevalier de Carrouge et de Jacques Legris, écuyer, ce dernier accusé d'outrages avec violences par la dame de Carrouge. Jacques Legris niait, et son accusatrice affirmait ; il n'y avait aucune preuve. On eut donc recours au jugement de Dieu. Legris, vaincu et terrassé, protesta de son innocence sous la dague même de son vainqueur, mais « *l'issue du combat l'avait convaincu* ». Son corps, selon la coutume, fut traîné sur une claie à la potence, et il paya, de sa vie et de son honneur, le crime qu'il n'avait pas commis, et dont s'avoua coupable un misérable exécuté plus tard pour d'autres forfaits.

En 1711, d'après l'édit du roi qui ordonnait l'élargissement de la rue Saint-Martin aux dépens du Prieuré, dont les clôtures devaient à cet effet reculer de plusieurs toises, les religieux obtinrent l'autorisation de bâtir sur leur terrain de façade, en abandonnant à l'alignement la part réclamée. Ils construisirent alors, sur la rue Saint-Martin, plusieurs maisons dont le revenu augmenta considérablement leur fortune, et offrirent, à titre gracieux, à la ville, l'emplacement nécessaire à l'installation d'une fontaine publique aux coins de la rue Saint-Martin et de celle du Vert-Bois.

Saint-Martin-des-Champs avait sa justice haute, l'auditoire de son bailli et aussi sa prison criminelle qui, vers 1712, fut démolie : on ne conserva dans l'enclos qu'une prison appelée civile *n'ayant pas le pain du roi.*

Le prieuré royal, commende de Saint-Martin-des-Champs, bénéfice, nous l'avons dit, opulent et très recherché, compta parmi ses prieurs plusieurs cardinaux célèbres, dont Richelieu, qui voulut bien l'accepter, en 1633, sur la résignation du cardinal de la Valette ; et peut-être eût-il mieux valu, pour la gloire du cardinal, que riche, omnipotent, maître de toutes personnes et de toutes choses, en France et dans l'Eglise, il eût refusé ce bénéfice au profit d'un autre plus religieux.

L'HOPITAL SAINT-LOUIS

En l'année 1606, ce qu'on appelle le beau climat de la France mentit à sa réputation. Il y eut des chaleurs l'hiver, et de si rudes froids l'été, qu'en juillet on pouvait se croire à la Toussaint. Les maladies, escorte ordinaire du printemps, prirent une malignité menaçante. Toute sorte de bruits étranges couraient dans la population. Un capucin avait prédit que Paris s'abîmerait en entier dans la nuit du 29 au 30 juin, et, comme garantie de sa prédiction, avait offert de se constituer prisonnier. Le Parisien est nerveux, il était alors crédule ; du pressentiment on passa vite à la panique : bon nombre de gens sortirent de la ville, et au moment où les esprits forts plaisantaient les esprits faibles, un rapport vint avertir la police qu'il y avait, à Paris, cinquante maisons infectées de peste.

Vers la fin d'août, l'émigration des riches commença. La peste s'était déclarée au logis de la reine Marguerite, première femme de Henri IV ; trois de ses officiers en étaient morts. Marguerite, craignant d'être abandonnée de toute sa maison si elle demeurait à Paris, alla s'établir à Issy, et le baptême du Dauphin et de ses deux sœurs fut célébré solennellement à Fontainebleau : — la peste, ou plutôt la haute raison du roi, priva la ville de Paris de cet honneur.

Car on voyait les malades de la contagion transportés au Faubourg Saint-Marceau ; plusieurs en mouraient, d'autres se répandaient en divers endroits, et se dressaient des cabanes, aux champs, vers les Chartreux, rue d'Enfer, quartier Saint-Michel — « *où ils infectaient force gens.* »

Bref, si la mortalité ne fut pas extraordinaire, l'émotion, la terreur furent générales, et se traduisirent, chez les grands par des actes de dévotion, de contrition, chez le peuple, par une inquiétude fiévreuse, une sorte de houle morale qui fesait remonter toute l'écume à la surface. Les fils et filles de noblesse se rendaient en foule aux Capucins, Feuillants, Recolettes, Capucines et Carmélites, et portaient aux processions une couronne d'épines ; les petits, pauvres et désespérés, se livraient à tous excès, entassaient crimes sur crimes : jamais la ville n'avait vu plus d'audacieuse perversité.

Cette peste, car on avait fini par attribuer au fléau toutes les indispositions et tous les décès, dura jusqu'aux premiers mois de 1607, et emporta beaucoup de monde. L'Étoile assure cependant, qu'en comptant bien, l'on ne trouva pas le chiffre de la mortalité supérieur de beaucoup à la moyenne ordinaire — qui, dit-il, — n'est généralement que de « huit personnes par chaque jour. » Mais cet imprévu terrible, cette démoralisation de la population, mais ce défaut de surveillance et d'ordre, le manque de soins, d'asiles et de certitude dans la médication, avaient frappé d'une épouvante secrète toutes les classes de la société. La peste entrait désormais dans les chances de la vie, c'était un nouvel ennemi à combattre et à vaincre.

C'est sous l'influence de ces émotions que le gouvernement et la ville conçurent le projet de fonder un hospice spécialement affecté aux maladies contagieuses. Le conseil de l'Hôtel-Dieu en arrêta les plans, détermina l'emplacement, et le roi voulut qu'il fût appelé Saint-Louis, en mémoire de son ancêtre le saint roi, mort de la peste. Ce témoignage de la sollicitude royale pour les souffrances du peuple calma quelque peu l'effervescence, comme aussi la déclaration si nette d'Henri IV, au sujet des pilleries, révoltes,

assassinats et brigandages trop multipliés dans Paris. « Jamais, dit-il, je n'entends parler
que de méchancetés et d'abominations commises jusque dans ma maison ; mais j'en ferai
telle justice que j'en ferai perdre le goût aux entrepreneurs. » — Et de fait, deux bonnes
potences neuves, plantées à la Porte Saint-Antoine, appuyèrent l'avertissement avec efficacité, comme aussi la nouvelle de la fondation, ainsi consignée dans le *Journal quotidien* :

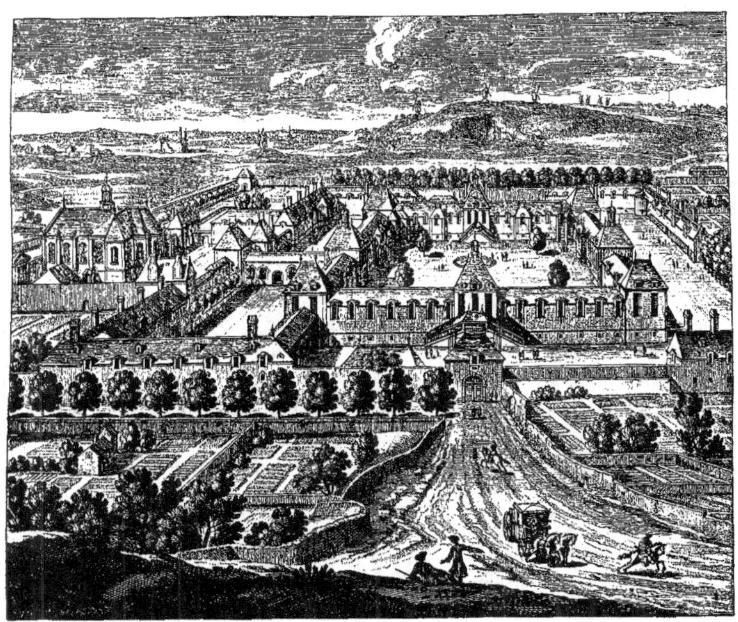

HOPITAL SAINT-LOUIS

« Le vendredi, 13 juillet 1607, le roi fonda l'hôpital Saint-Louis, et fut posée la
première pierre à la chapelle dudit hôpital, pour lequel grand nombre d'ouvriers
travaillent journellement sous la conduite de Claude Villefaux, *bon architecte.* »

Comment, de Paris était-on allé chercher, dans un quartier tout excentrique, désert,
sauvage, l'emplacement du nouvel hôpital ?

Paris, cependant, n'avait pas été pris tout à fait au dépourvu. Il existait, au faubourg Saint-Marceau, un hospice nommé la Charité Chrétienne, fondé par la reine Marguerite de Provence, veuve de saint Louis ; mais l'édifice était vieux, insuffisant pour les besoins de la ville, surtout en temps d'épidémie. On avait aussi l'Hôtel-Dieu ; mais il avait été encombré, bien qu'on eût affecté, au service des pestiférés, les salles réservées, jusqu'à celle du Légat, fondée par le chancelier Duprat, cardinal et légat du pape Clément VII. D'ailleurs, tous ces bâtiments, situés au cœur de Paris, dans un centre populeux, sans air ni espace, ne pouvaient convenir à la destination.

Et le conseil de l'Hôtel-Dieu alléguait encore une autre raison, péremptoire celle-là, indiscutable. Il n'y avait plus d'argent. Le roi résolut le problème. Par édit, en date du mois de mars 1607, il attribua à l'Hôtel-Dieu dix sols par minot de sel qui se vendrait dans tous les greniers de la Généralité de Paris, et ce pendant quinze ans, et cinq sols à perpétuité, après l'expiration des quinze années, à la charge, par l'Hôtel-Dieu, de faire construire un hôpital de santé hors la ville, entre la porte du Temple et celle de Saint-Martin, de payer tous meubles et ustensiles nécessaires, tant à l'hôpital nouveau qu'à celui de la Charité Chrétienne, qui furent réunis désormais à l'administration de l'Hôtel-Dieu.

On employa quatre ans à bâtir l'hôpital Saint-Louis, et à restaurer l'autre, qui prit le nom de Sainte-Anne. Ces deux hospices rendirent de grands services à Paris, lorsque la peste revint en 1619. Un siècle après, en 1709, l'année du plus cruel hiver qu'on eût vu en France, les privations, la misère et les souffrances qui en résultèrent avaient multiplié à Paris les maladies, le scorbut entre autres, au traitement duquel on affecta l'hôpital Saint-Louis. Les bâtiments, pourtant si vastes en 1607, ne suffisant plus, on les agrandit, on en créa de nouveaux. Sa situation excellente, son aménagement parfait, le maintinrent, en toute circonstance, au premier rang des établissements de bienfaisance et de charité parisiens.

Nous ne voudrions pas quitter ce quartier sans parler d'un autre genre d'établissement public, tristement, mais universellement célèbre, le sinistre Montfaucon, le grand charnier patibulaire, l'amphithéâtre d'infamie où se traitaient impitoyablement par le fer et par le feu, par l'horreur des tortures et des supplices, par l'épouvante des exemples, les plaies honteuses, les ulcères, les gangrènes morales de la ville. Mais devant une pareille exhibition, la plume recule. Ce serait toute une histoire à écrire, pleine d'un sombre intérêt, pleine d'enseignements, l'histoire même de Paris, de ses mœurs, de sa vie, — publique ou secrète : — mais, hélas ! n'avons-nous pas, aux pages qui vont suivre, l'histoire de la Grève, promise au lecteur. Tenons-nous-en à ce fragment du livre noir de la capitale, et, rapidement, esquissons le dessin des lugubres gémonies parisiennes dont le nom a retenti dans le monde entier.

Montfaucon était un gibet de forme quadrangulaire, construit sur une éminence située hors la ville, entre le faubourg du Temple et le faubourg Saint-Martin. 16 piliers de pierre hauts de 33 pieds, et reliés entre eux par des traverses de bois et de fer garnies de chaînes, formaient une vaste cage à claire-voie ; on accrochait, entre ces piliers, les cadavres des suppliciés qui demeuraient là, suspendus dans le vide, livrés aux corbeaux, et dont les débris infects finissaient par tomber dans une cave ouverte sous eux et s'y confondaient avec leurs immondes prédécesseurs. Là, entre mille suppliciés, vinrent, Pierre de la Brosse, Enguerrand de Marigny, Remy de Montigny, Henri Caperel, Jourdain de l'Isle, Jean de Montagu, Pierre des Essarts, etc. — Là fut accroché le cadavre de l'amiral Coligny, là furent apportés les lambeaux du maréchal d'Ancre. Instrument, aveugle et sourd, de justice ou d'iniquité, de châtiment ou de vengeance, Montfaucon reçut, à ses gibets, les plus innocents comme les plus criminels des hommes, un jour Olivier-le-Dain, un autre jour, Semblançay.

Ce quartier de Saint-Martin renfermait : 1 bailliage : de Saint-Martin-des-Champs dans l'enclos dudit prieuré ; 2 barrières : de Saint-Louis, pour renvoyer tout ce qui est dû de droits d'entrée, au bureau du Temple ; situé à côté de l'hôpital Saint-Louis entre les rues des Récolets et de Saint-Louis en une rue qui conduit au gibet de Montfaucon, paroisse de Saint-Laurent — de Saint-Maur, Paroisse Saint-Laurent : 5 boucheries ; le bureau et maison de messieurs les joueurs de violon, rue Saint-Martin, attenant l'église Saint-Julien des Ménétriers ; 3 chapelles : de Saint-Michel, enclos de Saint-Martin des Champs, du cimetière Saint-Nicolas, de Lorette ; un chapitre : de Saint-Merry ; 1 cimetière : hors la paroisse Saint-Nicolas. 5 communautés ou couvents, des Pères de la Doctrine chrétienne, rue Saint-Martin, des Récolets, faubourg Saint-Laurent : des Filles de la Charité, servantes aux pauvres malades, hôpital de l'enfant Jésus, école et paroisse Saint-Merry, rue Brisemiche, Saint-Nicolas-des-Champs, pauvres malades et prisonniers, rue Aumaire. 2 croix remarquables ; une près de Montfaucon, bâtie à la sollicitation de Pierre de Craon, en 1396, temps où l'on donna des confesseurs aux patients que l'on allait y exécuter et qui s'arrêtaient au pied de cette croix pour être exhortés par les cordeliers du grand couvent ; l'autre croix : du Mouton, en haut du faubourg Saint-Laurent, 2 corps-de-gardes françaises, 2 égouts au Pont-aux-Biches — à la rue Maubuée ; 2 hôpitaux : de Saint-Louis, pour les pestiférés et en même temps pour les convalescents de l'Hôtel-Dieu ; du nom de Jésus faubourg Saint-Laurent ; 1 juridiction des consuls, cloître Saint-Merry ; 3 paroisses : de Saint-Laurent, de Saint-Merry, de Saint-Nicolas-des-Champs.

1 porte ou arc de triomphe de Saint-Martin ; un prieuré royal en commende de Saint-Martin-des-Champs, lieu privilégié pour toute sorte d'artisans ; prison de Saint-Martin-des-Champs dans l'enclos du prieuré ; Montfaucon, lieu destiné pour exposer les cadavres des gens exécutés à mort, situé au bout du faubourg Saint-Laurent, à droite derrière l'hôpital Saint-Louis. Un marché pour toute sorte de vivres, hors le pain, rue Saint-Martin, vis-à-vis Saint-Nicolas-des-Champs, — 1740 maisons, 52 rues, 7 culs-de-sac, — 415 lanternes. Voirie entre les portes Saint-Martin et rue du Temple.

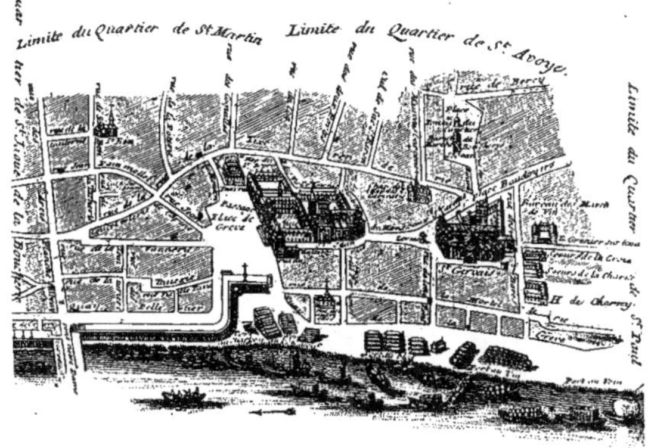

XIᴱ QUARTIER. — DE LA GRÈVE

LA PLACE DE LA GRÈVE

ᴇ nom avait et il a encore une signification toute particulière. Plusieurs siècles l'ont établie, un demi-siècle n'a pas réussi à l'abolir. C'était la place désignée des exécutions capitales, et depuis cinquante ans que les exécutions n'y ont plus lieu, la place de Grève est toujours, par le souvenir, par la puissance d'une indélébile habitude, le lieu et le nom sinistre, sur le sens duquel pas un Parisien ne saurait hésiter un instant.

Ce nom, dit un moraliste, qui semblerait naïf aujourd'hui, les scélérats ne peuvent l'entendre sans épouvante, « il offre un tableau de tous les crimes qui déshonorent les familles, la société, la patrie, la religion, la nature et l'humanité. » Mais ces crimes, on les punissait autrefois. Aujourd'hui on les analyse, on les classe, non plus d'après la morale, mais d'après la science, une science créée tout exprès ; on est arrivé à ce degré de subtilité sentimentale que la vie de l'homme étant sacrée, la vie d'un monstre doit être sacrée aussi, par la raison que ce monstre paraît être un homme.

Nos pères ne traitaient point ces questions par le sentiment ; ils disaient que le bien ou le mal résulte des commencements ; qu'il importe de couper le mal dès qu'il a pris racine et produit cette fleur appelée crime, dont les graines se multiplient à l'infini. Mais nous ne pensons pas comme nos pères. Aujourd'hui le coupable peut devenir criminel, le criminel scélérat, le scélérat monstre, la loi lui permet de prendre ses degrés à loisir ; elle le suit d'un œil curieux, constate le développement intelligent de sa mauvaise nature, la progression de ses méfaits ; d'une main légère, elle administre paternellement, peu à peu, au misérable, un petit supplément de correction ; elle nourrit, elle entretient, et laisse vivre et se reproduire cet élément d'infamie et de dévastation. Lorsqu'il en est arrivé à la dernière période, au summum du tarif dressé par le code, la société n'applique pas inflexiblement et nécessairement la peine ; elle transige, elle s'apitoye, elle pardonne souvent. En un mot, la société d'autrefois tranchait vite, et d'un seul coup, pour châtier un crime et en économiser d'autres ; la société d'aujourd'hui encourage le malfaiteur et fait ainsi des criminels, par l'espoir, qu'elle leur laisse toujours, d'un pardon qui sauvera leur exécrable tête. En sorte que, de nos jours, il n'est pas un meurtrier, empoisonneur, parricide, fléau de l'humanité et de la patrie, qui, ses forfaits accomplis et sa condamnation prononcée, ne puisse s'attendre, après un agréable voyage par delà l'équateur, à trouver sous un ciel plus doux, un pays neuf, à s'y marier, à s'y enrichir facilement par quelque bon négoce, et, rapatrié, à repasser, inviolable et, qui sait, éligible, par cette même place de Grève où, jadis, il eût, sur l'échafaud, payé sa dette à Dieu et aux hommes.

Mais, dit-on, nos pères étaient des barbares ignorants, fouillant avec délices dans l'arsenal des lois les plus féroces pour y chercher des supplices révoltants et s'en faire des spectacles. Il ne peut venir à l'esprit de personne que ce siècle de Louis XIV fût une époque de barbarie ; on soutiendrait avec plus de vérité que jamais nation civilisée n'a dépassé la somme d'esprit, de morale et de délicatesses en tout genre que le xviie siècle nous a laissée en héritage. Ce n'est donc ni à l'ignorance, ni à la grossièreté des mœurs qu'il convient d'attribuer la sévérité de nos pères.

Ils avaient dans leurs traditions, dans leur essence même, cet amour ardent de l'honneur, cette soif inextinguible du bien, et par contre, la haine vigoureuse de tout ce qui dégrade l'homme, ternit la gloire nationale, et menace l'existence et la paix de la famille, de la religion et de la société. Et, en de telles circonstances, ils sévissaient, ils frappaient vite et fort, comme les Romains, le plus grand des peuples civilisés, lequel, cependant, fut barbare toujours, dans ses mœurs, ses guerres et sa politique, — très admiré, pourtant, de ceux même qui n'admirent pas les pratiques de la France au xviie siècle.

Nous, hommes du xixe, nous haïssons le mal, mais nous n'aimons plus le

bien. Un crime est-il commis, nous nous apitoyons sur la victime ; mais lorsque le criminel convaincu doit subir sa peine, nous avons des entrailles qui s'attendrissent sur le criminel.

La place de Grève, avant d'avoir acquis sa renommée sanglante, était simplement un rivage, très fréquemment noyé par les crues subites de la Seine alors sans digues et sans quais. Le flot montait, selon son caprice et sa puissance, sur cette pente douce, et couvrait un espace considérable, puis, se retirant, laissait, fangeuse et inutile, toute la grève qu'il avait envahie. Les barques, les péniches de commerce et d'approvisionnements s'y établissaient, s'y amarraient à de gros anneaux scellés de distance en distance, comme dans une sorte de port, et puisque l'on pouvait craindre perpétuellement le retour des eaux, le centre de cet espace restait vide de constructions et d'installations quelconques. La Grève devint ainsi une place, que des maisons entourèrent peu à peu, timidement, et le plus loin possible du lit de la rivière. Nous verrons ces habitations se multiplier avec le temps, suivant les circonstances, et surtout, selon l'efficacité des travaux d'endiguement que la ville entreprit à partir du xvi⁰ siècle, c'est-à-dire vers l'époque où la maison de ville s'établit sur cette place, et par conséquent, prit intérêt à la garantir de tout péril.

A dater de ce moment, l'histoire de la place de Grève se lie indissolublement à celle de l'Hôtel-de-Ville, et nous les traiterons l'une par l'autre dans la notice suivante. Au point de vue topographique, voici comment la place, formée ainsi qu'on vient de le lire, s'accrut, se bâtit, et se peupla.

On y accédait par sept voies : au fond, la rue du Mouton, puis, se rapprochant vers la Seine, à droite, la rue Jean de l'Épine, celles de la Vannerie et de la Tannerie : puis le quai Pelletier, bâti par Claude Pelletier, prévôt des marchands, en 1675, ouvrage utile et savant qui fut bien apprécié dès son apparition, supprima le cloaque empesté des Tanneries qui s'étendait du pont Notre-Dame à la Grève, dompta les révoltes de la rivière, et fournit à la place une entrée décente ; enfin, à l'embouchure de ce quai, la rue de la Mortellerie, et, sous l'arcade gauche de l'Hôtel-de-Ville (l'arcade Saint-Jean), la rue du Martroy.

Cette dernière rue était le débouché du Monceau Saint-Gervais, colline escarpée, compacte, sur laquelle s'était établie la petite paroisse de Saint-Jean en Grève, coadjutrice et voisine d'une autre paroisse plus ancienne, Saint-Gervais, dont l'histoire est plus loin. L'Hôtel-de-Ville vint se placer, en façade, sur la place de Grève, au devant même de Saint-Jean qu'il masqua, mais dont le portail s'ouvrait sur cette rue du Martroy. A la droite de l'Hôtel-de-Ville s'élevait l'hôpital du Saint-Esprit, qui, lui-même, avait à sa droite le Bureau des Pauvres de toutes les paroisses de Paris, modeste édifice placé au coin de la rue du Mouton et de la place de Grève. La petite église Saint-Jean en Grève était donc bien nommée, puisqu'avant l'Hôtel-de-Ville elle bordait la place et en faisait partie.

Le terrain sur lequel on l'avait bâtie, en 1326, et l'emplacement occupé par Saint-Gervais, c'est-à-dire le Monceau Saint-Gervais, tenaient à la seigneurie directe du roi, en sa qualité de comte de Meulan. C'est ainsi que les arrêts de haute justice recevaient leur exécution sur la place de Grève, quant aux crimes commis dans le ressort du fief royal. Elles pouvaient avoir lieu en de nombreux endroits : la cour du Palais, celle de la Bastille, les Halles, Montfaucon, etc., l'emplacement dépendait de la juridiction sous laquelle était inscrit le coupable, et chaque seigneurie, à Paris, avait sa justice haute, basse ou moyenne : — nous les désignerons dans chaque quartier à son tour.

Le marché aux Pourceaux était réservé au supplice des faux monnayeurs et autres grands criminels condamnés au feu. — On essorrillait (on coupait les oreilles), au carrefour Guillery ou Guillory, autrefois appelé : Guigne-Oreille. Le lecteur n'attend pas que nous lui offrions l'énumération des suppliciés en Grève ni la description des supplices, ni même un choix parmi ces milliers de noms odieux ou infâmes.

Dans certaines gravures anciennes qui représentent la place, on voit se dresser une croix de pierre en face l'arcade Saint-Jean. Plusieurs degrés circulaires conduisent au pied de cette croix destinée aux amendes honorables. A gauche, trois gibets dont l'un, celui du milieu, a deux branches. — Nous ne supposons pas que ces bois de justice fussent là scellés en permanence ; ils s'y dressaient selon le besoin du moment.

L'échafaud affecté au supplice de la décollation ou de la roue s'établissait plus en avant, regardant Notre-Dame. L'histoire, qui raconte les grands crimes et leur expiation, donne souvent des détails précis sur l'exécution des condamnés, et la lecture de ces tristes chroniques, écrites sans passion comme sans ménagements par un véritable historien, suffit à renseigner tout lecteur qui cherche dans ces faits une étude, et non la surexcitation malsaine du système nerveux.

Cette place, comme une décoration théâtrale qui se transforme à vue, changeait souvent son lugubre appareil en une représentation brillante et joyeuse, — bruyante aussi. L'on y célébrait les fêtes et réjouissances municipales, on y allumait les feux de joie. François Ier, dit-on, venait avec toute sa cour y embraser lui-même la paille du bûcher de Saint-Jean les veilles de saint Jean-Baptiste. — C'était là aussi, et là seulement, jusqu'après Louis XIV, que se tiraient les feux d'artifice, quand la ville de Paris avait l'honneur d'offrir à son roi un dîner, un bal ou une fête, en réjouissance de quelque grand événement, une naissance, un mariage royal, la guérison du Prince, une victoire, un glorieux traité de paix.

La notice sur l'Hôtel-de-Ville va compléter cette histoire, abrégée à dessein, de la place de Grève.

L'HOTEL-DE-VILLE.

Les premiers notables Parisiens furent des trafiquants par eau, ces Nautes dont nous avons parlé dans le quartier de la Cité.

Devenus une corporation importante, signalée sous le nom de la Hanse parisienne,

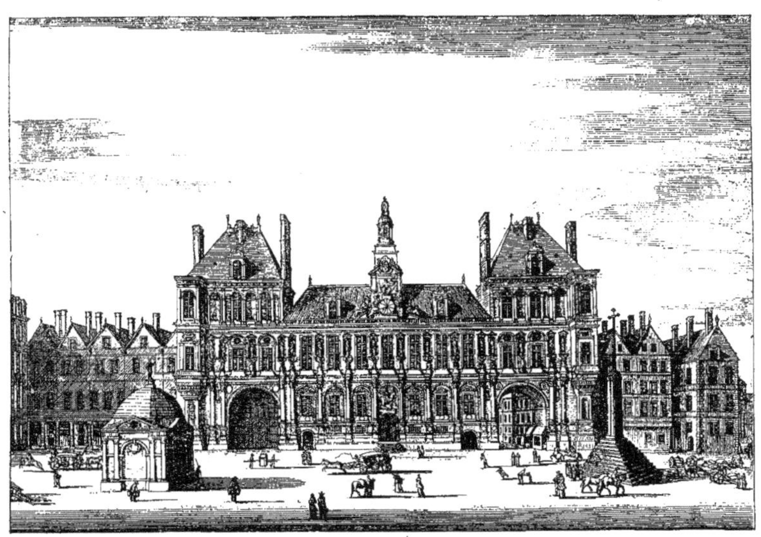

HOTEL-DE-VILLE

ils traitaient primitivement leurs affaires au petit port de la Grève qu'ils avaient acheté en 1141. Au siècle suivant, ils s'assemblaient à un nouveau port situé en face l'école Saint-Germain (quai de l'École), car le principal commerce se faisait sur la rive droite de la Seine, et le lieu de leurs réunions était, en la vallée de Misère, à l'ouest du Châtelet, un bâtiment appelé : *Maison de la marchandise,* qui plus tard, prit le nom de *Parlouer aux Bourgeois,* en latin *forum locutorium,* place où l'on parle. Ces marchands, devenus des bourgeois, parlaient donc déjà — de leurs affaires, sans doute —

au commencement du xive siècle, et pour parler plus commodément, pour loger plus honorablement les représentants de cette corporation, devenue un corps municipal, ils firent élection d'un domicile situé au centre de la ville, à proximité de la rivière, leur providence, leur grande route et leur associée.

C'était une maison en Grève, achetée par Philippe-Auguste vers 1212, et qu'on nommait la maison aux Piliers, bâtie qu'elle était sur d'énormes piliers de pierre ; Philippe de Valois la donna au dauphin de Viennois ; elle appartint à un autre dauphin, fils de Jean le Bon, Charles V, qui en fit don à Jean d'Auxerre, en 1336, et ledit Jean d'Auxerre la vendit, en 1357, à la ville de Paris représentée par Étienne Marcel, prévôt des marchands et les échevins.

Cette maison fut le premier Hôtel-de-Ville de Paris, et de plain pied, il entra dans l'histoire, pendant l'une des tempêtes les plus menaçantes que la France ait eu à traverser, — sans sombrer toutefois, comme le dit la devise du vaisseau parisien. Le roi Jean, vaincu à la bataille de Poitiers, était prisonnier en Angleterre, et les communes de France, irritées de cette défaite, voulaient bien contribuer à racheter le roi, mais posaient leurs conditions. A la tête du mouvement s'était placé le peuple de Paris, sous l'influence de son prévôt des marchands, Étienne Marcel, et pendant ces démêlés, un second orage, plus terrible que le premier, fondait sur la malheureuse patrie. L'Anglais inondait le territoire ; routiers, malandrins, soldats fugitifs, paysans révoltés, tout ce qui vole et qui tue, pillaient et égorgeaient. La Jacquerie commençait, fomentée par l'étranger, par Charles le Mauvais, roi de Navarre, prétendant, sans l'avouer, à la couronne du roi captif, et s'alliant avec les Anglais et les brigands pour réduire la France à un tel état de désespoir et de misère qu'elle vînt se jeter dans ses bras. Et le jeune dauphin Charles, nommé régent, n'avait ni argent pour racheter son père, ni armée pour délivrer le royaume, ni amis pour le défendre lui-même : Marcel avait fait égorger, sous ses yeux, dans sa chambre, au Palais, les maréchaux de Champagne et de Normandie, ses fidèles conseillers ; et maître de la situation, sollicité par l'Anglais et par le Navarrais à la fois, hésitait entre les deux, se réservant de choisir, au mieux de son ambition, le candidat dont il ferait un roi de France.

Mais toutes ces intrigues, mêlées d'assassinats, faisaient perdre à l'Hôtel-de-Ville un temps que le jeune régent mettait à profit. Menacé déjà une fois par la faction au sujet de levées qu'il avait su faire, il avait convoqué le peuple aux Halles et s'y était rendu, sans armes, sans gardes, lui cinquième, pour expliquer que son devoir de régent était de reconstituer une armée. La multitude ne s'était pas laissé convaincre, mais elle avait admiré la hardiesse du dauphin. Et, peu à peu, beaucoup d'esprits revenaient à ce défenseur légitime. Charles vit accourir à lui, de toutes les provinces, les débris de la noblesse échappés au désastre de Poitiers, et que la Jacquerie spoliait et expulsait de leurs domaines : cette armée avait soif de venger sa défaite et les insultes dont on l'abreuvait. Elle tint la campagne autour de Paris, traquant les Jacques, les routiers et les navarrais, dont elle tua vingt mille, un certain jour de la Saint-Jean. En même temps, le régent qui s'était échappé de Paris, s'avançait avec trois mille hommes et occupait Charenton, Saint-Maur et Conflans, coupant aux parisiens de Marcel tous les arrivages de la haute Seine. La ville fut bientôt menacée de famine, et Marcel, dépopularisé par cet échec, se vit réduit à choisir son candidat : il appela Charles le Mauvais au secours de Paris. Le Navarrais accourut, et vint « *prêcher* » à l'Hôtel-de-Ville — où les échevins, sur la proposition d'un des leurs « avocat », fidèle partisan de Marcel, nommèrent le Navarrais capitaine de la ville. — Il est vrai que peu après ils le révoquèrent, voyant le piteux résultat d'une sortie dans laquelle, au lieu de combattre le régent, il avait parlementé avec lui.

C'en était fait des plans ambitieux du prévôt des marchands ; Marcel ne pouvait rien attendre du dauphin ; aux yeux des Parisiens il perdait chaque jour son prestige. L'Anglais dédaignait de s'appuyer sur lui, depuis qu'il le voyait prêter main forte aux Jacques, et ces mêmes Anglais, un jour que les Parisiens avaient forcé Marcel de commander une sortie, l'attendirent dans une embuscade, au bois de Boulogne, et lui tuèrent six cents hommes. Les survivants revinrent à toutes jambes ; mais Marcel se sentit bien perdu, et résolut de livrer Paris à Charles le Mauvais : il s'engagea donc à lui en remettre les clefs, après avoir purgé la ville de tous les partisans du régent. Leurs maisons, dit la chronique de Nangis, étaient marquées d'avance.

On sait le dénouement. — Marcel, dans la nuit du 31 juillet au 1ᵉʳ août, allait livrer les bastilles de la porte Saint-Denis et de la porte Saint-Antoine à Joceran de Mâcon, trésorier du Navarrais, lorsqu'à la porte Saint-Denis, il rencontra Jean Maillart, Pépin des Essarts et Jean de Charny qui lui demandèrent ce qu'il venait faire avec ces clés à la main. — Une querelle s'engagea, une mêlée, dans laquelle Marcel succomba le premier, la tête fendue d'un coup de hache ; plusieurs hommes de son escorte périrent avec lui.

Trois jours après, le régent était rappelé ; les échevins, partisans de Marcel, et le trésorier du Navarrais, mis au Châtelet, étaient jugés et décapités en Grève. A la suite d'un complot tramé par Charles le Mauvais pour venger Marcel, le régent fit saisir et emprisonner dix-neuf bourgeois notables ; alors les Parisiens effrayés députèrent au Louvre pour savoir si le régent était résolu à tirer vengeance du passé.

Charles répondit aux députés qu'il s'expliquerait le lendemain avec le peuple, et le lendemain, en effet, il vint à la place de Grève, cette fois bien accompagné, monta les degrés qui entouraient la croix, et de là, comme d'un tribunal, il harangua la foule, et déclara que les gens arrêtés par ses ordres étaient coupables de trahison. On l'applaudit; toutefois, sage et modéré, comme toujours, il usa de clémence, et fit mettre quelque temps après ses prisonniers en liberté.

Marcel, lui, après l'assassinat des deux maréchaux dans la chambre du Dauphin, était revenu à l'Hôtel-de-Ville, et, d'une fenêtre, avait aussi harangué la multitude et déclaré que ces maréchaux étaient « faux et traîtres », et que tout ce qui *venait de se faire* (les assassinats) *était pour le bien du peuple*. Et les gens des métiers avaient applaudi.

Nous avons raconté cet épisode du gouvernement de la commune de Paris parce qu'il fut le premier acte politique des magistrats municipaux de la ville. — Jusqu'alors, et notamment sous le règne de saint Louis, les échevins parisiens, se bornant à des fonctions purement administratives et financières, avaient rendu à leur cité de signalés services, et il en fut de même tant que la ville, représentée par sa municipalité, s'abstint de toute ingérence dans la politique et les affaires de l'État.

Mais sous Charles VI, en 1380, les bourgeois, commandés par leur prévôt des marchands, se réunirent en armes à l'Hôtel-de-Ville, et réclamèrent tumultueusement la suppression des impôts, établis, il le faut dire, arbitrairement contre toute justice, malgré toute promesse, et *pour les besoins de la guerre*.

La populace, enchérissant sur les bourgeois, pille les maisons des collecteurs et des juifs, en tue plusieurs, et marche sur l'Hôtel-de-ville en criant : *Liberté!* De là on court à l'arsenal de la maison commune, où le prévôt de Paris, Hugues Aubriot, avait fait déposer quarante mille maillets de fer destinés à armer le peuple en cas d'un siège, et qui servirent d'instruments à un affreux massacre. Nous avons vu comment, à son retour de Flandres, le roi Charles VI punit et termina cette révolte *des Maillotins*.

Louis XI, qui craignait sa noblesse plus que son peuple et se plaisait à opposer l'une à l'autre, donna aux municipalités de Paris beaucoup de privilèges, notamment celui de composer des compagnies, de s'armer, de porter bannières et de nommer un capitaine. Aussi la maison de ville fut-elle au mieux avec la maison royale ; elle avançait de l'argent aux rois, notamment à Charles VIII, qui reçut du corps municipal 50,000 *livres*, pour sa brillante mais infructueuse expédition d'Italie.

Louis XI avait soupé, en grande cérémonie (1465), avec ses bons amis les échevins et leurs femmes en l'*ostel de la ville*, et confirmé, au dessert, ses bonnes intentions envers les Parisiens, son obligation de leurs bons services et tous autres privilèges promis ou accordés. Les choses allèrent ainsi, sans nuages ni désaccord, à partir de l'expulsion des Anglais et Bourguignons. — On retrouve au xvie siècle cette bonne intelligence entre le prince et les sujets.

La construction d'un nouvel Hôtel-de-Ville ne fut décidée qu'en 1533, sous François Iᵉʳ, qui posa la première pierre le 13 juillet de cette année, Pierre de Viole étant prévôt; mais les plans de l'édifice furent changés sous Henri II qui poursuivit les travaux, sans toutefois achever les bâtiments. Certaines parties, néanmoins, en étaient logeables, car nous voyons qu'en 1558, le roi Henri II, pour célébrer avec les Parisiens la prise de Calais, manda au prévôt et aux échevins qu'il voulait aller souper chez eux, à leur *hostel commun*, le jeudi gras, avec la Reine (Catherine de Médicis) et plusieurs princes et dames de son sang. « On pria donc toutes les plus belles dames de la ville d'assister au festin du roi. Le maître-d'hôtel de S. M. fit garder les portes de l'Hôtel-de-Ville par trente archers de la garde, qui laissèrent entrer tant de monde que le roi et sa suite, à leur arrivée, purent à grand'peine y trouver place. Les dames invitées s'étaient mises au haut bout de la table et n'en voulaient partir. Le repas, pendant cette confusion, fut manqué; bon nombre de convives n'y eurent à boire. On pria le roi de prendre une collation dans le bureau d'en haut, il y alla avec les princes, et pendant ce temps, les dames de la ville dansèrent dans un coin de la salle. — A onze heures du soir tout le monde était parti. »

Mais la politique reprit le dessus vers la fin du siècle. — Le prévôt des marchands, Claude Marcel — un nom de male-chance — fut soupçonné d'avoir pris part à l'empoisonnement de Jeanne d'Albret. Ce même Marcel, bien que sorti de charge, harangua le peuple rassemblé en armes dans l'Hôtel-de-Ville, la nuit de la Saint-Barthélemy, et Jean le Charron, nouveau prévôt des marchands, sortit de la Maison commune avec les bourgeois et leurs capitaines qui se répandirent par les rues. Le lendemain, l'un de ces capitaines, du nom de Jean Pezou, se vantait d'avoir tué de sa main cent vingt calvinistes.

Deux mois après, le 27 août 1572, la reine mère et le roi vinrent à l'Hôtel-de-Ville assister au supplice de deux malheureux protestants, Briquemaut et Cavagne, qui furent pendus en Grève à côté du mannequin grossière caricature de l'amiral Coligny.

Sous Henri III, même zèle politique du corps municipal à la Journée des Barricades, inspirée par les Guise (12 mai 1588). Le conseil des Seize (Paris avait alors 16 quartiers) vint siéger à l'Hôtel-de-Ville, nomma prévôt l'un des plus furieux ligueurs, la Chapelle-Marteau, et l'on peut dire que le conseil municipal se livra tout entier aux ligueurs, c'est-à-dire aux Guise, contre l'autorité royale. C'est à l'Hôtel-de-Ville que tenaient séance les Quarante, Conseil de la Sainte-Union, chefs fanatisés de cette ligue dont les excès faillirent ruiner à jamais la France.

Henri IV pacifia tout. Il gagna les cœurs de Messieurs les prévôts et échevins de sa bonne ville de Paris. C'est sous son règne que fut achevé l'Hôtel-de-Ville. L'édifice

VUE DE L'HOTEL-DE-VILLE ET DU PONT ROUGE

sortit complet des mains de ce grand roi, sauf les embellissements intérieurs qui sont dus en grande partie à Louis XIII et à Louis XIV.

Louis XIII, en 1626, voulant donner à la ville le plaisir d'un ballet nouveau qu'il devait danser au Louvre, les préparatifs en furent faits à l'Hôtel-de-Ville avec beaucoup de goût et de magnificence ; avec ordre, cette fois. Le capitaine des gardes du Hallier et le duc de Montbazon étaient venus dîner à l'Hôtel-de-Ville le mardi gras, 24 décembre, et eurent soin de faire placer en bel ordre les invités du roi et de la ville ; et, malgré les violons, personne, avant l'arrivée du roi, n'avait voulu danser de peur de perdre ses places.

« Le roi fit son entrée vers quatre heures du matin, s'excusa de son retard sur la lenteur des ouvriers chargés des costumes du ballet, et le ballet commença qui dura trois heures. Le roi s'approcha ensuite de la table *servie en poisson*, mangea de grand appétit, demanda un verre pour boire au prévôt et à toute la ville, et commanda aux échevins de boire à sa santé, ce qu'ils firent avec une grande joie. On enleva alors les nappes qui couvraient la table où les confitures avaient été dressées, le roi ne put s'empêcher de dire : « Que voilà qui est beau ! » Il en choisit trois boîtes, et dans l'instant la compagnie se jeta sur le reste qui fut dissipé avec un fracas qui ne donna pas peu de plaisir à S. M. Puis le roi partit, vers neuf heures du matin, au bruit du canon. »

Cet accord entre la municipalité de Paris et l'autorité royale dura tant que le pouvoir ne se laissa pas discuter. Ce n'était pas sous Richelieu que MM. les échevins eussent essayé de diriger la politique du royaume. Mais lorsque, après Louis XIII, une minorité nécessita une régence, et que les Parisiens, domptés par la rude main du cardinal-duc, sentirent les irrésolutions et la faiblesse d'une main de femme, lorsque tout s'émut, à l'intérieur et à l'étranger, pour ébranler la forte assiette du trône relevé par Henri IV, lorsque les princes français eux-mêmes portèrent les premiers coups à l'édifice, et, sous prétexte de renverser Mazarin, firent la guerre au jeune roi, incapable de se défendre, et à la patrie qu'on doit défendre avant tout et toujours, le peuple de Paris suivit, sans se faire violence, l'impulsion de sa municipalité qui s'était prononcée pour la Fronde, c'est-à-dire pour la prétention des Princes contre la prérogative royale, et les désordres commencèrent dans Paris.

Faut-il bien accuser, en cette occasion, les bourgeois et le peuple ? Ce serait une injustice. Toujours le peuple comprimé tend, comme un ressort bien trempé, à se lâcher et à gagner du terrain quand la pression exercée sur lui devient moins puissante ; toujours les municipalités profitèrent, pour accroître leurs franchises et leurs privilèges, des époques troublées, où les rois, faisant ressource de tout, ouvraient la main pour recevoir et pour donner. C'est une loi naturelle : princes et sujets agissaient d'après cette loi, et si les rois de France firent noblement leur devoir sur les champs de bataille aux jours de grande détresse, les communes ne s'y épargnèrent pas, et donnèrent, noblement aussi, leur sang et leurs deniers : la faute commence à l'hésitation dans le devoir. Le crime commence au désordre.

Mais, sous la Fronde, tous furent coupables, les plus grands comme les plus petits qui ne firent que suivre un exemple. Quand ils virent le premier prince du sang, oncle du roi, et Condé, et le petit-fils légitimé d'Henri IV, Beaufort, prendre les armes contre le roi légitime, comment n'eussent-ils pas hésité ? Quand ils virent couler le sang français dans les rues de Paris, répandu par des mains françaises, comment ces belliqueux n'eussent-ils pas couru à leurs vieilles arquebuses des guerres civiles précédentes ; et cependant, même alors, le sentiment de la faute commise parla si haut dans la plupart des consciences, que les bourgeois de Paris, malgré les instigations, les caresses et les menaces des princes, résistèrent, réfléchirent, et s'enfermèrent dans une neutralité dangereuse pour leurs biens et leur existence, comme on en voit la preuve dans le tableau suivant de l'Hôtel-de-Ville en 1652.

On était au 27 juillet, le roi, âgé de quatorze ans, venait d'être déclaré majeur, l'armée royale et celle des princes se livraient le combat sanglant du faubourg Saint-Antoine, où Condé, battu par Turenne, ne réussit à pénétrer dans Paris que grâce à la complicité de Mademoiselle, fille du duc d'Orléans, qui tira sur les troupes royales le canon de la Bastille, et sauva ainsi le grand rebelle, Condé. Le duc d'Orléans, Beaufort, tous les princes cernés dans Paris, n'avaient plus d'autre ressource que de soulever la populace et d'ajouter à la guerre civile, qui ne leur réussissait pas, l'affreuse guerre des rues, telle que nous la connaissons. A l'Hôtel-de-Ville, le corps municipal non seulement hésita, mais il refusa de signer avec les Frondeurs un traité qu'ils nommaient : acte d'Union contre le Mazarin. Les princes, décidés à vaincre cette résistance, se rendirent tous à l'Hôtel-de-Ville. La place de Grève était pleine d'un peuple surexcité, menaçant, parmi lequel on reconnaissait bon nombre de soldats de l'armée des princes, et la fièvre, comme l'ivresse, chauffait à blanc toutes les têtes. Les carrosses des Princes furent accueillis avec des transports de joie et des applaudissements qui semblèrent à leurs partisans du plus heureux augure. Mais, dans la salle des délibérations, les princes ne trouvèrent pas même accueil. Écoutés froidement par le conseil, ils n'obtinrent pas une concession ; leur fierté se révolta, ils levèrent la séance brusquement et descendirent l'escalier au milieu d'un silence glacial des notables, conseillers, et principaux bourgeois et personnages marquants dont l'Hôtel-de-Ville s'était rempli, dans l'attente d'un grand événement.

Arrivés à leurs carrosses, les princes, que dévoraient mille regards, s'écrièrent à

haute voix, pour exciter la colère des masses : « La salle est pleine de Mazarins !... » et à
ce mot, la foule furieuse répondit par ce cri : « L'Union ! à bas le Mazarin ! » Aussitôt,
comme la poudre qu'allume une étincelle, la sédition, d'ailleurs bien préparée, éclate.
La foule, à coups de pierres, à coups de fusil, brise les fenêtres ; les archers de la ville,
après une décharge de leurs carabines, fuient ; les insurgés, entassant du bois qu'ils ont
pris au port de la Grève, incendient les portes de l'Hôtel-de-Ville ; la brèche est ouverte,
et le torrent s'engouffre dans l'intérieur.

Là commence le massacre de tous ceux, notables, conseillers ou gens de distinction
que la foule a pu saisir ; ici l'on égorge, là on met à rançon ; quelques-uns rachètent
leur vie à prix d'argent : l'aveuglement des forcenés est tel qu'ils n'épargnent même
pas ceux de leur parti, et M. de Guéménée, venu avec les princes et demeuré après
leur départ, est dépouillé, puis épargné pour une somme de 40 pistoles. On déshabille
les malheureux, on les traîne dehors, moulus de coups ; on les assomme, on les traque
dans tous les coins ou galetas où ils ont pu fuir et se retrancher. En un mot, « plus de
cent personnes furent tuées ou blessées sur quatre ou cinq cents officiers royaux ou
notables bourgeois que ces meurtriers fusillaient sans distinction, fussent-ils de leur
parti. Et plusieurs eussent été brûlés vifs ou enfumés dans les chambres de l'Hôtel-
de-Ville où ils s'étaient barricadés, si M. de Beaufort ne fût venu les en retirer, plus
humain que le duc d'Orléans et M. de Condé, qui ne tentèrent point d'apaiser le
tumulte, malgré les sollicitations et les prières de quantité de personnes de marque et
de dames de condition.

A la suite de cette honteuse bagarre, le prince de Condé nomma prévôt des marchands
le fameux Broussel, premier héros de la Fronde, et composa de ses partisans le conseil
de ville. Mais ce fut en vain, la Fronde avait vécu tuée par ses chefs ; Broussel fut
révoqué à son tour, et, un an après, le cardinal Mazarin, dont le Parlement avait mis la
tête à prix, et que les Parisiens eussent déchiré en pièces s'ils l'eussent pu saisir pendant
l'émeute, l'exécré Mazarin vint en triomphe à l'Hôtel-de-Ville, invité par le corps municipal à une fête magnifique, qu'on célébrait en son honneur.

Désormais il y avait un roi, un gouvernement, une volonté. Les officiers de la ville
renoncèrent à la politique, et pendant plus d'un siècle ne s'occupèrent que de bâtiments,
de voirie et de questions d'utilité municipale ; de fêtes aussi et de cérémonies.

Nulle part on n'en imagina de plus belles : les festins de l'Hôtel-de-Ville faisaient
l'admiration de toute l'Europe.

L'une de ces fêtes est demeurée célèbre. C'était en 1687, le 25 janvier : le roi Louis XIV
relevait d'une grave maladie ; il fit mander, à son lever, le prévôt des marchands auquel
il déclara son intention d'aller, le jeudi 30, entendre à Notre-Dame une messe d'actions

de grâces et de se rendre ensuite à l'Hôtel-de-Ville pour y dîner. On lui préparerait, pour lui, une table de vingt-cinq couverts, plusieurs autres de vingt couverts pour les seigneurs de sa suite. Il voulait être servi par les officiers de la ville, et « mangerait de tout ce qui lui serait présenté. »

Le lendemain, le roi fit dire qu'il demandait trente-cinq couverts pour sa table au lieu de vingt-cinq, et enfin, le jour même du festin, le roi fit commander vingt couverts de plus, en tout cinquante-cinq. On courut jusqu'à Rouen chercher des veaux de rivière ; on enlevait partout ce qu'on rencontrait de plus exquis, et, dès le mardi, la table était dressée à l'Hôtel-de-Ville afin que les officiers municipaux pussent s'exercer au service. Le roi avait défendu qu'on tirât le canon à son arrivée ainsi qu'à sa sortie, ayant pour agréable qu'on fît, sur le soir, des feux de joie par tout Paris, un feu d'artifice sur la place de Grève, et que toutes les boutiques fussent fermées.

« Le roi, parti de Versailles, arriva vers midi à la Porte de la Conférence où l'attendait une foule immense qui suivit son carrosse jusqu'à Notre-Dame, et après la messe, il se rendit à l'Hôtel-de-Ville accompagné du Dauphin, de la Dauphine et de toute sa cour. On se mit à table ; le prévôt des marchands donna la serviette au roi. Le premier échevin servit Mgr le Dauphin, et ainsi ensuite. Madame la Dauphine fut servie par la Présidente de Fourcy, et Titon, procureur du roi, servit Mademoiselle comme si elle n'avait jamais tiré sur l'armée de Turenne le canon de la Bastille. Tous les échevins étaient là, en grandes robes de velours, et les plats étaient portés par cent vingt archers de la ville, l'épée au côté sans bandoulière, conduits par leur colonel et leurs autres officiers, sur trois lignes. Le premier service fut de 150 plats ou assiettes, le second de 22 grands plats de rôti, 21 plats d'entremets et 64 assiettes, et le troisième service, qui était le fruit, fut servi avec la même abondance et une quantité de fleurs rares, bien qu'il gelât très fort. Ensuite on présenta toute sorte de liqueurs. Pendant tout le repas se firent entendre les 24 violons et les hautbois du roi placés dans la salle sur un amphithéâtre. Les autres tables furent servies en même temps avec la même magnificence. »

Et il se faisait, tant à l'Hôtel-de-Ville qu'au dehors, des distributions de pâtés, viandes, langues, pains et vins à profusion, sans compter le vin que versèrent, tout le jour, quatre fontaines sur la place de Grève.

Le roi, après avoir dîné, se montra à une fenêtre où la foule, qui l'attendait, le salua de ses acclamations : il accorda au prévôt des marchands la liberté des prisonniers détenus pour dettes, et partit avant le feu d'artifice, pour aller voir à la place des Victoires le monument qu'au mois de mars de l'année précédente, le maréchal de La Feuillade avait fait élever en son honneur.

Le prévôt des marchands et les échevins commandèrent un tableau représentant ce

dîner du roi et de sa cour à l'Hôtel-de-Ville, et en outre un monument destiné à per-
pétuer le souvenir de cette visite mémorable du grand Roi. C'était une statue de bronze,
par Coysevox, représentant Louis XIV en triomphateur romain. Sur le piédestal de marbre
blanc, deux bas-reliefs allégoriques, dont l'un, par parenthèse, faisait une fâcheuse allusion
à la révocation de l'Édit de Nantes, et voici le texte de l'inscription principale : « La Ville
de Paris a fait dresser ce monument éternel de son respect, de sa fidélité et de sa
reconnaissance, dans cet hôtel public de ses assemblées, pour conserver la mémoire de
l'honneur que lui fit Louis le Grand, le 30ᵉ jour de janvier 1687, y dînant avec toute la
maison royale, servi par les prévôt des marchands, échevins, conseillers et quarteniers,
après avoir rendu à Dieu de solennelles actions de grâces pour le recouvrement de sa
santé que tous nos citoyens avaient demandée au ciel par de très instantes prières. »

Après ce jour rien d'important, sous Louis XIV, à l'Hôtel-de-Ville de Paris.

Bâti sous François Iᵉʳ, d'après les dessins de Cortone, et recommencé sous Henri II,
il était, n'en déplaise à certains historiens trop difficiles en architecture, un édifice noble,
élégant et d'un brillant aspect, malgré la confusion des styles et certaine prétention
dans la décoration. C'est parfois le défaut de la Renaissance qu'il ne faut pas dédaigner.
Le prévôt des marchands, Pierre de Viole, en choisissant cet emplacement pour son édifice
municipal, encourut le reproche d'avoir, par malveillance pour le curé de Saint-Jean,
masqué l'église qui, auparavant, se trouvait en façade sur la place ; mais enfin, l'édifice
était chez lui, le prévôt maître aussi de son terrain, et le reproche ne tombe-t-il pas
depuis que les deux édifices, l'oppresseur et l'opprimé, sont tombés tous deux à leur tour.

Le véritable auteur de l'Hôtel-de-Ville, nous le nommerons ainsi ne pouvant
l'appeler fondateur, fut François Miron, célèbre et vénérable prévôt des marchands sous
Henri IV. Miron reprit l'œuvre abandonnée dès Henri II, en confia la direction à Du
Cerceau qui l'améliora notablement. Il y consacra ses soins, son temps, ses deniers,
et les émoluments de sa charge, en commanda les ornements, le grand perron, les
escaliers, le portique, et plaça, sur le cintre de la porte d'entrée, la statue équestre
d'Henri IV, bas-relief demi-bosse en bronze, le seul excellent portrait, disait Sauval, qui
reste de ce grand roi. Ce bel ouvrage de Biard, élève de Michel-Ange, fut à moitié
détruit, en 1652, pendant le sac de l'Hôtel-de-Ville raconté aux pages précédentes.

L'espace nous manque pour énumérer les détails de cet édifice fameux. Il nous
faudrait en compléter la description par les améliorations, embellissements, ou pour
mieux dire par les bouleversements successifs que, pendant un siècle, introduisirent dans
leur Hôtel les zélés mais changeants municipaux de Paris. Car il fut fait tant de retouches
à l'Hôtel-de-Ville, que cet édifice, presque toujours occupé par les ouvriers, tout achevé
qu'il paraissait être, ne fut jamais absolument fini.

Mais nous ne racontons ici que le Paris sous Louis XIV, heureux de nous renfermer dans les limites de cette époque, et de garder le silence sur les destinées qui attendaient cette maison commune des Parisiens. Disons donc avec les historiens du dix-septième siècle : l'Hôtel-de-Ville fut achevé en 1605 ; mais prions le lecteur de n'en rien croire. En 1839, Charles Nodier écrivait ceci : « Il ne faut pas entendre que l'Hôtel-de-Ville fût, en 1606, achevé dans toute l'étendue du mot ; car en fait de bâtiments municipaux, comme d'institutions municipales, on n'a jamais rien achevé en France. On bâtit encore *l'Hôtel-de-ville, et on le bâtira toujours.* »

Quelquefois on le brûle.

ÉGLISE SAINT-GERVAIS

Elle s'élevait derrière l'Hôtel-de-Ville, et en retraite de l'église Saint-Jean, beaucoup plus ancienne que cette dernière, puisqu'il est fait mention d'une église Saint-Gervais et Saint-Protais dans la Vie de saint Germain, écrite par Fortunat, évêque de Poitiers. Saint Germain mourut en 578 ; cette église de Saint-Gervais existait donc à la fin du sixième siècle. Elle fut détruite et reconstruite plusieurs fois, sous l'invocation des mêmes saints auxquels la légende attribue, à diverses époques, les miracles les plus édifiants. C'est à dater de 1470 que l'église Saint-Gervais aurait été dédiée authentiquement. Une inscription l'affirme ; mais les archéologues les plus savants prétendent que rien, dans l'architecture de cette église, n'autorise à croire qu'elle existât antérieurement au seizième siècle, et que, dans les vitraux, notamment, qui sont d'une grande beauté, rien comme main-d'œuvre ou procédé ne précède le temps de Louis XI. Laissons, tel qu'il est, ce débat ; il est certain que le corps de l'église appartient à la dernière époque du style gothique. Les voûtes sont nobles et d'une grande élévation ; à l'entour règnent des bas-côtés et des chapelles. Les vitres du chœur furent peintes par Jean Cousin, magnifique ouvrage, mais si couvert qu'il assombrissait l'intérieur, très problématique défaut, que le dix-huitième siècle reproche à la plupart des édifices gothiques, auxquels, selon nous, cette pénombre imprimait un caractère imposant de calme mystérieux et de recueillement. On remédia, malheureusement, à ce prétendu défaut en grattant la pierre et en blanchissant les vitres ; mais ce qui n'était contesté par personne, c'est l'ampleur et la majesté du portail, adapté à l'antique église, en 1616, par Jacques de Brosse, sous le règne de Louis XIII qui en posa la première pierre. Nous ne décrirons pas cette belle façade, visible encore aujourd'hui.

On célébrait dans Saint-Gervais, le 1ᵉʳ septembre de chaque année, l'anniversaire d'un de ces miracles dont nous venons de parler. Un voleur avait dérobé le ciboire, il l'emporta

en courant, jusqu'à Saint-Denis, et là, se croyant hors de danger, ouvrit le ciboire pour
se rendre compte du poids, l'hostie s'envola, poursuivant le voleur sans qu'il pût la
saisir. Mais lui fut saisi, jugé et pendu (1274).

Une autre fondation singulière de cette église : l'O de l'Avent. Quelques jours avant
Noël, le prévôt des marchands, les échevins et tout le corps municipal de la ville venaient
assister à cette cérémonie, dont les fondateurs (la corporation des marchands de vin)

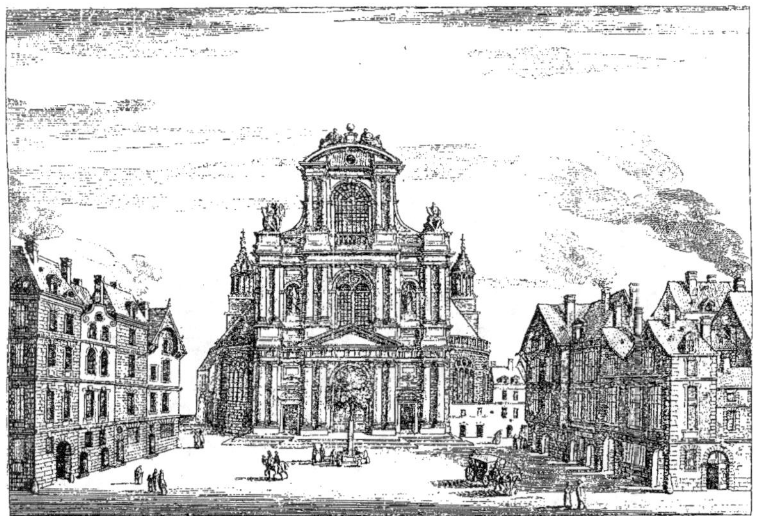

leur offraient des pains de sucre et des confitures. Les plaisants, il y en a toujours eu à
Paris, nommaient cette fonction l'O *sucré*. Cela pourtant ne ferait pas rire aujourd'hui.
Mais pour tuer le calembour, les marchands de vin froissés s'abstinrent de sucre et ne
donnèrent plus que des bougies.

Tout en face du portail de Saint-Gervais était un orme, remplacé lorsqu'il manquait.
Il gênait souvent, cet orme ; mais on usait de tolérance envers lui. C'était d'ailleurs
un vieil usage français, de planter un orme devant les châteaux des seigneurs ou devant
les églises pour ombrager les réunions, les assemblées, les jeux et les divertissements.

19

Danser sous l'ormeau. Attendez-moi sous l'orme. Heureux temps où beaucoup de choses finissaient par une chanson et s'expliquaient par un proverbe !

Saint-Gervais, paroisse riche et respectée, donna dans ses caveaux la sépulture à un grand nombre de paroissiens célèbres.

Scarron, premier mari de madame de Maintenon, mort en 1660 ; Mathieu de Longuejoue, garde des sceaux de France, 1558 ; Marin de Gomberville, l'un des 40 premiers aca-

TOMBEAU DE LE TELLIER

démiciens, 1674 ; Philippe de Champagne, le grand peintre, 1674 ; Ducange, l'historien ; Louis de Boucherat, chancelier de France, 1699 ; Amelot de la Houssaye, 1706 ; de la Fosse, poète dramatique, 1708 ; Claude Voysin, chancelier de France ; Claude Le Pelletier, ancien prévôt des marchands, ministre d'État, contrôleur général des finances et surintendant des postes, magistrat et fonctionnaire d'une grande probité, d'une haute valeur, l'édile qui créa le quai Pelletier, mort en août 1711, et qui voulut être enterré sans épitaphe, sa vie et ses actes parlant suffisamment pour lui.

Enfin Michel Le Tellier, chancelier de France, dont la sépulture mérite, au point de vue de l'art, une notice particulière.

Ce mausolée est élevé, dans une chapelle à droite du chœur, à la mémoire de Michel Le Tellier, secrétaire d'État de la guerre sous Louis XIII, ministre d'État sous Louis XIV, qui récompensa généreusement ses longs services ; et pour ne pas soulever de discussion en reproduisant son éloge funèbre, nous nous bornerons à rappeler qu'il eut pour fils Michel Louvois, le célèbre ministre, et qu'il se glorifia, dans son épitaphe, d'avoir scellé la révocation de l'édit de Nantes. Il mourut huit jours après, à 83 ans, *content*, dit l'inscription, *d'avoir vu consommer* ce *grand ouvrage*. Il eût pu, sans doute, se dispenser de faire graver cette profession de foi sur le marbre de sa tombe ; mais, avouons-le, les hommes de ce temps-là avaient le courage de leur opinion.

Le mausolée se compose d'un grand arc porté sur deux jambages et couronné d'un fronton, abritant un sarcophage en marbre noir sur lequel est, à demi couchée, la figure du Chancelier. Il prie, les mains jointes ; un génie ailé pleure à ses pieds. L'urne funéraire est placée au centre du cartouche compris dans la courbe de l'arc, et deux autres génies éplorés accompagnent cette urne. Deux statues, la Prudence et la Justice, figurent sur l'archivolte, tandis que deux autres, la Religion et la Force, reposent sur chaque base des pilastres. Un grand luxe, trop grand peut-être, d'ornements et de feuillages en bronze doré, décore tout le monument. Sculpture et dessins de Simon Hurtrelle et Pierre Mazeline.

Ce quartier de la Grève comprenait :

2 abreuvoirs pour les chevaux ; 1 barrière : des huissiers ou sergents, place du cimetière Saint-Jean ; 4 bateaux servant à laver le linge sale, le long du quai neuf ou Pelletier ; 1 boucherie : du cimetière Saint-Jean ; 17 étaux ; 1 boutique ou bureau pour les *recommandaresses* (*sic*) des nourrices et servantes, rue de la Vannerie, du côté de la rue Planche Mibray ; 1 bureau général des Pauvres, en la place de Grève ; 1 bureau général des aides, rue des Barres ; 1 bureau appelé l'*Étape*, place de Grève vis-à-vis l'hôpital du Saint-Esprit, pour recevoir le gros de tous les vins des marchands de vins qui sont obligés d'y faire mettre le tiers des vins qu'ils font arriver à Paris ; 2 carrefours : de la Coutellerie, de Guillery ; 3 chapelles : des Haudriettes, rue de la Mortellerie, de Saint-Bon, de l'hôpital Saint-Gervais, rue de la Tixeranderie ; 1 cloître : de Saint-Jean, où aboutissent les rues du Pet-au-Diable, du Monceau, Saint-Gervais, des Vieilles-Garnisons, et le passage du Saint-Esprit ; 3 communautés de Filles : des Sœurs de la charité pour Saint-Gervais, soulagement des pauvres malades, école,

et pour les pauvres petites filles de la Paroisse ; des sœurs de la charité, idem, pour la paroisse Saint-Jean ; des Filles de la croix, qui ont soin de l'éducation des jeunes filles de la paroisse Saint-Gervais ; 2 fontaines : du cimetière Saint-Jean, du réservoir de l'Hôtel-de-Ville, place de la Grève ; 1 hôpital : du Saint–Esprit en Grève; 1 Hôtel-de-Ville où se tient la juridiction du prévôt des marchands, tous les mercredis, vendredis et samedis matin ; 1 marché : du cimetière Saint-Jean ; 2 paroisses : de Saint-Gervais et Saint-Protais, de Saint-Jean en Grève; 4 places publiques : de la Grève, où se font les publications de paix et une bonne partie des exécutions à mort ; du cimetière Saint-Jean, où aboutissent les rues du Renard, le Fèvre, de Bercy, de la Verrerie, de la Croix-Blanche et Bourtibourg ; de Baudoyer, où aboutissent les rues Saint-Antoine, des Barres, Renard le Fèvre, Tixeranderie et Monceau Saint-Gervais où se font les publications de paix; de Guillery ; 5 Ports et Marchés : au blé et avoine, quai de la Grève; au vin, id. ; au foin, id. ; au charbon à brûler, place de la Grève; au bois neuf, id. ; 1 prieuré : de Saint-Bon, rue Saint-Bon; 2 prisons : de l'Hôtel-de-Ville, du Grand-Bureau des pauvres; 2 quais : de la Grève, quai Neuf (Pelletier) ; maisons 980 ; rues 38, et 2 culs-de-sac ; lanternes 199 ; voirie : hors la Porte Saint-Antoine.

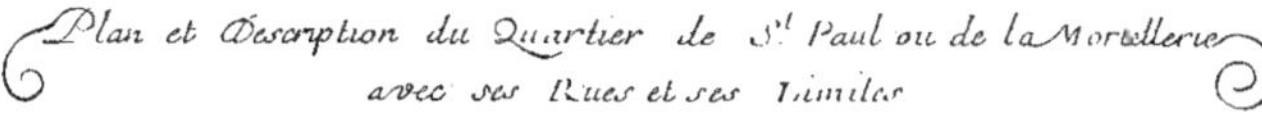

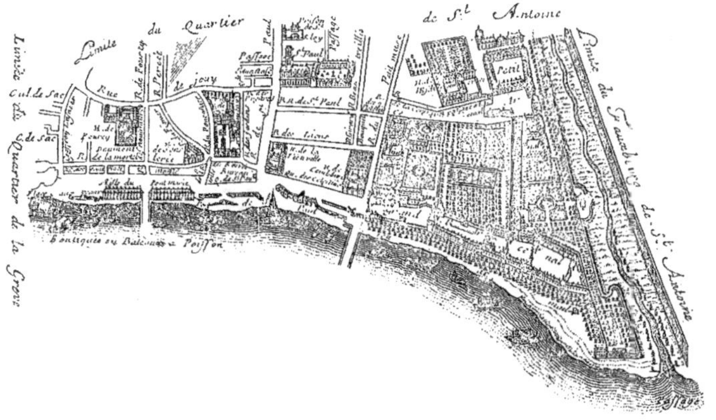

XIIᵉ QUARTIER. — DE L'ARSENAL

'ARSENAL n'est pas une fondation du vieux Paris : avant la
poudre et le canon, ce qu'on appelait un arsenal pouvait res-
sembler à un magasin de piques, de cuirasses et d'épées. On a
vu qu'au quatorzième siècle les Parisiens s'armaient encore de
maillets et en faisaient provision dans leur Maison de ville. Les
rois avaient aussi de grands amas d'armes dans le Louvre
et les autres maisons royales. Lors même que l'artillerie fut
inventée et mise en usage, les canons, en bien petit nombre, se rangeaient dans la
Tour du Louvre, et les mutins qui s'emparèrent de ce château, en 1358, y trouvèrent,
dit la chronique, canons, arbalètes, engins et artillerie de toute sorte. En 1391, la
troisième salle de cette tour était pleine d'armes qu'on en tira pour y installer des
livres. Quant à l'artillerie proprement dite, elle était, à cette époque, placée dans la
cour basse du Louvre, du côté de Saint-Thomas. D'autres dépôts de munitions et
armes de guerre existaient dans l'hôtel Saint-Paul, à la Bastille, à la Tournelle, au
Temple et surtout à la Tour de Billy.

Cette Tour, dont nous reparlerons, bâtie au bord de la Seine, derrière le couvent des Célestins, fut, toutes proportions gardées, un véritable arsenal comme les bâtiments connus plus tard sous ce nom.

La ville de Paris avait elle-même ses magasins d'armes qu'elle appelait arsenaux. Elle emménageait poudre, armes et munitions dans divers endroits dont elle était propriétaire, notamment au lieu dit le Champ-au-Plâtre, derrière les Célestins. Là elle possédait plusieurs bâtiments, l'un pour loger son garde de l'artillerie; un autre

L'ARSENAL.

pour ses travaux, enfin deux grands magasins appelés Granges de l'artillerie de la ville. Ces dispositions ne plaisaient que médiocrement à la Cour; et pour arrêter dans leurs développements les projets belliqueux de la municipalité parisienne, François Ier, en 1533, fit avertir la ville que, voulant forger des canons et n'ayant pas de place convenable pour entreprendre ses travaux, le roi lui emprunterait l'une de ses Granges; puis, ayant la première, il demanda la seconde. Le prévôt des marchands et les échevins eurent beau les réclamer, le roi eut beau promettre de rendre les locaux après l'achèvement de sa fonte, la fonte durait encore en 1547, et François Ier était mort. Henri II ne les rendit pas. Tout au contraire il installa le matériel et le personnel de son artillerie dans ces terrains, qu'il couvrit de bâtiments considérables. Il y eut logements pour les officiers, logements, ateliers, hangars pour les fondeurs, ciseleurs et ouvriers en tout genre. On profita du voisinage de la rivière pour le transport des salpètres, pour l'établissement des moulins à poudre, et la fabrication des munitions de guerre, et le nouvel Arsenal devint un quartier militaire dont le voisinage donna bientôt, et non sans raison, de vives inquiétudes. La Tour de Billy, ancien dépôt des poudres royales, avait pris feu, frappée de la foudre, et sauté en 1538; mais ce fut bien pis en 1563 : le feu prit à l'Arsenal; quinze à vingt milliers de poudre firent explosion, les pierres furent lancées jusque dans le faubourg Saint-Marceau, la détonation s'entendit à Melun, les poissons furent tués dans la rivière, pas une maison ne resta debout aux environs. Tous les vitraux des Célestins et des autres églises furent brisés : on compta soixante morts ou blessés, l'Arsenal s'écroula entièrement. Personne n'ayant pu découvrir la cause de cette catastrophe, le peuple l'attribua aux huguenots, et ce fut un argument de plus, en 1572, pour la Saint-Barthélemy.

Charles IX ordonna la reconstruction de l'Arsenal sur le même emplacement et avec des agrandissements notables. L'édifice était rétabli en 1572, et habité par un grand-maître de l'artillerie, le maréchal de Biron, près duquel se fit conduire, pour s'y cacher pendant la tourmente, le jeune Caumont la Force, échappé miraculeusement au massacre des protestants, et demeuré vivant sous les cadavres de son père et de son frère.

Henri III continua de bâtir à l'Arsenal, qui prit sous son règne un développement nouveau. Mais, sous Henri IV, cet établissement acquit toute la perfection que l'on pouvait attendre du progrès du temps et du génie des administrateurs.

Car en 1599 Henri IV, préoccupé des agissements suspects de la Savoie, dont le duc ne cessait de demander la paix au roi, sans cesser de fortifier ses frontières et d'y accumuler un matériel considérable de vivres, armes et munitions, Henri, dis-je, que l'on trompait quelquefois mais pas longtemps, fit venir M. de Rosny et lui dit : « Je vais avoir avec la Savoie, le Piémont et la Bresse, où sont de puissantes forteresses, des affaires qui ne se videront que les armes à la main et à bons coups de canon. J'aurais donc besoin d'artillerie et d'un grand-maître; je veux choisir un homme que je connais et vous aussi, qui a le courage bon, l'esprit vif, actif, diligent. Or devinez qui est cet homme-là et m'aidez à lui persuader de vouloir prendre cette charge, car il est fort de vos amis; on l'appelle le marquis de Rosny. » Sully fit modestement quelques façons, il avait scrupule de supplanter M. d'Estrées; mais le roi se fâcha; on désintéressa M. d'Estrées, moyennant quatre-vingt mille écus en principal, et trois jours après M. de Rosny fut grand-maître de l'artillerie.

Qui pourrait mieux que lui raconter ce qu'il trouva dans l'arsenal, écoutons-le : Ses provisions expédiées et son serment fait, il s'en alla loger à l'Arsenac (c'était le mot alors) qu'il trouva très mal bâti et encore plus dénué de canons, munitions et armes. Il remonta sur-le-champ aux causes, manda tous les officiers, et, pour commencer, en cassa quatre ou cinq cents qui tous étaient les valets de la justice, s'entendaient avec les gens de finance et *d'écritoire*, un personnel fort dangereux en somme. Il passa des marchés, avec les commissaires des salpêtres, pour une grande fourniture de poudres, avec les maîtres de forges pour une quantité de boulets *des six calibres*, il acheta du fer de toute sorte, engagea des charpentiers et des charrons, se procura des cuivres, de l'étain, de la mitraille, fit signer tous ces marchés au roi, et l'on se mit à travailler en conscience dans l'arsenal. Sully ne manquait pas de besogne, réunissant alors, en sa seule personne, les charges de surintendant des finances, de l'artillerie, des bâtiments et des fortifications qu'il essayait d'administrer, en sorte « que le roi en eût satisfaction, le royaume accroissement, et les peuples soulagement et décharge. »

Il était donc à l'Arsenal depuis quinze jours, lorsque le roi vint l'y voir et lui annoncer l'arrivée prochaine, en France, de M. de Savoie. Le duc devait passer par Lyon, Fontainebleau et venir à Paris, où il ne fut pas plus tôt, que M. de Rosny reçut l'ordre de lui faire les honneurs de l'Arsenal et de l'y convier à dîner avec les principaux de sa suite et de sa cour.

Soit par hasard, soit à dessein, le duc arriva bien longtemps avant les autres et demanda aussitôt à visiter les armes, munitions et artilleries. Qui fut empêché, honteux, le grand-maître d'un Arsenal qui ne possédait encore rien. Cependant, il mena le duc aux ateliers dans lesquels on travaillait à force : il y avait sur le chantier quarante affûts et rouages, vingt canons fraîchement fondus et des provisions et des apprêts pour en faire le double ; le duc surpris demanda ce qu'on prétendait faire de tant d'artillerie fondue. Rosny, en riant : « Monsieur, dit-il, c'est pour vous prendre Montmélian. — Y avez-vous été ? répliqua froidement le duc. — Non, monsieur. — Je le vois bien, M. le grand-maître, car Montmélian ne peut se prendre. — Bien, monsieur, dit Rosny riant toujours, je vous crois sur parole, mais néanmoins ne donnez pas au roi la peine d'y essayer, car s'il me le commandait, je serais capable d'en venir à bout. »

Le duc prit au sérieux cette plaisanterie, et, pendant son séjour à Paris, signa un traité par lequel il s'engageait à restituer le marquisat de Saluces dont il s'était emparé en pleine paix, pendant la Ligue. C'était le principal motif de la rancune que le roi lui avait gardée. Mais comme, de retour chez lui, il désavoua sa signature, le roi, en juillet 1600, lui déclara la guerre, et les canons qu'il avait vu fondre à l'arsenal le punirent de sa mauvaise foi. Il perdit en quelques mois la Bresse, le Bugey et la Savoie :

en 1601, le 16 janvier, la citadelle de Bourg, la seule place qui fût restée au duc, se rendit au roi de France.

Le grand-maître de l'Arsenal fut fait duc et pair en 1606. Le roi lui avait permis de choisir parmi ses terres celle qu'il désirait voir ériger en duché-pairie, il choisit Sully et en prit le nom. Ce fut l'occasion d'une grande fête que le nouveau duc célébra en son Arsenal, après la cérémonie de l'enregistrement des lettres royales par le Parlement, au Palais, où Sully se présenta, escorté de tous les princes, pairs, ducs et seigneurs qualifiés de la cour, en sorte, dit l'historien, que les galeries, cours, salle et grand'chambre furent tellement encombrées, « que l'on ne s'y pouvait qu'à peine tourner ». Au sortir du Palais, Sully retint de cette noble assemblée soixante convives qu'il pria de venir dîner à l'Arsenal, où il avait fait préparer un magnifique festin « de chair et de poisson. »

Mais il n'en avait pas fini avec les bonheurs de cette journée, car en arrivant au logis, il trouva le roi qui l'attendait et lui cria de loin : « M. le grand-maître, je suis venu au festin sans être invité — *serai-je mal dîné?* — Peut-être bien, sire, répondit Sully, car je ne pouvais prévoir un tel honneur. — Je vous assure que non, lui dit le roi, j'ai visité vos cuisines en vous attendant, où j'ai vu les plus beaux poissons qu'il est possible et force ragouts à ma mode ; et même, voyant que vous tardiez à revenir, j'ai mangé de vos petites huîtres de chasse les plus fraîches que l'on saurait manger et bu de votre vin d'Arbois le meilleur que j'aie bu jamais. »

Et sur ces propos furent les tables servies.

Henri IV faisait fréquemment de telles visites à l'Arsenal, il s'y plaisait, il y épanchait son cœur. Il y aiguisait son esprit pénétrant dans les discussions sincères que son ministre ne craignait pas d'entamer sur les sujets les plus intimes, comme pour les plus graves questions. Il oubliait là, pendant quelques heures, les personnes et les choses irritantes qui troublaient son repos, par sa faute peut-être, mais sans aucune pitié pour lui. — « Je me trouve si bien céans, dit-il à Sully, en 1609, un jour qu'il était venu de Chantilly le surprendre à l'Arsenal, que j'y veux encore souper et coucher, car je n'irai point d'aujourd'hui au Louvre pour raisons que je vous dirai en sortant du jeu. Cependant faites-moi préparer trois carrosses pour m'aller promener après vous avoir entretenu, et qu'il ne vienne céans personne tant que j'y serai, sinon ceux que je manderai. » Tout cela fut exécuté : Henri demeura encore le lendemain, si content, qu'il commanda au grand-maître de lui faire préparer une salle, une chambre et un cabinet pour lui à l'Arsenal, sans rien prendre sur le logement de Sully, voulant, disait-il, y venir dorénavant loger deux ou trois jours chaque mois, sans faire apporter sa viande ni amener ses officiers ; et afin que cela ne se fît pas aux dépens de son ministre, il lui donnerait tous les ans six mille écus pour y satisfaire. »

20

Sully n'épargnait rien pour rendre agréable au roi le séjour de l'Arsenal. Cet Etna, ces forges de Vulcain si magnifiquement décrites par les deux vers latins de Jean Passerat qu'on lisait sur la façade de l'Arsenal, et que Santeuil eût voulu avoir faits, « dût-il être pendu, » ce laboratoire de fonte, de poudre et de vastes desseins, se transformait parfois en un lieu de fêtes, de réjouissances, où tous les plaisirs venaient s'offrir avec magnificence aux hôtes illustres de Sully. En cette année 1609, on y célébra « banquets, festins, courses de bague et en lice, danses, ballets, mascarades, desquelles le roi et la reine, comme aussi la cour, la ville et les particuliers disaient ne pas trouver de lieu où toutes ces galantises et passe-temps se fissent avec si grand plaisir, aise et commodité. En effet, Sully avait fait construire à l'Arsenal, par ordre du roi, une grande et magnifique salle en laquelle il y avait quantité de galeries servant d'échafauds, d'amphithéâtres avec gradins, d'escaliers, de portes y aboutissant, deux surtout, destinées spécialement aux femmes, sans qu'un seul homme eût le droit d'y passer. Sully savait mettre de l'ordre en toutes choses.

L'année 1610 commençait, les grands projets du roi couvaient sourdement; mais les moyens semblaient devoir manquer à l'exécution de telles entreprises. Il méditait d'entamer une guerre européenne dont le résultat fût d'abaisser à ce point la maison d'Autriche et la faction espagnole, que ces deux ennemies mortelles de la France fussent réduites à l'impuissance, quelque changement de personnes royales et de formes de gouvernement qui survinssent en l'État. Ces moyens d'action, le roi ne les découvrait pas, Sully les cherchait, et préparait, avec ses comptes, des mémoires sur la question. Pendant ce temps les forges et ateliers de l'Arsenal ne chômaient guère.

Le roi y vint en janvier, très soucieux et avide d'éclaircissements ; il allait connaître la situation de ses affaires, et le silence de Sully, depuis quelques jours, ne lui donnait à penser rien de bon. Entré dans le cabinet du grand-maître il en ferma sur eux la porte, et lui demanda le compte définitif des ressources de son trésor, le total de l'argent comptant, s'il y en avait. Sully lui remit alors deux états, destinés, dit-il, à éclaircir une partie des doutes de S. M. et à lui donner satisfaction. C'était l'état des dépenses à faire pour l'expédition projetée, et l'état de l'argent comptant, ce dernier mémoire présentant le total de quarante-trois millions cent trente-huit mille quatre cent quatre-vingt-dix livres dix-neuf sous trois deniers, une somme énorme, presque fabuleuse en ce temps-là.

Henri surpris, incertain, relut à deux fois l'état, et chacun des articles ; et convaincu, cette fois, de sa richesse, embrassa Sully à plusieurs reprises : « Voilà, dit-il en respirant à l'aise, deux états qui m'ont grandement soulagé l'esprit. Ma dépense est donc assurée. — Et ne croyez pas, sire, répondit le grand-maître, que ce soit là tout le fond de ma science, car en cas d'extrême nécessité, je trouverai encore autant « pourvu que les deniers ne soient pas dispersés ; mais seulement employés à la guerre. »

Dès ce moment, les préparatifs de la campagne furent poussés à fond et toutes les mesures concertées dans un impénétrable secret. « On dit, rapporte le Journal du règne (fin février), qu'au printemps, le roi se mettra à la tête de ses troupes; mais on ne dit ni pour qui, ni contre qui. » Et pendant les trois premiers jours de mars, on conduisit sur les bords de la Marne cinquante canons sortis de l'Arsenal, avec une quantité de poudres, boulets, chariots et autres engins de guerre, pour être rendus sur bateaux à Châlons.

Le roi avait pris toutes ses précautions. Il devait, en partant pour l'armée, laisser à Paris une régence, celle de la reine, que ses amis, aussi peu modestes que peu français, poussaient à exiger du roi son couronnement et son sacre, double cérémonie d'apparat et de grosse dépense, dont le grand-maître de l'Arsenal eût aimé à faire l'économie, en de pareilles circonstances, et que le roi lui-même n'approuvait pas; mais les aigreurs de la reine et de son entourage, leurs exigences presque menaçantes avaient déterminé le roi à céder.

En ces heures de découragement et de fatigue, Henri multipliait ses visites à l'Arsenal. Trouvait-il le ministre à l'étude ou en affaires, il se promenait, pour l'attendre, dans les beaux jardins nouvellement créés, ou allait s'asseoir sur le grand balcon d'où l'on voyait la Seine et une partie de Paris ; puis, lorsqu'ils s'étaient rejoints : « Hé, mon ami, disait-il, que ce sacre me déplaît ; je ne sais pas ce que c'est, mais le cœur me dit qu'il m'arrivera quelque malheur. »

Quelques jours après, tandis que les apprêts du couronnement se poursuivaient à la hâte, on vit le roi, encore à l'Arsenal, s'asseoir tout pensif sur une chaise basse que Sully avait fait faire exprès pour lui. Il rêvait, et battait des doigts fiévreusement sur l'étui de ses lunettes. Puis se relevant tout à coup : « Pour Dieu! disait-il à mots entrecoupés, je mourrai en cette ville ou n'en sortirai jamais ; ils me tueront, je vois bien qu'ils n'ont d'autre remède en leurs dangers que ma mort. Maudit sacre, tu seras cause de ma mort! » Et comme Sully inquiet lui reprochait de telles fantaisies et conseillait de rompre tout sacre, couronnement, et voyage et guerre. « Eh bien, oui, répondait le roi, rompez, rompez, que je n'en entende plus parler, car, à vous dire vrai, il m'a été prédit que je serai tué à la première magnificence que je ferai, et dans un carrosse. »

Voilà ce qui le rend si peureux. Et le grand-maître, alors, frappé aussi d'une crainte superstitieuse, se souvenait d'avoir entendu quelquefois le roi crier dans un carrosse, lui, le cavalier sans peur, qui avait passé par les piques, les canons, les mousquets et les épées, et l'encourageait d'autant plus à sortir de Paris et à n'y entrer de longtemps, à remettre le sacre ou le laisser faire sans lui, à renvoyer de Notre-Dame et de Saint-Denis tous les ouvriers, ce à quoi le roi se décida : mais la reine en fut tellement offensée, irritée, il y eut dans le royal ménage tant de querelles et de brouille et de « grosses paroles », qu'après trois jours de ces combats on fit revenir les ouvriers à leurs travaux dont le roi s'occupa pour faire plaisir à sa femme, car lui « n'y en prenait aucun ».

Le couronnement devait avoir lieu à Saint-Denis le jeudi 13, et le roi avait fixé au 17 son départ pour l'armée. La cérémonie s'accomplit en effet avec une magnificence et des splendeurs dont la plupart des histoires nous donnent les détails. Le soir, le roi et la reine rentrèrent de Saint-Denis à Paris par la porte Saint-Martin et allèrent coucher au Louvre (le surplus des fêtes et réjouissances étant remis au dimanche suivant). Sully n'avait pas assisté au sacre, retenu chez lui par son indisposition ordinaire, une douleur intermittente du cou et de la gorge qu'il avait eus traversés autrefois d'une balle de pistolet, et cette infirmité ne lui était pas d'un mince secours lorsqu'il avait besoin d'un prétexte honnête pour garder la maison. Car, en ce cas, la gorge et le cou trouvaient toujours à leur service quelque bon abcès causé par un fragment de plomb ou de bourre resté dans les chairs. Le fragment n'avait pas manqué à son devoir, l'avant-veille du sacre, et le vendredi 14, jour tristement célèbre, Sully, au matin, prenait un *bain artificiel*, lorsque le roi, désœuvré, l'envoya chercher des Tuileries pour qu'il vînt se promener et causer avec lui. Déjà Sully s'habillait, un second messager survint pour lui ordonner, de la part de Sa Majesté, de continuer son bain, de se bien soigner et d'attendre « en pantoufles et en bonnet de nuit » le roi qui viendrait à l'Arsenal le lendemain à cinq heures du matin.

Henri n'avait pas attendu au lendemain pour rendre visite à son ami. Ce vendredi, vers quatre heures, il se fit conduire en carrosse à l'Arsenal; mais Ravaillac l'attendait à moitié chemin. Une heure après, ceux-là étaient rassurés en Europe et en France « qui n'avaient d'autre remède en leurs dangers que sa mort ».

Le souvenir du bon roi est encore vivant dans l'Arsenal après trois siècles ou peu s'en faut. Longtemps fut célèbre et fréquenté, ce balcon sur la rivière, où s'asseyaient Henri et son ministre, et où, selon le mot du roi, *ils avaient accoutumé de n'être pas muets.*

Celui qui écrit ces lignes a vu, dans sa jeunesse, chez le conservateur de la Bibliothèque de l'Arsenal, la chaise basse que Sully avait fait faire pour le roi, et dont nous avons parlé tout à l'heure. Peut-être y est-elle encore.

Sous Louis XIII, le grand Arsenal fonctionna, et l'on y continuait les traditions du règne précédent, car Louis XIII et le Cardinal aimaient la guerre et ne négligeaient pas les instruments qui la font réussir. Aussi, à Paris, commençait-on à se lasser de batailles, et un poète peu dithyrambique écrivait à Richelieu :

> Quand sera-ce, grand Cardinal,
> Que la paix fera des marmites
> Avec le fer de l'Arsenal.

Louis XIV, qui perfectionna la guerre et la fit pendant soixante ans, qui quadrupla le nombre des régiments et des armées, ne pouvait se contenter de l'Arsenal d'Henri IV. Outre le danger qui, dans un établissement de ce genre, menaçait tout un quartier et la ville de Paris entière, son insuffisance le rendait inutile à une cité de luxe, de commerce et de paix. Louis transporta, selon le besoin, ses magasins vers les points menacés ; il rapprocha son matériel des ports et des frontières. Les fabriques de poudre et de munitions, les fonderies s'installèrent à proximité des villes fortifiées. L'Arsenal de Paris conserva bien ses fonderies, mais pour les consacrer aux arts de la paix. On y coula les statues et les ornements de bronze destinés à orner Versailles, Marly et les résidences royales.

L'Arsenal se divisait en Grand et Petit Arsenal : le Grand longeait la rivière sur toute l'étendue d'une promenade publique plantée d'arbres (le Mail, créée par Henri IV ; le Petit, dont l'entrée était rue de la Cerisaie, communiquait avec l'autre par les vastes jardins qu'un mur séparait dans leur longueur pour isoler au besoin l'une de l'autre ces deux résidences.

Louis XIV augmenta de quelques constructions nouvelles le vieil Arsenal devenu la demeure ordinaire des amiraux de France, et toute la partie des anciens bâtiments située au bord de la rivière fut remplacée par un bâtiment neuf d'un aménagement plus commode et d'une architecture moins simple. Plus tard, le duc du Maine, grand-maître de l'artillerie, s'y installa ; la duchesse y fit des vers et des conspirations.

Il y avait, pour l'Arsenal, un bailliage seigneurial, juridiction spéciale qui connaissait des différends survenus entre officiers et ouvriers des fonderies, et dont la prétention, contestée par le Châtelet, était de juger aussi les délits et crimes commis dans l'enceinte de l'Arsenal.

La bibliothèque de l'Arsenal, aujourd'hui l'une des plus riches de Paris et des mieux administrées, occupe quelques-uns des anciens bâtiments au midi. On y accède par la rue de Sully que croise le boulevard Henri IV. Ces deux noms se rencontrent encore à l'endroit où les deux grands hommes se sont tant de fois réunis.

En ce quartier de Saint-Paul ou de la Mortellerie on trouvait :

2 abreuvoirs pour les chevaux, au Port Saint-Paul, au bas de la rue Geoffroy-Lasnier ; 1 Arsenal (Grand et Petit), maison royale, demeure des amiraux de France où ils tiennent leur juridiction les mercredis et samedis ; au quai des Célestins, bateaux de passage sur la Seine, et bateaux de blanchissage, au Mail, à l'île Louvier, à la descente du Pont-Marie, côté du quai des Ormes ; 1 boucherie : 6 étaux rue Saint-Paul ; 30 boutiques ou bateaux remplis de poisson d'eau douce, sur la rivière, Pont-Marie, quai Saint-Paul et des Ormes. Brigade des bateaux au Mail pour prendre garde aux fraudes qui peuvent arriver sur l'eau, au-dessus des murs de l'Arsenal. Bureaux du Port Saint-Paul pour recette du droit des vins et eaux-de-vie, quai des Célestins. 1 carrefour : de Sens où aboutissent les rues de la Mortellerie, des Barrés, de l'Étoile, du Fauconnier, du Figuier ; 1 chantier : où se vendent toutes sortes de planches et débris de bateaux, quai des Ormes, place aux Veaux ; 1 cloître : des Jésuites, parce qu'il conduit de la rue Saint-Paul à leur église ; 1 communauté : des Filles de la Charité, rue Saint-Paul ; 1 couvent : des Cordeliers dit l'Ave Maria, rue des Barrés ; 6 hôtels considérables : de Fourcy, rue de Jouy, d'Aumont, id., de Lesdiguières, cul-de-sac de la Cerisaie, de Fieubet, quai des Célestins, de Sens où sont logés les carrosses de Lyon et autres, rue des Barrés, de la Vieuville, quai des Célestins ; 1 jardin public : de l'Arsenal, Grand Arsenal, bord de l'eau, 1 jeu du mail le long du Grand Arsenal et de l'île Louvier ; 1 juridiction seigneuriale pour les poudres, salpêtre et artillerie, à l'Arsenal, les samedis ; 3 marchés : aux veaux, quai des Ormes, pour les fruits qui viennent par eau, devant le Mail et Arsenal, pour le poisson d'eau douce, Voyez *Boutiques ;* 2 passages : 1 au cul-de-sac de la Cerisaie qui traverse toutes les cours de l'Arsenal et se rend rue Saint-Antoine à côté de la Bastille, l'autre qui va de Saint-Paul, église, à la rue Saint-Paul ; 2 places : aux Veaux, de Moffis devant le Pont-Marie ; 1 prison : de Saint-Éloy, rue Saint-Paul ; 2 ports : des Célestins où se déchargent le pavé et le charbon de terre, de Saint-Paul où se déchargent le vin, la chaux, le bois à brûler ; 1 puits public, rue Saint-Anastase ; 3 quais : des Célestins, de Saint-Paul, des Ormes ; 664 maisons ; 25 rues et 7 culs-de-sac ; 174 lanternes ; voirie : hors la Porte Saint-Antoine.

XIIIᵉ QUARTIER. — DE SAINTE-AVOYE

L'HOTEL DE SOUBISE

ᴜʀ l'emplacement d'une vieille maison appelée : le Grand Chantier du Temple, qui s'élevait rue de Paradis, au Marais, Olivier de Clisson, le connétable breton, se construisit un hôtel vers 1385. Les historiens, peu d'accord sur les origines des vieux édifices de Paris, assurent, les uns, que cette maison fut achetée par Clisson moyennant une somme de 4,000 livres que le roi lui avait donnée, les autres qu'elle lui fut offerte par les Parisiens, en reconnaissance du pardon qu'il leur fit obtenir de Charles VI, après la révolte des Maillotins. On cite, comme preuve à l'appui, les M couronnés peints sur les combles et murs de cette maison et qui signifiaient, dit-on : *miséricorde*, parce que les Parisiens domptés avaient crié : miséricorde ! aux pieds du roi. La maison en aurait retenu le nom ou le sobriquet de : maison de la Miséricorde. Et l'on ajoute, un peu témérairement, que ces fameux M dorés n'avaient été mis là que pour célébrer la clémence de Clisson, et rappeler durement aux Parisiens leur rébellion et châtiment.

Si peu d'intérêt qu'il y ait aujourd'hui à discuter cette thèse, nous n'hésitons pas à déclarer l'explication aussi invraisemblable qu'elle est mal prouvée. Si la maison a été

donnée à Clisson par les gens de Paris, pour le remercier de sa miséricorde, Clisson eût été de bien mauvais goût, en inscrivant sur ses murailles le blâme et la honte des Parisiens ; et quant au surnom donné par ces derniers à l'hôtel du connétable, au lieu de le prendre comme un éloge, il faudrait peut-être le regarder comme l'expression d'une ironie amère.

En effet, la révolte des Maillotins avait été châtiée par Clisson lui-même avec une rigueur, méritée sans doute, mais implacable ; et s'il est vrai qu'il n'eût demandé grâce au roi pour les survivants, dans la cour du Palais, qu'après avoir exterminé les chefs et le plus grand nombre des rebelles; celle *miséricorde* ne lui aurait pas constitué un titre bien sérieux à la reconnaissance des Parisiens, qui sont très susceptibles. très railleurs, et auraient appelé alors l'hôtel de Clisson : maison de miséricorde, dans le sens du vieux proverbe picard qui dit : *Miséricorde au bout d'une corde.* Mais l'histoire ainsi conçue n'est plus qu'imagination ou conjecture. On va voir comment Clisson devint, par une fatalité étrange, la cause première des malheurs qui accablèrent la France pendant trente ans.

Ce brave Clisson, un rude guerrier, mais non pas un cœur tendre, s'était fait une foule d'ennemis, sans compter les Anglais et les Bretons ses compatriotes. Dans les querelles sanglantes soulevées entre la France et la Bretagne, ayant plusieurs fois changé de drapeau, et redouté des deux partis, il n'avait été gagné à la France que par les présents et les habiles ménagements de Charles V. Ni la Bretagne ni les Anglais ne lui avaient pardonné. L'un de ses ennemis, personnage équivoque, Pierre de Craon, dévoué à Montfort, duc de Bretagne, ayant été expulsé de la cour de Charles VI, pour différents motifs des moins honorables, attribua son affront à l'influence de Clisson, et ne trouva d'autre moyen de se venger qu'en assassinant le connétable, à la façon de ces temps où la politique n'admettait pas les nuances. Craon, à la tête de quarante « bons compagnons », attaque Clisson la nuit, lâchement, rue Culture-Sainte-Catherine, lorsque le connétable rentrait à son hôtel. Le vieux guerrier, abandonné de ses valets, seul, et n'ayant qu'un petit coutelas pour toute arme, se défendit en héros; mais il succomba sous le nombre, et vint tomber, la tête fendue d'un coup d'épée, contre la porte entr'ouverte d'un boulanger.

Craon le croyait mort et s'enfuit à son château de Sablé, en Bretagne, d'où il n'était revenu que pour préparer son guet-apens. Clisson ne mourut pas encore cette fois ; mais le roi, mis hors de lui par ce crime audacieux, jura d'en tirer vengeance. Il était convalescent à peine des premières crises de sa maladie cérébrale, l'événement l'exaspéra, le replongea dans ce mal terrible.

Il fit décapiter et accrocher au gibet un écuyer de Craon, complice du meurtre : on trancha la tête au concierge de l'hôtel de Craon pour n'avoir pas averti le roi du retour de son maître; un chanoine de Chartres, qui avait logé le meurtrier, fut destitué de ses bénéfices et condamné à une prison perpétuelle; tous les b.ens de Craon furent confisqués, son hôtel rasé et l'emplacement donné à la paroisse de Saint-Jean en Grève pour être converti en cimetière. La rue qui longeait l'hôtel de Craon fut nommée rue des *Mauvais-Garçons,* et Charles VI ayant fait demander au duc de Bretagne de lui livrer Craon, sur le refus du duc, lui déclara la guerre. Deux mois après, le roi marchait vers la Bretagne à la tête d'une armée.

21

C'était en pleine canicule, le 5 août, que le roi brûlant de fièvre, en proie à une agitation d'esprit excessive, partit du Mans, et, traversant la forêt, fut arrêté par ce fantôme mystérieux qui saisit la bride de son cheval et lui dit : Roi, retourne, car tu es trahi. Presque aussitôt, la démence qui couvait dans ce cerveau malade éclata et se traduisit en actions insensées. Le malheureux roi mit l'épée à la main, frappant en furieux, çà et là « sur les traîtres ». Il tua quatre hommes de sa suite, brisa son épée, et tombant épuisé, fut lié, placé sur une charrette de bouvier et reconduit au Mans. Les ducs d'Orléans et de Bourgogne qui s'étaient prononcés contre l'expédition dirent : « Le voyage est fait pour cette saison, » et la campagne fut ainsi terminée : la Bretagne était sauvée, mais la France était perdue. Ses désastres, ses souffrances, sa ruine durèrent de 1392 à 1529.

Ces réflexions nous sont venues en étudiant l'histoire de la maison du connétable — maison de la Miséricorde. Les édifices ont-ils donc une destinée comme les hommes ? l'hôtel de Clisson fut vendu vers 1533 à Anne d'Est, femme de François de Guise, passa successivement de celui-ci à son frère le cardinal de Lorraine, qui le céda au prince de Joinville, Henri de Lorraine, en 1556. Les Guises achetèrent alors l'hôtel de Laval, à l'angle des rues de Paradis et du Chaume, puis l'hôtel de la Roche-Guyon, rue du Temple, vis-à-vis la rue Barbette ; en sorte que toute la famille pouvait communiquer d'une maison à l'autre. Ils finirent par réunir à ces trois hôtels une maison aboutissant sur la rue des Quatre-Fils et attenant à l'hôtel de Clisson qui portait déjà le nom de Guise ; c'est de l'ensemble de ces quatre bâtiments qu'ils composèrent, en 1560, l'immense hôtel de Guise, celui-là même dont nous écrivons l'histoire, et qui ne s'appela hôtel de Soubise qu'en 1697. Le coup de pistolet de Poltrot de Méré, en 1563, empêcha François de Guise d'habiter la royale résidence qu'il s'était créée au centre de Paris.

N'était-ce donc pas un lieu funeste et prédestiné que ce séjour, ou plutôt ce repaire des Guises qui firent tant de mal à la France. Ils employaient contre elle, au profit de leur ambition, les puissantes facultés d'une intelligence et d'un courage qui ne font des héros qu'au service d'une bonne cause. Aussi funestes à eux-mêmes qu'ils l'avaient été à leur roi et à leur patrie, ils périrent misérablement, conspirateurs criminels, victimes d'une criminelle conspiration. C'est du fond de leur hôtel de la rue du Chaume qu'ils créèrent la Ligue, comme s'il fût resté quelque crime à commettre en France après les guerres civiles dont ils avaient été les instigateurs. C'est dans leur logis, où le Balafré était revenu malgré les ordres du roi, que fut conçu le plan de la révolte dans Paris et des Barricades. Sous prétexte de défendre la religion catholique menacée par les huguenots, — toujours les huguenots, — mais en réalité pour anéantir le parti du roi de Navarre et ce prince lui-même, seul héritier du trône, puisque le roi n'avait pas d'enfant, les agents du duc de

Guise organisaient sourdement l'insurrection des provinces. — Les Guises tenaient déjà
Dijon, Verdun, Soissons, Toul, Châlons; le cardinal de Lorraine envoyait des armes
jusqu'à Lagny; le duc d'Aumale faisait une tentative pour s'emparer de Boulogne. Quant
à Paris, on devait prendre la Bastille, le Temple, le Châtelet, l'Arsenal, égorger tous les
partisans du roi, marcher sur le Louvre, se saisir du roi, et les Guises étaient maîtres en
France, et la prédiction de François Ier, trop oubliée d'Henri II, se réalisait : « Mon
fils, lui avait-il dit au lit de mort, défiez-vous des princes Lorrains, leur ambition vous
mettra, vous et vos sujets, en chemise ! »

Voilà donc ce que faisaient les Guises et ce qu'ils préparaient dans leur hôtel de la
rue du Chaume. Et lorsqu'on additionne ensemble les résultats de cette ambition effrénée,
la guerre qui sévit dix ans, le meurtre du Balafré à Blois, celui de son frère le cardinal,
l'assassinat de Henri III à Saint-Cloud, les horreurs commises à Paris par les Seize, les
sièges, la famine, l'encouragement donné aux étrangers par cet épuisement de la France,
les abus et la honte de l'alliance ou plutôt de l'occupation espagnole, le tout mis au
compte des Guises et sur leur conscience, n'a-t-on pas le droit de se demander, comme
a fait l'auteur au début de cette notice, si les M fatals inscrits sur les murailles et
les combles de la maison de Clisson ne signifiaient pas : Malheur — au lieu de :
Miséricorde.

Abrégeons-la, cette notice, dont la fin d'ailleurs n'offre que peu d'intérêt après les
drames du commencement. En 1697, François de Rohan, duc de Soubise, acheta l'hôtel
des héritiers de la duchesse de Guise, la dernière de cette famille. Il projetait d'y
faire de grands changements, et pour étudier les plans d'un si considérable travail,
l'architecte Lemaire employa neuf années : les ouvriers ne se mirent à l'œuvre
qu'en 1706.

On démolit l'hôtel de Laval dont l'emplacement devint une cour d'honneur immense,
entourée à l'intérieur d'une galerie couverte ornée de cinquante-six colonnes accouplées.
L'ancienne porte, placée sur la rue du Chaume, en pan coupé, et qui se composait d'un
portail flanqué de deux tourelles du temps de Clisson, fut fermée, la nouvelle entrée
s'ouvrit sur la rue de Paradis dans un enfoncement circulaire qui dégage les abords de la
porte et lui donne un air de grandeur et de majesté singulières. Une large façade fut
plaquée contre l'ancien édifice que toutes ces magnificences eussent humilié. Partout
des colonnes, des statues, des bas-reliefs, des groupes allégoriques. Le génie des Arts,
celui des Sciences, Pallas, Hercule, les Saisons, toute une mythologie pacifique,
tout un Olympe rassurant s'installèrent dans ce séjour de la discorde, de la haine
et de la guerre impie. — On peut les y admirer encore. Presque à la même époque,
sur une part de terrain de l'hôtel de Soubise, un autre Rohan, Gaston, cardinal,

grand-aumônier de France, bâtit l'hôtel de Strasbourg qu'on appela dès lors Palais Cardinal.

Au début de ce siècle, lorsqu'une main toute-puissante eut achevé d'étouffer en France les germes de la guerre civile et religieuse, l'Etat se rendit acquéreur de l'hôtel de Soubise et de l'hôtel Cardinal, ce dernier, sur la Vieille rue du Temple, affecté au service de l'Imprimerie Impériale, et, dans l'hôtel de Soubise, des Guises, de Clisson, furent installées les Archives de France. En sorte qu'aujourd'hui, à l'endroit même où vécurent, où s'agitèrent toutes ces grandes figures, pour des exploits ou pour des crimes, entre leurs propres murailles qu'ils s'étaient bâties épaisses pour y couver impunément leurs desseins et y ensevelir leurs secrets, l'histoire, héritière de ce palais et maîtresse chez eux, ressuscite ces morts, les traduit à son tribunal, et, preuves en main, les démasque, les convainc et les juge.

Oui, cette maison était prédestinée; et, comme Nodier l'a dit, « il y a maintenant toute une histoire de papier sous cette histoire de pierre. »

L'ÉGLISE DES PÈRES DE LA MERCI

Cet ordre religieux fondé par un charitable Français, gentilhomme du Languedoc, du nom de Pierre Nolasque, date de l'an 1225. Il avait pour but le rachat et le soulagement des chrétiens captifs des Barbares et des Turcs. Il différait en ceci de l'ordre des Mathurins ou Trinitaires, que ces derniers se consacrent seulement au rachat des esclaves chrétiens, tandis que les religieux de la Merci font un vœu de plus; non contents d'aller racheter les captifs dans les Etats barbaresques, ils s'imposent de demeurer en otages à la place des malheureux rachetés.

La reine régente, Marie de Médicis, s'intéressant vivement à ces religieux, voulut leur procurer, à Paris, un établissement, et fit demander à François de Bracque l'abandon d'un hôpital et d'une chapelle fondés, rue du Chaume, par son ancêtre Arnould Bracque, en 1348. François de Bracque y consentit, et céda son droit de patronage à la reine qui mit en possession les religieux de la Merci, en 1613. Ceux-ci firent bâtir, par l'architecte Cottard, une église et un couvent tout neuf sur l'emplacement de l'ancienne chapelle. C'était un bâtiment sans prétention, décent et modeste comme l'idée qui avait inspiré leur fondateur. Il renfermait les statues de ce fondateur Pierre Nolasque, béatifié à juste titre, et de saint Raymond, ouvrages de Michel Anguier, habile statuaire du XVII° siècle.

On voyait, dans cette église, les tombeaux de la famille de Bracque, et une inscription rappelant que les cœurs de Charles et de Pons-Charles de Thémines, fils et petit-fils du

MICHEL ANGUIER DE LA VILLE D'EU SCULP. OR.D. DU ROY RECTEUR EN SON ACADEMIE DE PEINTURE ET DE SCULP:
Gravé par Laurent Cars pour sa reception à l'Académie en 1733.

maréchal de Thémines, tous deux tués au service de la France, y avaient été déposés par
Anne de Montmor, veuve de l'un et mère de l'autre.

ÉGLISE DES PÈRES DE LA MERCI

Cette petite église et le couvent étaient situés rue du Chaume, vis-à-vis de l'hôtel de
Guise, dont le portail à deux tourelles regardait le profil du couvent.

Ce quartier de Saint-Avoye renfermait :

1 carrefour, où aboutissaient les rues : de Saint-Avoye, Barre-du-Bec, Neuve-Saint-
Merry, Sainte-Croix-de-la-Bretonnerie ; 1 cimetière : de la paroisse Saint-Jean-en-Grève,
appelé le cimetière vert, situé rue de la Verrerie, entre les rues de Moussy et Bourgtibourg ;
4 couvents : des Bénédictins dits Blancs-Manteaux, rue des Blancs-Manteaux, avec une
sortie sur la rue de Paradis ; des Carmes dits des Billettes, des Chanoines réguliers de
Sainte-Croix-de-la-Bretonnerie, rue de ce nom, ayant une entrée aussi par la rue des
Billettes ; de la Merci, rue du Chaume vis-à-vis de l'hôtel de Soubise ; 1 couvent de filles:

celui des Ursulines dites de Saint-Avoye, rue Saint-Avoye au coin de la rue Langevin ; 4 fontaines publiques, savoir : une rue Barre-du-Bec *qui est tarie;* une vis-à-vis les Ursulines de Saint-Avoye ; une rue du Chaume au coin de l'hôtel de Soubise et de la rue de Paradis ; une rue des Blancs-Manteaux ; 4 hôtels considérables : de Caumartin, rue Saint-Avoye, de Beauvilliers, id. ; de Mesme, anciennement de Montmorency, id. ; de Soubise et de Strasbourg, ci-devant de Guise, rue du Chaume ; 447 maisons ; 18 rues et culs-de-sac ; 173 lanternes ; 1 voirie : hors la porte Saint-Antoine.

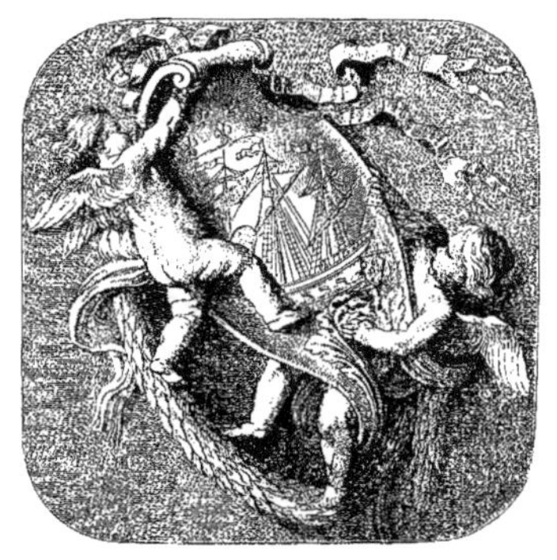

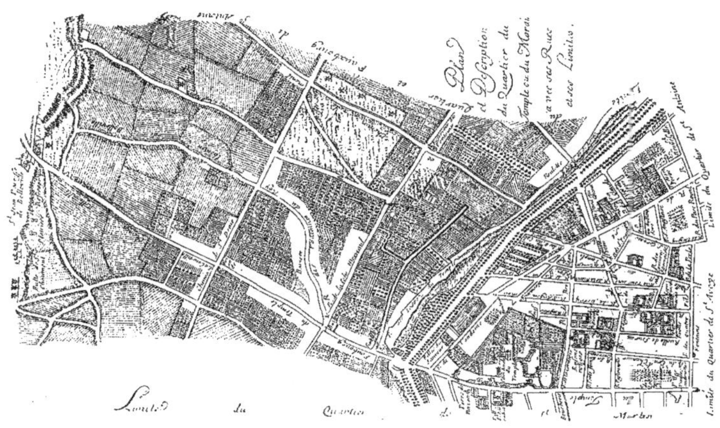

XIVE QUARTIER. — DU TEMPLE

L'ÉGLISE DU SAINT-SACREMENT

ᴇs filles du Saint-Sacrement vinrent, de Toul à Paris, en 1674 et, pour divers motifs, changèrent plusieurs fois de résidence. La duchesse d'Aiguillon, nièce de Richelieu, leur offrit un asile au moment où, pour la quatrième fois, elles se trouvaient sans logement. Elle leur fit présent de l'hôtel qu'avait possédé Turenne, rue Neuve-Saint-Louis au Marais, et que le cardinal de Bouillon, héritier du grand Vicomte, consentit à céder à la Duchesse en échange de sa terre, seigneurie et châtellenie de Pontoise. Ces religieuses prirent possession le 16 septembre 1684. L'église fut bâtie en cette même année. Elle n'a rien de remarquable. Ces religieuses font partie de l'ordre de Saint-Benoît. Règle austère et laborieux service. Elles furent instituées pour l'adoration perpétuelle du Saint-Sacrement de l'autel, en réparation des offenses commises envers le Saint-Sacrement pendant les troubles civils et religieux. Leur couvent s'appelait : Monastère des

Religieuses Bénédictines de l'adoration perpétuelle du Très Saint-Sacrement. Une autre

ÉGLISE DU SAINT-SACREMENT

communauté du même ordre était établie rue Cassette, en 1654, et fut l'objet des soins et de la vénération d'Anne d'Autriche qui s'en déclara fondatrice.

ÉGLISE SAINTE-ÉLISABETH

Les filles de Sainte-Élisabeth sont des religieuses du tiers-ordre de Saint-François, qui suivent la réforme de Piquepuces. Leur réformateur était un digne et zélé religieux de Paris, le Père Vincent Mussard, qui, après avoir établi sa réforme sur les Franciscains de tout ordre, l'étendit aux communautés de Filles, en province d'abord, puis à Paris, où sa réputation et son infatigable dévouement lui acquirent de puissantes protections. Les religieuses, ainsi réformées, mirent leur maison sous l'invocation de sainte Élisabeth de Hongrie, d'où le nom de ce couvent et de l'église, situés rue du Temple, vis-à-vis du Temple même.

La famille du Père Mussard avait donné l'exemple des libéralités et des sacrifices; sa belle-mère et sa sœur ayant engagé leur modeste patrimoine dans les frais d'un établis-

sement à Paris, l'exemple fut suivi par un grand nombre de donateurs, et dès que les saintes femmes eurent rassemblé et instruit douze religieuses, avec la certitude d'entretenir dignement la nouvelle maison, elles obtinrent du roi Louis XIII, en janvier 1614, des lettres-patentes permettant à ces Filles d'établir dans Paris, ou dans les Faubourgs, un *Monastère de douze sœurs de la Pénitence de l'étroite observance du tiers-ordre de saint François*. Ces lettres furent enregistrées au Parlement le 1er avril 1615, et l'Évêque de Paris donna permission de construire le monastère dans la rue Neuve-Saint-Laurent. Mais les Filles de Sainte-Élisabeth s'installèrent d'abord rue du Temple, dans un hospice qui leur fut prêté par les religieux de Piquepuces, en attendant la construction du nouveau monastère; ce fut alors que la reine, Marie de Médicis, prit ces Filles sous sa protection, fonda, de concert avec son fils Louis XIII, l'établissement desdites religieuses rue du Temple, et posa la première pierre des nouveaux bâtiments, église et couvent, en l'année 1628. Ils furent achevés deux ans après, et les religieuses rendirent alors aux Piquepuces l'hospice qu'ils leur avaient prêté.

L'église Sainte-Élisabeth fut dédiée, le 14 juillet 1646, par le coadjuteur Paul de Gondi, sous les titre et invocation de Notre-Dame-de-Pitié et de Sainte-Élisabeth de Hongrie. C'était un édifice de bonnes proportions, et d'une sage architecture.

En 1790, le couvent fut supprimé, les bâtiments vendus, et l'église devint un magasin de farines.

LE TEMPLE

L'ordre des Templiers, ou chevaliers du Temple, date des premières années du xiiᵉ siècle. Il fut fondé à Jérusalem vers 1118. Le but de leur institution était la défense des voyageurs et pèlerins chrétiens qui traversaient la Palestine pour visiter les lieux saints. Ils avaient aussi la garde du Temple, et le roi de Jérusalem, Baudoin II, édifié par la bravoure et les vertus de ces religieux, leur prêta une maison, près du Temple de Salomon. Dès le début, ces religieux militaires n'étaient que dix, qui, s'étant consacrés au service de Dieu à la manière des chanoines réguliers, avaient prononcé leurs vœux devant le patriarche de Jérusalem. Ils quittèrent la Palestine pour venir faire des prosélytes en Europe. On connaît le nom de plusieurs des fondateurs, la plupart français : Hugues de Paganis, Geoffroy de Saint-Oumer ou Saint-Omer, sont les principaux. Jusqu'à leur départ pour la France ils n'avaient vécu que d'aumônes, n'ayant ni solde ni privilèges, et le roi, les grands et prélats de Jérusalem s'employaient à leur donner des secours, des biens, soit à temps, soit à perpétuité. A cette époque, ils ne reçurent personne dans leur société, se réservant de choisir, en Europe, parmi les postulants qui s'offriraient, et de recruter dans tous les pays et royaumes. Cette réunion d'hommes braves et distingués par leur naissance ou leurs exploits, triés avec le plus grand soin et selon toutes les règles d'une bonne politique, de façon à composer l'ordre des sujets les plus excellents parmi toutes les nations, devait assurer aux Templiers les sympathies et la coopération de la chrétienté tout entière. Grâce à ce vaste plan, l'ordre des Templiers devint rapidement le cadre d'une association puissante par tout l'univers.

En 1128, ainsi préparés, ils se présentèrent devant le Concile de Troyes, où l'accueil le plus flatteur les attendait. Le pape Honoré II y avait envoyé un Légat qui, en son nom, confirma solennellement la fondation de leur ordre. Les archevêques de Reims et de Sens, nombre de dignitaires ecclésiastiques et d'abbés, parmi lesquels saint Bernard, assistaient à ce concile. Hugues de Paganis demanda au concile une règle que saint Bernard fut chargé de rédiger. Elle portait qu'ils auraient l'habit blanc. Plus tard il y fut ajouté une croix rouge sur le manteau.

Il semble qu'à partir de ce moment ils aient eu le dessein d'établir, en France, le siège de leur congrégation, car il est fait mention, avant 1147, d'une maison des

VUE DE LA FAÇADE DU TEMPLE

Templiers sise à Paris, dans laquelle ces chevaliers s'assemblèrent au nombre de cent trente. Était-ce déjà dans l'endroit appelé le Temple, ou était-ce dans une autre maison qu'ils possédaient près de Saint-Gervais? Le fait n'est pas éclairci. Mais il importe peu.

Les Templiers ne tardèrent pas à se faire connaître dans le monde entier; avec la célébrité vinrent la puissance et les richesses : ces richesses considérables s'accrurent dans des proportions énormes, lorsque, la Terre Sainte étant perdue pour la chrétienté, les Templiers rentrèrent en Europe et n'eurent plus à entretenir ni forteresses, ni flottes, ni armées; leurs revenus, qui croissaient chaque jour, s'accrurent encore de la suppression des dépenses.

A ce moment, chez les Templiers, le désœuvrement qui succéda aux rudes travaux de la guerre et des voyages continuels, amollit les courages et corrompit les mœurs. Confiants dans leurs trésors, ils se livrèrent au luxe, aux plaisirs, et partout redoutés, partout triomphants, méprisant les religieux qu'ils appelaient fainéants, luttant contre les hauts dignitaires de l'Église, résistant aux Princes mêmes, lorsqu'il s'agissait de maintenir leurs droits et leur prééminence, ils suscitèrent, contre leur ordre, l'envie, la haine, la crainte des souverains alarmés par tant de puissance, et, ne s'apercevant pas qu'ils n'étaient plus nécessaires et qu'ils devenaient dangereux, ils coururent, en aveugles, vers le piège qui, dressé par des mains habiles, les attendait pour les anéantir.

Nous avons dit que les Templiers avaient fondé leur résidence principale à Paris. Ils y occupaient un territoire immense, qui s'étendait du faubourg du Temple à la rue de la Verrerie, englobant une partie du Marais. Le tout enfermé dans de hautes et solides murailles crénelées, flanquées de tours de distance en distance. Au centre, s'élevait le château composé d'un bâtiment principal et de quatre tours fort élevées. Le donjon de forme carrée. C'est là que fut logée la famille royale sous la Terreur. L'enclos était semé d'habitations, de magasins, d'étables, enrichi de terres, de pâtures, de jardins bien cultivés. C'était une véritable colonie, peuplée des soldats, des vassaux, des tenanciers, des ouvriers, métayers, en un mot de tous les sujets de cette puissante seigneurie. Ils y avaient leur église, dont nous parlerons plus bas, leurs arsenaux, leurs provisions et munitions. Ce palais surpassait en magnificence le Louvre et les autres résidences royales de cette époque (1306). Philippe-Auguste, Philippe le Hardi et Philippe le Bel y déposaient leurs trésors. Henri III, roi d'Angleterre, pendant le séjour qu'il fit à Paris (1254), préféra le Temple au Palais de la Cité que saint Louis lui avait offert pour habitation.

Ce que les Templiers possédaient de domaines et d'immeubles en tout genre paraîtrait un chiffre fabuleux. Mathieu Paris l'évalue à *neuf mille maisons*. Il faut se rappeler que l'ordre, étant formé de chevaliers de toutes nations, rayonnait sur toutes les contrées de l'Europe, et s'était acquis des propriétés en tous pays. Outre ces maisons et leurs dépendances, dont les revenus représentaient des sommes considérables, le trésor de l'ordre, administré avec sagesse et successivement augmenté par tous les grands-maîtres, sans qu'on perdît une occasion de l'enrichir, ce trésor surpassait en valeur la fortune des plus grands États de l'Europe. On citait, comme preuve de l'intelligente avidité des économes du Temple, l'installation qu'ils avaient faite, dans leur enclos, d'une boucherie si florissante que les bouchers de Paris, émus de la concurrence, s'en étaient plaints au roi Philippe-Auguste. Le roi fut obligé de donner une compensation aux bouchers. C'étaient là de bien petits ennemis pour ces hauts seigneurs du Temple, habitués à combattre des rois, infidèles ou chrétiens, à rançonner les uns et les autres et à dicter leurs conditions souverainement, même aux Papes, si l'occasion le demandait.

Telle était la situation de l'ordre au début du xive siècle, et sa colossale fortune, après 200 ans, croissait encore par la force de l'impulsion.

Parallèlement à cette prospérité, la France végétait, toujours entravée par quelque difficulté nouvelle, soit qu'elle eût à se défendre contre les dernières convulsions de la féodalité, soit que la guerre étrangère la fît tantôt victorieuse sans bénéfice, tantôt vaincue jusqu'à être envahie, soit que l'argent lui manquât pour relever ses affaires, et ce dernier cas se présentait incessamment. Philippe le Bel, malgré tous ses efforts, n'avait pu réussir à combler les vides laissés dans le trésor royal, depuis la mort de son aïeul saint Louis. C'était pourtant un prince bien armé pour la défense, brave jusqu'à l'audace, politique jusqu'à la perfidie, intéressé jusqu'à l'avarice; un roi qui ne s'épargnait guère dans l'accomplissement de ses devoirs ou de ses desseins, mais qui n'épargnait pas non plus quiconque y mettait obstacle. Philippe cherchait de l'argent partout, et sans scrupules. Son excuse, qu'on lui doit d'admettre avec impartialité, c'est que, pour son royaume, les conditions d'existence avaient entièrement changé. Sous le régime féodal, peuple, seigneurs et rois vivaient du produit de la terre; mais sous un gouvernement monarchique, pas un des rouages si compliqués dont il se compose ne peut se mouvoir sans argent : sans argent, c'est-à-dire sans l'élément vital, la monarchie devait périr.

Philippe mit tout en œuvre pour s'en procurer; par les impôts, d'abord, ressource funeste et bientôt tarie, puis par la spoliation; il dépouilla les Juifs et les Lombards de tous leurs biens, il les expulsa ensuite. Mais ce n'était pas encore assez; le roi, par trois fois, fit altérer les monnaies, ce qui indigna les peuples et lui valut le surnom de *faux monnayeur*. Enfin, il créa un nouveau système d'impôt, la maltôte, suprême torsion, applicable à la bourse, pour en extraire tout ce qui peut y être resté. Le procédé ne donna pas de résultats. « Le patient, dit Michelet, était devenu tellement sec que la nouvelle machine n'en put exprimer rien ou presque rien. »

Philippe, alors, tourna ses yeux inquiets vers les dernières ressources. Le clergé vivait riche, tandis que pauvres étaient le peuple et le roi. Il eût fallu oser confisquer les biens du clergé. Ce rêve hantait Philippe et l'obsédait. Mais le pape Boniface devinait sa pensée et se tenait en garde. Déjà les opérations fiscales du roi, en ruinant les fidèles de France, avaient amoindri les ressources du Saint-Siège. Boniface VIII en avertit Philippe paternellement, mais avec une noble fermeté qui éveilla l'attention et la sympathie de toute la chrétienté; le roi répondit à cette remontrance par une attaque ouverte; il menaça nettement d'envahir les biens ecclésiastiques, et il convoqua les trois ordres du royaume pour délibérer sur cette question : Qui a tort? est-ce le Pape? est-ce le Roi? C'était la première fois, en France, que les députés du Tiers-État étaient appelés à siéger en corps à côté des barons et des prélats du royaume.

Philippe fut si bien servi par ses conseillers légistes, que personne dans l'assemblée ne défendit la cause du Saint-Siège, et que tous, jusqu'aux députés du clergé, jurèrent de défendre l'autorité temporelle du roi.

C'était en 1303; la France venait de perdre une armée à la bataille de Courtray gagnée par les Flamands. Édouard, roi d'Angleterre, allait se joindre aux victorieux; le Pape, poussé à bout, voulait excommunier Philippe et délier ses sujets de leur serment de fidélité; les Flamands, passant à l'offensive, préparaient une invasion en France. Le roi, intrépide au milieu de ces périls, fit face à tous en même temps. Il conclut la paix avec le roi anglais, fit arrêter le Pape par Guillaume de Nogaret, à la tête d'une troupe d'aventuriers italiens, la veille même du jour où la Bulle d'excommunication allait être fulminée. Le malheureux pontife en mourut de douleur. Puis, levant en hâte tout ce qu'il put recueillir d'impôts, convoquant le ban et l'arrière-ban du royaume, il partit, avec soixante-douze mille hommes, à la rencontre des Flamands, les battit à Zierckzée, à Mons-en-Puelle, et tout vainqueur qu'il était, fit la paix avec eux, car les Flamands avaient toujours de l'argent pour recommencer la guerre, tandis que le roi de France n'en avait plus.

Ce fut à l'occasion de cette double victoire que Philippe le Bel entra dans Notre-Dame, à cheval, pour remercier Dieu et la Vierge, et leur consacra les armes dont il était revêtu pendant la bataille. Il dut aussi leur demander de venir en aide au royaume de France sur lequel tous les maux se déchaînaient à la fois, fléaux du ciel et calamités publiques. Des inondations, telles qu'on n'en connaissait pas, changèrent la ville en une mer furieuse, submergèrent, entraînèrent ponts, moulins, maisons, bateaux, digues, et, envahissant les campagnes, interrompant la navigation, les communications, amenèrent la disette d'abord, puis les maladies et une terrible mortalité.

Ces malheurs venant des choses furent bientôt aggravés par l'égoïsme et l'avidité des hommes. L'accapareur, ce fléau plus redoutable que la peste et la guerre, consomma la ruine des malheureux peuples. On ne trouvait plus de blés ni de vivres. Vainement ces accapareurs furent-ils punis, le mal était fait, et sans remède. Bien plus, il s'accrut encore des exactions et des fiscalités autorisées par le roi. Les monnaies, altérées depuis longtemps, n'étaient plus reçues dans le commerce. Philippe en fit frapper d'autres, et celles-là d'un bon titre, ordonnant que l'ancienne monnaie, la mauvaise, perdrait deux tiers de sa valeur primitive! Cet édit porta au comble la colère et l'indignation des Parisiens.

On était au milieu de l'année 1306.

De la colère à la révolte il n'y a pas loin pour le peuple de Paris. Attribuant ces opérations désastreuses aux conseils d'Étienne Barbette, argentier du roi, voyer de la ville, les séditieux incendient la maison de ce riche bourgeois, coupent, arrachent ses arbres, rompent ses tonneaux, répandent son vin ou le boivent. Meubles, vaisselle d'argent et d'or, tout est brisé ou pillé. De là, on court au Temple, où le roi se tenait avec ses barons; le palais est cerné, investi; les vivres, qu'on y apportait pour le roi, sont dispersés dans la boue. Il fallut toute l'habileté, toute l'éloquence caressante du prévôt de Paris et des conseillers royaux pour fléchir cette multitude en délire, l'apaiser, la persuader de rentrer paisiblement en ses logis, ce qu'elle fit avec une obéissance digne d'un meilleur sort, car le roi n'eût pas dû méconnaître la cause première de la révolte et de ses excès. Tout au contraire, implacable dans son ressentiment, il fit, pendant la nuit, arrêter un grand nombre des séditieux; et les Parisiens, la veille de l'Épiphanie, aperçurent, au matin, vingt-huit cadavres pendus tant à l'orme de l'entrée Saint-Denis, qu'à ceux de la porte Saint-Antoine, du Roule, des Quinze-Vingts et de Notre-Dame-des-Champs, et, dit la chronique de Saint-Denis, le menu peuple « chut en grant douleur ».

Mais ce n'était là qu'un commencement. Le roi avait pris ses résolutions. Comprenant que, toutes ressources épuisées, il n'avait plus rien à attendre des peuples sinon leur haine et leur vengeance, il en revenait désormais aux mesures suprêmes. Mal pour mal, crime pour crime, il allait droit au moyen qui sauve.

Déjà, se souvenant du danger qu'il avait couru dans sa querelle avec le pape Boniface, déterminé à mettre l'Église de son côté, il avait, par d'habiles négociations, placé sur le trône de saint Pierre un Souverain Pontife reconnaissant et dévoué à ses intérêts. Clément V et le clergé ne compteraient plus parmi ses adversaires, et l'aideraient à en triompher. Bien assuré de n'être gêné en rien dans l'exécution terrible des plans qu'il méditait, et dont le succès lui vaudrait une autorité sans bornes et une richesse à jamais assurée, Philippe le Bel frappa soudainement le coup si longtemps suspendu.

Le 13 octobre 1307, à la pointe du jour, sur tous les points du royaume à la fois, toutes les commanderies de l'ordre des chevaliers du Temple sont envahies par les sénéchaux et baillis du roi; les chevaliers arrêtés et jetés en prison; toutes les propriétés de l'ordre saisies par les officiers royaux. A Paris, celui-là même qui avait arrêté le pape Boniface, Guillaume de Nogaret, surprend en personne et occupe le Temple; il y arrête cent quarante chevaliers, parmi lesquels le grand-maître Jacques Molay; et, le même jour, Philippe le Bel vint s'établir au Temple, amenant, avec son trésor et le trésor des Chartes, toute une armée de gens de loi pour instrumenter et pour inventorier la fortune des vaincus. Il tenait la proie.

La proie, si longtemps convoitée, et qu'il n'avait jamais osé ni pu saisir ! Ses détours, ses ruses avaient échoué : vainement avait-il demandé à faire partie de l'ordre ; une fois élu grand-maître, tout lui eût appartenu. Mais les Templiers, fiers de refuser pour compagnon un roi de France, ne l'acceptèrent pas. Philippe, politique profond, tourna sa déconvenue en avantage : l'orgueil des Templiers fut exploité contre eux ; il leur avait déjà fait tant d'ennemis ! Nul ne s'intéressait à eux, qui s'étaient tenus à l'écart pendant les crises les plus funestes à l'État, à eux qui sommeillaient dans leur bien-être et leur somptuosité, tandis qu'à leurs portes, des milliers de pauvres mouraient de faim ; à eux qui n'avaient eu pas même l'ambition de se rendre utiles et de se faire aimer.

Philippe ne perdit pas un instant pour accabler sans pitié, sans retour, des ennemis si puissants naguère. Lorsque Paris s'éveilla, stupéfait de cette exécution incroyable, tout était prêt pour la justifier devant l'opinion. Les bourgeois convoqués par paroisses et par confréries dans le jardin du Palais de la Cité, furent endoctrinés par des prédications violentes qui leur apprenaient les crimes trop longtemps impunis des Templiers. On rassemblait aussi l'Université pour lui donner connaissance de l'acte d'accusation formé contre eux, et, peu de temps après, une autre assemblée était tenue au Temple même où assistait l'Université tout entière, maîtres et écoliers de chaque faculté.

Telle fut l'explosion de cette mine si savamment calculée, si patiemment conduite, que ceux-là qu'elle devait anéantir n'entendirent, ne devinèrent rien de ce qui se machinait sous leurs .pas ; le roi avec une habileté consommée ayant, jusque dans les pays étrangers, fomenté les jalousies, les haines des peuples contre les Chevaliers du Temple, et ceux-ci, assurés de leur force, endormis par une confiance incompréhensible, se livrant partout sans avoir soupçonné le danger.

Le nouveau pape Clément V, d'accord sans doute avec la cour de France, avait attiré dans le piège les principales têtes de l'ordre. A ce moment le grand-maître Jacques Molay guerroyait dans Chypre contre les Turcs. Clément V lui fit savoir que des imputations, dont il lui importait de justifier l'ordre, ne seraient convenablement réfutées que par sa présence, et il l'engagea à revenir. Molay n'hésita pas, il revint avec soixante de ses chevaliers les plus renommés, parmi lesquels étaient Guy, frère du dauphin d'Auvergne, et Hugues de Péralde, et ce fut au Temple que les trouva le chancelier Nogaret, exécuteur-justicier de Philippe le Bel.

Et comment le grand-maître eût-il pu soupçonner les desseins du roi ? La veille de l'arrestation, il avait porté le poële à la cérémonie des obsèques de la princesse Catherine, comtesse de Valois, héritière de l'Empire de Constantinople. Il était parrain d'un des fils du roi. On l'avait comblé à la cour de respects, d'honneurs et de caresses Quels griefs pouvait-on avoir contre l'ordre ? Quelles accusations eût-on pu produire ?

CLOITRE DU GRAND PRIEURÉ DU TEMPLE.

Voici les principales consignées dans l'acte dressé contre le Temple et répandu parmi le peuple avec la rapidité de l'éclair.

« Les Templiers, disait ce manifeste, sont impies, ils nient Dieu. Chez eux le néophyte est reçu de nuit. Revêtu des habits de l'ordre, on le mène dans un lieu obscur, où d'abord il doit renier Dieu, fouler aux pieds la croix, cracher sur le visage du Christ et saluer le grand-maître par d'étranges baisers sur la bouche et le ventre..... On le présente ensuite à la véritable divinité des Templiers, une idole en bois doré, à tête barbue, dont les yeux flamboient, étant des escarboucles reluisantes. Ils se vouent au culte de cette idole. Leur vœu public de chasteté, ils le violent de toutes façons les plus criminelles..... S'il meurt quelque Templier, réprouvé, scélérat consommé, ils le brûlent et mêlent ses cendres aux boissons et aliments des nouveaux adeptes. S'il naît d'un Templier quelque pauvre enfant, ils le font cuire et en réservent la graisse dont ils sacrent et oignent leur idole, etc., etc. »

Telles étaient les monstrueuses imbécillités de cet acte d'accusation, empruntées en partie aux légendes créées par la superstition et l'ignorance. C'était à de pareilles imputations que durent répondre sérieusement ces chevaliers, orgueilleux certainement, dissolus sans doute, coupables peut-être d'exactions, de pillages et de tous péchés, mais guerriers valeureux, pleins d'honneur pour la plupart, et dont l'autorité, le crédit et les richesses même avaient été conquis par leurs exploits, au prix de leur sang.

Traqués en France et dans les pays voisins, ils furent sommés de se disculper ou d'avouer les crimes dont on les chargeait. Ceux qui refusèrent d'avouer, furent d'abord appliqués à la question; on sait ce qu'un tel mot représentait de tortures. Quelques chevaliers cédèrent à la douleur et avouèrent tout ce qu'on voulut. Ils furent punis par des amendes et des pénitences, ou même absous complètement. Ceux qui n'avouèrent pas ou qui, ayant avoué, se rétractèrent, furent punis de mort. On en conduisit cinquante-neuf près l'abbaye Saint-Antoine, dans un champ fermé par des palissades. On lia chacun d'eux à un poteau, puis on leur mit le feu, d'abord aux pieds, puis aux jambes, de façon à les brûler à petit feu, les uns après les autres; les pressant d'avouer, leur promettant de les délivrer aussitôt. Pas un d'eux ne céda. Ils périrent tous en protestant de leur innocence, et cet affreux spectacle frappa le peuple d'effroi et d'admiration. Neuf autres furent, peu de temps après, condamnés au même supplice. Les exécutions continuèrent pendant les années suivantes.

En Italie, en Castille, en Aragon, en Angleterre, on poursuivit les Templiers comme en France; mais le pape Clément V voulait en finir avec cette redoutable question, et après tant de violences qui n'aboutissaient à aucun résultat, on réserva la solution capitale à la décision d'un concile qui s'ouvrit à Vienne, en France, au mois d'octobre 1311. Philippe le Bel, pour imposer aux Pères du Concile, se rendit à Vienne accompagné de ses trois fils et d'une suite nombreuse de gens de guerre. Le Pape ayant consulté l'assemblée sur la suppression projetée de l'ordre du Temple, trois cents archevêques, évêques et docteurs d'Allemagne, d'Angleterre, d'Italie, d'Espagne et de France, tous en un mot, sauf les archevêques de Sens, de Reims, de Rouen, et un Prélat italien, furent d'avis qu'il serait contraire à l'équité de supprimer l'ordre des Templiers avant de les avoir entendus dans leur défense et confrontés avec leurs accusateurs. Ces accusateurs étaient deux misérables chevaliers expulsés de l'ordre pour leurs crimes, l'un, Noffo-Dei, Florentin, l'autre, prieur de Montfaucon près Toulouse. Ils accusaient, par vengeance et par cupidité.

A ce moment se présentent neuf chevaliers délégués de quinze cents à deux mille qui offrent de défendre l'ordre contre toute accusation. Malgré le sentiment des membres du Concile qui eussent voulu entendre ces chevaliers, le Pape les fit mettre aux fers et l'ordre ne fut pas défendu.

Dans une deuxième séance, les pères du Concile persistant à réclamer pour l'ordre un jugement en forme, Clément V, surpris de cette opposition à ses idées, s'écria que si, faute de procéder selon certaines formalités, le Concile refusait de prononcer juridiquement contre les accusés, la plénitude de la puissance pontificale suppléerait à tout, et qu'il prononcerait lui-même, par voie d'expédient, ne voulant point fâcher son cher fils le roi de France.

En effet, quelque temps après, il cassa et annula l'ordre des Templiers. La sentence portait « que, n'ayant pu les juger selon les formes de droit, il les condamnait d'autorité apostolique et par provision ».

Cette sentence du Souverain Pontife transférait tous les domaines du Temple aux Frères hospitaliers de Saint-Jean de Jérusalem. Mais Philippe, qui déjà s'était mis en possession de tous les biens mobiliers de l'ordre, et dont la part de butin était immense, réussit à y joindre un certain nombre de domaines et de terres des Templiers, sans compter les frais de séquestre qu'il fit payer largement par les Hospitaliers de Saint-Jean. Le roi de France n'avait plus à craindre la gêne, et l'ordre du Temple, la gloire et le bouclier de l'Europe pendant près de deux siècles, était anéanti à jamais.

Les princes de la chrétienté se partagèrent le reste des dépouilles. L'Anglais, écrit un historien, s'empara des biens que les Templiers possédaient en Angleterre, disant que ces biens donnés par la vieille Angleterre avaient été donnés aux Templiers, non aux Hospitaliers; qu'il était donc juste, puisqu'il n'existait plus de Templiers, que ces biens revinssent à leurs anciens maîtres.

Le roi de Castille les réunit à ses domaines, le Portugal les donna à l'ordre du

Christ, le roi d'Aragon s'appropria dix-sept forteresses que possédait le Temple dans le royaume de Valence.

Il restait à décider du sort des grands dignitaires de l'ordre. Le Pape s'était réservé de prononcer. Jacques Molay, grand-maître, Guy, commandeur de Normandie, frère du Dauphin d'Auvergne, Hugues de Péralde, commandeur d'Aquitaine et le Visiteur de France, survivaient, en prison depuis 1307. On les fit comparaître devant un tribunal composé de l'archevêque de Sens et d'autres prélats et docteurs et de deux cardinaux-légats. Ils avaient avoué tout ce dont l'accusation les avait chargés, ils persévéraient dans ces aveux, le conseil les condamna tous quatre à une prison perpétuelle. Mais le roi n'ignorait aucun des bruits répandus parmi le peuple : que les Templiers avaient été accusés, mais non convaincus, et condamnés bien moins pour leurs crimes que pour leurs richesses ; il voulait donc prouver hautement la culpabilité des chevaliers du Temple, et pour cela, puisqu'on avait obtenu leur aveu, il fallait le confirmer par une confession publique dont l'effet calmerait les esprits que tant de persécutions et de supplices avaient révoltés.

En conséquence, les cardinaux-légats firent dresser un échafaud sur la place du Parvis, devant le portail de Notre-Dame. Ils y montèrent avec les quatre coupables auxquels, en présence d'un peuple nombreux, on lut la sentence qui réduisait leur punition à une détention perpétuelle. Puis, l'un des légats, dans un long discours, énuméra tous les crimes des Templiers, l'aveu que les coupables en avaient fait, et il somma le grand-maître et ses complices de renouveler ces aveux et leur confession. « Parlez donc », ajouta-t-il. Le grand-maître avait éventé le piège : « Eh bien, oui, répondit-il, je vais parler ; je vais dire la vérité, que j'ai trop longtemps trahie. Sois mon témoin, ô grand Dieu ! reçois mon serment, et puisse-t-il te fléchir quand je comparaîtrai devant ton tribunal. Je jure que tout ce qu'on vient de dire des Templiers est faux, et que si j'ai eu la faiblesse de parler différemment, à la sollicitation du Pape et du Roi, et aussi pour mettre un terme aux affreuses tortures de mes bourreaux, je m'en accuse, je m'en repens !

« Je sais ce qu'on a fait à ceux qui, ayant avoué comme moi, ont rétracté leurs aveux ; mais ayant menti une fois, je ne ferai pas un second mensonge. Tous les tourments qui m'attendent ne sauraient expier l'offense que j'ai faite à mes frères, à la vérité, à la religion ; me voici prêt à souffrir. Je renonce à la vie et reprends mon honneur. »

Au grand-maître se joignit courageusement Guy, maître de Normandie, et tous deux, niant leurs confessions et aveux précédents, accusèrent les gens et greffiers de justice d'avoir falsifié leurs dépositions, ce qui n'était ni impossible, ni invraisemblable.

Cette fière attitude des accusés produisit sur l'auditoire un effet que Philippe n'attendait pas.

Les cardinaux saisis d'étonnement se consultent et remettent les prisonniers à la garde du prévôt de Paris jusqu'à plus ample délibération. Mais le roi ne perdit pas de temps. Sur l'avis de ses gens à lui, et sans en référer aux juges ecclésiastiques, Jacques Molay et Guy furent menés, le soir même, dans un petit îlot de la Seine, entre le jardin du roi et l'église des Hermites de Saint-Augustin, à l'endroit précisément où s'élève la statue de Henri IV. Un bûcher formé à la hâte les attendait ; ils y montèrent, et, brûlés lentement, à petit feu, protestèrent jusqu'au dernier soupir de leur innocence et de celle des Templiers.

Cette barbare exécution eut lieu le 18 mars 1314. Les deux autres chevaliers qui ne s'étaient pas rétractés eurent la vie sauve.

On dit que les cendres des victimes furent pieusement recueillies pendant la nuit : et le bruit courut par toute la ville que le grand-maître, sur son bûcher, avait, du milieu des flammes, ajourné au tribunal de Dieu ses deux bourreaux, le pape Clément V et Philippe lé Bel, celui-là dans les quarante jours, et l'autre dans l'année. La mort de l'un et de l'autre arrivée dans les délais annoncés par le grand-maître fut considérée comme un châtiment céleste. Légende et tradition à part, ce supplice des Templiers est jugé sévèrement par l'histoire. Bossuet en a caractérisé l'iniquité par un mot profond : « Ils avouèrent à la torture, mais ils nièrent dans les supplices. » Et ailleurs : « On exerça contre eux des cruautés inouïes, et l'on ne sait s'il n'y eut pas plus d'avarice et de vengeance dans ces exécutions, que de justice. »

Des deux renégats accusateurs de l'ordre, l'un périt misérablement ; l'autre, Noffo-Dei, fut pendu pour de nouveaux crimes.

Un autre ennemi des Templiers, le principal ministre de Philippe le Bel, Enguerrand de Marigny, qui, dans cette douloureuse affaire, avait flatté et servi, sans scrupule, les ressentiments et l'avidité de son maître, reçut, lui aussi, sa part du châtiment réclamé par les Templiers contre leurs persécuteurs. On sait qu'il fut pendu au gibet de Montfaucon, en 1315, sans procès ni formalités légales, — la peine du talion.

Nous avons décrit brièvement, mais avec le plus d'exactitude possible, l'enclos et les bâtiments du Temple. Cette grosse Tour si tristement célèbre, dont nous avons parlé, avait été bâtie en 1222 par frère Hubert, trésorier de l'ordre. Sous Louis XIV, en 1702, l'enclos formait, bien que réduit depuis trois siècles, un vaste trapèze dont le principal côté longeait la rue du Temple ; le second, la rue de Vendôme ; le troisième, la rue de la Corderie ; et divers terrains bâtis limitaient le quatrième côté de l'enceinte.

L'église, du style gothique, construite, disait-on, sur le modèle de l'église Saint-Jean de Jérusalem, n'offrait rien de bien remarquable ni dans sa construction ni dans ses décorations intérieures. Ses caveaux et chapelles renfermaient plusieurs sépultures

de chevaliers ou grands prieurs. Après la ruine de l'ordre, le Temple devenu la propriété des Frères Hospitaliers de Saint-Jean, plus tard chevaliers de Malte, fut habité par les grands prieurs de cet ordre, et vers la fin du règne de Louis XIV, l'un de ses grands prieurs, Philippe de Vendôme, en fit un séjour de plaisirs et de fêtes dont le récit nous entraînerait hors du cadre de notre ouvrage.

Ce XIVe quartier, du Temple, renfermait :

Le bailliage du Temple; 1 bureau : du Temple pour les entrées du vin. Pied-Fourché, domaine, barrage et Poids-le-Roi; 1 laissez-passer : du Temple pour prendre les laissez-passer; 1 barrière des Marais pour renvoyer au bureau ci-dessus 1 roulette :

du Pont-aux-Choux, où il y a deux gardes pour veiller aux fraudes qui peuvent se commettre le long du Grand-Égout; 1 barrière : de la Croix; 1 brigade : de la Courtille, pour veiller aux fraudes en ce quartier; Belleville, paroisse nommée Saint-Jean, contiguë à la Courtille et à la Roquette; 2 boucheries; 1 butte : Saint-Chaumont; 1 carrefour : des Filles-du-Calvaire où aboutissent les rues Saint-Louis, Boucherat, Vieille-du-Temple; de Bretagne, des Filles-du-Calvaire, de Normandie; 1 commanderie : du Temple, lieu privilégié pour toute sorte d'artisans, contenant cent maisons au moins; paroisse, haute et basse justice, les habitants paient 250 livres au bailli pour l'entretien des lanternes et le nettoiement de l'enclos; 1 communauté : des Filles du Sauveur, rue de Vendôme; 2 couvents, hommes : des Capucins, rue d'Orléans; des Pères de Nazareth rue du Temple vis-à-vis le Temple; 3 couvents : Filles du Calvaire, entre les rues des Filles-du-Calvaire et du Pont-aux-Choux, des Filles Sainte-Élisabeth, rue du Temple; des Filles du Saint-Sacrement, rue Saint-Louis au coin de la rue Saint-Claude; la Courtille, partie du faubourg Montmartre au haut de laquelle est une maison où l'on fait de la corde à boyau, et plusieurs plâtrières; 1 échelle : du Temple, marque de la juridiction de la Commanderie du Temple au coin de la rue des Vieilles-Haudriettes; 3 égouts : Vieille rue du Temple où était ci-devant le Théâtre des Comédiens, près les Filles du Calvaire, contre la Porte du Temple; 3 fontaines : une appelée Boucherat ou de Vendôme; une autre au coin de la rue de Poitou, appelée de l'Échaudé; une autre au coin de la rue des Vieilles-Haudriettes; 1 hôpital : des Enfants rouges, rue Porte-Foin; 4 hôtels considérables : de Boucherat, rue Saint-Louis; d'Epernon, Vieille rue du Temple; Sallé, rue Torigny; de Voysins, rue Saint-Louis; 1 marché : rue de Beauce, appelé : petit marché du Marais; 2 paroisses : Saint-Jean de Belleville; de la Commanderie du Temple, amovible; 2 ponts sur le grand égout : le Pont-aux-Choux, pont du faubourg du Temple; 1 prison : de la Commanderie du Temple; 2 réservoirs : des eaux de Belleville reçues proche la porte Saint-Louis, vont à la fontaine de l'Échaudé et autres fontaines : autre, située au bas de Belleville, faubourg du Temple; 852 maisons; 56 rues y compris les culs-de-sac; 361 lanternes; voirie : rue du Mesnil-Montant.

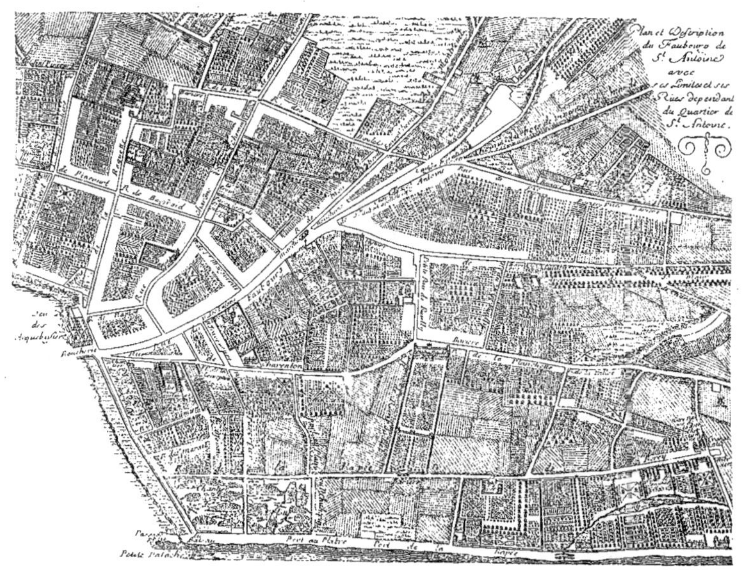

XVE QUARTIER. — DE SAINT-ANTOINE

L'HOTEL DE SAINT-PAUL primitivement DE SICILE

I L ne s'agit pas ici du célèbre hôtel de Charles V, dont la description eût mérité toute l'attention de nos lecteurs. Mais ce fameux *rendez-vous de châteaux* n'existait plus sous Louis XIV, et si nous en parlons plus loin, à diverses reprises, ce ne sera qu'indirectement et pour compléter certains récits historiques, par un dessin nécessaire des localités.

L'édifice auquel est consacrée la présente notice succéda, sur le même emplacement, à plusieurs hôtels bâtis ou rebâtis par différents propriétaires. Il était situé rue du Roi-de-Sicile, laquelle rue commençait à la Vieille rue du Temple pour aboutir à la rue des Ballets (supprimée aujourd'hui). Construit d'abord par le frère de saint Louis, comte d'Anjou, couronné roi de Sicile en 1266, — d'où la rue a pris le nom, — il passa ensuite au fils de ce prince, Charles le Boiteux, roi de Jérusalem, son successeur, et comme là résidèrent, plus tard, les comtes d'Alençon, issus de Charles de France, fils de Philippe le Hardi, comte d'Alençon et de Valois, l'hôtel s'appela d'Anjou, de Valois, ou d'Alençon. Mais sous Charles VI, ayant plu au roi à cause de sa situation, il lui fut cédé par Pierre, comte d'Alençon, suivant acte du 30 mars 1389. Voici à quel propos Charles VI acheta ce petit palais.

Épris de tournois, joûtes et combats à outrance, qui se célébraient d'ordinaire place de la Culture-Sainte-Catherine, et se passionnant pour ces exercices chevaleresques, au point d'entrer en lice subitement quand la fantaisie lui en prenait, il regrettait que son palais à lui, l'Hôtel Saint-Paul de Charles V, fût trop éloigné pour qu'il s'allât armer ou désarmer à son loisir; l'hôtel d'Alençon, au contraire, n'était séparé de la place que par le mur d'enceinte de la Ville, et le roi, en faisant pratiquer une porte dans cette muraille, pourrait entrer dans la lice ou en sortir en un moment, comme si la place de la Culture-Sainte-Catherine eût été une cour de son Hôtel. L'hôtel acquis, Charles VI fit ouvrir la porte (acte du 26 mai 1390).

Les archives ne font pas mention des actes en vertu desquels cet hôtel devint la propriété des rois de Navarre; le fait est certain, cependant; les rois de Navarre possédèrent cette maison qui porta leur nom durant près d'un siècle. Après eux elle appartint à Antoine de Roquelaure qui la revendit à François d'Orléans-Longueville, comte de Saint-Paul, duc de Fronsac: l'hôtel, entièrement reconstruit dans le style du xvie siècle, prit dès ce moment le nom d'hôtel Saint-Paul, que personne n'eût osé lui donner si l'ancien, le premier Hôtel de Saint-Paul, celui de Charles V, maison royale, fût resté debout; mais, nous l'avons dit, cette étrange magnificence du xive siècle avait cessé d'exister au début du xvie; le temps de sa splendeur n'avait pas dépassé une période de cinquante ans.

L'Hôtel de Saint-Paul, de la rue du Roi-de-Sicile, passa, sous Louis XIII, au comte de Chavigny, son ministre et secrétaire d'État, dont une petite-fille épousa Henri de Caumont, duc de la Force. Le nom de la Force remplaça dès lors celui de Saint-Paul, et subsista malgré le partage de ce vaste hôtel, dont une moitié fut vendue à l'Intendant des Finances Poultier, l'autre moitié aux frères Paris, financiers et spéculateurs. Sous le nom de la Force, devenu prison, il acquit une nouvelle et sinistre célébrité.

Cette maison, dont l'entrée principale était rue du Roi-de-Sicile et rue des Ballets, s'étendait, par ses beaux jardins, jusqu'aux jardins de l'Hôtel d'Angoulême, lequel occupait tout l'espace compris entre les rues Culture-Sainte-Catherine, des Francs-Bourgeois et Pavée où s'ouvrait sa grande entrée. Et, tout autour, les jardins des Filles

HOTEL SAINT-PAUL.

Bleues, de l'hôtel Carnavalet, et des Filles Sainte-Catherine, s'épanouissaient comme une campagne silencieuse et riante.

A tant de verdure, de fraîcheur et d'air, à tant de ciel et de paix, succédèrent plus tard un entassement de cachots, un peuple de bourreaux et de victimes.

LA RUE SAINT-ANTOINE

Dans ce Paris où depuis dix-huit siècles a passé tout l'univers civilisé, s'il est un coin que les passions humaines aient choisi particulièrement pour théâtre, c'est, de la Grève à la Bastille, cette rue Saint-Antoine qui prit son nom de l'abbaye de Saint-Antoine-aux-Champs, dans le faubourg.

Elle commençait à la Vieille rue du Temple pour aboutir à la Porte Saint-Antoine, offrant au passant le spectacle de sa richesse, la majesté de ses souvenirs, le nombre et l'importance des édifices qui la bordaient à droite et à gauche dans toute sa longueur, ses aboutissants pleins d'intérêt, la vue ou la mémoire des maisons royales d'autrefois et tous ces grands hôtels de la noblesse groupés autour des rois, à portée de leurs rayons. Elle était le droit chemin qui conduisait à Vincennes, séjour royal. Elle avait vu passer Philippe-Auguste quand il chassait en ce parc, son ouvrage; elle avait vu saint Louis, et tous nos rois, depuis le xiii⁵ siècle.

Chacun de ces princes a fait quelque chose pour l'ornement ou pour l'utilité de ce quartier. Charles V, le roi sage et fort, en avait couvert le sol de palais qui semblaient alors de fabuleuses merveilles, et de jardins alors enchantés. Palais. jardins ayant disparu, les noms en survécurent ; les rues, ouvertes sur l'emplacement vide, les ont conservés comme titres de noblesse ; la *Cerisaie, Beautreillis,* les *Jardins,* le *Figuier,* le *Fauconnier,* les *Lions.*

Cette rue, si modeste aujourd'hui qu'elle compte à peine, et ne mène plus à rien de grand, la rue Saint-Antoine, déjà vieille de services et de renommée au xvi⁵ siècle, reprit soudain, à cette époque, comme une jeunesse nouvelle, et toute une histoire neuve vint se greffer sur l'ancienne, à dater de 1600.

Tandis que Charles V construisait ou commençait à construire, rue Saint-Antoine, *son hôtel solennel des grands esbattements,* Hugues Aubriot, prévôt de Paris, posait, à l'extrémité de la rue, la première pierre de la Bastille. Car il est certain que ce château n'existait pas encore sous le roi Jean, comme l'assurent les historiens qui placent la mort du prévôt Étienne Marcel à la *Bastille Saint-Antoine.* Il y avait alors à Paris, flanquant le mur d'enceinte, un assez grand nombre de *bastillons* (bastions) ou bastilles; la porte

Saint-Antoine avait la sienne, peut-être, au temps de Marcel, mais ce n'était pas la Bastille
d'Aubriot, monument colossal, dont il eût été parlé certainement quelque part, s'il
eût existé, ou s'il eût été, soit détruit, soit reconstruit. Un tel château fort eût suffi à la
défense de Paris contre les surprises, et Marcel en eût difficilement promené les clefs
pour les livrer aux gens du Navarrais. Mais fermons la discussion, comme il convient au
programme de ce livre sommaire, dans lequel toute difficulté archéologique veut être
esquivée ou résolue d'un mot.

RUE SAINT-ANTOINE

L'*hôtel des esbattements* eut le sort des favoris, on s'en lassa. Charles V s'était plu
sur la rive droite de la rue Saint-Antoine, entre la Bastille, la rivière et la rue Saint-Paul ;
Charles VI préféra la rive gauche, et ne cessa d'habiter les Tournelles, qu'au moment où
le duc de Bedfort, régent de France pour le roi d'Angleterre, s'y installa, s'y agrandit et
en fit sa résidence. Les Tournelles devinrent un Palais immense, enrichi d'autant de
splendeurs qu'en avait possédées l'hôtel Saint-Paul. Il avait deux parcs et sept jardins.
Celui qu'on appelait le Grand contenait vingt arpents, et le duc de Bedfort le fit labourer
à la charrue. Ce Palais des Tournelles s'étendait sur la rue Saint-Antoine, de la rue

des Tournelles à la rue de l'Égout, et sur la rue Saint-Louis jusqu'à la rue Neuve-Saint-Gilles.

Là s'établit Charles VII après avoir chassé les Anglais de Paris (1447), et l'Hôtel Saint-Paul vit peu à peu décroître ses honneurs et s'effacer son prestige qui passèrent en face. Les Tournelles primaient le Louvre.

Souvent la rue Saint-Antoine admira les chevauchées joyeuses de la belle Agnès Sorel, la Dame de Beauté, quand elle partait pour son château de Beauté sur Marne, et que Charles, d'une fenêtre de son hôtel, souriait à cette adorable femme dont la grâce avait charmé sa vie, dont le noble patriotisme avait réveillé son courage et sauvé son royaume. Le logis du roi aux Tournelles s'appelait l'hôtel du roi, et fut habité, après Charles VII, par une moins riante figure, celle du roi Louis XI qui, pour n'avoir pas à traverser la rue, quand il voulait passer des Tournelles à l'hôtel Saint-Paul, fit jeter, de son hôtel du Roi, à l'hôtel d'Étampes, une galerie traversant la rue Saint-Antoine, reliant ainsi les deux palais. Charles VIII et Louis XII résidèrent aussi aux Tournelles; ce dernier roi y mourut en 1515.

Lorsque Henri II, pour célébrer le mariage arrêté à Cateau-Cambrésis entre sa fille Élisabeth et Philippe II d'Espagne, donna, rue Saint-Antoine, le spectacle du fameux tournoi où il fut blessé à mort, le champ de lice allait des Tournelles à la Bastille, et le Roi mourut des suites de sa blessure, 10 juillet 1559, dans une salle du Palais des Tournelles, à l'endroit à peu près où s'ouvre l'impasse Guémenée.

Déjà l'hôtel Saint-Paul avait été en grande partie abandonné, l'ensemble détruit, les bâtiments démembrés; Louis XI commença cette œuvre de destruction, Charles VIII continua, et, par dons et par ventes, ces deux princes aliénèrent d'importants morceaux du domaine. François Ier vendit, dans un moment de gêne, le principal corps du logis royal pour 2000 écus d'or. L'Hôtel d'Étampes, celui que Louis XI avait relié aux Tournelles, fut acquis par Diane de Poitiers, duchesse de Valentinois.

Les Tournelles succombèrent à leur tour. Catherine de Médicis avait pris ce séjour en aversion depuis la mort de son époux. Elle détermina Charles IX, son fils, à en ordonner la démolition, ce qu'il fit en 1563. Mais le Parlement s'opposa énergiquement à l'Édit de Charles IX, alléguant la volonté expresse du roi Charles V, consignée dans son testament, par lequel il défendait l'aliénation ou la destruction du domaine. Il fallut des lettres de jussion pour décider le Parlement à consentir, et cependant, Charles IX avait déclaré l'habitation malsaine et les réparations obligées trop lourdes pour le trésor. Il fallut qu'il s'engageât à employer le prix des matériaux à la construction d'un palais nouveau, dans un lieu plus salubre et plus sûr. On sait que Catherine choisit cet emplacement et construisit son palais neuf aux Tuileries.

Néanmoins la démolition des Tournelles s'acheva lentement, l'œuvre n'était pas terminée en 1569 ; le roi insista par de nouvelles lettres patentes. Les travaux reprirent ; il semblait que les malheureuses ruines se défendissent contre la pioche des démolisseurs. On en utilisa même les derniers débris. La grande cour intérieure, plus tard, Place Royale, fut affectée à l'établissement d'un marché aux chevaux, et ce fut là qu'un matin d'avril 1578, se donnèrent rendez-vous pour se battre, trois favoris du roi Henri III et trois amis des Guise. Quélus avait eu la veille, dans la cour du Louvre, une très légère querelle avec le baron Balzac d'Entragues, dit Antraguet, et cette querelle fut le prétexte dont ils couvrirent une haine réciproque dès longtemps amassée. Quélus et ses amis, dévoués royalistes, ne voyaient pas froidement l'usurpation progressive des Guise sur les droits du roi, continuelle conspiration qui menaçait leur maître et cherchait à détruire en eux les conseillers clairvoyants et les défenseurs résolus de la couronne. Antraguet, familier de l'hôtel de Guise, ligueur et guisard, dit l'Étoile, ne pouvant s'attaquer au maître, harcelait ses serviteurs ; cette querelle fut l'occasion tant cherchée. Quélus choisit Maugiron et Livarot pour second et pour tiers, Antraguet prit Schomberg et Riberac ; on se rencontra au Marché aux chevaux le dimanche 27 avril, à cinq heures du matin, et aussitôt commença un combat acharné. Maugiron et Schomberg, tout jeunes gens, — ils n'avaient que dix-huit ans — furent tués raides. Riberac mourut le lendemain. Livarot faillit mourir et garda le lit six semaines — Quélus avait affaire à Antraguet, armé de dague et d'épée, alors que lui Quélus n'avait que l'épée seule ; il en fit le reproche à son adversaire : « Si tu n'as pas de dague, répliqua celui-ci, tant pis pour toi ; pourquoi l'as-tu oubliée au logis ? » Et l'on continua. En ce temps-là on parait, avec la dague, nombre des coups de l'adversaire, et Quélus, forcé de parer seulement de l'avant-bras, avait les chairs de la main et du poignet gauches toutes tailladées. — « Il y en a, dit Brantôme, qui disent que, par gentillesse chevaleresque, Antraguet eût dû quitter sa dague ; c'est à savoir s'il le devait. » Aujourd'hui, cela ferait-il question ?

Quélus tomba, percé de dix-neuf coups, et, après avoir langui trente-trois jours, mourut entre les bras du roi qui l'alla voir tous les jours, et avait fait tendre des chaînes dans la rue Saint-Antoine, de peur qu'il fût importuné du bruit des charrettes dans l'hôtel de Boissy où on l'avait transporté. Antraguet en fut quitte pour une égratignure.

A l'une des extrémités du terrain occupé par les Tournelles, rue Saint-Antoine, vers la rue de l'Égout, Sully s'était construit un hôtel. L'Arsenal ne fut pas, comme on l'a cru, sa seule habitation à Paris, et l'on a même contesté que cet hôtel de Sully fût la création des ducs de ce nom. Un certain Gallet, disait-on, qui, d'Élu à Chinon était devenu contrôleur général des finances, possédait cet immeuble, l'avait joué un jour et perdu sur un coup de dés. L'erreur est constatée. Ce Gallet possédait une maison rue Saint-Antoine, près de l'hôtel Sully ; cette maison fut occupée par un cabaret qui prit le nom de Sully pour enseigne ; de là, confusion bien étrange, il faut l'avouer. Et Gallet, ayant été obligé de vendre sa maison pour payer ses créanciers, le rapprochement du grand nom et de l'enseigne fit croire, trop facilement, que l'hôtel de Sully lui avait appartenu, qu'il l'avait perdu, cédé ou fait vendre.

Si réellement le duc de Sully a fondé cet édifice, selon son goût, avouons que le grand-maître de l'Arsenal, expert en bâtiments militaires, en fonderie et en finances, manquait de génie en architecture. L'hôtel est un carré trapu, flanqué de quatre lourds pavillons : il a des lignes nobles et savantes qui révèlent du Cerceau, mais, pour la satisfaction du somptueux Sully qui aimait le cossu, beaucoup trop de bossages, d'ornements et de devises, surchargent — il ne faut pas dire décorent — les ailes et les surfaces du bâtiment.

Un jardin médiocre attenant à la Place Royale procurait de l'air et quelque ombrage au fidèle ministre d'Henri IV, lorsqu'il avait besoin de respirer ou de rêver douloureusement à ses grandeurs passées.

De l'autre côté de la rue, Charles de Lorraine, duc de Mayenne, le lieutenant-général du royaume pour la Ligue — un Guise, déchu après tant de combats et d'intrigues, — avait son hôtel aussi, mais bâti par un véritable artiste, Androuet du Cerceau, l'architecte de Henri III, pour lequel il avait commencé le Pont-Neuf, et de Henri IV qui l'avait chargé de continuer la galerie du Louvre. On assure qu'il avait fourni ses plans pour l'hôtel de Sully ; peut-être est-ce vrai ; mais Sully était un esprit réfractaire à tout ce qui ne procédait pas directement de son inspiration, et il aura dû modifier les plans de du Cerceau, comme il corrigeait les plans des forteresses et les registres de ses commis. Mayenne laissa faire du Cerceau qui lui construisit une maison d'une noble simplicité, avec deux pavillons terminaux d'un beau style, de vastes appartements sur la rue Saint-Antoine et en retour sur celle du Petit-Musc : jardins du côté de l'Arsenal.

L'hôtel de Sully s'était installé sur les ruines d'un fragment des Tournelles ; Mayenne planta ses fondations sur une dépendance de l'hôtel Saint-Paul. Et ces deux vieux capitaines, qui s'étaient vus si souvent, face à face, sur les champs de bataille, se retrouvaient, vis-à-vis l'un de l'autre, ou à peu près, sur leur balcon, d'un côté à l'autre de la rue Saint-Antoine.

Après Mayenne, son fils habita l'hôtel de la famille ; Henri de Mayenne, deuxième du nom, qui fut tué, en 1625, au siège de Montauban, et qui eut pour successeur dans cette résidence un autre prince lorrain, le grand comte d'Harcourt, « *qui secourut Casal et reprit Turin.* » L'hôtel changea de maître au xviiie siècle, et de nom : il s'appela l'hôtel d'Ormesson.

Cette maison avait pour voisinage contigu à son pavillon de droite, le couvent et l'église des Ursulines, dites Filles de la Visitation de Sainte-Marie, instituées, en 1610, par saint François de Sales, évêque et prince de Genève. Elles s'établirent définitivement, vers 1670, dans la rue de la Cerisaie, sous la direction de la célèbre supérieure Françoise de Chantal, après s'être agrandies par l'acquisition d'un hôtel de Cossé, autrefois de Boissy, rue Saint-Antoine, où avait été apporté mourant et où mourut Quélus, après le fameux duel des Tournelles. Elles purent, en 1632, bâtir leur église, dont François Mansart fit les dessins, et qui subsiste encore aujourd'hui ; édifice d'un aspect étrange, mais fièrement assis sur un grand perron de quinze marches et dont le dôme ne manque relativement ni de style ni d'ampleur. Dans cette église furent inhumés François Fouquet et son fils Nicolas Fouquet, le surintendant des finances, disgracié sous Louis XIV ; Fouquet, célèbre par son faste et ses malheurs, l'Oronte des beaux vers de La Fontaine, qui mourut prisonnier à Pignerol, en 1680, et dont le corps fut apporté à Paris pour y reposer, près de son père, dans une chapelle, à gauche en entrant dans l'église.

L'histoire des hommes et des choses qu'a vus la rue Saint-Antoine ferait un gros livre : celle de la Bastille seule tient à peine dans plusieurs volumes. Nous en donnerons plus bas un abrégé indispensable. Autant ferons-nous pour l'église Saint-Louis ou des Jésuites, autant pour la célèbre Place Royale et le couvent des Minimes. Achevons de passer en revue tout ce qui mérite l'intérêt du lecteur dans la rue Saint-Antoine en remontant vers son point de départ.

A gauche, sur la rue même, s'élevait, en face de la rue de Fourcy, un petit hospice des Hospitaliers de Saint-Augustin. Charles V, régent alors, agrandit cette maison par le don qu'il fit d'un manoir confisqué sur des partisans du Navarrais Charles le Mauvais et d'Étienne Marcel. Ledit manoir aboutissait, derrière l'hospice, à la rue du Roi-de-Sicile. La fondation prit beaucoup d'importance par l'adjonction d'une communauté de religieux de l'ordre de Saint-Antoine, chargés d'exercer l'hospitalité envers les pauvres attaqués de la maladie appelée *le feu sacré* ou Saint-Antoine. Ils remplacèrent, en 1368, leur chapelle par une église, et après beaucoup de contestations et de vicissitudes, cet établissement devint une commanderie dont les commandeurs furent souvent des généraux de l'Ordre.

La maison s'appelait le Petit Saint-Antoine, pour éviter toute confusion avec l'abbaye Saint-Antoine au faubourg. C'est dans l'église du Petit Saint-Antoine, que Gabrielle d'Estrées, duchesse de Beaufort, ressentit les premières atteintes du mal étrange dont elle mourut. « Le Jeudi Saint, 8 avril 1599, elle avait dîné chez Zamet — cet Italien de Florence, bien vu et bien enrichi à la cour. — Elle avait dîné de bon appétit, car son hôte l'avait traitée des viandes qu'il savait être de son goût. Elle voulut ensuite aller entendre les ténèbres au Petit Saint-Antoine, où la plupart du peuple de Paris se trouvait à cause d'une bonne musique qui s'y chantait pour l'ordinaire. Elle se mit dans une chapelle avec madame et mademoiselle de Guise, la duchesse de Retz et ses filles. Pendant l'office, elle montra à mademoiselle de Guise des lettres de Rome par lesquelles on lui marquait que ce qu'elle désirait serait bientôt achevé (le consentement du Pape à la dissolution du mariage du roi et de Marguerite de France), et deux autres lettres du roi, arrivées le jour même, si passionnées et si pleines d'impatience de la voir reine, qu'elle avait sujet d'en être bien contente. »

Sortant de l'église et retournée chez Zamet où elle logeait, elle fut prise, en se promenant dans le jardin, d'une si violente apoplexie, qu'elle perdit connaissance, et, revenant à elle, effrayée, soupçonneuse, elle se fit porter chez sa tante, madame de Sourdis, où de nouveaux et plus terribles accès se produisirent, sans qu'il y fût porté remède, les médecins craignant d'agir énergiquement à cause de sa grossesse. Elle mourut, vers 7 heures du matin, le 10 avril, « après des syncopes et des convulsions telles que sa bouche fut tournée sur la nuque du cou, et cette belle Gabrielle devenue si hideuse, qu'on ne pouvait la regarder qu'à peine. » Cette mort, qui déliait le roi de ses promesses et plaçait Marie de Médicis sur le trône de France, désespéra Henri, mais non pas tout le monde à la cour ; d'Aubigné raconte que le médecin La Rivière, appelé près de la mourante, et frappé de terreur à la vue des symptômes et des accidents extraordinaires de ce mal, murmura seulement ces mots : *Hic est manus Domini.*

Était-ce bien la main du Seigneur ?

En face précisément du Petit Saint-Antoine, de l'autre côté de la rue, Pierre de Beauvais, conseiller du roi, se fit bâtir pendant la Fronde un hôtel qui portait son nom, et fut construit sur les plans de l'architecte Lepautre. Madame de Beauvais était première femme de chambre d'Anne d'Autriche : borgne, d'une grande souplesse d'esprit, possédant à fond la science des intrigues de cour, elle rendait de signalés services à sa maîtresse en ces temps de Fronde et de Mazarins qui faisaient éclore les chansons et sortir les épées. Là se nouèrent et dénouèrent les négociations les plus scabreuses, là se traitaient les affaires délicates dont les acteurs principaux redoutaient le grand jour du Palais-Royal. Ce fut, après la paix finale, un séjour de joyeuses fêtes. Toutes choses dont on apprendrait à connaître les surfaces dans madame de Motteville, et le fond — dans le scandaleux Bussy-Rabutin.

Cet hôtel, dont les balcons ouvraient sur la rue Saint-Antoine, fut assiégé de visiteurs, à chaque solennité pour laquelle se déployaient des cortèges. — Mais les privilégiés seuls étaient admis aux balcons ou aux fenêtres, privilégiés de race royale. Anne d'Autriche daignait s'y placer avec la reine d'Angleterre, Henriette, avec Mazarin et la fleur des courtisans, pour assister à l'entrée solennelle des jeunes époux Louis XIV et Marie-Thérèse, le 26 août 1660 ; et de même pour le brillant carrousel qui, deux ans après, le 5 juin 1662, eut lieu en l'honneur de la naissance du Dauphin. Ce pompeux cortège se rendit de la Place Royale aux Tuileries, dont la cour immense fut, de ce fait, surnommée Place du Carrousel.

Vers la fin du règne de Louis XIV, l'hôtel de Beauvais était la propriété d'un président à mortier au parlement de Metz, Jean Orry, dont le fils ou parent, très maltraité par Saint-Simon dans ses Mémoires, s'acquitta cependant avec succès d'importantes missions qui lui furent confiées près de Philippe V par Louis XIV.

Voilà, pour ainsi dire à vol d'oiseau, l'aspect de cette rue Saint-Antoine, l'une des grandes artères du Paris ancien, rive droite, continuation de cette autre voie illustre, la rue Saint-Honoré, qui la complétait ou était complétée par elle. Lorsque nous aurons esquissé, en passant, la porte Saint-Antoine qui séparait la rue du faubourg, le dessin de cette rue *parisienne* des siècles passés sera non pas fait, mais ébauché dans son ensemble.

Cette porte, contiguë à la Bastille dont les fossés la serrent à l'orient, a-t-elle été construite pour honorer la mémoire de Henri II, ou pour embellir l'entrée de Henri III revenant de Pologne? Brice hasarde la première version. — Piganiol, toujours prêt à contre-carrer Brice, exprime sur l'une et l'autre un doute, faute de pouvoir prouver : il est certain seulement que la porte existait en 1671, puisque l'architecte Blondel fut chargé de la restaurer. Il déploya dans ce travail son talent et surtout son intelligence hors ligne, conserva tout le bon, le fortifia de retouches du même style, et ajouta au portail primitif, qui était unique, deux entrées nouvelles du meilleur goût et de la plus grande commodité.

La face qui regardait la ville portait, dans le tympan du fronton, à la porte du milieu, l'écusson des armes de France et de Navarre, et dans ceux qui surmontent les portes latérales, pour chacune, un bas-relief copié d'après la médaille que fit frapper la Ville à la gloire de Louis XIV — d'un côté : Ludovicus Magnus 1671 — de l'autre : une Vertu assise appuyée sur un bouclier aux armes de la ville, avec cette légende : *Felicitas publica*, et au-dessous : *Lutetia*.

La face, du côté du faubourg, plus richement décorée, portait, dans les niches entre pilastres, deux statues de François Anguier, l'Espérance et la Sûreté publique, symbole

PORTE SAINT-ANTOINE.

de la paix et de l'alliance faites entre la France et l'Espagne, en 1660. — Au-dessus des niches, les vaisseaux de la ville de Paris. — Sur une console prise en saillie de la clé de voûte du grand portail, un buste du roi, par Van-Opstadt, et sur les impostes, deux figures : la Seine et la Marne, attribuées à Jean Goujon.

Tout ce travail magnifique, tourné, selon l'usage des Français d'alors, à la gloire du roi qui personnifiait la France, a disparu sans retour. Il y a pourtant, dans l'existence des monuments créés par une nation pour l'honneur de sa vie et pour l'honneur de l'art, il y a une part considérable de sa richesse, financière ou intellectuelle, qui ne devrait jamais se prescrire, une part sacrée à laquelle personne ne devrait avoir le droit de toucher. Les monuments font partie du patrimoine national, ils sont des pages de notre histoire, et l'on ne voit pas que les livres d'histoire soient brûlés, anéantis, lorsqu'a cessé d'être la génération qui les avait inspirés. Les livres, dira-t-on, appartiennent toujours à quelqu'un, ou tombent dans le domaine public. Mais le domaine public n'a pas droit de les supprimer. Doit-on moins de respect à la propriété de tous qu'à la propriété particulière?

Dans ce temps où toute création d'art était réputée un accroissement de la fortune publique, il fut question de construire un nouvel arc triomphal à l'extrémité du faubourg, place du Trône. Le plan et les dessins de Claude Perrault étaient achevés, l'œuvre entamée, le roi en avait posé la première pierre en août 1670, mais l'édifice sortait de terre à peine et l'on apercevait déjà le piédestal des colonnes, lorsque le roi renonça au projet : peut-être à cause de la dépense, peut-être à cause de cette manifestation trop multipliée de l'idolâtrie publique. On renonça donc à l'exécution complète. La maquette du monument fut ébauchée en plâtre — puis elle se dégrada, s'affaissa, et, après Louis XIV, l'idolâtrie n'existant plus au même degré thermométrique, on démolit le projet, en 1716, un an après la mort du roi.

Dans ce faubourg, se livra, en 1652, le grand combat du faubourg Saint-Antoine, une véritable bataille, dont les résultats ne pouvaient en somme nuire sérieusement qu'à Mazarin, car le temps de la Ligue était loin ; et les combattants du faubourg Saint-Antoine, frondeurs ou royalistes, n'en voulaient à la royauté ni les uns ni les autres. — Condé vainqueur eût, ni plus ni moins que Turenne, salué bien respectueusement le roi, et se fût, qui sait, réconcilié avec Mazarin, plutôt que de se brouiller avec Louis XIV.

En ces temps-là il y avait toujours un lendemain pour la France.

LA PLACE ROYALE

On sait les origines de cette belle place. Charles IX ayant résolu, pour plaire à
Catherine de Médicis, la démolition du palais des Tournelles, avait enjoint au parlement

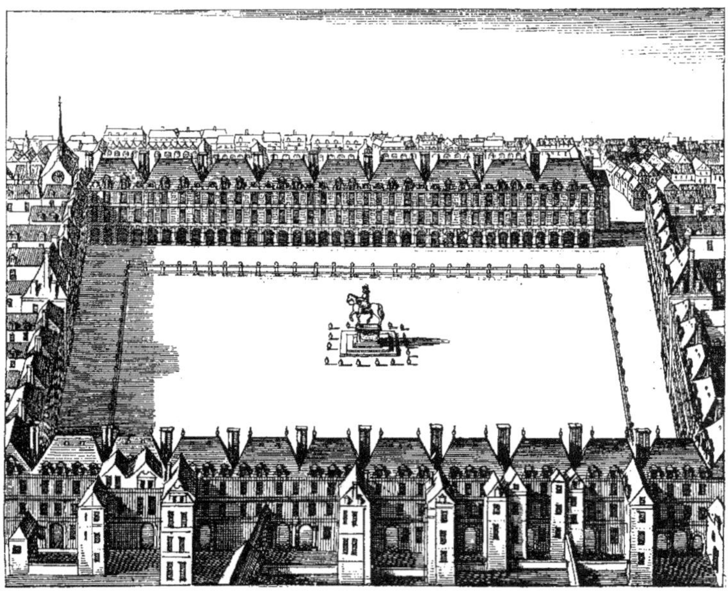

LA PLACE ROYALE

d'ouvrir des rues sur le terrain condamné, « ne voulant pas continuer une grande dépense
tant en gages d'officiers qu'en réparations, par l'avis de notre très Honorée Dame et
Mère, des princes de notre sang et d'autres seigneurs de notre conseil privé. » Mais,
comme nous l'avons dit, le parlement reculait toujours l'exécution, et sous Henri IV on
démolissait encore. En 1604, le roi commanda aux trésoriers de France de se transporter

aux lieux appelés Place des Tournelles, et de donner leur avis sur une concession projetée par lui pour l'établissement d'une manufacture « de soie et argent filé à la façon de Milan ».

Cette concession ayant été faite à quatre habiles filateurs français, Moisset, Parfait, Camus et Saincton-Aubagne, ces industriels s'établissent sur un terrain de l'ancien palais des Tournelles, 100 toises de long sur 60 de large, et leur entreprise réussit au delà des souhaits. Le roi, pendant ce temps, a mûri ses résolutions. Il créera là une place neuve pour l'embellissement de la ville, et la concession des filateurs y sera transportée, à la condition par eux, moyennant certains privilèges et indemnités, de bâtir trois des côtés de cette place qui doit être carrée. — Le roi bâtira le premier côté à ses frais, ce qui fut exécuté sur-le-champ, quant au côté du roi ; — le reste ne fut achevé qu'après Henri IV, sous la régence de sa veuve.

Le plan de la nouvelle place était arrêté : un quadrilatère de 62 toises de côté. Les bâtiments de pierre et de brique divisés en neuf pavillons sur chaque face. Le tout couvert en ardoises. Ces édifices seraient portés, sur le devant, par une suite d'arcades de huit pieds et demi de largeur ayant une hauteur de douze et formant une galerie voûtée de pierre et de brique.

Le long de ces galeries règnerait une rue pavée, de belle largeur. L'espace qui resterait serait occupé par une place coupée de grands tapis de gazon vert.

Au centre, s'éleva une statue équestre de Louis XIII, posée sur un piédestal de marbre blanc. Ladite statue fut inaugurée le 13 septembre 1639. On admira beaucoup un magnifique cheval de Ricciavelli, et moins la figure royale, ouvrage de Biard le fils — ce qui fit dire aux Parisiens : qu'il eût fallu donner le Louis XIII au cheval d'Henri IV, ou le cheval d'Henri IV au Louis XIII.

Une grille de fer, rehaussée d'ornements dorés, enferme la place. Quatre portes d'honneur s'y ouvrent aux jours solennels ; deux petites sont ouvertes en permanence. La grille fut construite sous Louis XIV, et le médaillon en bronze de ce prince décora deux de ces entrées principales. Les frais de la grille furent couverts par la contribution des propriétaires de chacun des trente-cinq pavillons de la Place Royale — on en devait compter trente-six, mais, dès l'origine, l'entrée par la rue de l'Écharpe, étant à ciel découvert, supprima le neuvième pavillon de ce côté ; quant au pavillon sur la rue du Pas-de-la-Mule, supprimé depuis, il réduit le nombre des pavillons à trente-quatre. Le pavillon central, auquel aboutit la rue Royale et qui débouche sur la place par trois arcades, fut nommé d'abord Pavillon du roi, et le parallèle d'où sort, par trois arcades aussi, la rue des Minimes, s'appela Pavillon de la reine, bien qu'ils n'aient jamais l'un et l'autre appartenu qu'à des particuliers. C'est le côté occupé par ce dernier pavillon que le roi avait attribué, dès l'origine, aux manufacturiers.

Le premier habitant de la place fut le marquis de Vitry, capitaine des gardes du roi Henri III. Il était le plus proche voisin des concessionnaires, qu'il limitait du côté de la rue du Pas-de-la-Mule ; son hôtel portait cependant, sous Louis XIV, le nom de Saint-Géran, Jean de la Guiche, comte de La Place, maréchal de France.

Marion Delorme habita, dit-on, dans une partie du pavillon d'encoignure, devenue plus tard propriété des Rohan, puis des Rohan Guéménée — avec sortie sur l'impasse de ce nom. Ladite maison, aux temps modernes, portait le numéro 6. Du numéro 7, ancienne dépendance de l'hôtel de Sully, le grand-maître de l'Arsenal rentrait chez lui, rue Saint-Antoine. Les autres pavillons portaient les plus illustres noms de France : de Chaulnes, le maréchal de France, qui, de ses fenêtres, assista à l'inauguration faite par Richelieu de la statue de Louis XIII. Les Nicolaï l'habitèrent plus tard ; — l'hôtel de Richelieu fut un des ornements de la Place Royale, et aussi celui de Tresmes.

Ce quartier, neuf au commencement du xvii⁰ siècle, eut, dès sa naissance, tous les privilèges de la noblesse, toutes les grâces et la fraîcheur des choses jeunes ; on y respirait ; la vue était guidée par de belles lignes, caressée par les tons roses de la brique dans la verdure. A aucune époque la mode ne mit plus d'élégance et de majesté dans le costume des hommes et des femmes.

Les femmes y promenaient avec sécurité, dans la Place Royale, leurs velours et leurs dentelles ; sans poussière, sans ruisseau noirs, sans cohues. — La prescription du premier président au lieutenant de police s'y observait rigoureusement : clarté, netteté, sûreté. On prétend, mais le prouve-t-on, que les balcons s'y escaladaient parfois ; que les musiques n'y tarissaient point ; que, de la rue des Tournelles, où vivait et où mourut Ninon, à l'arcade de la maison qu'habitait Marion Delorme, Place Royale, c'était, le jour, une procession de feutres empanachés, le soir de manteaux sombres, et force chants, force éclairs d'épées tirées ; on a dit et imprimé que Richelieu, jaloux de Marion, la faisait surveiller et la guettait lui-même de sa fenêtre : historiens, chroniqueurs, racontent que la grande vie de Paris, celle des duchesses, des maréchaux de France, celle des plaisirs et des élégances raffinées, eut pour séjour la Place Royale. Mais est-il bien vraisemblable que tant de bruit et de gloire aient illustré l'honnête quartier bourgeois que nous connaissons aujourd'hui ? D'ailleurs, si l'on croyait à la lettre tout ce qui s'imprime, on finirait par croire aussi que les Parisiens ont débaptisé la Place Royale, nommée par Henri IV, pour l'appeler place des Vosges, après l'avoir appelée place de l'Indivisibilité.

On le retrouve là comme partout, ce grand Richelieu. En 1627, Bouteville, un Montmorency, ayant été exilé arpès plusieurs duels trop heureux qui devaient lui en amener
d'autres, notamment avec le marquis de Beuvron, parent de l'un des adversaires qu'a-
vait tués Bouteville, le roi, de l'avis de Richelieu, maintint l'ordre d'exil, malgré les ins-
tances de la famille qui demandait l'absolution pour le coupable. Bouteville, une de ces
têtes qui ne plient que lorsqu'elles tombent, s'écria en apprenant le refus du roi : « Eh
bien, puisqu'on m'y force, je me battrai, à Paris et à la Place Royale, et en plein jour. »
C'était d'un fou, mais il se tint parole à lui-même, revint à Paris malgré la défense,
amenant avec lui son cousin des Chapelles, second ordinaire de ses duels, qu'il chargea
de prévenir Beuvron. Il fut convenu qu'on se battrait trois contre trois : Bouteville, des
Chapelles et La Berthe contre Beuvron, Buquet et Bussy d'Amboise qu'on alla chercher
dans son lit, malade depuis douze jours, avec la fièvre, et qu'on venait de saigner pour
la sixième fois. Ils entrèrent tous les six dans la Place Royale, le 11 mai, de deux
à trois heures de l'après-midi; Beuvron contre Bouteville, avec tant d'acharnement
que, jetant l'épée sans avoir pu se toucher, ils s'attaquèrent à la dague et se colletèrent
en furieux.

Cependant des Chapelles venait de tuer le malheureux Bussy ; la foule s'amassait, le
bruit était énorme. Bouteville et Beuvron se demandèrent réciproquement la vie, Buquet
et des Chapelles de même, Beuvron se sauva en Angleterre avec Buquet; Bouteville et
des Chapelles prirent la poste pour se réfugier en Lorraine. Mais le roi, indigné d'une
telle audace et donnant satisfaction au sentiment public, qu'un pareil scandale avait
révolté, mit à leur poursuite le grand prévôt de France, et les fugitifs furent rejoints à
Vitry, en Champagne, ramenés à Paris et livrés à la justice du parlement, qui les condamna tous deux à mort. Vainement la comtesse de Bouteville se jeta aux pieds du roi qui
passa sans lui répondre. Vainement la princesse de Condé, les duchesses d'Angoulême,
de Montmorency, toute la haute noblesse dont Bouteville était proche parent. --Louis XIII
refusa la grâce, et Bouteville et des Chapelles furent décapités le 21 juin 1627,
acceptant la mort avec une modestie intrépide et tous les sentiments du chrétien,
réalisant ainsi le mot de Bouteville, lorsqu'on l'arrêta en Champagne : — « Voyons,
dit-il à des Chapelles, ne faisons pas le doucet, nous en serons quittes pour un
coup. »

Richelieu inspira cette inflexibilité; mais conviendrait-il de l'accuser en une telle
circonstance? Il affermissait ainsi le trône et rangeait la noblesse à l'obéissance envers
la loi. Sous un pareil ministre, Condé n'eût pas désobéi.

Richelieu fonda, nous l'avons dit, au centre de la Place Royale, le monument dédié
à la gloire de son maître, la statue équestre de Louis XIII ; et l'inscription qu'il

fit graver sur le piédestal témoignait d'un dévouement respectueux, d'une reconnaissance bien humble envers le roi pour tous les bienfaits qu'il en avait reçus. « *Comblé d'honneurs et de bienfaits* — disait la dédicace — *par un si bon maître et un si généreux monarque*, Armand cardinal de Richelieu, son principal ministre dans *tous* ses illustres et généreux desseins, etc., etc., lui a fait élever une statue, etc., etc. » Mais sur une des faces du piédestal on lisait un sonnet de Desmarets, dont le premier tercet dit textuellement (c'est Louis XIII qui parle de son ministre, au risque d'offenser sa modestie) :

> Armand, le grand Armand, l'âme de mes exploits,
> Porta de toutes parts mes armes et mes lois,
> Et donna *tout* l'éclat aux rayons de ma gloire.

Desmarets Saint-Sorlin, l'un des premiers quarante académiciens choisis par Richelieu et l'un des auteurs de *Mirame*, n'oublia pas, ce nous semble, son collaborateur pour cette représentation, et lui fit, dans le monument de Louis XIII, une vraie part de lion. On objecte, à la décharge de Richelieu, que le sonnet n'apparut sur le piédestal qu'après sa mort, mais il dut être composé pendant sa vie, et d'ailleurs, toute modestie à part, l'histoire impartiale confirme en bonne prose les trois vers du sonnet.

Il est superflu de dire que cette statue de Louis XIII disparut en 1792, jetée à la fonte. On la remplaça par une fontaine.

LES MINIMES

L'ordre des Minimes avait plusieurs établissements en France, l'un à Chaillot dans l'hôtel de Nigeon, donné par Anne de Bretagne à ces religieux en mémoire de leur fondateur saint François de Paule, un autre fondé par Henri III dans le bois de Vincennes ; un troisième enfin, qui ne fut qu'un essai, à Paris même, dans la chapelle Sainte-Suzanne, sur l'emplacement occupé depuis par l'église Saint-Roch.

Ange de Joyeuse légua, vers 1590, à ces religieux, son hôtel de la rue Saint-Honoré, pour qu'ils s'en fissent un couvent, — le projet n'eut pas de suite.

Mais, en 1609, un chanoine de Paris, nommé Olivier Chaillou, fils d'un secrétaire de la chambre du roi et descendant de François de Paule, entra dans l'ordre des Minimes et leur fit don de tous ses biens, ce qui permit à cette congrégation d'acheter une partie des anciens jardins du Palais des Tournelles. Henri IV approuva cette acquisition par lettres patentes, en janvier 1607, et les Minimes se hâtèrent d'élever une petite chapelle provisoire sur leur propriété. On y célébra la messe pour la première fois le 25 mars 1610, jour de l'Annonciation.

Après Henri IV, sa veuve, Marie de Médicis, prit ce couvent sous sa protection, fit rembourser aux Minimes le prix de leur acquisition, y ajoutant ses propres deniers, fut imitée dans ses largesses par un grand nombre de bienfaiteurs, et ces religieux, d'une bonne et sainte réputation, récompensés de leur simplicité, car ils s'étaient nommés « les plus humbles de tous », se trouvèrent en situation de bâtir un couvent et une église.

ÉGLISE DES MINIMES.

La première pierre en fut posée, en 1611, au nom de Marie de Médicis. Mais c'était, en France, le moment du provisoire. La minorité de Louis XIII s'annonçait orageuse, vingt ans s'écoulèrent avant que l'on commençât le maître-autel, et quarante-neuf ans encore avant que l'église fût achevée. Le portail, d'un beau style et très réussi, fut le dernier ouvrage de Mansart; il portait à son fronton un curieux bas-relief: Sixte IV entouré de cardinaux, donnant l'ordre à François de Paule, fondateur des Minimes, de se rendre auprès de Louis XI pour l'assister à sa mort.

On sait que Louis XI avait demandé avec instance l'intercession du saint homme, s'était, à son arrivée, prosterné mourant devant lui, en le suppliant de prolonger sa vie, et que, dit Comines, saint François, s'il ne put faire vivre le roi, l'aida du moins à bien mourir.

L'église des Minimes et leur établissement tout entier répondaient au caractère éminemment noble et simple de l'Institution. Ils avaient pour règle la charité, pour devise l'humilité, leur premier nom avait été : Ermites de saint François. Charles VIII et Louis XII retinrent saint François en France : le premier de ces deux princes le consultait dans ses affaires les plus graves et le pria de tenir son fils sur les fonts de baptême. Anne de Bretagne, femme de Louis XII, fit don aux Minimes de leur premier établissement.

Cet ordre respectable, dont la règle était des plus austères, compta parmi ses adhérents un grand nombre de pieux docteurs, d'historiens, de savants illustres, des philosophes même, car l'esprit de ces religieux était tourné vers les spéculations les plus hautes et les plus libérales : Niceron, ami de Descartes, logicien ; de Coste, écrivain délicat, auteur des *Éloges des Dames illustres ;* un célèbre botaniste, Charles Plumier, et plus tard Vaucanson qui fut, dit-on, l'un de leurs disciples.

Leurs chapelles, recherchées après la mort, comme leur exemple avait servi pendant la vie, s'ouvrirent à beaucoup de personnages célèbres : Henri de Bourbon, prince de Condé, leur avait légué ses entrailles. La famille des Colbert Villacerf s'y était réservé une sépulture où l'on remarquait le médaillon d'Édouard Colbert, surintendant des bâtiments royaux, mort en 1699, marbre magnifique de Coustou l'aîné, l'un des meilleurs ouvrages de ce maître. Ce Colbert Villacerf était premier maître-d'hôtel de la reine Marie-Thérèse d'Autriche, et la charge resta dans la famille, car le fils de ce dernier, Gilbert Colbert, capitaine de vaisseau, en 1692, devint aussi maître-d'hôtel de la duchesse de Bourgogne, dauphine, morte en 1712, et garda son emploi près de Marie Leczinska lorsqu'on fit la maison de cette reine.

Une autre chapelle appartenait aux ducs de La Viéville, d'autres à l'hôpital-Vitry, aux de Verthamont, une à la duchesse d'Angoulême et son mari Charles de Valois, duc d'Angoulême, fils naturel de Charles IX et de Marie Touchet, conspirateur perpétuel sous tous les rois, qu'il exploitait tour à tour sans leur pardonner leur légitimité. Son dernier complot l'eût conduit à l'échafaud — car il avait été condamné à mort — sans la clémence d'Henri IV, qui voulut bien lui pardonner d'avoir, à l'instigation d'Henriette d'Entragues, duchesse de Verneuil, traité avec Philippe III d'Espagne, pour détrôner le roi régnant, et qui lui épargna le supplice des traîtres, uniquement en mémoire de Charles IX qui le lui avait recommandé à son lit de mort. Cet homme odieux vécut sous Charles IX, Henri III, Henri IV, Louis XIII et Louis XIV, ne mourut qu'en 1650, et cette goutte égarée de sang royal qu'il avait dans les veines lui sauva mille morts infâmantes, qu'il avait toutes méritées dans ses soixante-dix-sept ans d'existence. — Marie Touchet, dont l'anagramme était : « Je charme tout », avait créé là deux vilains enfants.

Son tombeau à elle-même se voyait aux Minimes avec cette inscription :

Cy gist le corps de haute et puissante dame‘ madame Marie Touchet De Belleville
Au jour de son décès
Veuve de feu haut et puissant Seigneur
Messire François de Balzac
Sieur d'Entragues.....
Laquelle décéda le 28 mars 1638
Agée de 89 ans.

Entre autres célébrités inhumées dans cette église, on citait le docteur Launoy, le fameux dénicheur de saints dont nous avons parlé dans la notice de Saint-Eustache, Abel de Sainte-Marthe, etc.

Les registres de la sacristie des Minimes contenaient cette mention : que la reine Anne d'Autriche, affligée de sa longue stérilité, visitait presque tous les vendredis le couvent, pour y implorer l'intercession de saint François de Paule, et qu'enfin, après vingt-trois ans de mariage, elle fut exaucée et accoucha de Louis XIV.

Le cloître des Minimes ne fut achevé complètement qu'en 1683. Leur bibliothèque, de 20,000 volumes environ, était choisie et riche en manuscrits religieux. On accédait aux Minimes par les trois arcades du pavillon de la reine, Place Royale, et certains critiques regrettaient alors que ce pavillon et celui du roi qui se font face n'eussent pas été supprimés pour donner, ici, la perspective du portail des Minimes, là, le panorama des rues Royale et Saint-Antoine.

L'HOTEL D'ANGOULÊME

Nous l'avons indiqué parmi les curiosités du quartier. Ce n'est pas à cause de ses magnificences ni du mérite artistique de sa construction. Il rappelle assez de souvenirs pour arrêter un moment l'attention du lecteur. Il avait été commencé par Diane, légitimée de France, duchesse d'Angoulême, fille naturelle d'Henri II et de Philippe des Ducs, demoiselle de Coni, en Piémont. La duchesse Diane, mariée deux fois et morte sans enfants, laissa tous ses biens aux deux fils de Charles de Valois, comte d'Auvergne, duc d'Angoulême, ce triste personnage dont nous fîmes, à quelques lignes d'ici, un portrait vrai, mais peu flatteur. Ce fut lui qui acheva l'hôtel commencé par sa tante, illégitime comme lui.

L'édifice, on s'en souvient, touchait par ses jardins à l'hôtel de la Force et l'on y entrait par la rue Pavée.

Il prit le nom de Lamoignon, étant devenu la propriété du célèbre premier

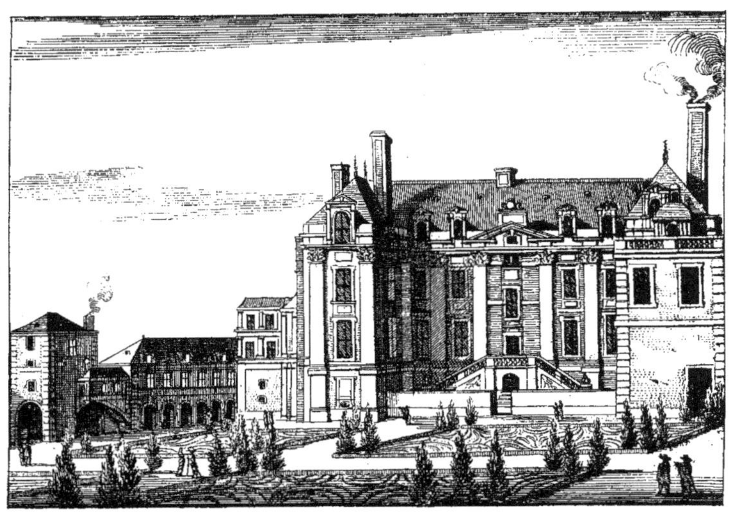

L'HOTEL D'ANGOULÈME.

président dont Boileau célébra l'hospitalité dans une chanson qui commence ainsi :

Que Báville me semble aimable
Quand des magistrats le plus grand, etc., etc.

L'ÉGLISE SAINT-PAUL-SAINT-LOUIS

Il convient de ne pas confondre ces deux églises, car il en exista deux, sinon au même lieu, du moins tellement près l'une de l'autre que, grâce au vocable sous lequel on les désigna, rien ne serait plus possible que la confusion. Aujourd'hui, l'église de la rue Saint-Antoine s'appelle Saint-Paul, et même au siècle dernier, elle porta ce nom avec le nom de Saint-Louis. Établissons l'identité de chacun des deux édifices.

Il existait au temps de Clovis II une chapelle cimetériale sous l'invocation de Saint-Paul. La communauté des foulons et tondeurs de drap s'en prétendait fondatrice. On pense qu'elle fut érigée en paroisse vers 1125 ; à la date de 1136, cette supposition

L'ÉGLISE SAINT-PAUL-SAINT-LOUIS.

devient un fait constaté. Rebâtie au xiii° siècle et très fréquentée, elle fut la paroisse de Charles V et de ses successeurs, après que ces princes eurent fondé leur palais de Saint-Paul. L'église était située rue Saint-Paul même. Augmentée en 1542 et 1547, elle fut l'objet de travaux importants vers 1661.

Elle peut donc, à bon droit, figurer dans notre programme.

Sur ses antiques vitraux, trois peintures d'une haute curiosité sollicitaient le regard et aussi la pensée. La première représentait un prophète et un roi hébreu, probablement

Moïse et David. L'inscription placée au-dessus d'eux disait : *Nous avons défendu la Loi.*
— Le deuxième vitrail : un guerrier du moyen âge, portant suspendue à un collier ou chaîne, une croix potencée, comme celle de Jérusalem ou de Calabre. C'était sans doute un croisé, tenant d'une main son épée et de l'autre le nom de Jésus en lettres d'or. — L'inscription disait, pour ce guerrier : *Et moi la Foy.* La figure du troisième panneau représentait une femme coiffée de bleu, vêtue de vert, appuyant sur une fleur de lys sa main droite armée d'une épée. — L'inscription au-dessus de cette guerrière disait : *Et moi le Roy.*

L'abbé Lebeuf et d'autres ont reconnu, dans cette figure, Jeanne d'Arc, la libératrice du sol français, et le morceau de peinture était d'autant plus précieux qu'il n'existe à Paris, dans aucun lieu public, une représentation contemporaine de cette héroïne.

Cette église Saint-Paul avait donné la sépulture à Guillaume de Vienne, père du célèbre Jean de Vienne, amiral de France, tué, en 1396, à la bataille de Nicopolis ; à Nicolas Gilles, savant chroniqueur, mort en 1503 ; — à François Rabelais, curé de Meudon, l'auteur de *Pantagruel* et *Gargantua;* — enfin aux trois favoris de Henri III, Jacques de Lévi, seigneur de Quélus, François Maugiron et Saint-Mégrin, ce dernier, mort assassiné par le duc de Mayenne, en 1678, la même année que les deux autres. Ce fut donc à l'église Saint-Paul que le peuple, furieux de la mort des Guises tués à Blois, et surexcité par les déclamations haineuses des moines, se précipita en foule pour détruire les tombeaux somptueux élevés par Henri III à *ces méchants, morts en reniant Dieu* (comment le savait-on ?) et *mignons du tyran! indignes d'avoir de si beaux monuments à l'église.*

Telle fut cette paroisse de Saint-Paul, rue Saint-Paul, démolie seulement à la révolution ; mais l'autre église — Saint-Louis — ne fut fondée qu'en 1627, rue Saint-Antoine, sur l'emplacement d'une chapelle que le cardinal de Bourbon avait fait construire pour les Jésuites, auprès de l'hôtel Damville-Montmorency dont il leur avait fait présent. Donation de l'immeuble et construction de la chapelle dataient de 1581. Les Jésuites se hâtèrent d'édifier là une maison professe — un couvent — n'en ayant jusque là pu obtenir l'autorisation à Paris, et ils patientèrent, à l'étroit dans cette petite chapelle, s'agrandissant à toute occasion qui s'offrait d'acquérir du terrain dans le voisinage, et le premier nom qu'ils donnèrent à leur établissement fut : Prêtres de la Maison de Saint-Louis. Leurs acquisitions successives eurent lieu en 1582, 1618, 1629, 1697 et 1706. Ils en arrivèrent ainsi à occuper tout l'angle, ou à peu près, inscrit entre la rue Saint-Antoine et la rue Saint-Paul. Le roi Henri III, pour les assister dans leurs commencements difficiles, leur avait fait présent, l'année 1684, d'une coupe de bois de 12 arpents dans la forêt de Montargis. Cependant, plus qu'oublieux de la libéralité royale, ils furent accusés d'avoir pris parti pour la Ligue — on sait l'acharnement de ces ligueurs contre Henri III — et ils prêtèrent leur maison professe de la rue Saint-Antoine pour les réunions secrètes du Conseil des Seize.

Il faut croire qu'ils s'étaient justifiés de cette accusation en 1619, puisque Louis XIII leur fit construire la grande église que nous voyons encore aujourd'hui, et dont il posa lui-même la première pierre. Les louanges et l'encens ne lui manquèrent pas cette fois. Parmi les inscriptions dont le nouveau temple fut décoré, on lisait ce verset gravé sur une des médailles placées aux angles de la première pierre : *Vicit ut David, ædificat ut Salomon.*

Et comme l'église était placée par le roi sous l'invocation de saint Louis, son ancêtre, l'inscription suivante fut gravée sur la pierre votive ; nous la traduisons, car elle est belle : A Saint Louis qui, par sa piété, par ses armes, voulait faire de tout l'univers un temple à Dieu, Louis XIII éleva ce temple où ce saint roi, que la France honora, ce père qu'elle a chéri, sera vénéré comme un saint habitant du ciel.

Deux jésuites architectes fournirent les plans de l'église : l'un, Martel Ange, avait proposé de reproduire les dessins de la belle église du *Gesu* de Rome, par Vignole, un chef-d'œuvre ; l'autre, le père Derrand, présentait ses dessins à lui. Le Conseil de l'Ordre, mal inspiré, donna la préférence au second des concurrents. L'architecture de l'édifice est lourde, prétentieuse, et surchargée d'ornements dont la sculpture manque de goût et même d'exécution. Le caractère général de cette œuvre est la recherche, à tout prix, de l'effet et du riche. L'intérieur en était orné avec tant de magnificence, que certaines descriptions contemporaines, qui peut-être n'ont voulu qu'être exactes, semblent avoir exagéré l'éloge avec une secrète ironie ; jugeons-en :

« Il y a peu d'églises dans le monde chrétien (cela s'écrivait en 1735 et l'écrivain avait vu Rome) qui soient aussi riches en argenterie (*sic*) et en ornements que celle-ci. Le tabernacle est d'argent, enrichi d'ornements de vermeil doré. — Elle possède une quantité prodigieuse de chandeliers, de candélabres, de girandoles, de vases, de lampes et de reliquaires d'argent ou de vermeil doré. — Il y en a même qui sont d'or, et parmi ceux-ci un grand soleil enrichi de grosses perles et de quantité de diamants d'un prix très considérable. On n'est pas moins surpris de la magnificence des ornements (sacerdotaux, sans doute) sur lesquels les perles et l'or sont mis en œuvre avec un goût qui donne encore du prix à la richesse de la matière. — Tout, dans cette église, resplendit d'or, d'argent et de pierreries. » Ne pourrait-on pas soupçonner la sincérité d'un pareil éloge ?

Le portail, ajoute le panégyriste, est un grand morceau d'architecture qui a beaucoup d'apparence, et *même il y a du beau.* On pourrait remédier à la lourdeur des innombrables ornements qui le surchargent, mais cela coûterait bien cher, et l'on ne trouve pas tous les jours des ministres aussi magnifiques que le cardinal de Richelieu (qui en avait fait la dépense et l'avait constaté fastueusement, comme toujours, dans une inscription gravée, en lettres d'or, sur la frise : A Saint Louis, Louis XIII consacra l'église, Armand, cardinal, duc de Richelieu, le portail (1635). En un mot, rien ne manquait en cette maison — que le goût — mais il manquait un peu partout.

On a fait cette remarque, que l'église Saint-Louis fut une des premières, en France, qui n'ait pas été soumise à l'orientation, c'est-à-dire, dont l'abside ne soit pas à l'Orient et l'entrée à l'Occident.

Le cœur de Louis XIII fut déposé auprès du maître-autel, dans un monument commandé par Anne d'Autriche à Sarrazin, l'illustre sculpteur, qui mit tout son génie dans cette composition.

Le cœur de Louis XIV était placé en face, dans une splendide chapelle composée et exécutée par Coustou le jeune, travail pour lequel le Régent et Louis XV employèrent six cent mille livres. Le métal d'argent y entra pour 475 marcs. Commencé vers 1718, cet ouvrage ne fut terminé qu'en 1730.

On admirait dans Saint-Louis : le mausolée du Grand Condé, élevé à la mémoire de ce fier capitaine par le président Perrault, secrétaire des commandements du prince et, plus tard, président à la Chambre des Comptes. Le cœur seul du prince y était renfermé. Ce monument que le Bernin estimait : *l'une des plus belles choses qui fussent alors en France,* se composait de quatre vertus de bronze de grandeur naturelle, assises sur des piédestaux de marbre noir et entourées de symboles allégoriques. Les figures modelées par Sarrazin, fondues par Perlan.

Là aussi on voyait les urnes qui contenaient les cœurs de Louis de Bourbon, duc du Maine, et de plusieurs membres de la famille de Turenne, etc.

L'église n'était pas seule dépositaire des richesses de la maison professe des Jésuites. Leurs salles de congrégation, de conseil et leurs galeries étaient ornées de précieuses toiles des plus grands maîtres de toutes les écoles, entre autres une curieuse Descente de croix, de Quentin Metsys (*le maréchal*), d'Anvers, une Nativité de Carrache, un Louis XIV à cheval, de Van der Meulen — cinq pieds de hauteur, la plus grande proportion parmi les portraits dus à ce maître.

Et le cabinet des médailles, des plus riches dans les trois genres — et la bibliothèque enrichie de celles léguées par Ménage et par le savant Huet, évêque

JACQUES SARAZIN L'AINE,
de Noyon, Sculpteur ordinaire du Roy, et Recteur
en son Academie de Peinture et de Sculpture.

d'Avranches et précepteur de Monseigneur — le grand Dauphin — ûls aîné de Louis XIV.

Une autre libéralité de Louis XIII envers les Jésuites fut celle-ci : les abords et la perspective de l'église Saint-Louis étant gênés par le défaut d'espace et le voisinage trop immédiat de la fontaine de Birague, élevée en face vers 1579, par le cardinal de Birague, le roi fit don à l'église de la petite place sur laquelle s'élevait la fontaine et qu'on appelait le cimetière des Anglais. La fontaine de Birague, reculée,

FONTAINE SAINT LOUIS, AU MARAIS.

fut reconstruite (1627), reconstruite encore une fois en 1707, et, jeunes écoliers, nous la vîmes huit ans, deux fois par jour, couler sous son distique latin, entourée de ses porteurs d'eau, lorsque nous entrions au collège Charlemagne ; bâtiments noirs qui avaient abrité les religieux jésuites de la maison professe, et dont la bibliothèque était devenue notre salle de distribution de prix.

Après la démolition de Saint-Paul, l'église Saint-Louis donna l'hospitalité au saint patron qui n'avait plus d'asile, et réunit le double titre de Saint-Paul-Saint-Louis.

LA BASTILLE

Au point de vue chronologique, ou selon la topographie, rien de plus simple qu'une notice sur la Bastille : — rien de plus compliqué, de plus délicat, au point de vue philosophique et politique de l'histoire, car la Bastille est à la fois un fait et un principe. Racontons d'abord le fait, commençons par le plan et les dessins de cette forteresse dont la célébrité a rempli le monde et qui, effacée du sol parisien, soulève encore

VUE DE LA BASTILLE (CÔTÉ NORD).

aujourd'hui plus de discussions et fait plus de bruit qu'au temps où elle se dressait vivante sur Paris et faisait feu de ses gros canons.

Une porte existait au xive siècle à l'extrémité de la rue Saint-Antoine et fortifiée, selon l'usage. Toutes les fortifications de ce genre se composaient, alors, de bastions ou bastilles, tours rondes ou carrées, avec fossés et ponts-levis ; l'enceinte de Philippe-Auguste n'était qu'une longue suite de murailles flanquées de tours et bastilles.

Charles V voulut donc élever une forteresse imposante, pour la défense de la ville
et de son propre palais de Saint-Paul, contre les incursions des Anglais, des Bourguignons ou des ennemis de tout genre qui, à chaque instant, se ruaient sur Paris, surpre-
naient un quartier mal défendu, le pillaient et s'enfuyaient emportant la proie. Il fit donc
reconstruire, sur un large plan, la bastille du Chatel Saint-Antoine, œuvre du prévôt
Marcel, et ce fut encore un prévôt de Paris, Hugues Aubriot, qui posa la première pierre
de la nouvelle Bastille, le 22 avril 1370. Dans le plan primitif, l'édifice se composait seulement de deux tours ; deux autres furent élevées quelques années après. Charles VI, en
1383, en construisit quatre autres. En totalité huit tours composèrent l'ensemble de la
forteresse avant le commencement du xv° siècle.

Le tracé de cet ouvrage représentait un parallélogramme allongé dont les deux
grands côtés regardaient, l'un le faubourg, l'autre la ville — quatre tours s'élevaient
sur chacun de ces côtés, de façon à fermer d'une tour chacun des quatre angles.

En 1553, ce massif fut soutenu d'un vaste travail de fortifications, qui consistaient en
une courtine flanquée de bastions et bordée de larges fossés à fond de cuve. La Bastille
était complétée.

Nous avons dit qu'elle fut d'abord une forteresse de guerre. Mais en ce temps-là, les
palais mêmes des rois étaient des forteresses, témoin le Louvre de Philippe-Auguste, et
cependant ils étaient demeure royale et aussi prison d'État, témoin toujours ce Louvre où
Philippe-Auguste se logea, où il put se défendre, et où, entre autres prisonniers, il enferma
un comte de Flandres, son vassal révolté. La Bastille, elle, ne logea pas nos rois, mais
elle soutint des sièges et elle garda des prisonniers, Aubriot notamment, le constructeur
de cette citadelle, qui y fut renfermé avant de comparaître devant la juridiction de l'évê-
ché de Paris, où, condamné comme renégat, il passa le reste de sa vie au pain et à l'eau
dans une basse fosse.

La Bastille fut assiégée et forcée par les Bourguignons en août 1418. Les Bourguignons, de connivence avec le peuple parisien, poursuivaient dans ce château les Armagnacs, partisans du roi, qui s'y étaient réfugiés ; on les en arracha pour les conduire au
Grand Châtelet, et la populace, les enlevant à leur escorte, les mit en pièces pendant le
trajet. Nous avons raconté les massacres.

Un autre siège, plus honorable pour Paris, fut soutenu à la Bastille, en 1436, par les
débris de la garnison anglaise qui s'y étaient enfermés. Ils furent contraints de se rendre
au connétable de Richemont, qui leur accorda la vie sauve, et loyalement les laissa se
retirer à Rouen.

On ne connaît plus, de Charles VII à la Fronde, d'autres faits de guerre auxquels la
Bastille ait été mêlée. Mais Louis XI l'utilisa comme prison. Il y fit enfermer, dans une

cage de charpentes boulonnées en fer, dont nous supprimons le détail, bien qu'il soit curieux et donne une haute idée de l'ingéniosité de ce roi dans ses vengeances, il y fit, dis-je, emprisonner, en 1475, Guillaume de Harancourt, évêque de Verdun, convaincu, comme La Balue, d'avoir, aux dépens de son maître, ménagé les intérêts du Téméraire. Louis XI fut impitoyable envers quiconque traversait ses projets, et peut-être en ces temps difficiles, n'eût-il jamais réussi à parfaire son œuvre, l'unité française, sans la ténacité féroce qu'il montra, sans la terreur que ses exécutions terribles inspirèrent aux tièdes et aux traîtres. On avait sitôt fait, alors, de trouver la frontière d'une enclave bourguignonne ou anglaise, derrière laquelle un sujet déloyal mettait sa trahison et sa tête à l'abri.

Ainsi s'était garanti le connétable de Saint-Pol, Louis de Luxembourg, quand ses menées furent découvertes, et qu'après avoir trahi à la fois le duc de Bourgogne et le roi de France, il fut livré à celui-ci par celui-là chez lequel il s'était réfugié, pris, conduit à la Bastille, où son procès fut instruit par le chancelier. La cour du parlement, devant laquelle il comparut, le condamna à la peine de mort, et il fut, le même jour (19 décembre 1475), décapité en place de Grève.

Deux ans après, la Bastille recevait un autre prisonnier non moins illustre par sa naissance : Jacques d'Armagnac, duc de Nemours, parent de Louis XI, comme le connétable de Saint-Pol, et que le roi, après lui avoir pardonné plusieurs défaillances et infidélités, avait comblé de bienfaits. Cependant, infidèle encore une fois, Jacques d'Armagnac se déclara pour les mécontents révoltés contre son prince, et accéda à la Ligue du Bien Public : le roi lui pardonna encore, mais le fit surveiller avec plus de soin, et acquit bientôt la certitude que ce caractère versatile et ingrat prenait part à de nouveaux complots. Il le fit arrêter, les armes à la main, dans son château de Carlat, conduire à Pierre-en-Cize, puis à la Bastille, où Louis XI, vainqueur, roi qui pouvait être justicier sans mériter un reproche, se changea soudain en bourreau, et, par les raffinements de sa cruauté, rendit odieux le juge et intéressant le criminel. Jacques d'Armagnac fut enfermé dans une cage de fer d'un pied et demi de longueur, où il ne pouvait ni se coucher ni s'asseoir, et on l'interrogea dans cette cage. Ses biens avaient été donnés d'avance ; d'avance il était condamné ; on le conduisit, de la Bastille aux Halles où, voulant se confesser, il fut mené dans une chambre tendue de noir ; son échafaud était tendu de noir également, et, dessous, ses deux enfants vêtus de blanc, tête nue et mains jointes, furent arrosés du sang de leur père ! Pareille vengeance dépassait en atrocité tous les crimes. Le père mort (4 août 1477), les malheureux enfants furent reconduits à la Bastille où ils languirent dans des cachots jusqu'à l'avènement de Charles VIII ; Louis XI s'était vengé jusqu'au dernier soupir.

Vers le milieu du xvi⁰ siècle, Anne Dubourg et Louis Faur, conseillers au Parlement, qui avaient parlé contre la religion catholique avec une éloquence véhémente et agressive, un jour de séance mercuriale, en présence du roi Henri II, furent conduits et enfermés à la Bastille : leur procès instruit, Henri II mourut, et les poursuites contre Dubourg se fussent ralenties sans l'insistance que mirent les Guises à pousser le procès, *dans l'intérêt de la foi.* François II régnait alors ; sollicité vivement par un prince palatin, en faveur d'Anne Dubourg, peut-être eût-il usé de clémence, mais par une coïncidence malheureuse, le président Minard, créature du cardinal de Lorraine, et l'un des juges les plus acharnés contre Dubourg, fut assassiné en sortant du Palais. Dubourg avait récusé Minard, mais en vain, et dit imprudemment : « On veut qu'il me juge, Dieu saura bien l'en empêcher. » Les Lorrains tout-puissants ne manquèrent pas d'exploiter ce te parole ; on trouva du rapport entre la menace et l'assassinat ; trois jours après, Dubourg ut condamné à mort, pendu en Grève, et brûlé le 20 décembre 1559.

Nous avons vu qu'Henri IV avait fait déposer ses millions dans la Bastille, mais il y envoya aussi des prisonniers. Le plus grand d'entre ceux-ci fut Charles de Gontaut, duc de Biron, maréchal de France, bien et dûment convaincu de trahison envers son roi et sa patrie. La Savoie et l'Espagne y étaient chacune pour quelque chose, Biron ayant promis au duc de Savoie et au comte de Fuentès, gouverneur du Milanais, d'abandonner le service de France, et même de livrer à ses ennemis la personne du roi. Cependant Henri informé de ces complots avait questionné amicalement Biron, et comptait, par la persuasion, le ramener dans son devoir ; mais le maréchal ne renonçait pas à ses criminels projets, et peut-être eussent-ils abouti, si l'Espagnol, se défiant, à son tour, d'un personnage aussi fourbe, et craignant de se trouver compromis par quelque révélation imprévue, ne se fût décidé à prendre les devants, à s'accuser lui-même près d'Henri, et à fournir toutes les preuves du complot, sans oublier le nom de ses complices.

Henri, encore incertain, ne pouvait se décider à croire Biron à ce point criminel ; ses services passés plaidaient pour lui dans le cœur magnanime du prince ; il voulut essayer encore d'attendrir Biron, d'exciter son repentir, et l'ayant fait venir au Louvre lui offrit un pardon complet, un oubli de père s'il avouait ses fautes et témoignait de vouloir les réparer. Biron, aveuglé par l'orgueil et entraîné par sa destinée, continua de nier avec hauteur et non sans récrimination. Henri, poussé à bout, fit arrêter le maréchal au sortir de sa chambre, et conduire à la Bastille d'où il ne sortit plus.

Jugé, condamné à mort, il fut exécuté dans la cour de cette prison le 31 juillet 1602. Biron ne pouvait croire que le roi en voulût à sa tête, et se flatta jusqu'au dernier instant de recevoir sa grâce. Cherchant à gagner des minutes, il s'agenouilla trois fois, les yeux bandés, puis se releva trois fois, puis, inquiet, demanda s'il n'y aurait pas miséricorde, et voyant qu'on ne répondait pas, entra dans un tel accès de rage qu'il menaçait d'étrangler tout le monde autour de lui. Enfin, un peu calmé par la promesse qu'on lui fit de ne point le toucher qu'il n'eût dit son : *in manus*, comme il s'était agenouillé encore, l'exécuteur saisit le moment et lui abattit la tête.

Après Henri IV, ses millions s'envolèrent de la Bastille avec une effrayante rapidité. La cour livrée aux Italiens et aux Espagnols, — le jeune roi, sous la tutelle de sa mère, n'était compté pour rien et ne pouvait rien, — la cour, dis-je, puisa si souvent et avec si peu de pudeur dans la réserve de la Bastille que la Chambre des comptes refusa, en 1615, d'autoriser tout enlèvement ultérieur de fonds. La reine-mère et le Grand Conseil ordonnèrent, par arrêt, que les clés du Trésor fussent remises au capitaine des gardes du roi ; le jeune roi fut obligé de venir en personne pour vaincre l'honorable résistance des contrôleur et trésorier général de l'épargne ; vainement ces deux fonctionnaires firent-ils remarquer qu'il y avait défense et qu'ils étaient responsables, il fallut obéir à la force. Il fut enlevé, de cette fois, 1,200,000 livres, et deux mois après, sans même avertir la Chambre, la reine et son conseil firent prendre 1,300,000 livres qui restaient.

Ainsi finirent les richesses si habilement amassées, ménagées si avarement par Sully, pour la gloire de son maître et la grandeur de l'État.

Nous trouvons, à l'année 1631, le nom d'un prisonnier qui n'était pas un traître celui-là, mais un spirituel et brave courtisan, maréchal de France, le joyeux Bassompierre. Trop dévoué au parti de la reine-mère, sa bienfaitrice et son amie, très tiède ami du cardinal de Richelieu qui ne lui pardonna pas cette tiédeur, Bassompierre fut enveloppé dans le filet des intrigues de cour, et plus ménagé que Marillac, il ne perdit que sa liberté. Tout le monde et lui-même crut à une brouille légère et de courte durée, le roi aimait ce bon soldat. Bassompierre attendait chaque matin son ordre d'élargissement. Mais le roi n'était pas le maître et le cardinal avait la rancune longue, *il oublia* le malheureux prisonnier dans la Bastille d'où celui-ci ne sortit qu'après la mort du cardinal duc. La délivrance de Bassompierre inspira le quatrain suivant qui n'est pas une poésie brillante, mais qui ouvre cette époque où l'opinion publique s'exhalait en des chansons :

> Enfin dans l'arrière-saison
> La fortune d'Armand s'accorde avec la mienne :
> France, je sors de ma prison
> Quand son âme sort de la sienne.

En 1650, Condé, le vainqueur de Rocroy et de Lens, animé de haine et de mépris contre Mazarin, premier ministre, et, sans avoir encore pris parti pour la Fronde, donnant l'exemple aux frondeurs de l'insubordination et de la révolte, fut arrêté au Palais-Royal et conduit, à la Bastille d'abord, puis au donjon de Vincennes, puis à Marcoussis et au Havre. Sa captivité dura treize mois, pendant lesquels il amassa tant de fiel et conçut tant de projets de vengeance, qu'il avouait plus tard « être entré innocen en prison, et en être sorti le plus coupable des hommes. »

Ce fut alors qu'il prit parti ouvertement pour la Fronde contre la cour, leva des troupes, livra plusieurs fois bataille aux troupes royales, notamment, en 1652, dans le faubourg Saint-Antoine, où la Bastille, au lieu de servir le roi, tira sur l'armée royale, et permit ainsi à l'illustre rebelle de s'abriter dans Paris. Mais il ne s'agit pour nous que de mentionner l'emprisonnement de Condé pour l'ajouter à cet historique succinct.

Nous voici arrivé au règne de Louis XIV, et sans parti pris, sans commentaires même, nous allons consigner le nom des principaux prisonniers que reçut la Bastille de 1652, époque de la majorité du roi, à 1715, époque de sa mort. Fidèle au plan que nous avons adopté pour cette notice, d'ébaucher l'histoire de la Bastille au double point de vue du fait et du principe, nous épuiserons l'un avant de passer à l'examen de l'autre, bien assuré que le lecteur comprendra notre réserve impartiale et tirera lui-même les conséquences de notre argumentation.

En 1661, Mazarin venait de mourir, et Louis XIV, âgé de 23 ans, avait déclaré qu'il ne prendrait plus de premier ministre et gouvernerait lui-même. Anne d'Autriche vivait encore. Le roi marié depuis un an allait être père. Le royaume en paix n'était pas riche, et Nicolas Fouquet, le magnifique et présomptueux surintendant, administrateur des Finances, était plus riche que le roi. Sa fortune, ses prodigalités étonnaient, elles donnaient au roi de l'ombrage, aux courtisans la plus basse jalousie.

Fouquet avait en ce moment l'honneur d'offrir au roi et à la reine-mère l'hospitalité de son château de Vaux : un domaine qui lui revenait à dix-huit millions et dont la splendeur éclipsait les châteaux royaux de Saint-Germain et de Fontainebleau. Fouquet déploya inconsidérément dans sa réception un luxe qui scandalisa la cour et humilia le souverain. Louis XIV se trouva insulté par tant de richesse ; on lui en représenta d'ailleurs les origines comme suspectes, et dans le premier moment de son irritation, il allait faire arrêter Fouquet chez lui, en pleine fête, sans les conseils et les prières de la reine-mère qui obtint un sursis. Le roi revint à Paris ; mais ce délai fut plus nuisible qu'avantageux au surintendant. L'acharnement de ses ennemis avait redoublé lorsqu'ils l'avaient vu ébranlé dans la faveur du maître. Le roi fut assailli de rapports, de confidences, de délations. En fouillant dans la vie publique, et surtout dans la vie privée de Fouquet, la cabale finit par trouver le point d'attaque, l'endroit sensible, et l'orage qui couvait éclata soudain lorsqu'on apprit au roi les tentatives et les offres qu'avait faites le surintendant pour obtenir les bonnes grâces de mademoiselle de La Vallière, de La Vallière dont le roi était secrètement mais passionnément épris. Cette accusation insignifiante et mal prouvée fut la goutte d'eau qui fait déborder le vase. Fouquet fut arrêté à Nantes et ramené à la Bastille ; on avait l'habitude, en France, de livrer périodiquement à la vengeance publique un surintendant des finances. Celui-ci fut condamné au bannissement, et le roi, aggravant la peine, la commua en une détention perpétuelle.

L'on sait comment, de la Bastille, Fouquet passa aux prisons des Iles Sainte-Marguerite, puis à Pignerol, où il mourut après dix-neuf ans de captivité.

Deux amis fidèles et courageux, dont ce sera l'éternel honneur, Pelisson et La Fontaine, défendirent de tout leur humble pouvoir le ministre disgracié, pour lesquels il avait été un maître doux et un protecteur généreux. Pelisson était premier commis de Fouquet, et ni les menaces ni les séductions ne réussirent à obtenir de lui un aveu à la charge de l'accusé. Il fut envoyé à la Bastille. On espérait lui arracher quelque secret par l'entremise d'un faux prisonnier, son compagnon de chambre, un espion allemand, qui jouait la simplicité avec beaucoup d'adresse. Pelisson devina l'homme, éventa le piège et se fit de l'espion un agent dévoué, par le moyen duquel il correspondait régulièrement avec Mlle de Scudéry, son amie, et lui faisait tenir trois mémoires composés par lui pour la défense de Fouquet, et dont l'éloquence convaincue produisit dans le public un effet des plus favorables.

Ainsi réussit-il à gagner l'intérêt général et l'estime même de Louis XIV, qui commença par faire lever le *secret* imposé au prisonnier, et finit par lui rendre la liberté.

Quant à La Fontaine qu'on n'avait pas craint au point de l'emprisonner, si tant d'œuvres inimitables ne lui eussent acquis l'immortalité, il l'eût gagnée par la noble hardiesse avec laquelle il tenta de fléchir Louis XIV en faveur de Fouquet, dans la touchante supplique des Nymphes de Vaux.

Au début de la fameuse question des Jansénistes, Lemaistre de Sacy, directeur de Port-Royal, fut mis à la Bastille avec deux de ses amis, Nicolas Fontaine et Thomas de Fossé. On l'avait enfermé dans la Tour du Coin (1666). Il y composa la célèbre traduction de la Bible qui porte son nom, et en sortit, libre, le 31 octobre 1669.

Le fameux duc de Lauzun, prétendu, quelques-uns disent mari, de la fameuse Mademoiselle, cousine du roi, contre lequel elle avait fait tirer le canon de la Bastille, Lauzun qui avait manqué de respect au roi, fut envoyé à la Bastille et de là dans plusieurs autres prisons, d'où il revint sans jamais être revenu à résipiscence. A la Bastille aussi le chevalier de Rohan, très grand seigneur, mais de ceux qui gaspillent leur vie et leur honneur sans laisser après eux la mémoire d'une action bonne, ni même éclatante. Il était tombé à ce point, perdu de dettes et de vices, qu'après avoir été grand veneur de France, une des hautes charges de la couronne, et colonel des gardes — presque un maréchal de France — il se mit à conspirer avec un certain aventurier perdu aussi de débauche et de misère qui le persuada de l'aider à livrer la Normandie aux Hollandais ! Ce complice, que le chevalier de Rohan avait accepté pour chef, s'appelait La Treaumont ou Truomont, ancien capitaine dont la conscience n'était pas chatouilleuse, et ils s'étaient associé, pour cette entreprise insensée, un jeune officier, de Préaulx, une marquise, sa maîtresse, femme équivoque, et un maître d'école hollandais nommé Van-den-Enden. Découverts ou trahis, peut-être par leurs extravagances, ces malheureux, vrais personnages d'un roman d'aventures, furent arrêtés ; le capitaine se fit tuer les armes à la main. Les autres, ayant été mis à la Bastille, — il eût été plus raisonnable de les confier à une maison de fous — le chevalier de Rohan, la marquise et de Préaulx eurent la tête tranchée devant la Bastille ; le Hollandais fut pendu, 27 novembre 1674.

Je trouve, à la date antérieure de 1663, l'entrée à la Bastille d'un sieur de La Basinière, trésorier de l'Epargne ; on suppose qu'il fut enfermé dans la Tour, qui, par suite, et sans qu'on en sache le motif, s'appela de son nom : Tour de la Basinière. Cette même année entra un prisonnier, le sieur de Guénégaud, aussi trésorier de l'Epargne, arrêté *pour l'affaire de M. Fouquet.*

Les ordres d'incarcération signés : Le Tellier, le maréchal d'Estrées.

Négligeons nombre de prisonniers obscurs ou criminels vulgaires.

Nous arrivons, en 1698, à l'histoire du Masque de fer, ce personnage mystérieux resté inconnu jusqu'à nos jours, et qui le sera probablement à jamais. Chacun sait par cœur sa légende que notre devoir est de rappeler en peu de mots.

On vit cette année-là, le 18 septembre, arriver à la Bastille un nouveau gouverneur, M. Bénigne d'Auvergne de Saint-Mars. Il amenait avec lui, en litière, des îles Sainte-Marguerite, son ex-gouvernement, un prisonnier dont le visage était couvert d'un masque qu'il ne quittait jamais, même en cas de maladie, devant le médecin chargé de le soigner. Ce masque était de velours noir, et les amis du merveilleux prétendirent, non seulement qu'il était de fer, comme un casque, mais à ressorts d'acier pour qu'il pût manger avec. Ce prisonnier, contre lequel des ordres exceptionnellement rigoureux avaient été donnés au gouverneur, était un homme de belle taille, que tout le monde traitait avec le plus grand respect, et devant qui le gouverneur lui-même restait debout. On assure que Louvois, l'ayant visité, ne s'assit pas non plus en sa présence. Le personnage, objet de tant de distinctions, ne devait communiquer avec âme qui vive ; l'ordre était donné de le tuer s'il parlait. Il mangeait avec le gouverneur dont le couvert, à table, était accompagné de deux pistolets. Des prisonniers logés au-dessus de lui, l'ayant interrogé par le tuyau de la cheminée pour savoir son nom et la cause de son emprisonnement, il aurait répondu que cet aveu lui coûterait la vie ainsi qu'à ceux auxquels il aurait révélé son secret. Il habitait la troisième Bertaudière, c'est-à-dire la troisième chambre dans la tour de ce nom.

Cet inconnu, dit la légende, aimait passionnément le linge fin, les dentelles, toutes les recherches de l'élégance, et on fournissait amplement non seulement à ses besoins, mais à ses fantaisies. Il passait le temps étendu sur des coussins, à lire et à jouer de la guitare. Doux et silencieux, jamais il ne s'était plaint. Entré à la Bastille en 1698, il y mourut presque sans maladie et sans souffrance en 1703, le lundi, 19 novembre, à dix heures du soir et fut enterré le lendemain dans le cimetière Saint-Paul, en présence du major et du chirurgien en chef de la Bastille, comme le dit l'extrait des registres de sépulture de l'église royale et paroissiale de Saint-Paul à Paris.

Il avait été déclaré sous le nom de Marchialy. Voici l'extrait :

« L'an mil sept cent-trois, le dix-neuf novembre, Marchialy, agé de quarante-cinq ans ou environ, est décédé dans la Bastille — duquel le corps a été inhumé dans le cimetière de Saint-Paul, sa paroisse, en présence de MM. de Rosarges, major, et Reilh, chirurgien-major de la Bastille qui ont signé. »

A la mort de ce malheureux, l'ordre fut donné de brûler tout ce qui avait été à son usage, linge, habits, matelas ; on gratta et reblanchit les murs de sa chambre, on en leva tous les carreaux pour s'assurer qu'il n'y avait caché aucun billet ou inscrit aucune révélation. Ces détails sont authentiques, mais la légende ajoute ceci : le lendemain de son enterrement, une personne curieuse de pénétrer le mystère, avait engagé le fossoyeur à déterrer le mort et à le lui montrer. Ils ne trouvèrent qu'un caillou à la place de la tête.

L'inconnu demeura et demeure encore inconnu. Toute l'Europe essaya de deviner la sinistre énigme. Tous les historiens, tous les souverains, toute la noblesse de France cherchèrent le mot. Évidemment ce prisonnier à la Bastille était quelqu'un de grand puisqu'on avait pour lui tant d'égards. Or, à l'époque de son emprisonnement, personne de grand ne disparut en Europe. Les uns ont prétendu que Marchialy était un frère jumeau de Louis XIV, d'autres croient que c'était le duc de Beaufort, d'autres penchent à soupçonner que ce fut le jeune duc de Vermandois, fils naturel du roi et de La Vallière ; d'autres ont nommé le duc de Monmouth, fils de Charles II et de Lucie Walters. Plus récemment on a cru pouvoir prouver que cet inconnu était un patriarche arménien du nom d'Arwedick, ou bien un ministre du duc de Mantoue, Matthioly ; on a nommé Fouquet, Lauzun, mais plutôt dans le roman que dans l'histoire : on a tout supposé, enfin, on a tout dit, tout écrit, et pour rien.

Parmi le grand nombre de prisonniers sans importance incarcérés comme soupçonnés *d'espionnage, de filouterie, de libertinage et d'avoir tenu des propos insolents contre le roi,* nous avons à mentionner Constantin de Renneville, entré à la Bastille en 1702. Son écrou porte : « transféré à Lille, arrêté à Versailles et conduit à la Bastille par deux hoquetons. » Le ministre de Torcy avait reçu de Hollande des renseignements sur Renne—

ville qui l'autorisaient à le regarder comme espion des puissances étrangères. On l'arrêta, on le garda prisonnier jusqu'en 1713, et, mis en liberté, il fut banni de France. Ce fut alors qu'il écrivit, pensionné de George Ier, roi d'Angleterre, son histoire de l'*Inquisition française*, livre qui obtint un grand succès de curiosité en Europe, par les détails inédits qu'il renfermait sur la vie des prisonniers de la Bastille, et les secrets de cette fameuse prison d'État. Ce livre est en effet curieux, et à travers toutes ses exagérations et inexactitudes, il est empreint d'une couleur locale qui rend sa lecture attrayante comme un roman *vécu*, ainsi qu'on dit aujourd'hui. Le fait est que Renneville vécut onze ans à la Bastille, et en habita plusieurs chambres successivement. Il y passait même son temps sans autre privation que celle de sa liberté, lorsque ses liaisons avec le comte du Bucquoy, son compagnon de captivité qui s'évada, et dont on l'accusa d'avoir favorisé la fuite, l'ayant rendu suspect aux officiers de la Bastille, on usa envers lui d'une extrême rigueur ; il passa d'une chambre au cachot où il faillit mourir et souffrit cruellement jusqu'à sa libération.

L'écrou des prisonniers durant les dernières années du règne de Louis XIV porte en général ces motifs : « poison, libelles, abus et malversations ; transfuges, espions, jansénistes ; écrivains hardis et prêtres mariant clandestinement. »

Les huit tours de la Bastille s'appelaient : du Coin, de la Chapelle, du Trésor, de la Comté, regardant le faubourg ; du Puits, de la Liberté, de la Bertaudière, de la Basinière, regardant l'intérieur de Paris. L'entrée de la forteresse était située à droite entre les deux tours de la Comté et de la Basinière. Le pont-levis franchi, on avait en face de soi la grande cour, puis, après, une cour moins grande : celle du Puits. Un chemin de ronde enveloppait toute la place extérieurement aux fossés. Au-delà, sur le Bastion, étaient la promenade et le jardin.

Le service de la forteresse prévoyait tous les cas, depuis l'écrou jusqu'à la sortie des vivants ou des morts, et le règlement, très sévère comme tous ceux d'une place forte, ne contenait rien qui excédât les limites de la justice et blessât les droits de la charité. Il y était notamment accordé toute autorisation pour les soins de la santé du prisonnier comme pour les besoins de son âme ; médecin, confesseur fonctionnaient en permanence et habitaient la Bastille.

L'ordinaire de la prison, de l'aveu même de Renneville et du fougueux Linguet, ne laissait rien à désirer. Le roi payait par jour pour l'entretien d'un détenu une allocation proportionnée à l'importance, à la qualité, comme on disait alors, de celui-ci. Pour un homme de bas étage : un écu ; pour un bourgeois, un légiste : cent sols ; pour un prêtre, un financier, un juge ordinaire : 10 livres ; un conseiller au Parlement : 15 livres ; un lieutenant général des armées : 24 ; un maréchal de France : 36. Au prix courant des choses en ce temps-là, le tarif était honnête, et plus d'une fois, en lisant Renneville qui se complaît dans la description de ses repas, on a pu remarquer que la chère était copieuse, et le vin très acceptable, souvent choisi.

Avec la fin du règne, finit pour nous cette histoire de la Bastille à laquelle, nous le répétons, il ne faut demander que la mention des faits principaux et l'interprétation d'une gravure. Après Louis XIV, le caractère de cette prison s'accentue, et le gouvernement de plus en plus personnel, de moins en moins moral, verse dans un absolutisme que servent, en l'exagérant, et souvent à contre-cœur, les fonctionnaires et officiers éperdus, égarés par des influences inconnues du temps de Louis XIV. Ce qui était alors de la grande politique devient de la mesquine intrigue, et les hautes volontés du grand roi, dictées le plus souvent par la conscience et le sentiment de la dignité royale, tout, jusqu'aux sévérités de cette monarchie responsable devant Dieu, mais qui ne voulait rendre de comptes qu'à Dieu, toute cette majesté redoutable se transforme en une susceptibilité tracassière : la lumière ne venant plus d'en haut, le pouvoir incertain frappe les peccadilles comme des crimes, et les châtiments ne sont plus compris quand l'exemple a disparu.

Oui, cette Bastille était un fait, mais en même temps un principe. Ceci expliquait cela, et le justifiait peut-être. Il ne faut demander aux temps que ce qu'ils contiennent, et le comble de l'injustice et du ridicule même, c'est de reprocher au xvi.ᵉ siècle d'avoir ignoré le xviiiᵉ. Quel rapport peut-on chercher entre le gouvernement d'un seul, qui peut tout et possède tout, et le gouvernement de tous qui ne peuvent rien quoique tout leur appartienne? Est-ce qu'un semblable gouvernement exista jamais en France avant la fin du xviiiᵉ siècle? N'existait-il pas, au contraire, une monarchie transmissible, inaltérable pour ainsi dire, dans sa pérennité, une monarchie souveraine, accordant arbitrairement des privilèges, mais possédant essentiellement le pays? Est-ce qu'on ne disait pas : les armées du roi? les vaisseaux du roi? les finances, les conseils, les provinces, les villes, les sujets du roi? Était-ce bien là, oui ou non, le régime légué aux rois de France et consenti par la nation? Connaissait-on une loi, une coutume même, qui donnât au sujet le droit de discuter son souverain légitime? Et Louis XIV fut-il démenti, lorsqu'il répondit au Parlement : l'État, c'est moi !

Cela est illogique, hors nature, énorme, je n'y contredis pas ; on a changé cela, je m'en réjouis ; mais enfin, ces conditions constituaient-elles, oui ou non, le contrat passé entre le prince et la nation, et le roi était-il le maître dans son royaume? Qui donc oserait dire non ?

En ce cas, pourquoi demander aux siècles précédents ce qui n'était pas créé, ce qu'ils ne soupçonnaient pas encore? Pourquoi blâmer Philippe-Auguste et saint Louis, et Henri IV et Louis XIV, de n'avoir pas agi en rois constitutionnels? Cette faute est commune à la plupart des historiens modernes, qui jugent le passé au point de vue du présent. Elle obscurcit et dénature les choses, les figures et les caractères, en sorte que nous ne trouvons plus guère de vérité que dans le récit des contemporains, qui, s'ils manquent parfois d'impartialité quant au détail, ne se trompent et ne nous trompent jamais sur l'ensemble, parce qu'ils ne voyaient et ne jugeaient hommes et choses que selon la morale générale, les intérêts et la politique du temps.

L'ancienne monarchie, limitée seulement aux lois de la conscience et de l'honneur, n'avait pas, pour unique devoir, de garantir ou d'étendre les frontières, d'assurer l'indépendance et la prospérité de l'État, de maintenir la paix ou de déclarer la guerre. Elle était, ou devait être, gardienne de la religion, des mœurs publiques et particulières ; sa surveillance s'étendait partout où s'étend l'action du père de famille, car les sujets sont la famille du souverain. Cette forme du gouvernement monarchique pouvait donc revendiquer tous les privilèges de l'autorité paternelle, et en exercer les droits. En ce temps-là, toute personne opprimée, toute victime disait : Si le roi le savait ! Et le roi cherchait à savoir et voulait savoir. Cela lui était permis, cela lui était enjoint. De là cette ingérence du pouvoir royal dans les affaires et dans les secrets de tous. De là, par contre, tant de récriminations, d'attaques et d'accusations contre le despotisme, l'espionnage et les abus du gouvernement des rois. On oublie que l'honneur et l'intérêt du père consiste non pas seulement à punir le mal commis dans la famille, mais à le prévenir, mais à le cacher, à l'ensevelir dans le plus profond secret lorsqu'il a été commis, et à sauver de l'infamie le nom de toute une race en sacrifiant un seul coupable.

J'en ai dit assez pour faire comprendre le véritable sens du gouvernement monarchique, ses agissements dans une foule de circonstances, et pour démontrer que, confié à des mains loyales et chrétiennes, l'exercice du pouvoir discrétionnaire des rois était une œuvre de conscience, légitime, nécessaire, une des forces et un des bienfaits du principe lui-même. Donc, en ces temps, et sous ce régime, la Bastille avait sa raison d'être, comme moyen et comme instrument de paix privée et d'utilité publique.

Serait-ce que l'auteur de ces lignes ignore ou approuve et veuille excuser tout ce que ces sombres murailles étouffèrent d'erreurs, de vengeances odieuses, de criminels abus de la force, et qu'il regrette le temps des lettres de cachet ? A Dieu ne plaise ; et la plume qui écrit ceci a fait ses preuves au service de la liberté. Échauffée par la jeunesse et le sentiment qui sont de dangereux inspirateurs pour un historien, cette plume écrivit autrefois plusieurs pages d'une histoire de la Bastille où respirait la haine de l'injustice poussée jusqu'à l'injustice même. Mais la jeunesse sent et ne sait pas, il faut lui pardonner le mal qu'elle fit par amour du bien. Calmé par l'expérience de la vie et l'étude des choses, si l'on aime toujours la liberté, on veut la connaître et la préciser de telle sorte qu'il soit impossible à l'esprit de confondre cette liberté avec un despotisme tout particulier qui lui ressemble.

« En effet, dit Montesquieu, il n'y a point de mot qui ait reçu plus de différentes significations et qui ait frappé les esprits de tant de manières que celui de liberté. Les uns l'ont prise pour le droit d'être armés et de pouvoir exercer la violence. Ceux-ci ont attaché à ce nom une forme de gouvernement et en ont exclu les autres. Enfin chacun appelle

liberté ce qui est conforme à ses coutumes ou à ses inclinations, » ou à ses intérêts.....
Or la liberté qu'on n'a pas coûte cher à acquérir, et il arrive toujours un moment où l'on
se demande si le gain est en proportion des sacrifices.

Plus que toute nation, la France en a fait l'épreuve; ce fut au nom de la liberté qu'on
renversa la Bastille en 1789 : au nom de la liberté que les vainqueurs, français, après
une capitulation honorable, égorgèrent les vaincus français. Ce fut au nom de la liberté
que, trois ans après la chute des tyrans et la démolition de leur forteresse, au lieu
d'une prison il y eut dix mille cachots en France, et qu'au lieu des sept détenus
trouvés dans la Bastille, il y eut cent mille prisonniers innocents, femmes, enfants et
vieillards dont on prit la liberté, les biens et la vie, au nom de la liberté!

Et c'est pourtant sur cette idée chimérique, ajoute Montesquieu, qu'on fait des livres
et qu'on établit des systèmes.

Ce quartier de Saint-Antoine contenait en outre :

1 barrière des huissiers et sergents à verge, rue Saint-Antoine, vis-à-vis les Jésuites;
1 boucherie; 10 étaux, rue Saint-Antoine, vis-à-vis la rue Saint-Paul; 1 bureau ou laissez-
passer de la Porte Saint-Antoine, pour les laissez-passer de Reuilly, la Croix Faubin
et Piquepuce; 1 château, de la Bastille rue Saint-Antoine; 2 communautés de Filles :
les Filles de la Croix, cul-de-sac Guémenée; les Sœurs de la charité pour le soulagement
des malades et l'Institution de la jeunesse; 4 couvents et congrégations : du Petit Saint-
Antoine, de Sainte-Catherine, chanoines réguliers de Sainte-Geneviève, rue Couture
Sainte-Catherine; des Jésuites dit de Saint-Louis, maison professe, rue Saint-Antoine;
les Minimes dits de la Place Royale, rue des Minimes; 2 couvents de filles : les Annon-
ciades célestes (filles bleues), rue Couture Sainte-Catherine, les Ursulines dites de
Sainte-Marie, rue Saint-Antoine; 1 grand boulevard et cours de la ville, de la Porte
Saint-Antoine à la rue Neuve-Saint-Gilles; 10 égouts : 2 rue Saint-Antoine; Jean
Beausire, rue des Égouts, rue Neuve-Sainte-Catherine, rue de l'Écharpe, rue du
Foin, rue des Minimes, rue du Parc-Royal, rue Vieille-du-Temple; 3 fontaines publiques : de Sainte-Catherine vis-à-vis les Jésuites; de Saint-Louis, rue Saint-Louis;
de la Porte de l'Arsenal, adossée aux échoppes du château de la Bastille; 2 hôpitaux :
de la Charité des femmes, rue du Foin, près la Place Royale; des Filles Saint-Gervais,
vieille rue du Temple; 11 hôtels considérables : d'Angoulême, rue Pavée; d'Argenson,
cul-de-sac, vieille rue du Temple; de Beauvais, rue Saint-Antoine; de Carnavalet, rue
Couture Sainte-Catherine; d'Effiat, ou Pelletier, vieille rue du Temple; d'Estrées, rue
Barbette; de la Force ou Saint-Pol, rue du Roi-de-Sicile; de Mayenne, rue Saint-

Antoine ; de Sully, id. ; de Tresmes, rue du Foin ; de Vitry, rue des Minimes ; 1 marché,
au pain tous les mercredis et samedis et pour toute sorte de vivres, rue Saint-Antoine,
vis-à-vis la rue Saint-Paul ; 2 passages, tous deux rue Saint-Antoine, l'un vis-à-vis l'hôtel
Sully, allant aux charniers, cloître et église Saint-Paul, rue Saint-Paul ; l'autre passant
devant la Porte du pont-levis de la Bastille, se rend dans l'arsenal, et en traversant toutes
les cours, aboutit au Quai des Célestins ; 3 places publiques : de la Bastille, où aboutissent les rues des Tournelles, Jean Beausire et Saint-Antoine ; des Jésuites, où
aboutissent les rues de la Couture-Sainte-Catherine, de Saint-Antoine et des Égouts ;
de la Place Royale, où aboutissent les rues Royales, de l'Écharpe, du Pas de la Mule
ou des Tournelles, du Parc royal, ou chaussée des Minimes, où se font les publications
de paix ; 1 porte ou arc de triomphe : de la Porte Saint-Antoine avec sa demi-lune qui
sépare la ville des faubourgs ; 856 maisons ; 29 rues et 4 culs-de-sac ; 329 lanternes ;
voirie pour la décharge des immondices et boues de ce quartier, hors la Porte Saint-
Antoine, du côté gauche de ladite porte.

XVIE QUARTIER. — DE LA PLACE MAUBERT

LA PORTE SAINT-BERNARD

E fut primitivement une des portes de Paris ouvertes dans la muraille de Philippe-Auguste. Elle prit son nom d'un couvent des Bernardines, situé dans le voisinage. Lorsqu'on la reconstruisit en 1670, ce fut aux frais de la Ville qui voulait offrir au roi un témoignage de sa reconnaissance. C'est le cas de faire remarquer avec quel empressement, à cette époque, la ville de Paris témoignait de ses sentiments, non pas de respect ni même d'admiration, mais d'idolâtrie pour son roi. Qu'on en juge.

Le roi, ou plus certainement un contrôleur des Finances, un ministre peut-être, avait déchargé la Ville d'un léger droit de péage sur une denrée quelconque dont les arrivages se faisaient par la Porte Saint-Bernard. L'édilité, prévôt des marchands en tête, au lieu de restaurer purement et simplement la Porte ancienne, la transforme en arc de triomphe à la gloire du roi ; commande les plans de l'édifice à l'excellent architecte Blondel qui compose le dessin d'un arc monumental, dans le goût de tous ceux que

LA PORTE SAINT-BERNARD

Paris possédait ou posséda depuis, et qui se composait de deux baies, d'égales proportions, séparées par une pile ornée de cannelures pareilles à celles des deux jambages de l'édifice, le tout surmonté d'un attique en forme de piédestal régnant sur l'entablement soutenu par une corniche. Aux deux faces de cette porte, des bas-reliefs de Baptiste Tuby dont l'un, du côté du faubourg, représente le roi habillé en divinité antique, marine, avec la perruque de l'époque. toujours, le roi, dis-je, qui gouverne un esquif voguant à pleines voiles, et symbolisant ainsi la richesse et le bonheur destinés à ses sujets personnifiés par diverses figures nues, qui acclament la divinité, soit du rivage soit du milieu des flots, et nagent ainsi dans la prospérité.

Et pour comble d'enthousiasme, on lisait dans l'attique l'inscription que voici : Au roi Louis-le-Grand, notre Providence, le préfet et les édiles ont élevé ce monument l'an MDCLXXIV.

Sur la face du côté de Paris, autre bas-relief, représentant le roi qui répand encore l'abondance sur ses sujets, toujours en tenue antique et au-dessous : « Au roi, etc., pour l'abondance qu'il donne. » Le tout pour quelques deniers en moins à payer sur l'octroi.

Et l'on s'est étonné de la confiance que Louis XIV avait prise en lui-même, et de sa sérénité parmi ces tourbillons d'encens et ces décorations d'apothéoses. En vérité, ce prince m'a souvent paru de meilleur goût que ses adulateurs, et si l'on peut s'étonner de quelque chose, c'est qu'il ait conservé jusqu'à la fin son sang-froid et sa raison. Que d'empereurs sont devenus fous à moins et se sont figurés qu'ils étaient dieux !

Ce petit monument de la porte Saint-Bernard, créé par le zèle des échevins parisiens, fut gâté par leur parcimonie. Ils voulurent absolument que l'architecte conservât, dans l'épaisseur du massif, des chambres inutiles dont l'existence détruisait complétement l'harmonie et le style de l'édifice. Blondel s'en est plaint dans son cours d'architecture, et en repousse la responsabilité.

A force de bâtir à Paris des portes triomphales, toutes en arc, et décorées des mêmes figures et des mêmes emblèmes plus ou moins diversifiés par le sculpteur, on en fût arrivé à ne pouvoir plus entrer dans la ville ou en sortir sans passer sous un Louis XIV, en Hercule, en Apollon, en Jupiter tonnant ou en fleuve. C'est ce que sentit le roi avec son bon sens et son tact parfait, et voilà certainement pourquoi il renonça au bel arc de triomphe que Perrault avait composé pour le rond-point du faubourg Saint-Antoine, l'un des plus nobles dessins de porte qu'on eût vus, mais au sommet duquel planait un Louis XIV à cheval. Le roi eut tort cette fois. Perrault, homme de goût, l'avait habillé en gentilhomme français, et la coiffure était bien à sa place, et le grand roi, tête nue, botté, le bâton de commandement appuyé sur sa hanche, se découpait noblement sur le fond du ciel, au-dessus des lions rampants sous les pieds de son beau cheval.

L'ABBAYE DE SAINT-VICTOR

C'était une des plus anciennes maisons religieuses de Paris, et elle devint une des plus célèbres par la rigueur austère de sa règle, par le mérite et les vertus de ses illustres habitants.

Comme la plupart des monastères et des églises en France, cette fameuse abbaye

ÉGLISE DE L'ABBAYE DE SAINT-VICTOR

avait eu de modestes commencements. On parle d'un simple oratoire sous l'invocation de Saint-Victor qui aurait existé au xe siècle sur l'emplacement de la future abbaye ; cette maison soutenue par les libéralités du roi Louis VI, le Gros, parvint rapidement à la richesse et aux honneurs ; mais avant d'être dotée ainsi, elle dut sa grande renommée au célèbre Guillaume de Champeaux, maître à l'école épiscopale de Paris, théologien, philosophe et savant de premier ordre, qui se retira dans la petite église de Saint-Victor avec quelques disciples, et y jeta les fondements de cette école fameuse où se formèrent les maîtres éminents de l'enseignement parisien.

Guillaume de Champeaux, ainsi appelé du nom de son village natal, de Champeaux en Brie, était fils d'un pauvre paysan, et s'éleva par son application et sa science au rang d'archidiacre, et de chef de l'école de Paris, où ses leçons de théologie, de dialectique et de rhétorique attiraient de tous pays un nombre considérable d'auditeurs. Longtemps il fut un maître sans égal, et vénéré de ses disciples; mais l'un d'eux, esprit vaste et remuant, qui jamais ne put souffrir ni supérieur ni rival, et semble n'avoir vécu que pour son malheur et celui des autres, Abailard, de disciple devint émule, d'émule détracteur acharné. Il s'attacha pas à pas à son maître, le harcelant de discussions et de controverses, cherchant à l'embarrasser chaque jour dans des difficultés nouvelles, et bien plus épris de renommée que de science, appliqua toutes les ressources de son génie fécond en subtilités, à briller aux dépens de Guillaume, à l'humilier, à éloigner de lui ses auditeurs, et il y parvint. Le maître, sentant la confiance s'éloigner de lui, voyant les vides s'élargir de jour en jour dans son école, tandis que la foule se pressait aux leçons d'Abailard, triste et découragé, céda la place à son rival et chercha dans l'ombre du cloître de Saint-Victor sinon le repos, du moins le silence et l'obscurité qui conviennent aux vaincus. Il y prit l'habit des chanoines réguliers, leur apportant, à défaut d'une gloire éclipsée, les vertus, l'humilité, la science profonde et vraie d'un sage et d'un chrétien. C'est à ce moment que l'abbaye de Saint-Victor fut fondée par une charte de Louis le Gros, à la date de 1113, dans laquelle ce prince déclare vouloir doter des chanoines réguliers du bienheureux Victor. En effet, comme le fait observer judicieusement l'historien, M. de Gaulle, Saint-Victor n'était pas une abbaye, mais une maison de chanoines, auxquels, comme ils vivaient en communauté, soumis à une règle, on put donner le nom de religieux, et à leur maison le titre d'abbaye.

Donc Louis le Gros leur donna des prébendes, des terres; le connétable Mathieu de Montmorency, l'évêque de Paris, les chanoines de Sainte-Geneviève-du-Mont, le chapitre de Notre-Dame de Paris, imitèrent la libéralité du roi, et non seulement fondèrent, mais enrichirent la nouvelle abbaye. Louis le Gros fit plus, il leur accorda le privilège de choisir un abbé, sans recourir à son autorité, faveur que confirma le pape Pascal II. Guillaume de Champeaux eût été le premier abbé de Saint-Victor, on lui déférait cet honneur; il le refusa et fit nommer son disciple Hilduin, alors confesseur du roi.

Mais cette vie d'étude obscure et de pieuse contemplation commençait a peser au maître brillant qui se rappelait tant de triomphes et d'applaudissements passés. On lui reprochait son oisiveté, on lui montrait l'école de Paris pleine de bruit et de doctrines fastueuses; mais menacée de décadence par l'abus du sophisme et des arguties.

L'amour de la lutte reprit le vieil athlète. On le poussait vers son ancienne chaire, il s'y laissa conduire, et reprit ses fonctions de maître public à Saint-Victor.

Aussitôt qu'il eut reparu, et que le bruit de son enseignement pur, de sa solide méthode, de sa virile éloquence eut de nouveau ramené l'attention publique, Abailard, comme s'il n'eût pu souffrir que cet exilé volontaire rentrât, que ce prétendu mort ressuscitât, l'orgueilleux et vindicatif Abailard reparut aussi, et recommença ses attaques. Virgile nous a montré le vieil Entelle, poussé au combat contre Darés, son jeune émule, et vieillard sublime, écrasant le jeune fanfaron ; mais dans la lutte d'Abailard contre Guillaume de Champeaux, le jeune homme fut vainqueur et triompha bruyamment, brutalement. Il avait attaqué son maître sur la fameuse question des universaux qui passionnait alors l'école, et il le força de s'avouer vaincu et de se rétracter en public.

Toutefois il ne put le contraindre à la retraite. Le temps était passé du découragement ; Guillaume de Champeaux conserva sa chaire, et aussi la réputation du plus profond philosophe, du plus disert orateur religieux du siècle. Cette solidité d'une renommée désormais inébranlable désespérait Abailard qui, par ses sarcasmes, ses diatribes, ses violences, ne laissa ni repos ni trève à son adversaire jusqu'à ce qu'il eût renoncé à des polémiques acerbes et indignes de tels rivaux. Guillaume, en vrai chrétien, céda, se retira et, nommé évêque de Châlons-sur-Marne, dédaigna la gloire telle que la comprenait Abailard ; content d'être seulement un apôtre, il prit l'habit de Cîteaux sous lequel il mourut en 1121.

L'éclat de pareilles joutes avait fait de l'école de Saint-Victor la première de France. Saint Bernard, de sa retraite de Clairvaux, applaudissait aux talents de leurs maîtres dont son austère sagesse avait adopté les doctrines. Il prit en telle affection la maison de Saint-Victor qu'il y venait chaque année passer quelques semaines ; il y avait laissé sa *coule* (capuchon et petit manteau des Bernardins) en signe de prise de possession amicale. A ce moment l'école était aussi brillante que jamais. Hughes de Champeaux, Hugues de Saint-Victor, surnommé le saint Augustin du siècle, Richard de Saint-Victor et d'autres, joignaient, au mérite d'une vie pénitente et retirée, tous les dons de l'éloquence, une vaste érudition, une souveraine autorité sur les écoliers, sur les maîtres et religieux de toutes congrégations, et sur le peuple, conquis par la pureté de leurs mœurs et leurs travaux, si désintéressés qu'ils semblaient dédaigner même la gloire. Leur renommée emplissait toutes les provinces de l'univers. *Non est angulus orbis christiani in quo Victorinorum congregatio se non dilataverit.* En 1225, cette abbaye possédait quarante maisons dans le royaume de France.

L'abstinence et la simplicité de ces chanoines les éloignant de toutes manifestations extérieures, jamais ils ne firent de processions hors de leur enclos. Aucun d'eux n'accepta de cure à l'intérieur de la ville, pour éviter tout prétexte aux dissipations. La maison, étroitement liée à la cathédrale de Paris, en observait les usages et pratiquait les rites. Le chapitre de Notre-Dame y faisait des stations en divers temps de l'année, notamment au jour de saint Victor, et les évêques de Paris avaient, à Saint-Victor, un appartement où ils venaient en retraite et demeuraient plusieurs jours. Réciproquement, les abbés de Saint-Victor, après leur élection, allaient recevoir la bénédiction épiscopale à Notre-Dame; la maison y envoyait, à de certaines époques, un de ses chanoines pour célébrer la messe, et avait un haut vicaire résidant à Notre-Dame en son nom, et remplissant, pour l'abbé, auprès de l'évêque, les fonctions de prêtre-cardinal.

C'est cette affection, cette estime ressenties par les plus hauts dignitaires de l'église parisienne pour la maison de Saint-Victor qui peuvent expliquer pourquoi ceux-là ont souvent désigné Saint-Victor pour le lieu de leur sépulture. Ainsi, l'illustre évêque de Paris, fondateur de Notre-Dame, Maurice de Sully, mort en 1196, Étienne de Senlis, Guillaume d'Auvergne, Guillaume de Chanac (1348) et tant d'autres archevêques et prélats furent-ils inhumés à Saint-Victor, préférant ses caveaux à ceux de leur église épiscopale.

Charles VII contribua libéralement à la réparation de l'église Saint-Victor, en 1443; mais, à l'exception du portail, de la crypte souterraine et du clocher que l'on conserva, l'édifice fut reconstruit entièrement sous François Ier en 1517. Le style était un gothique altéré par le mélange d'une prétendue correction, très contestable, car le gothique pur est beau, et tout ce qui est beau est correct. L'abbaye avait un cloître spacieux des xiie et xiiie siècles ouvert, à l'intérieur, d'arcades supportées par des groupes de colonnettes. Au réfectoire, la chaire du lecteur était un charmant morceau de sculpture.

La bibliothèque, composée, à l'origine, de manuscrits des Pères de l'Église et des auteurs scholastiques, s'augmenta progressivement des précieuses découvertes de l'imprimerie. Les religieux de Saint-Victor, hommes de progrès et de science, ne jugèrent pas cette invention œuvre diabolique, et, chaque année, célébraient l'anniversaire des inventeurs de l'imprimerie. Cependant leur bibliothèque, lente à se former, au gré des satiriques, leur attira les plaisanteries de Rabelais, et Scaliger en contesta la valeur.

Mais, en 1652, le conseiller au Parlement, Henri Dubouchet, en 1707, le célèbre Cousin, président à la cour des monnaies, léguèrent aux chanoines de Saint-Victor leurs riches bibliothèques avec une somme (quant à Dubouchet) pour l'entretien des livres, et à la condition de rendre la bibliothèque publique à certains jours de la semaine. On y compta dès lors environ vingt mille manuscrits, parmi lesquels une Bible du ixe siècle; un Tite-Live du xiie, un Coran authentique, et un Recueil de tous les détails du procès de Jeanne d'Arc, manuscrit exécuté par ordre de l'abbé de Saint-Victor, contemporain de cette illustre fille.

Dubreuil et l'abbé Lebœuf ont énuméré soigneusement les reliques précieuses dont l'abbaye possédait une riche collection.

Mais sa richesse réelle, la seule qui dure et qui ait survécu, ce fut la gloire de ses disciples, continuant celle de leurs maîtres : Obizon, médecin de Louis le Gros, mort en religion à Saint-Victor ; Pierre Comestor, dont l'épitaphe latine disait : J'ai mangé autrefois,

aujourd'hui je suis mangé ; Odon, prieur de Saint-Victor et abbé de Sainte-Geneviève ; Adam de Saint-Victor, mort en odeur de sainteté (1177) et qui écrivit lui-même son épitaphe en superbes vers ; Pierre Lizet, premier président au Parlement de Paris, disgracié pour avoir déplu à la maison de Lorraine (1550) et auquel on ôta sa charge, en lui donnant l'abbaye pour l'empêcher de mourir de faim ; Hugues de Saint-Victor, l'autre Saint-Augustin (1140) et le célèbre chanoine de Saint-Victor, Santeuil, le poète de ces hymnes latines qui montent encore aujourd'hui vers Dieu, avec l'encens, dans nos églises ; Santeuil, dont les distiques gravés sur tant de monuments ont chanté *les héros, les jardins, les fontaines*, ce gai bourru, ce vivant robuste, mort, ou plutôt tué à 66 ans

par un badinage de cette petite grande dame, une Condé pourtant, la duchesse du Maine,
dont l'esprit funeste ne reculait jamais devant l'occasion de blesser, fût-ce mortellement,
ses ennemis ou ses amis. On sait qu'elle fit, à sa table, la plaisanterie de verser du tabac
d'Espagne dans le verre de Santeuil, et qu'il le but sans défiance et qu'elle en rit beaucoup, et qu'il mourut le lendemain. Expirant dans les tortures de l'empoisonnement,
sur sa couchette, à Saint-Victor, il vit entrer un page qui demandait de ses nouvelles de
la part de Son Altesse Sérénissime. Levant les yeux au ciel, Santeuil répondit : *Tu solus
altissimus!* Rollin écrivit son épitaphe en vers latins sages et bien faits.

L'emplacement occupé par l'abbaye et ses dépendances s'étendait, avant Louis XIV,
du faubourg Saint-Victor et de la rue de Seine (aujourd'hui Cuvier) jusqu'au quai Saint-
Bernard, longeant la rivière, et, au couchant, à la rue Saint-Bernard. Espace considérable
rempli jadis par les riants jardins de l'abbaye, par les ruines poétiques de l'antique
portail, par les souvenirs de Champeaux et d'Abailard dont les accents vibraient encore
sous les arceaux de la salle basse portée par les piliers trapus du xiie siècle; enclos radieux
de lumière, embaumé de roses dont, sous Louis XIV, on affecta une grande section au
service d'une Halle aux vins et de plusieurs chantiers de bois.

Au coin de la rue de Seine, et contiguë à l'enclos de Saint-Victor, s'élevait en face de
la Pitié, la tour Alexandre, grosse tour antique où l'on renfermait autrefois, jusqu'à parfait amendement de leurs mœurs, les enfants de famille débauchés.

Il ne restait plus à peu près que les ruines de cette illustre maison vers le milieu du
xviiie siècle. Ces débris disparurent complètement en 1790.

LA SALPÊTRIÈRE

Les différentes explosions qui avaient effrayé Paris et causé tant de ravages, dans
le quartier de l'Arsenal, celle de la tour de Billy, en 1538, et celle de l'Arsenal, sous
Charles IX, ne se renouvelèrent pas grâce aux sages précautions et à la constante vigilance
de Sully sous Henri IV; mais comme si Louis XIII eut craint de ne pouvoir garantir la
même sécurité aux Parisiens, il décida l'établissement d'un magasin à poudres et
salpêtres sur la rive gauche de la Seine : cette espèce d'arsenal prit le nom de Salpêtrière qui lui resta même lorsqu'il n'y eut plus à cet endroit d'arsenaux ni de salpêtres.

Abandonnant l'idée de Louis XIII pour s'occuper d'un autre genre d'explosions tout
aussi menaçantes, Louis XIV, à qui l'on venait d'apprendre que le nombre des pauvres
ou mendiants qui n'était à Paris que de quarante mille, en 1649, montait six ans plus
tard au chiffre énorme de cinquante mille, hommes, femmes, enfants, répandus par les

rues, inondant les églises, arrêtant le passant, non sans étaler l'horrible spectacle des maladies et des plaies, véritables ou fausses, fléau dont gémissait la charité, mais dont souffraient l'ordre et la sûreté publiques, le roi, dis-je, sur les rapports de Pomponne de Bellièvre, premier président du Parlement, décida qu'à de pareils maux il fallait promptement apporter remède.

Mais il s'agissait bien moins de contenir cette foule affamée, toujours prête aux violences, que de la nourrir et de lui enlever ainsi tout prétexte de soulèvement. Les

VUE DE L'HOPITAL ROYAL DE LA SALPÊTRIÈRE

établissements publics de charité ne suffisaient plus ; il devenait urgent d'en créer de nouveaux et de les doter de façon qu'ils fussent efficaces et durables.

Le 27 avril 1656, un édit royal ordonna la création d'un hôpital général, dont le règlement fut publié en même temps. Cette idée avait été inspirée par le président de Bellièvre. L'édit portait que, dans cet hôpital général, seraient admis les pauvres mendiants de la ville et des faubourgs de Paris. Cinq mois après, le Parlement vérifia l'édit, et non seulement le roi fit don à l'hôpital général des châteaux de Bicêtre et de la Salpêtrière, qui composaient alors cet établissement insuffisant, mais il y ajouta des terres, des maisons, d'importants privilèges, et contribua, chaque année, à l'entretien de cette maison par des allocations considérables.

Louis XIV peut donc être appelé, à bon droit, le fondateur de l'hôpital général de la Salpêtrière.

La cour et la ville s'émurent d'un vif sentiment de charité, d'émulation ; le président de Bellièvre compléta sa bonne œuvre par le don qu'il fit de 20,000 écus par contrat sur la ville ; le cardinal Mazarin offrit cent mille livres ; la duchesse d'Aiguillon, nièce du grand Richelieu, personne libérale et prompte à la charité, donna une somme, et se distingua parmi les protecteurs de l'institution nouvelle.

Le 7 mai 1657, l'hôpital de la Salpêtrière fut ouvert et entra en fonctions. Tel est ce généreux pays de France où toute bonne idée mûrit vite et produit ses fruits quand le terrain est sûr et que rien n'obscurcit le soleil. Un an avait suffi pour l'éclosion et la maturité de cette grande œuvre. Immédiatement, l'administration fit publier au prône de toutes les paroisses de Paris, que le sort des pauvres étant désormais assuré, à l'hôpital général, y seraient reçus, tous ceux qui se présenteraient de leur propre volonté. En conséquence défense fut faite, à cri public, à tous mendiants de demander l'aumône dans Paris.

Le 13 mai la messe du Saint-Esprit fut chantée dans l'église de la Pitié, et le lendemain les pauvres furent internés dans l'hôpital.

Alors Paris put contrôler, par le fait lui-même, l'étendue de la misère publique, et le chiffre des véritables pauvres.

Dans six maisons de charité, Notre-Dame de Pitié, Saint-Jean de Bicêtre, Saint-Louis de la Salpêtrière, Sainte-Marthe de Scipion, Bicêtre et la Salpêtrière, entrèrent environ dix mille pauvres, y compris les enfants trouvés.

A Bicêtre, les pauvres hommes et garçons valides ou invalides ; à la Salpêtrière, outre les enfants au-dessus de quatre ans, furent placées les femmes de tout âge, infirmes, caduques, aveugles, estropiées, insensées, etc.

Ceux qu'on nommait les *bons pauvres*, c'est-à-dire les vrais, se rendirent volontiers à l'hôpital général et dans les autres maisons ; mais il fallut des archers pour y faire entrer les pauvres de profession, ceux que le pain quotidien assuré ruinait dans leurs spéculations par les rues.

Ce mauvais vouloir des *pauvres-riches* amena bientôt le désordre. Ceux qui s'étaient enfuis de Paris quand la mendicité y fut interdite, finirent par y rentrer amenant du renfort ; le parlement fut obligé de requérir des mesures sévères contre les vagabonds, filoux et faux estropiés qui pullulaient en ville et dans les faubourgs. Cela dura jusqu'en 1667 à l'entrée en fonctions de M. de la Reynie comme lieutenant du prévôt de Paris pour la police.

Cependant, des bâtiments considérables s'étaient élevés dans la Salpêtrière sur les plans de l'architecte Bruand, praticien habile qui en bâtit l'église dédiée à saint Louis, édifice circulaire de dix toises de diamètre, couvert par un dôme octogone. A l'intérieur huit arcades communiquent à quatre nefs et quatre chapelles, qui, disposées en rayons, aboutissent au centre de l'église où s'élève le maître-autel ; et, du centre du dôme, la vue embrasse à la fois l'enceinte de l'église sous huit côtés différents. Partout de l'espace, de larges alignements, des ombrages, des jardins. Mais nous ne parlons ici que du plan primitif et de la topographie de la Salpêtrière avant 1715. L'emplacement de cette maison est le plus vaste qu'on ait jamais accordé en Europe à un établissement de ce genre. On a calculé, avec les annexions plus récentes, que les bâtiments, jardins, promenoirs et cours et dépendances couvraient une superficie d'environ 55,000 toises carrées.

Lors de sa fondation, l'hôpital général était assisté par un recteur et vingt-deux prêtres. Au refus des missionnaires Lazaristes auxquels on offrait la direction, le roi nomma vingt-six directeurs perpétuels, et pour chefs le premier président du parlement, le procureur général ; puis, plus tard, l'archevêque de Paris, puis en 1690, les premiers présidents de la Cour des comptes et de la Cour des aides, le lieutenant-général de police et le prévôt des marchands.

On voit par la statistique du temps, que tous les cas de misère et de maladie avaient droit d'asile dans l'hôpital général. Mais tout y avait-il sa place ? L'immensité de l'édifice suffisait-elle à l'immensité des besoins ? L'idée charitable qui avait inspiré le fondateur, embrassait trop de nécessités. On avait voulu retirer dans ce pandémonium de l'humanité, non seulement le malheur, mais le vice. La Salpêtrière, à côté des salles d'asile, avait ses salles de correction, ses prisons : la cellule de la fille-mère, et le cachot de la prostituée incorrigible. La Correction pour celles qui donnaient quelque espoir de repentir, la Grande Force pour les reprises de justice, enfin une prison réservée aux femmes détenues *par ordre du roi*, probablement ces sortes d'arrestations préventives, ou confidentielles, arbitraire laissé à la conscience paternelle du souverain, comme nous l'avons dit à propos de la Bastille.

Il y avait aussi, avec la charité, l'éducation moralisatrice du travail. On trouvait à la Salpêtrière deux salles contenant huit cents petites filles occupées à des travaux différents. Ces enfants, qui ne rôdaient plus par les carrefours, apprenaient un état, dont elles pourraient vivre honnêtement ; si elles tournaient mal, leur place était toute prête dans la Correction ou la Grande Force.

Une autre fondation de premier ordre, comme pratique de la charité : trois grands dortoirs, contenant 250 cellules, attendaient les pauvres couples mariés que l'âge empêchait de vivre de leur travail. Ces ménages trouvaient là bien-être et sécurité jusqu'à la mort.

Résumons : il y avait les folles, les épileptiques, les enfants nouveau-nés, les nourrices, les enfants mâles jusqu'à cinq ans, les jeunes filles dès l'enfance, les filles enceintes et les vieillards mariés, et tous les cas de maladie incurables au moral et au physique ; en un mot, tout ce qui s'appelle la misère de l'âme et du corps.

On comptait alors dix mille pensionnaires à l'hôpital général, toute une ville, la *Citta Dolente* du Dante, secourue par la science, nourrie par la charité, consolée par la religion.

Si jamais idée fut grande et noblement mise en œuvre, ce fut la fondation du 27 avril 1656. Rien de plus haut n'a été conçu depuis. Les moyens ont-ils manqué souvent, l'exécution des plans a-t-elle été au-dessous de l'entreprise. l'imperfection humaine a-t-elle dénaturé cette conception du génie ; sans doute? Qui s'en étonnerait? mais cette seule œuvre suffit à immortaliser un prince, et à lui gagner le ciel ; car ce ne sont, aux yeux de Dieu, ni les victoires, ni les chefs-d'œuvre, ni la piété même, qui recommandent les rois, c'est l'effort d'une âme attendrie sur le malheur des autres, d'une âme de bonne volonté : *pax hominibus bonæ voluntatis.*

LES GOBELINS

Au bord de la petite rivière de Bièvre, il y avait, dès le xvie siècle, toute une population de foulons, teinturiers et drapiers, fixés, disait-on, dans ces parages à cause de l'eau, dont les propriétés étaient merveilleuses pour le dégraissage et la teinture des étoffes de laine. Cette industrie prospérait depuis assez longtemps, mais dans les conditions modestes d'un commerce assez vulgaire, lorsqu'un de ces teinturiers, Gilles Gobelin, trouva ou exploita le secret de la belle écarlate, due à la cochenille nouvellement importée des Indes occidentales. Ce premier Gobelin venait, à ce que l'on prétend, de Reims, où il avait exercé son métier sans rencontrer l'éclatant succès qui l'attendait aux bords de la Bièvre. Il réussit donc au-delà de ses espérances, fonda un atelier important dans une belle maison à lui qui s'appela Folie-Gobelin. La richesse suivit la renommée, et les Gobelins, fils et petits-fils, laissèrent de grands biens à leurs descendants. Déjà leur nom était populaire, et le pays qu'ils avaient habité s'appela les Gobelins.

Ils vendirent la manufacture à un industriel, du nom de Canayes, qui, outre la fabrication de l'écarlate, entreprit la teinture des tapisseries de haute-lisse. Après ceux-ci, vint un hollandais, Glucq, secondé par un habile tisseur de tapisseries flamand, un véritable artiste, Jeans Leansen ; leurs produits, très recherchés du public, malgré la protection que le roi Henri IV avait accordée à ses fileurs de la Place Royale, faisaient une dangereuse concurrence à ceux-ci dont les travaux étaient d'un art inférieur. Tout au contraire, les tapisseries de Leansen attirèrent l'attention du roi Louis XIV, et Colbert, qui veillait avec un soin jaloux à maintenir la supériorité de l'industrie française, eut l'idée d'acquérir la manufacture des Gobelins, de l'élever au rang de maison royale, et de justifier cette faveur et cet honneur par la beauté des ouvrages qu'on y exécuterait, par le choix des sujets, la nouveauté des dessins et des modèles. Colbert fit donner la direction des Gobelins à Lebrun, premier peintre du roi. La maison, ainsi constituée, ne travaillerait plus pour le gain, mais pour l'honneur de la France et la gloire du roi. Ce vaste plan fut suivi, sans hésitation et sans délais. Le roi acheta (1662) tous les terrains et constructions qui forment encore aujourd'hui le domaine des Gobelins. On y bâtit des ateliers pour les peintres, dessinateurs, maîtres tapissiers de haute-lisse, graveurs, sculpteurs, lapidaires, orfèvres, fondeurs, menuisiers ébénistes, tous plutôt artistes qu'ouvriers. Ils eurent leur logement aux Gobelins, pour eux et leurs ménages. On entretint dans la maison, aux frais du roi, soixante enfants, apprentis, lesquels, après six ans d'apprentissage et quatre ans de service, pourraient lever et tenir librement boutiques des *marchandises, arts et métiers auxquels ils auraient été instruits*. On fit aux ouvriers étrangers les plus avantageuses conditions, et ce fut le même maître flamand, duquel avait été achetée la manufacture, qui exécuta, pour le roi, les premières splendides tapisseries sorties des métiers royaux. La famille de ce Jeans resta aux Gobelins après lui, et continua ses travaux et sa renommée. L'écarlate et le vernis des Gobelins jouissaient d'une réputation universelle, et toute l'Europe, émerveillée des chefs-d'œuvre de cette industrie, enviait les Gobelins à la France.

Cependant la haute prospérité du règne avait fléchi. Le tour était venu des disgrâces. On avait tant créé, tant dépensé qu'il fallait songer à économiser ; de 1662 à 1694, les Gobelins avaient donné au royaume trente ans de gloire, mais rien que cela. La nécessité commandait partout des réformes : tout plie sous la nécessité. Les Gobelins durent perdre alors l'organisation artistique qui avait fait de la maison comme un sanctuaire des arts les plus élevés. On supprima les classes de sculpture, de dessin, de peinture, et l'on congédia les maîtres choisis qu'on avait appelés à grands frais de tous les coins du monde. L'Académie installée aux Gobelins fut fermée ; Colbert, ce grand esprit, passionné pour la gloire du pays et du règne, payait les voyages, les leçons, pensionnait les grands artistes, les comblait de gratifications, lui le plus parci-

COLBERT VISITANT LA MANUFACTURE DES GOBELINS

monieux des ministres ; mais, en 1692, Colbert était mort, et semblait avoir emporté avec lui la fortune de son maître.

Cependant, le mouvement imprimé par ces puissants génies ne s'arrêta pas tout à coup. Habitués aux chefs-d'œuvre de leurs pères, les fils conservèrent longtemps la tradition. Avec moins d'éclat, et presque sans subsides, les Gobelins n'ont perdu ni leur prestige ni la supériorité de la fabrication ; et les historiens du xviiiᵉ siècle nomment encore avec un certain orgueil les artistes et les artisans que l'antique renommée de la maison soutenait au milieu des épreuves, et qui se sont fait un nom après les maîtres du siècle de Louis XIV.

Ce quartier de la place Maubert, considérable et très populeux, renfermait encore : 1 abbaye et cour abbatiale de Saint-Victor, rue du Faubourg Saint-Victor ; 5 abreuvoirs : rue du Pavé de la place Maubert, rue de Seine, rue des Fossés Saint-Bernard, 2 en la rivière de Bièvre ou des Gobelins ; 1 barrière des Huissiers et sergents, place Maubert ; 12 bateaux pour laver le linge ; bateaux pour la commodité du public, pour aller à Charenton et autres villages des environs de Paris, en montant la rivière, quai Saint-Bernard ; 1 bibliothèque de Saint-Victor : ouverte au public les lundis, mercredis et samedis, de 7 heures du matin à 11 heures, et l'après-dîner, de 2 à 5 heures ; s'il se trouve des fêtes dans ces jours, elle est ouverte le jour suivant ; 1 boîte publique pour mettre les lettres de la poste générale, place Maubert, au coin des rues Galande et des Trois-Portes ; 6 boucheries ; 30 étaux : celle de Scipion ou Sainte-Marthe, privilégiée, rue de la Barre, faubourg Saint-Michel ; 5 bureaux, 4 barrières, 2 brigades, 3 laissez-passer, 1 roulette et 1 poste pour la recette et sûreté des droits d'entrée ; 3 bureaux : de la Tournelle, de la porte Saint-Bernard, de la Halle aux vins ; garde à l'entrée et à la sortie de la Halle ; 12 bureaux ou barrières, des chantiers, de Saint-Victor, du cloître Saint-Marcel, de la Reine-Blanche, de Loursine, du Champ de l'alouette, de Coupe-Barbe, des Gobelins ; 4 carrefours : de la Croix Clamart où aboutissent les rues du Fer, de la Muette et la grande rue du faubourg Saint-Victor, de la Pitié, où aboutissent les rues du faubourg Saint-Victor, Coupeau et de Sèvres ; de Saint-Hippolyte où aboutissent les rues : Quirasis, des Trois-Couronnes, de Saint-Hippolyte, de l'église Saint-Hippolyte, faubourg Saint-Marcel ; de la place Maubert, où aboutissent les rues de la Montagne Sainte-Geneviève, des Noyers, de Bièvre, de Saint-Victor, du Pavé, place Maubert, où se font les publications de paix ; Chantiers pour le bois à brûler, rue de Seine, tout le long du quai Saint-Bernard, rues des Fossés Saint-Bernard, et sur le bord de l'eau, derrière les maisons de la rue de la Tournelle ; 3 chapelles : de Sainte-Marthe ou Scipion, rue de la

Barre, faubourg Saint-Marcel ; du cimetière des morts, dépendant de l'Hôtel-Dieu, faubourg Saint-Marcel ; de Sainte-Valère, dépendant de l'Hôtel-Dieu, rue de l'Oursine ; 1 chapitre et église collégiale de Saint-Marcel, cloître Saint-Marcel ; 1 château : de la Tournelle, servant à y retenir les *galériens*, attenant à la porte Saint-Bernard ; 4 cimetières hors de leurs églises : Saint-Nicolas du Chardonnet, rue d'Arras, de l'Hôtel-Dieu, de Saint-Hippolyte, cloître Saint-Marcel; de la Pitié, rue Saint-Victor, vis-à-vis la fontaine ; 2 cloîtres : des Bernardins, rue des Bernardins de Saint-Marcel, qui a trois entrées, 2 rue du faubourg Saint-Marcel, 1 rue des Francs-Bourgeois; 1 clos-payen, pour blanchir le linge, rivière des Gobelins, par delà la maison Royale, chemin de Gentilly ; 8 collèges : d'Arras, de Boncourt, rue Bordet; des Écossais, fossé Saint-Victor; de Laon, montagne Sainte-Geneviève ; de la Marche, id. ; de Saint-Michel ; du Cardinal Lemoine, rue Saint-Victor; de Navarre, rue Montagne Sainte-Geneviève (il se fait en la plupart de ces collèges le service divin, et la messe s'y célèbre tous les jours) ; 3 communautés : des Nouveaux convertis ; de la Doctrine chrétienne ; des Prêtres infirmes ou François de Sales, place du Puits l'Hermite ; 7 communautés de filles : de la Croix (Sainte-Jeanne), rue d'Orléans, faubourg Saint-Marcel ; de Sainte-Geneviève ou Miramion, rue de la Tournelle ; de la Miséricorde, appelée les Cent Filles, rue Vieille-Saint-Jacques ; de Sainte-Valère, rue de l'Oursine ; des sœurs de la Charité, pour 3 paroisses : de Saint-Médard, Saint-Hippolyte, Saint-Nicolas du Chardonnet ; 2 couvents : des Bernardins, même rue ; des Carmes, rue des Carmes ; 4 couvents ou congrégations de filles : des Anglaises, rue des Fossés Saint-Victor ; des Filles Anglaises, champ de l'Alouette ; de la Congrégation de Notre-Dame des Cordelières, rue de l'Oursine ; 8 corps de gardes-françaises : rue Mouffetard, deux : faubourg Saint-Marcel, rue de l'Oursine, deux ; rue de la Clef, faubourg Saint-Victor, près la Pitié ; 2 cours : de Bavière, rue Bordet ; du Patriarche, rue Mouffetard ; 1 croix : de Clamart, au bout du faubourg Saint-Victor ; 9 égouts ; 3 fontaines publiques : Sainte-Geneviève, place Maubert, de Saint-Victor, coin de la rue de Sèvres ; les Gobelins, maison royale des manufactures du roi pour les tapisseries, peintures, sculptures et autres, où l'on teint aussi la belle écarlate, au bout du faubourg Saint-Marcel ; 4 hôpitaux : de la Miséricorde de Jésus, pour les pauvres femmes malades, rue Mouffetard ; de la Pitié, dépendant de l'Hôpital Général ; du Refuge, id. ; de la Salpêtrière, place du Marché aux chevaux. Hôtels renommés : Jaune, rue de l'Oursine ; de Némond, rue de la Tournelle; de Scipion ou Sainte-Marthe, rue de la Barre, faubourg Saint-Marcel. Jardin Royal des plantes, où il y a chapelle, rue et faubourg Saint-Victor ; 3 marchés publics : aux chevaux, ânes et cochons, entre l'hôpital de la Salpêtrière et la rue Poulivaux ; de la place Maubert, de Saint-Médard ; 5 paroisses : de Saint-Jean, du Cardinal Lemoine, de Saint-Hippolyte, de Saint-Martin (cloître Saint-

Marcel), de Saint-Médard, rue Mouffetard ; de Saint-Nicolas du Chardornet ; 6 places :
du Petit-Champ, où aboutissent les rues Épée de Bois, du Noir, Gracieuse, faubourg
Saint-Marcel ; de la Croix-Clamart ; du Marché aux chevaux ; de Saint-Hippolyte ; de
la place Maubert, où aboutissent les rues : du Pavé, des Lavandiers, Perdue, des Noyers,
de Bièvre, Saint-Victor et Montagne Sainte-Geneviève ; du puits l'Hermite, où aboutissent les rues : du Battoir, Puits l'Hermite, de la Fontaine Française ; 7 ponts sur la rivière
de Bièvre ; 3 ports de la porte Saint-Bernard : du Mulet, quai de la Tournelle ; de la Tournelle ; 2 portes ou arcs de triomphe : de Saint-Bernard entre les quais de la Tournelle
et Saint-Bernard ; fausse porte Saint-Marcel ; 5 puits publics ; 2 quais : Saint-Bernard.
de la Tournelle ; 65 rues et culs-de-sac, dont plusieurs privilégiés pour les artisans ;
1707 maisons ; 300 lanternes ; 3 séminaires : des Bons-Enfants, de Saint-Nicolas du
Chardonnet ; des 33 écoliers, dit Hôtel d'Albiac, rue de la Montagne Sainte-Geneviève ;
1 voirie aux environs du Marché aux chevaux et champ de l'Alouette.

PLAN DU XVIIe QUARTIER. — 1re PARTIE

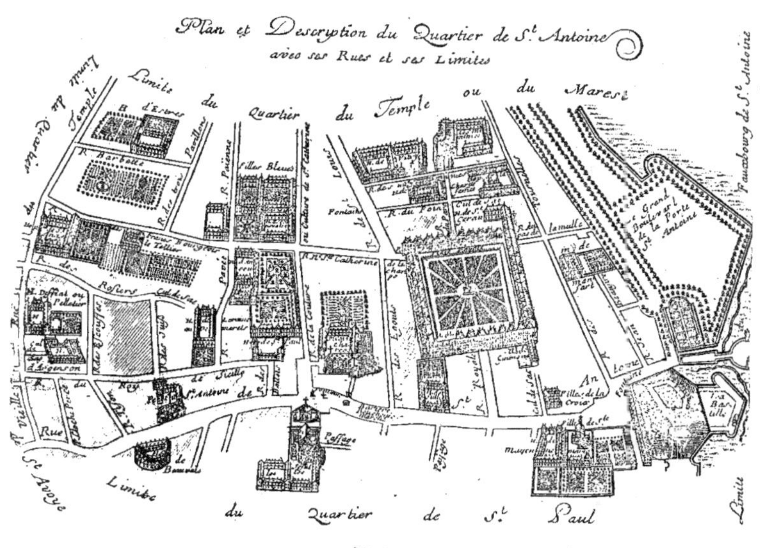

XVIIe QUARTIER. — DE SAINT-BENOIT

L'ABBAYE DE SAINTE-GENEVIÈVE

'AN 507, le roi Clovis, sur le point de livrer bataille à Alaric, roi des Visigoths, fit vœu, sous l'inspiration de Clotilde, sa femme, et aussi de sainte Geneviève, d'élever un temple à Dieu, si Dieu lui donnait la victoire. Clovis avait, quelque temps avant, embrassé la religion chrétienne, et reçu le baptême des mains de saint Rémy, évêque de Reims. Il battit Alaric, et accomplit son vœu.

La nouvelle église ou basilique — on l'appelait ainsi — s'éleva sur un monticule (la montagne Sainte-Geneviève) occupé par un cimetière, destiné aux habitants de Paris ;

deux routes, à droite et à gauche, bordaient ce cimetière, l'une conduisant à Orléans, l'autre à Sens. Dans cet endroit, du côté oriental, fut fondée la basilique sous l'invocation des apôtres Pierre et Paul. Abstenons-nous de dates : pas un historien n'a pu en préciser une incontestable. Ce qui peut s'affirmer, c'est que l'édifice inachevé à la mort de Clovis, en 511, fut terminé par la reine Clotilde.

Une longue discussion s'est engagée entre les premiers chroniqueurs de Paris, et continuée, sinon élucidée, par les plus modernes, sur le sens de ce mot basilique ; veut-

il dire maison habitée par des moines ? école ? la reine Clotilde a-t-elle eu le dessein de placer dans son église des docteurs chargés de propager et d'enseigner la véritable religion ? l'église de Clovis et Clotilde fut-elle, dans la pensée des fondateurs, un monastère, où l'abbé et les frères prient, servent Dieu et vivent en commun ? En un mot, disent-ils vrai, ces actes historiques relatifs à la fondation qui nous occupe, lorsqu'ils parlent de clercs ou chanoines desservant l'église fondée par Clovis? On pourrait répondre : d'abord que le mot basilique a une étymologie probante. Basilique, c'est-à-dire en grec : *royale*, église d'un roi, ou fondée par un roi ; mais certaines églises ont porté ce nom, qui n'avaient eu ni rois ni reines pour fondateurs. Ce qui est, sinon probant, du moins probable, c'est, selon Baronius, qu'on entendait désigner sous ce nom *royal*, les églises supérieures aux autres par leur grandeur, leur magnificence, ou le nombre des desservants.

Clovis fut inhumé dans la *basilique;* après lui, Clotilde, dont le corps fut apporté de Tours et placé près de son époux dans le sanctuaire. La reine Clotilde avait donné la sépulture en cette église à ses petits-fils assassinés par leurs oncles (524). Sainte Geneviève, morte à Paris vers 512, fut inhumée aussi dans la basilique de Clovis, Saint-Pierre et Saint-Paul. Les dates ici continuent à manquer de précision.

Comment l'église Saint-Pierre et Saint-Paul a-t-elle changé son nom en celui de Sainte-Geneviève? Rien de plus naturel; cette modification, dont cependant aucun témoignage n'établit les motifs, est l'hommage de toute une ville rendu à sainte Geneviève, idole et patronne des Parisiens, le plus populaire des noms, parmi les plus augustes et les plus révérés. Des légendes font d'elle une bergère; d'autres une fille de condition, mais tous la nomment : sainte et vénérable; sa vie ne fut, pour sa patrie, qu'une suite de bienfaits et de sublimes exemples; morte, ses restes furent placés dans le sanctuaire, auprès de Clovis et de Clotilde, et ils opéraient des miracles. C'est une leçon bien digne de la haute morale chrétienne que l'apothéose de cette bergère dont la gloire efface le nom des rois, et dont le cercueil de diamants et d'or plane resplendissant au-dessus de leurs dépouilles mortelles, dans l'église même qu'ils ont fondée.

Faut-il rappeler l'un des services rendus aux Parisiens par Geneviève? En 450, Attila marchait sur Paris à la tête de cinq cent mille hommes; rien ne pouvait lui résister. Les habitants de la cité commençaient à fuir, tous voulaient abandonner la ville. Geneviève les arrêta; cette fille n'avait à leur promettre d'autre secours que celui de Dieu. Elle le leur promit et ils l'écoutèrent. Déjà les noirs bataillons des barbares se déroulaient de la Seine à l'horizon; quelques heures encore, et les murailles de Paris allaient crouler rien que sous le poids des hommes et des chevaux. Tout à coup Attila rebroussa chemin, et tournant vers Orléans, s'alla faire battre par Aëtius et Mérovée dans les champs Catalauniens. Geneviève avait sauvé ses concitoyens par la prière; ils avaient mérité le salut par leur foi.

L'église Saint-Paul et Saint-Pierre fut pillée et détruite en 857 par les Normands. Située hors les murs, elle devint leur proie, tandis que la cité s'était défendue derrière ses murailles (nous avons écrit l'histoire de cette belle défense dans la notice du Châtelet). Mais déjà elle portait le nom de Sainte-Geneviève; et ses chanoines, dont l'installation paraît avoir daté de l'origine même, revinrent après la tempête, restaurèrent les ruines faites par l'invasion normande, et rapportèrent au sanctuaire réédifié les ossements de

la sainte patronne qu'ils avaient mis précieusement à l'abri, avec la châsse d'argent doré,
œuvre, dit-on, de saint Éloy.

Ce chapitre de Sainte-Geneviève se distinguait par la science et les hautes études de
ses chanoines. Plusieurs d'entre eux tenaient la chaire avec une grande autorité. Les
écoles en étaient célèbres et recherchées ; le chancelier de Sainte-Geneviève, un des
dignitaires, avait, sur le territoire de l'abbaye, les mêmes attributions que celui de Notre-
Dame ; hors de ce territoire, haute inspection sur les écoliers.

Voici, en son lieu, un témoignage naïf de la vénération des Parisiens pour les reliques
de Sainte-Geneviève, et des vertus miraculeuses de la châsse. Une épidémie des plus
cruelles sévit à Paris sous le règne de Louis VI (1131). C'était une fièvre dévorante avec
gonflements et ulcérations de la peau, douleurs insupportables, suivies le plus souvent
de mort. On nommait ce mal : feu sacré, ou mal des ardents. Tous les remèdes
échouaient ; la population se rappela sa toute-puissante patronne, et demanda que l'on
conduisît sa châsse en procession à Notre-Dame, pour que la sainte obtînt de Dieu la
guérison des *ardents*. Et l'on assure que pendant la durée de cette procession tous
les malades furent guéris, *excepté trois qui manquèrent de foi*. Après l'épidémie,
la châsse de sainte Geneviève fut rapportée en son église, à sa place, derrière le maître-
autel.

Cette châsse fut, en 1242, remplacée par une nouvelle, ouvrage précieux surtout par
la matière, car il y fut employé cent quatre-vingt-treize marcs et demi d'argent et huit
marcs et demi d'or. L'ancienne n'était que d'argent. La châsse était portée sur un corps
d'architecture isolé, d'ordre ionique, formé de quatre colonnes de marbre. La châsse, de
style gothique, s'appuyait sur quatre figures de femmes, plus grandes que nature, qui
tenaient chacune un flambeau à la main. Les parois de la châsse, constellées de
pierreries, offertes par divers donateurs, entre autres le cardinal de la Rochefoucauld,
eurent plus tard pour principal ornement une couronne ou bouquet de diamants, présent
de la reine Marie de Médicis. L'usage était, sous la monarchie, que dans les calamités
publiques, cette magnifique châsse de sainte Geneviève fût portée en procession à
Notre-Dame. En tête, marchaient l'archevêque et son clergé, donnant, pour cette
circonstance, la droite à l'abbé de Sainte-Geneviève et à ses religieux qui marchaient
pieds nus, de l'abbaye à Notre-Dame.

Pour descendre ces reliques de leur piédestal, dans les grandes circonstances, il
fallait un ordre exprès du roi et un arrêt du Parlement. Cette translation donnait lieu à
une imposante solennité. Certaine confrérie de notables bourgeois avait exclusivement
le droit de porter la châsse de la Patronne.

Ces processions eurent lieu en 1625, 1652, 1675, 1694, 1709 et 1725. Le riche reliquaire de Sainte-Geneviève devint la proie des révolutionnaires, en 93, et les ossements de la Sainte furent brûlés en place de Grève, à cause de ses crimes, sans doute.

En 1148, une révolution d'un tout autre genre s'était accomplie dans l'administration de Sainte-Geneviève. Le Pape Eugène III, réfugié en France, fut informé du relâchement que la richesse et le bien-être avaient introduit dans la communauté, si sage et si laborieuse autrefois. Il se rendit à la basilique pour y célébrer la messe, et, après l'office, à propos d'un tapis que les chanoines avaient étendu sous les pieds du Pontife, un conflit s'éleva entre les domestiques de Sainte-Geneviève et les officiers du pape.

Ceux-ci voulaient enlever le tapis, autorisés par l'usage; ceux-là voulaient le retenir, il y eut bataille dans l'église, et le roi, qui s'était présenté pour calmer ce tumulte, fut frappé par les gens de l'abbaye. Un tel scandale confirma le pape dans l'intention qu'il avait conçue de réformer cette communauté indisciplinée. Les anciens chanoines furent remplacés par douze réguliers, tirés de Saint-Victor, et ainsi, d'un chapitre fut faite une abbaye, dont le premier abbé se nommait Odon.

A partir de cette transformation, la règle de Saint-Augustin fut observée dans la maison qui devint le chef-lieu d'une congrégation illustre. La réforme se soutint jusqu'aux temps désastreux de Charles VI, guerres civiles, et Charles VII, guerres civiles et étrangères ; mais tant de catastrophes troublèrent à la fois les mœurs et les intelligences ; des abus criminels détruisirent encore une fois la discipline parmi les chanoines, et ce ne furent ni les guerres des huguenots, ni la Ligue, ni les orges politiques et religieuses du xvi° siècle qui la rétablirent.

Le mal dura jusqu'au règne d'Henri IV. Il s'occupait d'y remédier quand la mort l'en empêcha.

Ce fut seulement sous Louis XIII que les grandes mesures furent appliquées en toute rigueur. Le roi nomma, de son autorité privée, un abbé avec mission expresse de rétablir la réforme à Sainte-Geneviève.

Cet abbé nouveau, cardinal de la Rochefoucauld, grand-aumônier de France, après une enquête sévère, expulsa de l'abbaye ceux des chanoines qui s'étaient éloignés de la règle, et les exila dans d'autres communautés. On voit par ses prescriptions en quoi ces chanoines réfractaires transgressaient les règlements. « Vêtus d'habits presque mondains, ils refusaient de manger en commun, et leurs chants d'église étaient, pour l'exécution comme pour le choix de la musique, d'une harmonie pour ainsi dire profane. La tenue de ces religieux manquait de simplicité, autant que de modestie. Le cardinal commanda qu'on en revînt au chant consacré; fit célébrer le service divin *posément, la vue abaissée, avec humilité et dévotion.* » Cette fois la mesure fut d'autant plus efficace qu'on substitua aux délinquants des religieux de Saint-Vincent, une maison de réforme fondée par le cardinal, à Senlis. Ces réformes énergiques, approuvées par lettres patentes du roi, en 1626, et confirmées par le pape Urbain VIII, en 1631, reçurent une confirmation plus efficace encore par la nomination d'un abbé coadjuteur et supérieur général de la congrégation de Sainte-Geneviève. Désormais les abbés ne furent plus élus que pour trois ans, l'établissement fut déclaré chef primat de l'Ordre, et les religieux prirent ce nom : chanoines réguliers de la Congrégation de France.

Cette congrégation, formant un corps immense, se composait, en France, de cinq cents maisons, nommait à plus de cinq cents cures ; l'abbé, électif, avait le titre de général, et les chanoines, dans chaque communauté, le droit de choisir leur abbé.

Mais il nous faut retourner en arrière pour assister aux réparations matérielles du vieil édifice de Clovis. Les travaux, à partir de l'invasion normande, ne cessèrent pour ainsi dire de succéder aux travaux. En 1177, l'abbé Étienne de Tournai entreprit de restaurer complètement l'église et d'en effacer les disparates. En effet, tout l'intérieur, piliers, voûtes, colonnades, offrait jusqu'au xviiie siècle les caractères de l'architecture du xiie et du xiiie. Il en était de même, à l'extérieur, des trois portiques du frontispice. La tour du clocher, refaite sans doute à mi-corps, était, la partie inférieure, du xie siècle, et l'autre du xve.

On voyait encore en 1715, vers le sommet du pignon, un anneau de fer énorme, on peut dire colossal. Placé au-dessous d'une fenêtre, il pendait d'une tête d'animal monstrueux, et les commentaires ne manquaient pas de s'exercer sur l'origine et la signification de cet anneau. L'un de ces commentaires, aussi vraisemblable qu'ingénieux, a été donné par Lebeuf, le voici : Autrefois les criminels venaient réclamer un asile dans les églises principales, et, pour formuler leur demande, s'emparaient de l'anneau appendu à la grande porte, y passaient leurs bras et devenaient inviolables. Ce privilège fut supprimé partout, sous le roi Louis XII, et, à partir de ce moment, les chanoines de la basilique auraient fait enlever l'anneau de la porte, pour l'attacher à leur pignon en souvenir du droit d'asile perdu.

Sainte-Geneviève avait sa crypte, souterrain d'une vénérable antiquité, dont la construction remontait certainement à l'époque romaine. Plusieurs témoignages indiqueraient que le corps de l'évêque de Paris, Prudence, inhumé d'abord au ive siècle dans le cimetière du Mont, dont il a été question au début de cette notice, fut transféré dans la crypte de la basilique Saint-Pierre et Saint-Paul. Le souterrain spacieux pouvait avoir servi, sous le règne des païens, à la célébration des mystères du christianisme persécuté. Ces cryptes ou cachettes existaient dans la plupart des églises antiques. D'abord retraites ou cachettes destinées à protéger la piété des fidèles, on les avait ostensiblement appropriées au culte, depuis Constantin, et les chapelles construites sur ces caveaux les avaient pour ainsi dire consacrées à la mémoire des premiers apôtres ou des martyrs. Ainsi avaient commencé, à Paris, les églises de Notre-Dame-des-Champs, de Saint-Merry, de Saint-Marcel et des Martyrs, à Montmartre. Dans cette crypte de Sainte-Geneviève, on voyait son tombeau, mais vide, puisque les reliques de la sainte

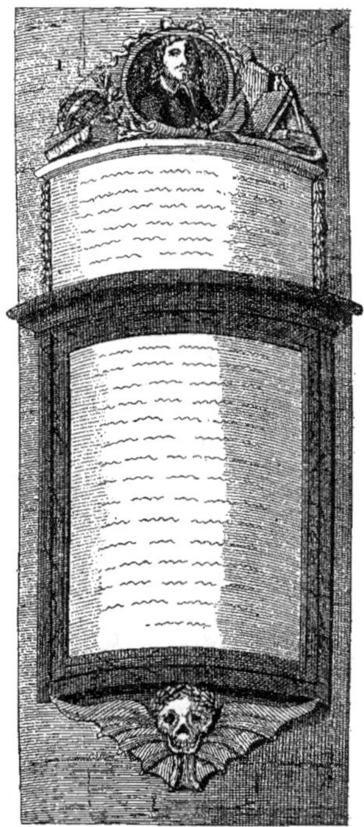

PIERRE TOMBALE DE RENÉ DESCARTES

avaient été déposées dans la châsse, y compris les planches mêmes de son cercueil de bois.

Les tombeaux de cette église constituaient l'une de ses grandes richesses historiques. Au milieu du chœur s'élevait le tombeau de Clovis, c'est-à-dire une majestueuse antiquité, comme souvenir. Car il ne restait rien du monument primitif. La statue couchée du roi franc était de marbre, par conséquent moderne, puisque les princes, avant le xiiie siècle, n'eurent en France que des tombes et statues de pierre. L'épitaphe, d'ailleurs, le disait. Les restes de la reine Clotilde, d'abord enfermés dans un cercueil de pierre, furent ensuite déposés dans une châsse, placée derrière le chœur; les bonnes

TOMBEAU DE JACQUES DE ROHAULT

œuvres de cette princesse et la reconnaissance qu'on lui doit d'avoir fondé la France chrétienne, l'ayant fait regarder par l'Église comme une sainte. Le tombeau de Clovis fut érigé par les soins et aux frais du cardinal réformateur de la Rochefoucauld. Une chapelle près du chœur renfermait un mausolée de marbre noir portant la statue agenouillée du cardinal, auquel un ange servait de caudataire, et Sainte-Foix de plaisanter, non sans prétexte, sur ce page peu vêtu de M. le Cardinal, dont il eût dû au moins *porter la livrée.*

La mort a parfois de singuliers caprices, et réunit, par d'étranges rapprochements, des noms bien étrangers les uns aux autres. Il y avait, à Sainte-Geneviève, tout près de celui de Clovis, le tombeau d'un boucher partisan de Caboche, le bourreau des Armagnacs, sous Charles VI. Ce boucher du nom de Goy avait, par représailles, été tué en Beauce ; on rapporta son corps à Paris pour l'enterrer à Sainte-Geneviève. Juvénal des Ursins qui raconte le fait ajoute « qu'il lui fut fait des obsèques magnifiques comme à un grand comte ou seigneur, et que le duc de Bourgogne y assista avec foison de peuple. »

Sainte-Geneviève abritait aussi une tombe plus digne, celle-là, de regrets et de mémoire : René Descartes que ses amis y avaient rapporté, en 1667, de Suède, dix-sept ans après sa mort. Une épitaphe placée sur le dernier pilier de la nef à droite en entrant dans l'église, et surmontée du buste de ce grand maître, disait en latin : « Philosophe au-dessus de tous, gentilhomme breton, né à Tours, élevé à la Flèche, officier en Bavière, fugitif en Hollande, mort en Suède, le voilà, rendu à sa patrie, où, grâce à Louis XIV, admirateur des grands hommes, glorieux, près des siens — il dormira. »

Jacques de Rohault, les abbés de Sainte-Geneviève, les savants religieux de ce chapitre célèbre, nombre d'illustres personnages, dont l'énumération trop détaillée nous entraînerait hors du cadre, ont eu leur sépulture dans la basilique de Clovis et de Sainte-Geneviève.

On sait que le fils du Régent, Louis d'Orléans, fatigué des grandeurs de sa vie et des petitesses du siècle, quitta le monde en 1730, et se retira chez les pères de Sainte-Geneviève. Ce prince pieux et lettré se fit bâtir, dans l'abbaye, une maison particulière, où il vécut dans l'étude et la prière, et mourut, avant que l'ancienne église fût remplacée par le pompeux édifice de Soufflot.

La bibliothèque de Sainte-Geneviève était de fondation récente, et ne méritait pas les éloges outrés qui lui furent prodigués légèrement : mais je crois comprendre que les panégyristes louaient l'ampleur du vaisseau bien plutôt que la valeur des livres.

Les jardins de l'abbaye, vastes et agréables, occupaient, dit-on, dix-huit arpents y compris les cours et bâtiments, ce qui pour Paris, au ive siècle, donne un espace considérable. Louis XIV avait permis qu'ils fussent augmentés, en 1690, de toute la largeur des fossés de l'esplanade, terrain pris par Philippe-Auguste sur l'abbaye lorsqu'il fit enclore la ville, et cette augmentation embellissait Sainte-Geneviève d'une magnifique terrasse et d'un couvert délicieux.

On sait qu'une nouvelle église Sainte-Geneviève remplaça, sur le même sol, la vieille basilique hors de service. Tout le monde aujourd'hui connaît cet édifice qui s'appelle le Panthéon.

SAINT-ÉTIENNE-DU-MONT

L'abbaye de Sainte-Geneviève existait depuis sept cents ans, lorsque Philippe-Auguste acheva l'enceinte de Paris et fit entrer, dans la ville, l'immense banlieue ambiante dont l'habitation n'était pas sûre en ces temps de guerres, de bandits et de violences de tout genre. Mais lorsque les terrains fertiles, boisés, richement accidentés de la zone annexée furent devenus inviolables comme l'intérieur de la ville même, les Parisiens se précipitèrent en foule vers ce nouveau pays pour y trouver l'air, la lumière et l'espace avec la salubrité.

Jusque-là, la crypte ou chapelle basse de Sainte-Geneviève avait suffi à la piété des fidèles clairsemés parmi ces solitudes. En effet la montagne Sainte-Geneviève et ses environs n'étaient que vignobles, champs et landes ou bosquets. Mais tous ces terrains se couvrirent si rapidement de maisons, qu'un quartier considérable sortit comme à vue d'œil du sol, et l'église de Sainte-Geneviève ne suffisant plus, il lui fallut donner une succursale : l'abbé de Sainte-Geneviève et ses chanoines firent l'abandon d'un emplacement contigu à leur église, afin qu'on y construisît une paroisse pour le quartier, car il menaçait, ce quartier, de devenir une véritable ville : les écoles, les collèges s'y installaient, amenant toute une population jeune, ardente, bruyante aussi ; mais une foule de difficultés enrayèrent le premier mouvement. Les chanoines prétendaient faire la paroisse eux-mêmes, l'évêque de Paris le leur défendait, arguant de son droit. Une transaction trancha le différend. Acte fut passé, en 1202, entre l'évêque de Paris et les chanoines de Sainte-Geneviève, en vertu duquel l'évêque aurait droit épiscopal en la paroisse du Mont, et accepterait des chanoines le curé de cette paroisse, auquel il confierait la charge des âmes ; mais que le dit évêque ne pourrait, sans le consentement des chanoines, bâtir aucune église ou chapelle dans le bourg de Sainte-Geneviève, etc., etc.

De plus, l'évêque donna pour l'augmentation de la nouvelle paroisse un grand terrain, le clos Bruneau, et les chanoines donnèrent, en fief, un autre clos de leur dépendance, le clos Mauvoisin, stipulant que tous les habitants futurs de ce terrain feraient partie de la paroisse nouvelle. Et, comme nous l'avons dit, par suite de ces arrangements, tant de constructions surgirent aux environs, que l'église avant d'être achevée comptait déjà tout un peuple de paroissiens.

Elle fut nommée Saint-Étienne, du nom de ce saint dont l'évêque de Paris donna diverses reliques trouvées dans les ruines de la vieille basilique de Saint-Étienne démolie en 1258. Il est à croire que l'église neuve fut dédiée avant 1220, car elle est désignée, dans un document contemporain, à la date de 1223.

Les chanoines de Sainte-Geneviève avaient stipulé que l'église Saint-Étienne serait une dépendance de l'abbaye, la contiguïté des deux édifices ne pouvant permettre qu'il en fût autrement; l'on n'entrait même à Saint-Étienne que par une porte percée dans le mur de Sainte-Geneviève, et les fonts baptismaux sont restés pendant quatre cents ans dans cette dernière église.

L'accroissement si rapide de ce quartier força les fondateurs de Saint-Étienne à bâtir vite et sans grande recherche d'architecture. L'abbaye fit les choses modestement, accommodant, non sans goût, le style de la nouvelle église paroissiale au style simple et sévère de sa prochaine voisine Sainte-Geneviève. Mais lorsqu'on eut ouvert, sur les terrains du clos Mauvoisin, les rues Saint-Julien-le-Pauvre, du Fouarre, des Rats, des Trois-Portes, de la Bûcherie et un tronçon de la rue Galande, et, sur le territoire du clos Bruneau, les rues Fromenteau, de Saint-Jean de Latran, de Saint-Hilaire, de Saint-Jean de Beauvais et Charretière, la quantité immense de maisons qui s'y implantèrent envoya tant de paroissiens à l'une et à l'autre des deux églises, que Saint-Étienne fut obligée de s'agrandir. En 1491, les marguilliers demandèrent à l'abbé quelques toises de terrain, et la permission d'élever leurs clochers; d'avoir quatre cloches, et une entrée particulière. L'abbé accorda tout, excepté la porte particulière; selon quelques auteurs, le bâtiment de Saint-Étienne fut alors agrandi du côté du chœur, sur la place et l'infirmerie; agrandi encore, en 1538, des chapelles et de l'aile de la nef du côté de l'abbaye; en 1605 et 1606, de la chapelle de la communion et des charniers; en 1609, du grand et du petit portail; enfin, en 1618, des perrons et des escaliers.

D'autres prétendent qu'il y eut reconstruction complète en 1517, et fondent cette opinion sur l'homogénéité du travail, mélange, habituel à cette époque, du style gothique et du style renaissance. Ils exceptent de cette œuvre les additions et le portail. Toujours est-il que l'ensemble n'offre rien de discordant, qu'on n'y remarque pas de disparates trop choquantes, ce qui eût résulté infailliblement de ces superpositions ou juxtapositions successives pendant deux siècles.

L'église Saint-Étienne fut assez avancée en 1541 pour que l'évêque de Paris permît la bénédiction des autels. Il autorisa aussi les marguilliers à payer les travaux du produit des indulgences accordées pendant le carême; les autorisations, réitérées en 1563, prouvent que les travaux continuaient pendant les règnes de Charles IX et d Henri III. Gêné par le portail de Sainte-Geneviève, l'architecte fut obligé de donner au chœur et à la nef de Saint-Étienne un axe différent, ce qui trouble l'ordre et blesse la vue, mais on ne peut en accuser personne, et, malgré ce défaut, l'église a plu généralement : le portail, dont Marguerite de Valois, première femme d'Henri IV, posa la première pierre en 1610, trois mois après la cruelle mort du roi, ne satisfait pas ceux qui cherchent la grandeur dans la simplicité. Et le contraste dut surprendre, de ce luxe équivoque d'ornements entassés sur le petit frontispice de Saint-Étienne, avec la noble et austère ordonnance du vieux pignon de Sainte-Geneviève.

Tous les travaux étaient complétés en 1626. François de Gondi, premier archevêque de Paris, en fit la dédicace, et les fonts baptismaux, conservés jusque-là dans Sainte-Geneviève, furent transportés à Saint-Étienne-du-Mont.

Les dedans de l'église sont d'un goût plus heureux; les voûtes ogivales de la nef et des bas côtés ont un grand air de hardiesse. Le jubé, d'un style superbe, frappe avant tout lorsqu'on pénètre dans Saint-Étienne; sa voûte très surbaissée, construite en 1600, étonne l'œil habitué à l'acuité des arcs de l'époque gothique, mais l'effet se complète par la spirale savante des escaliers qui contournent le fût des deux colonnes et conduisent au sommet du jubé et aux galeries supérieures.

On attribue à Jean Goujon le crucifix qui décore le jubé, comme aussi un bas-relief en marbre de la chapelle du Saint-Sacrement : Jésus au jardin des Oliviers; mais le crucifix du jubé serait plutôt, à notre avis, l'œuvre de Biard le père, l'auteur du Henri IV à cheval, tant admiré, en 1650, sur la grande porte de l'Hôtel-de-Ville.

Le pourtour du chœur était orné, au siècle dernier, des figures des douze apôtres desquelles saint Philippe, saint André et saint Jean l'Évangéliste étaient l'œuvre de Germain Pilon. La chaire, en bois sculpté, d'un travail excellent et d'une composition de grand goût, n'était pas l'un des moindres ornements de Saint-Étienne. On y admirait, en outre, les vitraux placés autour des charniers, et de splendides tapisseries d'après les dessins de Jean la Hire, représentant l'histoire de saint Étienne.

Mais si la paroisse avait fait de grands frais pour les fidèles, on va voir que les paroissiens n'ont été ni ingrats, ni indignes. Voici plusieurs des noms qui s'inscrivent sur l'obituaire de Saint-Étienne, ou sur les dalles de ses caveaux funèbres.

Blaise de Vigenère, 1506. Pierre Perrault, père de l'architecte du Louvre. Nicolas Thognet, célèbre chirurgien. Blaise Pascal, 1662. Antoine Lemaistre de Sacy et Isaac Lemaistre, son frère, de la maison de Port-Royal, 1658-1684. Jean Racine, 1699. Eustache Lesueur, le grand peintre, mort à 38 ans, 1655. Joseph Pithou de Tournefort, célèbre botaniste, et voyageur, 1717. Simon Piètre, médecin distingué qui défendit qu'on l'enterrât dans l'église et fut inhumé en plein air, dans le cimetière, craignant, disait son épitaphe :

> Que ayant fait du bien pendant sa vie,
> Il put nuire après sa mort.

Les deux Lemaistre de Sacy et Jean Racine étaient d'abord inhumés à Port-Royal : ce n'est qu'après la destruction de cette maison que leurs restes furent apportés à Saint-Étienne-du-Mont. Antoine Lemaistre y fut placé auprès de Pascal, son ami. La pierre tombale de Racine, retrouvée dans les ruines de Port-Royal, et sur laquelle on lisait son épitaphe, par Boileau, fut, sous l'administration de M. de Chabrol, restaurée et fixée aux murs de l'église Saint-Étienne, en face de l'épitaphe de Pascal.

LE VAL-DE-GRACE

Il serait difficile d'écrire l'histoire du Val-de-Grâce, sans rencontrer, à chaque mot, sous la plume, le souvenir et le nom d'Anne d'Autriche dont cette église occupa la pensée pendant sa vie, et posséda le cœur après sa mort.

Ce fut d'abord, au x⁰ siècle, une abbaye royale, un monastère de filles, située dans la vallée de la Bièvre à trois lieues de Paris et qui s'appelait le Val-profond. La reine Anne de Bretagne l'ayant prise sous sa protection, changea son nom en celui de Val-de-Grâce ; mais ces religieuses, contraintes par l'insalubrité du lieu et la dégradation des bâtiments à quitter le Val pour se loger dans Paris, achetèrent, au commencement du xvii⁰ siècle, un vaste terrain au Faubourg Saint-Jacques et une maison occupée alors par des oratoriens et qu'on appelait le Petit Bourbon. Elles s'y établirent ; c'était le temps où Louis XIII, devenu majeur, et secouant la tutelle funeste de Marie de Médicis, s'abandonnait à la tutelle non moins dangereuse de ses favoris, et sa jeune femme, la reine Anne d'Autriche retrouvait, à sa cour, des maîtres plus exigeants, plus fâcheux pour elle que n'avait été sa belle-mère. Car la vie d'Anne d'Autriche s'écoula dans une lutte continuelle qu'elle soutint avec courage, mais rarement victorieuse.

A peine le règne des Luynes finissait-il que celui de Richelieu commençait, et ce maître-là fut plus cruel que les autres pour la reine. On sait les mauvais traitements que lui fit endurer, par ricochets, la jalousie de Richelieu dissimulée derrière celle du roi. Anne d'Autriche, espagnole, c'est-à-dire dévote, — elle ne fut pieuse que plus tard — avait déjà pensé, du temps des Luynes, à se réfugier dans les bras de la religion, et certains auteurs affirment que les Bénédictines du Val-de-Grâce, lorsqu'elles vinrent à Paris et achetèrent les immeubles du faubourg Saint-Jacques désignés plus haut, n'étaient que les prête-nom de la reine dont l'intention était de se ménager, pour les jours d'orage, une retraite honorable dans un couvent.

Cette opinion ne manque pas de justesse. On voit, dans sa longue carrière, Anne d'Autriche, poursuivre opiniâtrément en pensée le projet d'un asile inviolable où nulle disgrâce venant du roi, nul despotisme de ministre, nulle tempête enfin ne saurait l'atteindre. Admettons qu'elle ait été l'acquéreur secret de la maison des Bénédictines

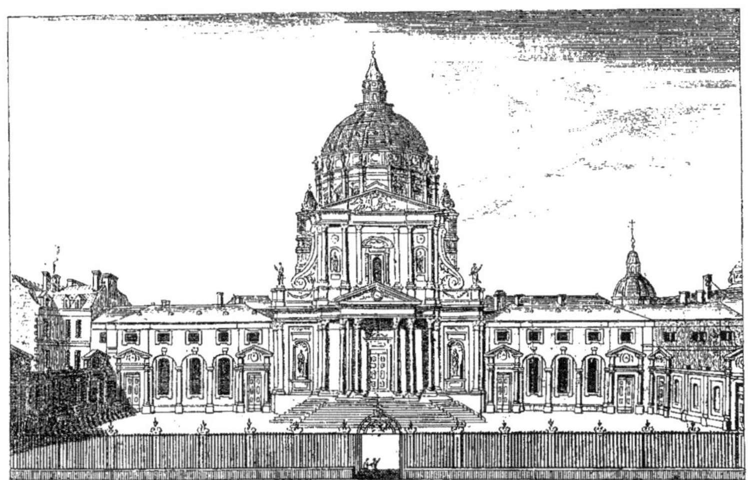

du faubourg Saint-Jacques, maison d'ailleurs historique, car elle faisait partie, au xvıᵉ siècle, de la confiscation des propriétés du connétable de Bourbon, d'où son nom : Petit Bourbon. L'hypothèse est d'autant plus admissible que, vers cette époque, la reine déclara son intervention en faveur des Filles du Val-de-Grâce, et affirma son protectorat par la restitution qu'elle leur fit de 36000 livres, prix des acquisitions faites sous le nom des Filles du Val-de-Grâce en 1621.

Bientôt les constructions, restaurées ou nouvelles, permirent aux religieuses de s'installer convenablement, et Anne d'Autriche posa la première pierre du cloître en 1624, le 3 juillet. Sept ans après, par lettres patentes, le roi Louis XIII déclara cette abbaye de fondation royale.

La reine avait donc enfin trouvé son asile, modeste encore, mais assuré, contre les mécomptes, les malheurs, et souvent elle allait déposer le fardeau de ses peines aux pieds de celui qui afflige, mais, seul aussi, peut consoler les rois. Car elle nourrissait, au fond de son cœur, le plus amer de tous les chagrins ; mariée jeune et belle à un roi de son âge, après tant d'années écoulées elle n'avait pas donné d'héritiers à la couronne : et sans la fécondité des femmes, il n'est pas de joie dans la famille, il n'y a pas d'avenir ni de solidité pour les trônes.

Anne d'Autriche fit vœu au ciel de fonder un temple magnifique si le ciel lui envoyait un héritier, et elle fut exaucée ; après 22 ans de stérilité, elle eut un fils. Louis XIV naquit le 5 septembre 1638. A dater de ce jour, l'horizon jusque-là sombre s'éclaircit, un second fils naquit à Anne d'Autriche, et tout plia devant cette reine-mère naguère dédaignée ; ses ennemis s'effacèrent, Richelieu mourut. Louis XIII qui, s'il n'avait pas été heureux époux, n'avait pas rendu la reine heureuse, disparut à son tour, et Anne, restée seule, triomphante, régente de France, s'appuyant sur ses deux fils, se trouva, pour la première fois, libre, maîtresse d'elle et des autres, et s'occupa d'accomplir, de toute sa puissance, le vœu qu'elle avait fait au Seigneur dans les jours de son affliction.

Elle fit poser, par son fils aîné, Louis, âgé de 7 ans, la première pierre de cette abbaye nouvelle du Val-de-Grâce. La cérémonie eut lieu le 1er avril 1645, en présence de toute la cour. Le jeune prince enferma dans la pierre une médaille d'or de 3 pouces et demi de diamètre, du poids d'un marc et trois onces, sur laquelle est, d'un côté, la reine, portant son fils, et, au revers, la façade du monument et la date du 5 septembre 1638. Les plans du monastère et de l'église avaient été fournis par François Mansart, qui conduisit les travaux jusqu'à une hauteur de 9 pieds au-dessus de l'aire de l'église : mais alors s'éleva une difficulté. On savait Mansart vétilleux, changeant et poussant la circonspection jusqu'à s'arrêter subitement dans l'exécution, pour démolir le travail fait et recommencer à nouveau jusqu'à sa complète satisfaction. Il avait donné, de cette méthode, beaucoup de preuves dont le souvenir effraya la reine et ses conseillers. Elle était pressée, il lui tardait de voir se réaliser le rêve de toute sa vie, elle était souveraine en tout, et ne souffrait plus de résistance. On fit donc demander à Mansart d'achever les travaux, sans retouches et dans un délai fixé : il n'y consentit pas, on prétend même qu'il se préparait déjà à recommencer l'œuvre entamée, par défiance des assises qu'il trouvait insuffisamment assurées dans un terrain caverneux. On lui enleva donc la conduite des ouvrages pour la donner à Jacques Lemercier, puis à Pierre Lemuet, auquel on associa Gabriel Leduc.

Mansart, profondément blessé, se vengea du procédé en homme d'esprit : il construisit, pour le secrétaire d'État de Guénégaud, une chapelle, en son château de Fresnes, à sept lieues de Paris ; le plan de cette chapelle était le modèle, exécuté en petit, de son projet du Val-de-Grâce ; un chef-d'œuvre qui donna raison à toutes ses susceptibilités.

Néanmoins, malgré la confusion que peut avoir apportée dans le monument la collaboration successive de plusieurs architectes, l'ensemble est réussi, l'effet considérable, et, dans le détail même, brillent quantité de morceaux d'un art noble et d'une exécution hors ligne. Sans entrer dans l'appréciation de chaque partie de l'œuvre, nous en esquisserons à grands traits le plan général.

Le monastère abbaye royale du Val-de-Grâce se compose de plusieurs grands corps de logis, de jardins, de cours, et de l'église dont les proportions et le style majestueux dominent toute l'œuvre sans l'écraser. On y entre par une vaste cour, ou parvis, dont le centre est occupé par le portail ; deux ailes, portées sur des arcades, dessinent le périmètre et se terminent chacune par un pavillon carré. Une grille de fer du plus beau style sépare de la rue cette cour dans toute sa largeur. Seize degrés conduisent à l'entrée de l'église.

Le portail, dont le milieu fait saillie, forme un portique soutenu par huit colonnes corinthiennes isolées ; deux niches abritent les statues de saint Benoît et sainte Scolastique par Michel Anguier. Au fronton du portail, se lit l'inscription : *Jesu nascenti, virginique matri,* dédicace critiquée par cette raison qu'un temple ne doit être dédié qu'à Dieu, et que la légende, pour être régulière, devrait porter : *Jesu nascenti, sub invocatione,* etc. Mais enfin, il faut toujours que quelqu'un critique quelque chose, et cette légende irrégulière n'empêche pas le portail d'être une œuvre fière et de grand goût. D'ailleurs, au temps présent, légende souvent varie.

Au-dessus du premier ordre, un second s'élève formé de colonnes composites et relié au premier par deux superbes enroulements. Cet ordre avait aussi son fronton, dans le tympan duquel étaient, avant la révolution, les armes de France écartelées d'Autriche sous la couronne fermée. La révolution les remplaça par un triangle égalitaire sous un bonnet phrygien ; vengeance qui ne fit de mal ni à Louis XIV, ni à sa mère, mais qui infligeait au monument le plus ridicule anachronisme. Car ces sortes d'exécutions faites par les partis vainqueurs du nom ou des emblèmes d'art laissés par les partis vaincus ont cela de particulier, qu'au lieu de faire oublier ceux-ci, elles déshonorent ceux-là.

L'intérieur de l'église, composé d'un chœur, d'une nef et de chapelles, est décoré de pilastres à cannelures rudentées, et le pavé de marbres variés de tons est divisé en compartiments correspondant à ceux de la voûte du dôme. L'ornementation de la nef est surchargée ; les médaillons de marbre sculptés sont de François Anguier.

Le maître-autel attire à juste titre l'attention. C'est là qu'est signifiée la pensée du fondateur, là aussi que s'est porté l'effort des architectes. Ce morceau fut composé par Gabriel Leduc. Il revenait de Rome, la mémoire encore frappée des beautés de Saint-Pierre, et son dessin est une réduction ou, si l'on veut, une réminiscence du fameux baldaquin de bronze, réduction de moitié environ. Six magnifiques colonnes torses, en marbre Brabançon, enferment l'autel de forme ovale, sur lequel, comme autour de la sainte crèche dans l'étable de Bethléem, la Vierge et un saint Joseph admirent avec passion l'enfant nouveau-né. Cet ouvrage se trouve aujourd'hui dans une chapelle de Saint-Roch. Les colonnes, sur piédestaux de marbre, soutiennent de leurs chapiteaux dorés le baldaquin formé par six grandes courbes, sous lesquelles est un amortissement de six consoles supportant un globe surmonté de la croix. Les entablements des colonnes portent des anges thuriféraires, et dans les festons de palmes dorées juxtaposées à l'entablement, de petits anges, aux ailes éployées, tiennent en l'air des versets du *Gloria in excelsis* ; les grands anges, les petits, et le couronnement du baldaquin, sont dorés d'or bruni ; tous les ornements inférieurs, d'or mat.

Le dôme du Val-de-Grâce est le plus élevé de tous ceux de Paris après le Panthéon et les Invalides. Les proportions en sont élégantes. Il s'élève heureusement, bien au-dessus des combles, du milieu de quatre lanternins octogones, qui s'enlèvent sur le massif et lui donnent de la sveltesse : forme, aspect, richesse d'exécution, tout satisfait dans ce remarquable travail. Ce dôme a onze toises de diamètre dans œuvre ; il était couvert de plomb coupé de bandes dorées et surmonté d'un campanile ouvert de tous côtés, enrichi de vases et autres ornements, et se terminant en pyramide portant la croix sur sa boule de bronze doré.

Parlons maintenant de la coupole de ce dôme et des peintures à fresque dont l'avait décoré Mignard.

Ce travail gigantesque contenait deux cents figures, quelques-unes de seize à dix-sept pieds de haut, les plus petites de neuf à dix. Le sujet de la composition était : le bonheur et la gloire des élus dans le ciel. Au sommet, l'agneau immolé pour le salut du monde ; autour de lui, les anges prosternés ; dans les airs, la croix portée par d'autres anges, et, groupés à l'entour, les saints, les confesseurs, les martyrs, les apôtres, en contemplation devant la majesté divine.

Au centre, sur un amoncellement de nuages, trône la Sainte Trinité : le Père dans sa puissance éternelle, infinie, étend sa droite sur les mondes ; le Fils présente à son Père les élus qu'il a conquis et pour lesquels il a versé son sang ; le Saint-Esprit, une colombe lumineuse, plane sur le Père et sur le Fils. Une lumière éblouissante qui rayonne autour de la Trinité s'épand sur tout le tableau. Anges, archanges, dominations, chérubins, séraphins, puissances, environnent la Trinité divine. Au pied de la croix, la Vierge Marie à genoux est assistée des saintes femmes. Enfin,

LE VAL-DE-GRACE (CÔTÉ DU JARDIN)

dans le premier plan, le plus rapproché de l'Humanité, Anne d'Autriche, sous le patronage de saint Louis et de sainte Anne, offre à Dieu le projet du Val-de-Grâce, achevé par elle.

Cet immense et magnifique ouvrage, inattendu pour ainsi dire, car Mignard, peintre de talent, s'y était élevé au-dessus de lui-même et des autres, avait été accompli en treize mois. Il fut l'objet d'une admiration unanime, et Molière se fit l'interprète de cette admiration dans son petit poème du *Val-de-Grâce* — avec plus d'enthousiasme que de succès. L'alexandrin dithyrambique le servait moins heureusement que le vers gaulois du *Misanthrope*.

La fresque de Mignard eut beaucoup à souffrir de l'humidité des travaux récents. Elle s'écaillait déjà en 1670, et Mignard, le meilleur coloriste de cette époque, s'en affligeant, reprit aux pastels les parties maltraitées ; mais ce remède insuffisant n'arrêta pas les ravages. Nous voyons que, trente ans après, toutes les vigueurs avaient disparu, et qu'en beaucoup d'endroits la couleur manquait.

Anne d'Autriche avait comblé cette église des plus riches présents, ornements, reliquaires d'or et d'argent enrichis de pierreries. Elle avait accordé à son abbaye beaucoup de privilèges ; le droit de porter les armoiries royales, celui de réclamer et de conserver la première chaussure de chaque fils et de chaque fille des princes du sang, et enfin le privilège d'inhumer, dans l'église, les cœurs des princes et princesses de la famille royale.

Voici l'origine de l'honneur fait à ce monastère.

En 1662, la reine passait les fêtes de fin d'année au Val-de-Grâce. Elle commençait à ressentir les atteintes du mal affreux qui l'emporta ; on vint la prier de retourner promptement au Louvre, parce que la petite madame, fille aînée du roi, était à toute extrémité. Ce fut alors que l'abbesse du Val-de-Grâce supplia Sa Majesté, si l'enfant venait à mourir, d'accorder à l'abbaye l'honneur de conserver son cœur, comme Saint-Denis avait le privilège de conserver le corps des princes.

Anne d'Autriche promit d'intercéder auprès du roi, et la petite princesse étant morte, la reine, quelques jours après, revint à l'abbaye et remit à l'abbesse et à son chapitre un reliquaire de vermeil surmonté d'une couronne d'or en disant : « J'ai tenu ma promesse, ma mère, et vous apporte le cœur de ma petite-fille que je vous confie, en attendant le mien qui ne tardera pas à le rejoindre. »

Ce moment arriva plus lentement que la reine ne s'y attendait. Les souffrances qu'elle endura furent si cruelles, si douloureusement variées que rien ne manqua au supplice de la martyre. Il était réservé à Anne d'Autriche de payer, en trois ans, les vingt-trois ans de santé, de puissance et de liberté dont elle avait joui à partir de sa régence. Ce n'est pas qu'une telle prospérité lui eût été accordée sans mélange. Outre les épreuves de la Fronde qu'elle supporta vaillamment pour maintenir l'intégrité du pouvoir royal, et continuer la politique dont son ennemi mortel, Richelieu, lui avait enseigné les vigoureuses pratiques, elle eut à souffrir, après la majorité du jeune Louis XIV, le despotisme du nouveau prince, et les écarts de sa jeunesse fougueuse, et les excès d'autorité d'un caractère indomptable, et ce fut alors que, chagrins maternels, blessures d'amour-propre, humiliations même, dont, malgré son respect, Louis, emporté par les passions, accabla trop souvent sa mère, ce fut alors qu'elle vint apporter le secret de ces douleurs au pied de son autel du Val-de-Grâce, et demander le silence, l'ombre et l'oubli à cet asile depuis si longtemps préparé. Elle s'attendait à y mourir ; on l'y avait transportée à la fin de 1665, dans l'une de ses plus dangereuses crises ; mais la cour, mais les médecins, mais le roi lui-même trouvèrent que le Val-de-Grâce était bien loin. Louis avait le Conseil, les audiences, la réception du soir au Louvre, et le besoin d'apercevoir La Vallière, soit chez la reine, soit chez Madame. On ramena Anne d'Autriche au Louvre. Elle y mourut le 20 janvier 1666, âgée de 64 ans et 4 mois. Son cœur, le quatrième de ceux de sa famille confiés au Val-de-Grâce, y fut apporté le 22 par son grand-aumônier accompagné des petites filles de France et des princesses du sang.

ÉCUSSON D'ANNE D'AUTRICHE

Le souvenir de cette Reine plane, comme nous l'avons dit, sur toute cette maison qu'elle a fondée. On l'y conserva religieusement tant qu'il y eut en France un Dieu et une monarchie. Registre était tenu au Val-de-Grâce des visites et des séjours qu'y fit la Reine. Du jour de sa régence à sa mort elle y passa cent quarante-six nuits et y entra cinq cent trente-sept fois.

Louis XIV fit construire dans la chapelle Sainte-Anne un tombeau divisé en cellules, pour recevoir les cœurs des princes du sang et des personnes de la famille royale. Cette chapelle était toujours tendue de noir, le pavé couvert d'un tapis, noir également. Sur la tenture, trois lés de velours chargés d'écussons aux armes de France et d'Autriche. Au centre de la chapelle, sur une estrade haute de trois degrés, entourée d'un balustre, s'élevait le tombeau couvert d'un poêle de velours noir croisé de moire d'argent, bordé d'hermine, et chargé des armes de France en broderie d'or : vingt-deux cellules de ce tombeau reçurent, de 1662 à 1714, des cœurs de la famille royale.

Les bâtiments du monastère, où Anne d'Autriche s'était réservé un petit appartement de religieuse, avaient été traités avec des soins dignes de la splendeur de l'église : la protection dont la Reine-mère honora ces recluses était méritée sous tous les rapports : la règle de Saint-Benoît réformée est sévère et les austérités de cette maison étaient célèbres.

Le Val-de-Grâce, devenu hôpital militaire, rendu au culte sous la Restauration, est redevenu hôpital. S'il n'a plus la foi, s'il a perdu l'espérance, il lui reste au moins la charité.

L'OBSERVATOIRE

Au temps dont nous esquissons l'histoire, il se fit un mouvement général vers le progrès, dans les sciences comme dans les arts. L'amour du beau, du suprême beau, passionnait les rois et les artistes. On ne trouve partout que projets, plans, tentatives consciencieusement dirigés vers ce but : la perfection en tous genres. S'il n'est pas donné à l'homme de réaliser un pareil rêve, ceux qui eurent l'honneur de l'avoir entrepris ne méritent-ils pas qu'on leur en tienne compte ?

Louis XIV n'avait aucune passion pour la science : mais il avait Colbert. La création de toutes les Académies entraînait la création d'un outillage indispensable à la pratique de chaque art. Aux sciences exactes, aux études astronomiques il manquait le laboratoire et l'observatoire. Colbert se chargea de les établir. Colbert était chimiste, algébriste, astronome, il était tout quand il le fallait. Ces travaux furent conçus et exécutés selon toutes les règles de l'art, dans les meilleures conditions de prévoyance et de construction.

L'emplacement choisi était l'extrémité du Faubourg Saint-Jacques, du côté de la campagne.

Le ministre chargea Claude Perrault du plan et des dessins du futur Observatoire, on commença les fouilles en 1667. Les difficultés se présentèrent au début. Ce terrain plein de carrières et par conséquent d'inégalités faillit rebuter l'architecte ; l'on y rencontrait, en fouillant, d'énormes crevasses qu'il fallut combler : mais l'imperturbable volonté qui présidait alors à toute opération inspirait l'énergie et la patience ; rien de ce qui était difficile n'arrêta le travail, tout ce qui était impossible fut fait, et le bâtiment de l'Observatoire est peut-être, de tous ceux du règne, le plus solide en toutes ses parties, le plus soigné dans les moindres détails.

Il fut orienté, tout d'abord, de façon à ce que chacune de ses quatre faces répondît à l'un des points cardinaux, et que l'édifice passât directement par le méridien de Paris. C'est un rectangle flanqué de deux tours octogones aux deux angles de la façade méridionale dont la ligne se confond avec la latitude de Paris, et la méridienne est tracée dans la Grande Salle du second étage. Ces deux lignes qui se coupent au centre de la

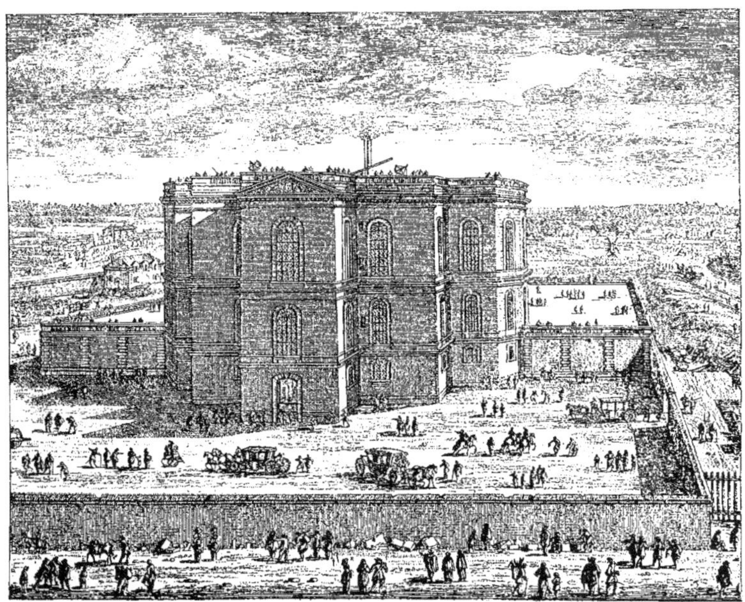

OBSERVATOIRE (FAÇADE)

façade méridionale de l'Observatoire ont servi de base aux triangles nombreux, d'après lesquels fut levée la carte générale de France, la carte Cassini.

Rien n'égale le soin avec lequel furent préparés et posés les matériaux. Cette pensée que le nouvel édifice était destiné aux études exactes inspira jusqu'aux tailleurs de pierre, et l'on assure que chaque morceau de matière est devenu ainsi un véritable objet d'art. Le choix de la pierre fut fait avec une minutieuse rigueur : les rangs posés par assises égales, et régnant de la même hauteur afin d'assurer l'édifice contre tout tassement ou affaissement du sol. Ce système de solidité à toute épreuve fut poussé à ce point qu'il n'entra dans le bâtiment ni bois, ni fer ; escaliers, planchers sont voûtés.

Tous ces travaux, jusqu'au fameux puits creusé dans les caves, et d'où l'on peut voir, disaient les bonnes gens, les étoiles en plein midi, ce qu'il ne faut pas croire sur parole, tous ces grands efforts de l'architecte pour faire de la maison le temple des sciences

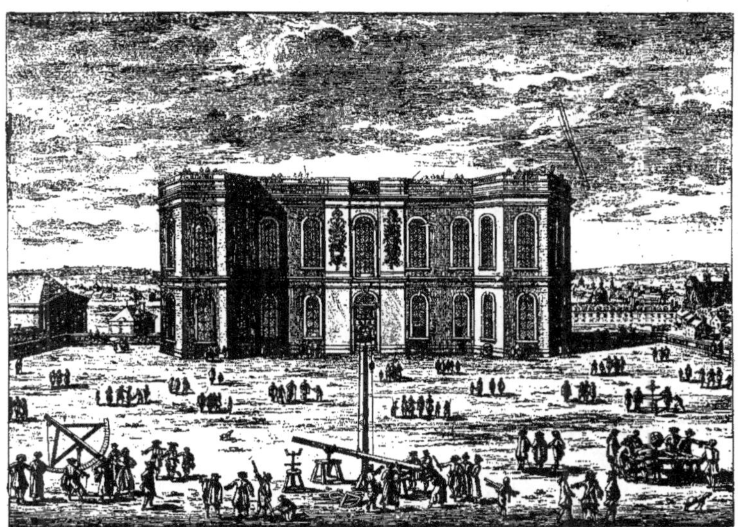

L'OBSERVATOIRE (COTÉ DU JARDIN)

mathématiques, ne réussirent pas à satisfaire les astronomes. Cassini, lorsqu'il arriva d'Italie où Colbert l'avait fait chercher, pour diriger l'Observatoire, trouva les dispositions de l'architecte admirables en tout point, sauf au point de vue astronomique. Il demanda nombre de changements que Perrault refusa de faire, car l'édifice était presque achevé, en sorte que Cassini fut obligé de se faire construire, sur la terrasse supérieure, un petit observatoire en forme de tourelle, seul endroit où il consentît à étudier, — seul endroit qui fût possible, paraît-il, pour les observations astronomiques ; car ce fut là qu'elles se firent pendant longtemps.

En matière de science ou d'art, la bonne volonté ne suffit pas, et les découvertes, en astronomie surtout, dépendent de la perfection des instruments.

L'époque de Louis XIV, riche en hommes de bon vouloir et de génie, ne savait pas ce qu'on sait aujourd'hui, et la mécanique a fait beaucoup de progrès depuis Pascal. Il est certain aussi, que du temps des Cassini l'on admirait avec stupeur, comme une merveille, le fameux télescope de soixante-dix pieds de longueur sur deux de diamètre, supporté par un véritable mât de navire, machine immense dont la gloire s'est évanouie à l'apparition des verres achromatiques ; mais il en est de l'astronomie comme de toute chose en ce monde, le lendemain fait oublier la veille, et il ne serait pas juste de reprocher à l'Observatoire de Colbert l'absence des instruments de l'Observatoire d'aujourd'hui.

Le roi avec toute sa cour rendit visite au nouvel établissement le 21 mai 1682. Cassini, Lahire et Picard en firent les honneurs à Louis XIV et lui expliquaient, à chaque pas, la valeur, relativement inouïe, des richesses mécaniques et astronomiques qu'il renfermait. Il y avait, entre autres curiosités, un planisphère terrestre tracé sur le pavé du premier étage de la tour occidentale, où il occupait une circonférence de 81 pieds. L'escalier en vis, plongeant dans les caves à une profondeur de 28 toises, du fond desquelles on apercevait la lumière du jour tout au travers du bâtiment, émerveilla le roi, comme aussi un miroir ardent, invention nouvelle de Villette, qui fondait le plomb dès qu'il était exposé sur son foyer.

Aujourd'hui l'admiration ne serait pas moindre, mais non plus pour les mêmes objets. Autres temps, autres merveilles.

Ce quartier de Saint-Benoît renfermait, outre les monuments cités plus haut :

2 abbayes : de Sainte-Geneviève, parvis Sainte-Geneviève ; du Val-de-Grâce, ordre de Saint-Benoît, faubourg Saint-Jacques ; 1 abreuvoir, dont l'eau vient du réservoir de l'Observatoire, et forme une espèce d'étang hors la fausse porte Saint-Jacques à gauche ; 2 bailliages seigneuriaux : de la Commanderie de Saint-Jean-de-Latran, place Cambray ; de Sainte-Geneviève, cour de ladite abbaye ; 4 bateaux à laver, situés au bout de la rue des Rats ; il y a aussi des tonneaux à cet usage dans l'étang hors la fausse porte Saint-Jacques ; 1 barrière, des huissiers près le petit Châtelet, près du petit pont ; 1 boîte pour les lettres de la poste, rue Saint-Jacques, au coin de la rue du Plâtre ; 6 boucheries ; 17 étaux ; 1 brigade pour la sûreté des droits d'entrée, appelée brigade de Mausouris, près la fausse porte Saint-Jacques ; 3 bureaux, barrière et laissez-passer, barrière des Capucins, bureau faubourg Saint-Jacques, laissez-passer, rue de la Bourbe, vis-à-vis les

Capucins; 3 carrefours : de Saint-Séverin, où aboutissent les rues du Petit-Pont, Gallande, Saint-Jacques, Saint-Séverin; du Puits Certain, où aboutissent les rues du Mont-Saint-Hilaire, Charretière, Fromentel, Saint-Jean-de-Latran, Saint-Jean-de-Beauvais; de la Porte Saint-Jacques, où aboutissent les rues Saint-Jacques, Saint-Hyacinthe, et Fossés Saint-Jacques, ancienne Estrapade; 1 champ des Capucins, nouveau cours, faubourg Saint-Marcel et Saint-Jacques; 5 chapelles : Saint-Blaise, rue Galande, Saint-Julien-le-Pauvre, Saint-Nicolas de la Nation de Picardie, rue du Fouarre; Saint-Yves, rue Saint-Jacques; 1 Petit Châtelet et sa prison; 2 cimetières hors leurs paroisses : Saint-Benoît, Saint-Étienne-du-Mont; 2 cloîtres : de Saint-Étienne des Grecs, rue Saint-Jacques; de Saint-Julien-le-Pauvre; 20 collèges, savoir : de l'Ave Maria, sans exercice; de Sainte-Barbe, id. ; de Cambray, dit les 3 Évêques, exercice de droit, place de Cambray; des Cholets, sans exercice; de Cornouailles, id. ; des Grassins, exercice rue des Amandiers; Collège ou École de droit, exercice rue Saint-Jean de Beauvais; des Dix-Huit, sans exercice, ni maison; de Fortel, id., rue des Sept-Voies; de Saint-Jean de Beauvais, exercice; de Louis le Grand ou des Jésuites, exercice rue Saint-Jacques; de Lisieux, id., rue Saint-Étienne-des-Grecs; des Lombards, dits des Hibernois, sans exercice; de Marmoutiers, réuni aux Jésuites; de Montaigu ou Capets, exercice, rue des Sept-Voies; École de médecine, exercice rue de la Bûcherie; de Presle, sans exercice; du Plessis, exercice rue Saint-Jacques; de Reims, sans exercice; Royal, exercice pour les langues orientales, place de Cambray. Il y a, dans la plupart des collèges ci-dessus, des églises ou chapelles où l'on fait le service divin et célèbre tous les jours la Sainte Messe; 1 commanderie, de Saint-Jean de Latran, place de Cambrai; 2 communautés ou congrégations, savoir : de l'Oratoire; de l'Institution, faubourg Saint-Jacques; 5 communautés de Filles : Sainte-Agathe, rue de l'Arbalète; Sainte-Aure, rue Sainte-Geneviève; Filles orphelines de l'enfant Jésus, rue des Vignes; de Sainte-Perpétue, des Filles de la Providence, rue de l'Arbalète; 5 couvents, hommes : Bénédictins anglais; les Capucins, faubourg Saint-Jacques; les Carmes, rue des Carmes; les Jacobins, rue Saint-Jacques; les religieux de la Merci, rue des Sept-Voies; 5 couvents de Filles : bénédictines de la Présentation; Carmélites, faubourg Saint-Jacques; Feuillantines, id. ; de la Visitation, id. ; Ursulines, id. ; 4 corps de garde : du régiment des gardes; rue Contrescarpe; fossés Saint-Jacques; faubourg Saint-Jacques, près les Capucins; 2 cours : d'Albret; de Saint-Benoît; 1 Croix, de l'hostie, champ des Capucins, faubourg Saint-Marcel ; 5 demeures : lieux privilégiés pour les artisans; cour Saint-Benoît; rue des Charbonniers; des Lyonnais; des Bourguignons; 3 écoles et sœurs de la Charité; 2 églises collégiales : Saint-Benoît; Saint-Étienne-des-Grecs; 5 égouts : 3 rue de la Bûcherie; rue du Fouarre; près le Val-de-Grâce; 5 fontaines publiques : Saint-Benoît; des Carmélites; de la rue

Pot-de-Fer; de Saint-Séverin; l'Abreuvoir; 2 hôpitaux : de Sainte-Anne pour les malades de la contagion, chemin de Gentilly; pour les convalescents de l'Hôtel-Dieu, femmes et filles seulement, rue de la Bûcherie; 1 jardin : des Apothicaires, rue de l'Oursine; 1 marché : de la Porte Saint-Jacques; 1 observatoire, hors le faubourg Saint-Jacques; 4 paroisses : Saint-Benoît, rue Saint-Jacques; Saint-Étienne du Mont; Saint-Hilaire, rue du Mont Saint-Hilaire; Saint-Jacques du Haut-Pas, faubourg Saint-Jacques; 4 places publiques : de Cambrai; Neuve de Fourcy, ancienne Estrapade; Carré de Sainte-Geneviève : champ des Capucins; 7 puits publics : rue de la Bretonnerie; du Puits Certain; des Cholets; de Saint-Étienne des Grecs; de l'Orme; Nadée, près la Visitation; Qui-Parle, rue des Poules; 2 séminaires : des Anglais; de Saint-Magloire; 1,382 maisons; 51 rues et 7 culs-de-sac; 304 lanternes; 1 voirie hors la fausse porte Saint-Jacques.

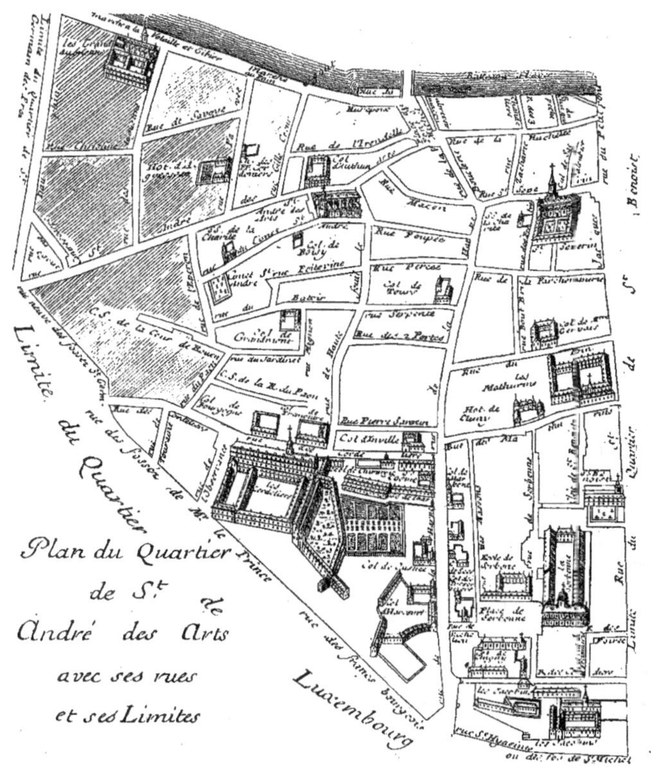

XVIIIᵉ QUARTIER. — DE SAINT-ANDRÉ-DES-ARTS

ÉGLISE SAINT-SÉVERIN

Deux saints du nom de Séverin ont vécu en France, et environ à la même époque : lequel des deux est titulaire de l'église qui porte leur nom? Telle est la question que beaucoup d'historiens se sont posée, que beaucoup ont résolue, sans qu'un seul, après nombre de pages, et de citations, et de conjectures, ait prouvé la supériorité de son opinion. Voici la double thèse :

L'un de ces deux saints, abbé d'un monastère nommé Agaunum (Saint-Maurice en Savoie), fut appelé en France par les médecins de Clovis, sur la réputation de ses cures merveilleuses, guérit le roi qui, pour le récompenser, lui donna de grosses sommes et l'autorisation de délivrer autant de prisonniers qu'il voudrait, quels que fussent leurs crimes. Ce saint Séverin, d'Agaune, prit congé de Clovis, se retira à Château-Landon, près de deux prêtres qui desservaient en cette contrée un petit oratoire ; il mourut chez eux, et y reçut la sépulture. L'année de sa mort reste inconnue.

L'autre Séverin était un solitaire retiré, sous Childebert, à Paris, près de la porte

SAINT-SÉVERIN

méridionale : pieux personnage, très vénéré pour sa sainteté, ses vertus, et sous la discipline duquel se mit Clodoalde, petit-fils de Clotilde, le dernier des malheureux petits princes égorgés par Clotaire, leur oncle. Cet enfant échappé au carnage sauva sa vie en prenant l'habit monastique des mains de saint Séverin son maître. Celui-ci mourut sous le règne de Childebert, et, comme cela s'est fait à l'origine de la plupart des églises, il fut construit une chapelle à l'endroit où s'élevait la cabane du solitaire. L'on peut conjecturer, sans invraisemblance, que les fondateurs de l'église Saint-Séverin, connue plus tard au xie siècle, n'avaient été que les successeurs des premiers religieux successeurs de saint Séverin. Cela n'est pas une preuve, mais une probabilité tout aussi acceptable que la première, et ce saint Séverin, d'Agaune, qui va mourir à Château-Landon, n'est pas un titulaire plus authentique que le solitaire de Paris, vivant et mort à Paris, où sa mémoire respectée lui aurait valu l'honneur de donner son nom à une importante église parisienne. Les deux causes sont exposées.

Juge qui pourra.

On cite d'ailleurs une charte du roi Henri Ier, par laquelle ce prince, en 1031, donne à l'église de Paris diverses chapelles ou églises des faubourgs, dévastées, pillées par les Normands, désertes, et parmi ces églises : celle de *Séverin le solitaire.*

Il est donc à supposer que, pendant l'invasion normande, la chapelle ou l'église de Saint-Séverin ayant été détruite, et les restes du saint mis à l'abri, il y aura eu dans le xie siècle, reconstruction de cette église, sous l'invocation de saint Séverin le solitaire.

Quoi qu'il en soit, reconstruite et agrandie à différentes reprises, elle fut sérieusement restaurée et définitivement constituée en 1489, avec protection et subsides du pape Clément VI. Au point de vue de l'art, cet édifice mérite notre attention, notre curiosité.

On y peut suivre, époque par époque, les restaurations et agrandissements de Saint-Séverin, dont l'architecture est un composé d'autant de styles qu'il y eut de changements opérés dans cette église. Le roman, le gothique, toutes les formes du premier et du moyen âge y sont représentés, par l'adoption naïve du type à la mode, implanté sur le type démodé. L'ogive, dont chaque variété déclare une époque de l'art, se montre à Saint-Séverin dans toutes ses variétés. C'est d'abord la forme sévère du xiie succédant aux pleins cintres, puis l'ogive élégante et hardie à la fois, forme solide et noble dans la plénitude de son âge viril, puis, au xve siècle, époque de décadence pour le gothique, un luxe, un fouillis de sculptures bizarres et grossières dans lesquelles on ne reconnaît plus un art qui semble endormi, jusqu'au moment où la renaissance amène l'harmonie des masses, la lumière et le goût dans les détails, de l'air, de la grâce qui sont le caractère de son style. Vient enfin le travail du xviie siècle, un peu froid, un peu lourd, mais sérieux et sûr.

Le portail, d'une grande et noble simplicité, s'accompagne de lions de pierre sculptés et scellés dans la muraille, à l'endroit, sans doute, où, dans les temps anciens, s'élevait le siège du doyen ou archiprêtre lorsqu'il rendait la justice, ayant de chaque côté de sa chaire des lions rampants, d'où la formule des sentences rendues : *Donnée entre les lions,* qui révèle l'usage, aux premiers siècles, de rendre la justice à la porte des églises.

Jadis la porte de Saint-Séverin était couverte de fers à cheval — les uns neufs, les autres usés. Le voyageur, au départ, faisait son vœu à saint Martin, patron des voyageurs ; il priait d'abord le saint de le protéger dans le chemin, et suspendait à la porte un fer neuf en son honneur. De retour sans accidents, le voyageur venait remercier saint Martin, et consacrait, en signe de remerciement, l'un des fers usés par son cheval.

L'intérieur de l'église est remarquable par sa belle ordonnance, par le goût de sa distribution et la multiplicité de ses ornements de tout style et de toute époque, sculptures d'une grâce et d'une originalité que j'oserais dire divertissantes, si le mot était séant quant au lieu et à la circonstance. Rien ne donne, si l'on n'a vu, l'idée de ces scénettes, sujets conçus avec esprit, traités avec une verve rare.

Les vitraux, comme on n'en trouve pas de plus beaux à Paris, étaient du célèbre Bunel, de Blois, peintre du roi Henri IV. Brisés pour la plupart, ils ont fait place à d'autres, non sans valeur, mais qui ne les remplacent pas.

On changea, sous Louis XIV, l'antique autel contre un nouveau du dessin de Charles Lebrun, sculptures de Jean Tuby. La dépense de ce morceau d'architecture romaine, mais non plus chrétienne, fut payée par Mademoiselle, la somme de 24,000 livres. Mademoiselle, Anne-Marie-Louise d'Orléans, duchesse de Montpensier, habitait pourtant le Luxembourg et devait être paroissienne de Saint-Sulpice, non de Saint-Séverin ; mais ayant eu à se plaindre de Messieurs de Saint-Sulpice, la princesse, autorisée par M. de Harlay, archevêque de Paris, changea de paroisse en passant à Saint-Séverin avec ses officiers et tous ses gens.

Saint-Séverin fut l'une des premières églises dotées d'un orgue ; on lit sur un nécrologe manuscrit cette mention : « L'an 1358, le lundi après l'Ascension, maître Regnault de Douy, eschollier en théologie et gouverneur des grandes escholles de Saint-Séverin, sa parouesse, donna à l'église unes bonnes orgues et bien ordenées. »

Il y avait une coutume touchante dans cette paroisse : les pauvres femmes relevant de couches allaient à Saint-Séverin rendre grâces de leur délivrance, et, pour les garantir du froid, on leur couvrait les épaules d'un manteau fourré, présent de la paroisse.

On voit, dans les vieilles gravures du xvie et du xviie siècle, près de la porte de l'église, un retrait de pierre, sorte de cellule couverte et fermée, sauf un guichet, qui servait d'asile à une recluse. Là, emprisonnée volontairement jusqu'à sa mort, la malheureuse soutenait sa vie avec les aliments grossiers que lui jetait le passant charitable. Beaucoup de ces infortunées expiaient dans leur cachot glacé les erreurs, peut-être les crimes, d'une trop longue existence, et, de leur trou obscur, voyaient, à chaque minute, la porte du cimetière, où, par charité encore, la paroisse leur accorderait le dernier asile.

Le cimetière ou charnier de Saint-Séverin, comme aussi l'église dans ses chapelles, donna la sépulture à beaucoup de savants distingués. Voici les noms de quelques-uns :

la famille des Brisson, 1529 ; Étienne Pasquier, l'auteur des *Recherches de la France*, avocat-général à la Cour des comptes, 1615 ; Scévole et Louis de Sainte-Marthe, frères jumeaux, savants historiographes de la *Maison de France*, 1650-1656 ; Louis Moreri, auteur du *Grand Dictionnaire*, 1680 ; Eustache Lenoble, 1711 ; Pierre Grassin, conseiller du roi, fondateur du collège des Grassins, etc., etc.

C'est dans ce cimetière de Saint-Séverin que fut pratiquée, sous Louis XI, la première opération de la pierre. On choisit, dans les prisons du Châtelet, un archer, vaurien de la pire espèce, condamné à mort pour toute sorte de crimes, et sa grâce lui fut promise s'il survivait à l'opération. Il résistait bien un peu, mais on lui fit observer qu'il allait mourir pour rien, tandis qu'au prix d'une petite incision il pouvait guérir de son mal, et causer la guérison d'autres malades pareils à lui — ce qui lui importait peu — mais qu'alors il vivrait libre et heureux : cela le détermina. Il se laissa faire, on recousit sa plaie, et quinze jours après, dit Jean de Troyes, il se guérit, « eut rémission de son cas, sans dépens, et quelque argent par dessus le marché. »

Sur la porte de ce cimetière, on lisait un distique dont le premier vers, adressé au passant, est très beau encore aujourd'hui :

Tous ces morts ont vécu, toi qui vis, tu mourras.

La cure de Saint-Séverin avait été depuis longtemps érigée en archiprêtrise. Le clergé de cette paroisse se fit trop souvent remarquer par l'âpreté de ses réclamations et exigences en matière temporelle. Lorsque la Ligue s'établit à Paris, l'archiprêtre curé de Saint-Séverin, Jean Prévot, se distingua par l'exaltation de ses passions politiques : furieux ligueur, il déblatérait en chaire contre le roi Henri III, avec une telle violence, que le roi se le fit amener au Louvre et lui infligea une mercuriale capable de le faire réfléchir ; mais en général, à cette époque, sous la funeste influence des Guise, le clergé parisien, fanatisé, souleva l'écume populaire, poussa la multitude à tous les excès et déshonora l'habit du prêtre et son caractère. Nous en pourrons dire plus dans l'histoire de la Sorbonne.

LA SORBONNE

La Sorbonne est le premier collège qu'on ait fondé dans le quartier de l'Université. Il dut son existence, non à Robert de Sorbon dont nous allons parler amplement tout à l'heure, mais à Robert de Douay, auteur premier de cette fondation et dont le nom est ignoré aujourd'hui. Robert de Douay fut un chanoine de Senlis, médecin de la reine Marguerite de Provence, femme de Louis IX. Il mourut laissant par testament une somme de quinze cents livres parisis pour la construction d'une maison de retraite et d'étude destinée aux pauvres écoliers qui étudieraient, sous la direction de Robert de Sorbon, ami du défunt et son légataire. Plus tard, d'autres collèges furent fondés dans les mêmes conditions, en ce même quartier, surtout rue du Fouarre, et devinrent

comme la semence des nombreuses maisons de l'Université dont on comptait, au temps de Louis XIV, vingt dans le quartier Saint-Benoît, et quinze, quartier de Saint-André-des-Arts, duquel ces lignes retracent l'histoire.

Robert de Sorbon accomplit les volontés de son ami Robert de Douay. C'était, d'après Étienne Pasquier, un homme de bonnes études « qui se fit paraître personnage de grand sens » : ses bonnes œuvres le recommandèrent au roi saint Louis, qui le prit pour confesseur et l'admit dans sa familiarité. Mais, chose singulière, cet excellent homme, bon professeur et religieux parfait, était de sa nature un ergoteur tout épris de disputes, dont Joinville, son contemporain, nous a laissé quelques histoires charmantes, et l'on dirait que ce *disputeur* quand même, fondateur de la Sorbonne, où l'on a tant ergoté, sans parler de ce qu'on y dispute encore, a laissé l'empreinte ineffaçable de son esprit dans les pierres mêmes de la maison.

La fondation du collège eut lieu de 1250 à 1256, grâce au legs de Robert de Douay, d'abord, et grâce également aux libéralités du saint roi qui jamais ne résistait au plaisir de faire le bien en tous genres. Cette idée de venir en aide aux studieux pauvres, et de les nourrir du double pain du corps et de l'esprit, passionna le roi qui fit acheter des maisons dans les deux rues situées devant le palais des Thermes, la rue aujourd'hui de Sorbonne et la rue Coupe-Gueulle, cette dernière appelée depuis rue des Deux-Portes : on bâtit sur cet emplacement les premiers édifices du collège et une chapelle, puis d'autres bâtiments après d'autres acquisitions de terrains jusqu'à la rue des Poirées, en sorte que les diverses parties de la maison des *Pauvres maîtres* — Sorbon avait donné ce nom modeste à la communauté — s'étendaient dans l'espace compris entre l'hôtel de Cluny, l'église Saint-Benoît, la rue de la Harpe et celle des Cordiers. On possède l'acte par lequel Louis IX concède à maître Robert de Sorbon, en faveur des écoliers, une maison qui avait appartenu à Jeanne d'Orléans, y compris les étables contiguës à cette maison et situées rue Coupe-Gueulle, devant le palais des Thermes. Le nom n'est pas beau, mais l'origine de l'édifice n'est plus douteuse.

Le pape Urbain IV pressa les fidèles d'encourager cette Sorbonne destinée à sauver, de la misère et des humiliations, les maîtres du collège réduits à se vêtir des habits les plus grossiers et à se nourrir plus grossièrement encore.

Quant à Robert de Sorbon, jamais il ne se déclara fondateur, mais seulement proviseur de l'établissement dont, selon ses vues, l'utilité devait être immense. En effet, le but de l'institution était de rétablir, en plein Paris, au sein même de l'Université, l'ancienne école du Parvis, celle de la théologie pure, et de lui rendre l'éclat dont elle brillait au temps des Guillaume de Champeaux et des Abailard, à l'exclusion rigoureuse des sectes monacales dénuées de saine doctrine et d'indépendance. Humbles et dignes, ces maîtres, qui nommaient leur communauté *pauperrima nostra Sorbona*, supportaient la pauvreté, et se bornaient à étudier sans cesse, à résoudre les cas de conscience ou questions litigieuses qui leur étaient soumis en toute sincérité ; leurs catéchistes allaient, aux jours de dimanche, enseigner la doctrine et la morale du christianisme dans les prisons et les églises paroissiales ; quelques-uns, consolateurs des criminels, exhortaient les condamnés jusqu'au lieu du supplice. Tels furent le but, et telles les œuvres de l'institution, surtout dans la pensée des fondateurs.

Mais les temps, à mesure qu'ils propagèrent la renommée de la Sorbonne, y introduisirent l'orgueil, et ce sentiment mauvais de la supériorité intellectuelle qui rend l'homme infatué, trouble la lucidité de l'esprit, et l'induit à se croire indispensable parce qu'il se croit infaillible. Consultés de toutes parts, dans des questions absolument extérieures au primitif programme, les maîtres pauvres devinrent des docteurs influents et riches dont les consultations cessèrent bientôt d'être désintéressées. Peu à peu, même, ces docteurs de Sorbonne régentèrent non plus les écoliers, mais les maîtres. On les voit disputant contre l'Université, puis contre les parlements, puis contre l'Église, puis contre les rois. Leur champ clos, ce n'est plus la théologie, la philosophie, la science, c'est la politique ; ils s'y plongèrent, on va voir s'ils ont pu surnager.

D'abord, les multitudes ignorantes sur lesquelles leur influence s'exerçait trop aisément leur offrirent à discuter les questions les plus redoutables — les complots, la rébellion, les violences. Et ils discutèrent ces formidables thèses et s'engagèrent à fond dans la bagarre, ni plus ni moins que des soudards rebelles, impies, sacrilèges. Pendant les guerres intestines qui déchirèrent la France sous le règne de l'infortuné Charles VI, quand le Bourguignon, un rebelle, l'Anglais, un hérétique, les bandits, sacrilèges, mettaient le royaume à l'encan, la Sorbonne embrassa le parti du traître Jean-sans-Peur. Ce prince - brigand assassina le duc d'Orléans dans un guet-apens infâme qui souleva toutes les consciences honnêtes : la Sorbonne fit publiquement l'apologie du crime de la rue Barbette. — Voilà pour la morale.

A ce moment l'opinion flétrit l'assemblée des docteurs du nom de Sorbonne bourguignonne.

Lorsqu'après la bataille de Poitiers, la France, sans roi, fut envahie et Paris occupé par les Anglais, la Sorbonne, oubliant qu'elle était française, se rangea parmi les courtisans de l'étranger vainqueur.

Lorsque l'héroïque fille de Vaucouleurs, victime d'une trahison, fut prise par les Anglais, ce fut la Sorbonne qui écrivit au duc de Bedfort pour réclamer la mise en jugement de Jeanne d'Arc. Écoutons la lecture de sa lettre. « Vous avez employé *votre noble puissance* à appréhender cette femme qui se dit vierge, et commettriez une offense envers la majesté divine *si elle était délivrée.* » — Plus loin, toujours au duc anglais de Bedfort, en son hôtel des Tournelles : « La Sorbonne supplie sa Haute Excellence, en l'honneur de Jésus-Christ, d'ordonner que cette femme soit *mise brièvement ès mains de la justice.* » Et enfin au même duc : « car ce serait peu de chose d'avoir fait telle prise, *s'il ne s'en suivait ce qu'il appartient.* »

Ce qu'il appartenait fut accordé à la Sorbonne, et, comme l'a dit Michelet, Jeanne d'Arc, en 1430, fut adjugée au docteur Pierre Cauchon. — Voilà pour le patriotisme.

L'opinion de France flétrit alors les docteurs du nom de Sorbonne anglaise.

Ce que saint Louis avait protégé, ce que Robert de Sorbon avait rêvé pour l'avenir de sa fondation, était-ce bien ces deux titres de gloire? Mais la Sorbonne, dans ses égarements, n'était pas au bout de sa carrière.

L'imprimerie est découverte. — C'est l'émancipation du génie humain. Faust apporte en France les premiers livres imprimés. La Sorbonne déclare Faust coupable de magie, et, sans Louis XI, peut-être Faust eût-il été brûlé comme sorcier.

L'auteur d'une traduction, en français, des *Heures de Notre-Dame*, un poète français, demande au parlement l'autorisation de faire imprimer ce livre innocent. — Le parlement mande et consulte sur le cas les docteurs de Sorbonne. Leur délégué, régent de la faculté de théologie, déclare pernicieuses et dangereuses toutes traductions des livres de religion, parce qu'*approuvés en latin, ils doivent ainsi demeurer.* — Voilà pour l'indépendance de la pensée.

Enfin, nous arrivons à la Ligue, ce temps de l'insurrection en permanence.

Les docteurs de Sorbonne se jettent en forcenés dans le parti des Guises contre le roi. En 1584, ils font soutenir dans les thèses publiques qu'il est permis de tuer le roi qui abuse de son autorité. L'encouragement est assez clair ; aussi le duc de Guise s'empresse-t-il d'aller rendre visite à ces fidèles ligueurs et il leur dit : « Messieurs, vous sentez-vous assez forts avec la plume, sinon faudra-t-il l'être avec l'épée ? » Et, plus tard, réunis en séance secrète, les docteurs, statuant comme sur un cas de conscience, décidèrent qu'on peut ôter le gouvernement aux princes qu'on *ne trouve pas tels qu'il le faut,* comme l'administration à un tuteur devenu suspect. — Voilà pour la doctrine évangélique.

Et l'opinion publique appliqua aux docteurs la flétrissure de ce nom : Sorbonne guisarde et ligueuse.

Après le meurtre du duc de Guise, l'Université tout entière, obéissant aux Seize, assembla la faculté de théologie pour qu'elle donnât son avis sur cette question : Peut-on refuser obéissance au roi et prendre les armes contre lui?

La réponse des docteurs ne se fit pas attendre. Ils déliaient les sujets du serment d'obéissance, rayaient son nom des prières de l'Église et poussaient les peuples à s'armer contre le tyran.

Quand Jacques Clément eut assassiné Henri III, la Sorbonne loue l'assassin et glorifia son crime. Elle se déclara contre Henri IV, et, s'alliant avec l'Espa-

gnol, fit engager le roi d'Espagne à donner sa fille en mariage au jeune duc de
Guise. Henri n'eut pas plus tôt abjuré pour tout concilier en France et rétablir
la paix, que la Sorbonne, le déclarant deux fois renégat, poussa les fanatiques
à l'assassiner. Henri IV ne fut pas dédaigneux et faible comme Henri III.
Il fit arrêter, condamner ces rebelles, exécuter ou bannir ces fous furieux, et
força les récalcitrants à faire amende honorable, tête nue, à genoux, devant le Parlement.

Tel fut le rôle politique et moral de la Sorbonne de 1256 au ministère de Richelieu, 1624.

Toutes ces folies, sinistres et criminelles, qui n'avaient pas l'excuse de l'ignorance ni du besoin, sont d'autant plus odieuses et méritent une flétrissure d'autant
plus sévère. Voilà pourquoi nous avons fait passer ces rapides tableaux devant le
lecteur, afin que, connaissant la cause, il juge impartialement, selon leurs œuvres,
les successeurs du sage et honnête Robert de Sorbon, qui, certes, n'eût pas fondé la
Sorbonne, s'il eût prévu ce qu'elle deviendrait.

En 1630, elle était vieille et décrépite, cette maison ; les cœurs s'y étaient endurcis,
les pierres amollies ne tenaient plus : Richelieu, qui avait fait dans ce collège ses
études théologiques et en était devenu proviseur, fut tenté par le rôle de bienfaiteur, et demanda un plan de restauration pour la Sorbonne à l'architecte Lemercier
qui venait de lui bâtir le Palais Royal. On déposa, dans la première pierre qui fut
posée, une médaille représentant Dame Sorbonne, écrasée sous le poids des ans,
avec cette devise en latin : *Je vieillissais tranquillement ici* — ce qui sous-entendait
une autre médaille future figurant la Sorbonne rajeunie et rendant grâces à
l'enchanteur Richelieu, son résurrecteur. — Mais Richelieu n'eut pas le temps de
frapper cette médaille. L'église magnifique dont il fit présent à son collège ne fut
achevée qu'en 1653, onze ans après la mort du grand cardinal, et les bâtiments du
collège n'étaient pas encore complets en 1642.

La description détaillée de cet édifice, que tout le monde connaît et voit chaque jour,
serait une superfluité. Un trait de crayon doit suffire. — La Sorbonne se divise en trois
grands corps de bâtiments, flanqués, dans leurs encoignures, de quatre pavillons, et
qui entourent une cour en forme de carré long. La partie de cette cour qui avoisine
l'église est surélevée de quelques pieds pour rehausser l'effet du portail. Le portique
en est formé de dix colonnes corinthiennes dont six de face et quatre en retour, et
comme elles se détachent du corps de bâtiment d'environ dix pieds, elles composent
un porche dont l'entrée est couronnée par un fronton portant l'inscription dédi-
catoire. Un dôme de proportions sages et d'une bonne coupe domine heureusement,

mais sans éclat, l'ensemble des édifices, et les quatre pilastres qui le soutiennent sont vides et servent de conducteurs aux ondes sonores quand il y a musique dans le chœur.

L'intérieur de l'église, savamment distribué, était orné de douze statues des apôtres par Guillain et Berthelot, mais la révolution, en passant, a supprimé les apôtres et effacé tout le luxe religieux que le cardinal avait répandu sur son église. Il ne reste plus des magnificences passées que le tombeau du grand Richelieu, ouvrage d'un goût et d'une délicatesse qui méritent une notice à part.

On admirait la richesse de la bibliothèque, composée des plus rares manuscrits, et des exemplaires introuvables des premiers livres reproduits par l'imprimerie. Elle renfermait la précieuse collection des planches que fit graver Louis XIV d'après ses tableaux, ses statues et ses tapisseries. La plupart de ces richesses ont émigré à la bibliothèque royale jadis, nationale aujourd'hui.

La Sorbonne, sous Louis XIV, comprenait dans un bâtiment à part, situé place et rue de Sorbonne, les écoles de théologie scholastique et positive fondées par Henri IV, écoles pour la controverse, la philosophie et les humanités, six chaires en tout. Ces dernières écoles représentant la tradition de l'ancien collège de Calvi, créé par Robert de Sorbon, et surnommé la petite Sorbonne. Richelieu fit détruire cette maison pour donner plus d'ampleur à la Sorbonne nouvelle. Son église est bâtie à la place même du vieil édifice de Calvi, et, dit-on, par un caprice étrange du sort, le tombeau de l'illustre cardinal, ce souvenir pompeux de sa puissance et de sa gloire, s'élève à l'endroit que ce collège affectait aux plus vils usages. *Vanitas vanitatum.*

TOMBEAU DU CARDINAL DE RICHELIEU

Ce mausolée de Richelieu, exécuté par Girardon, dont il est le chef-d'œuvre, fut érigé en 1694, cinquante-deux ans après la mort du cardinal. Il occupa d'abord dans l'église le milieu du chœur, plus tard on le plaça au côté droit de la nef.

Richelieu près de mourir est à demi couché sur un lit funéraire ; le regard en haut ; la main droite sur son cœur comme pour attester Dieu. La gauche indique le livre pieux qu'il a écrit pour la Religion, et que celle-ci, soutenant le cardinal, tient ouvert à son côté. La figure de la Religion, attentive et sereine, et qu'on a fort critiquée, me paraît d'autant plus belle qu'elle est conçue dans un sentiment plus élevé. — La religion ne plaint pas le mourant, et un mourant tel que Richelieu n'a pas besoin qu'on l'exhorte. Cette grave figure de femme assiste seulement une créature en défaillance ; deux petits génies, s'effaçant derrière, maintiennent l'écusson du cardinal. L'exécution du groupe est supérieure : expression, composition, draperies, étoffes, tout est hors ligne.

On voit au pied du lit, renversée, s'abandonnant au désespoir, une autre figure de femme d'un superbe mouvement, d'un ajustement admirable. — C'est, disent les uns,

TOMBEAU DU CARDINAL DE RICHELIEU

la Science éplorée ; mais rien qu'un livre ouvert sur ses genoux ne caractérise ce personnage. — C'est une femme qui pleure le grand politique, l'incomparable ministre, l'immortel auteur d'une résurrection providentielle de l'État, menacé de ruine par la mort d'Henri IV. Cette femme-là serait la France, si Girardon eût osé la couronner du diadème ; mais veut-on qu'elle ne soit qu'une science, j'y consens ; seulement je l'appellerai l'Histoire.

L'HOTEL DE LUYNES

Quai des Augustins, au coin de la rue du Hurepoix, François Ier avait fait bâtir un charmant petit palais qui communiquait avec un hôtel, bâti rue de l'Hirondelle, pour la

HOTEL DE LUYNES

duchesse d'Étampes ; cette maison, ce nid d'amours, était orné de peintures, tapisseries, marbres sculptés ; les cheminées, les poutrelles, les lambris, portaient partout la Salamandre, les chiffres énigmatiques, les emblèmes, les devises incendiaires de ces grands batailleurs qui étaient aussi de passionnés amoureux. Tout ce répertoire galant avait laissé dans l'esprit du bon Sauval une impression qu'il a naïvement exprimée à propos de cet hôtel.

Le palais de François Ier perdit peu à peu ses jardins et tout l'espace, libre de son temps, dont s'emparèrent les échevins pour établir solidement le quai, et les voisins pour s'agrandir. Il devint hôtel d'O : propriété d'un Séguier, maître des requêtes, qui, laissant la robe pour l'épée, se fit appeler marquis d'O. Mais sa fille, Louise-Marie Séguier, ayant épousé Louis-Charles d'Albert, duc de Luynes, apporta en dot cet hôtel, qui prit alors le nom de Luynes Il était habité, en 1648, pendant la Fronde, par le duc de Luynes, lorsque Paris se révolta pour obtenir la liberté du conseiller Broussel, arrêté la veille par ordre de la régente. La ville se couvrait de barricades, les Parisiens armés voulaient *Broussel ou la mort*. Au Palais-Royal grandes perplexités ; au Parlement, présidé par Molé, sombre réserve ; on délibérait. Le chancelier Séguier, à six heures du matin, se dirige vers le palais où siège le Parlement ; des barricades arrêtent son carrosse, il en descend et prend sa chaise à porteurs ; d'autres barricades arrêtent la chaise. Le chancelier veut poursuivre son chemin à pied, mais il est reconnu ; des gens à figures suspectes, de ces figures qui n'aiment pas les magistrats, s'acharnent après Séguier ; l'un de ces furieux, un plaideur auquel le chancelier a fait perdre un procès, crie plus fort que tous les autres ; on injurie Séguier, on le menace de le tuer s'il ne fait mettre en liberté Broussel. L'évêque de Meaux, frère du chancelier, la jeune duchesse de Sully, sa fille, résistent, implorent, appellent du secours ; on arrive ainsi, se bousculant, au quai des Augustins, à l'hôtel de Luynes dont la porte est ouverte ; l'évêque, la duchesse, quelques braves gens couvrent le chancelier, le poussent dans l'hôtel, aussitôt refermé. Mais la foule exaspérée en commence le siège, finit par enfoncer les portes et entre.

Les émeutiers fouillent partout, et ne trouvant pas leur proie, ils brisent, pillent et démolissent. Cependant le bruit de cette bagarre et du danger que court le chancelier est parvenu jusqu'au Palais-Royal ; le duc de la Meilleraie, à la tête d'une compagnie des gardes, arrive, tombe sur les Parisiens, délivre le chancelier et le retire de l'hôtel au milieu des imprécations et des huées. La foule suit le carrosse, hurlant toujours ; la Meilleraie, furieux à son tour, tire un coup de pistolet sur la bande, il y tue une vieille femme. On n'est pas Parisien si l'on ne devine pas la suite : pierres, coups de mousquets, pleuvent sur le carrosse et sur les gardes. La duchesse est blessée à côté de son père, plusieurs gardes sont tués, on n'arrive qu'à grand'peine au Palais-Royal. Tel est l'épisode fourni aux chroniques de la Fronde par l'hôtel de Luynes (27 août 1648). Ceux du petit palais de François Ier, moins dramatiques, eussent été plus curieux peut-être. Un siècle après il n'en restait plus que les murailles, habitées par un libraire bouquiniste, un aubergiste à l'enseigne de *la Salamandre !* dont l'écurie avait été le cabinet de bains de la duchesse d'Étampes. — Un chapelier faisait sa cuisine dans la chambre du lever de François Ier.

Ce quartier de Saint-André des Arts contenait en outre :

1 abreuvoir appelé l'abreuvoir Macon ; 8 bateaux à lessive : 2 situés au bout de l'abreuvoir, 6 au quai des Augustins jusqu'au Pont-Neuf ; 2 boucheries ; 1 carrefour, de Saint-Séverin, où aboutissent les rues Macon, de la Harpe, Vieille-Boucherie, Saint-Séverin ; 3 chapelles : de Cluny ; des Frères cordonniers, rue Pavée ; du collège de Grammont ; 1 cimetière hors la paroisse, de Saint-André-des-Arts, en la rue du cimetière de Saint-André-des-Arts ; 15 collèges : d'Autun, sans exercice ; de Bayeux, id. ; de Boissy, id. ; de Bourgogne, id. ; de Cluny, id., place Sorbonne ; de Grammont, id., rue Mignon ; d'Harcourt, exercice, rue de la Harpe ; d'Inville, sans exercice ; de Justice, id. ; de Maître-Gervais, id. ; de Narbonne, id. ; de Prémontré, id. ; de Sées, id. ; de Tours, id. ; des Trésoriers, id. ; 1 cloître, de Saint-Benoît où aboutissent les rues de Sorbonne, des Mathurins, et Saint-Jacques ; 2 communautés : des Frères cordonniers de Saint-Crépin, rue Pavée, des Filles de la Charité ; 4 couvents : des Augustins, quai des Augustins ; des Cordeliers, rue de l'Observance des Mathurins, rue du Foin ; des Prémontrés, rue Hautefeuille ; 8 écoles : des sœurs de la Charité, des pauvres de Saint-Séverin, des pauvres de Saint-André-des-Arts, de Saint-Cosme, rue de la Harpe, de Chirurgie, de Sorbonne ; 5 égouts, 3 fontaines : de Saint-Cosme, rue des Cordeliers ; de Saint-Germain-des-Prés, id. ; de Saint-Michel, en haut de la rue de la Harpe ; 3 hôtels considérables : d'Aguesseau, rue Pavée ; de Cluny, ancienne demeure des Rois de France, rue des Mathurins ; de Ferrière, rue des Maçons ; 2 marchés publics : pour le pain, quai des Augustins, mercredis et samedis ; gibiers et volailles, presque tous les jours, quai des Augustins ; 3 paroisses : de Saint-André-des-Arts, qui a 3 entrées ; de Saint-Cosme, 2 entrées, par la rue des Cordeliers et la rue de la Harpe ; de Saint-Séverin, 4 entrées ; 3 places publiques : des Cordeliers, ou de l'Observance, où aboutissent les rues Fossés de M. Le Prince, des Cordeliers et du Paon ; de Saint-Michel, où aboutissent les rues Saint-André-des-Arts, Vieille-Bouclerie, de la Huchette, pont Saint-Michel, rue du Hurepoix et de l'Hirondelle, où se font les publications de paix ; de Sorbonne, où aboutissent les rues Neuve-de-Richelieu, ou des Trésoriers, des Maçons, de Sorbonne, et de Cluny, ou des Cordiers ; 1 puits public : cloître Saint-Benoît ; 1 quai : des Augustins ; 1100 maisons ; 56 rues et 3 culs-de-sac ; 310 lanternes ; voirie hors la porte Saint-Jacques.

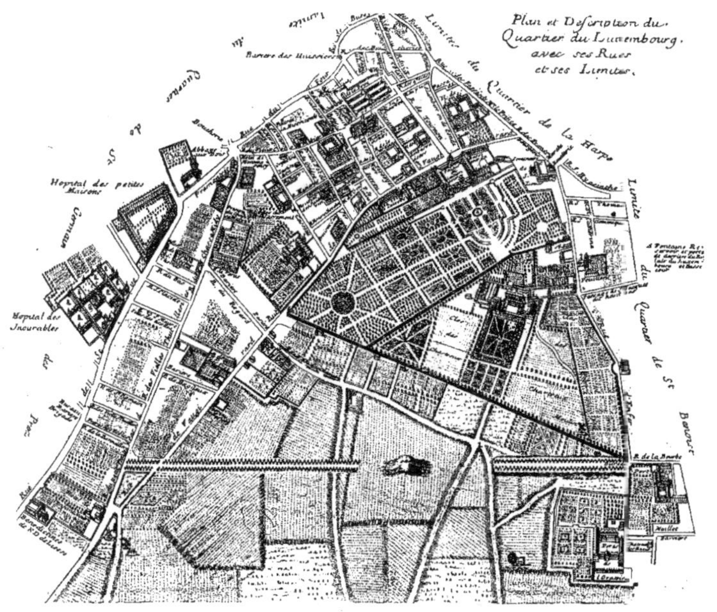

XIXE QUARTIER. — DU LUXEMBOURG

LE PALAIS DU LUXEMBOURG

ous écrivons, en véritable parisien, le nom donné, ou plutôt conservé quand même par les habitants de Paris, au palais fondé par Marie de Médicis, et légué par elle en héritage à son deuxième fils, Gaston d'Orléans, qui l'appela de son nom à lui, ce qui était doublement son droit. Mais les princes font par la grâce de Dieu, et les peuples défont par cette même grâce, sous prétexte que leur voix est celle de Dieu même. Voici l'histoire du Luxembourg.

Vers 1612, Marie de Médicis, veuve, mère de deux fils dont l'un était roi, dont l'autre pouvait l'être, craignit de se voir, au Louvre, exposée à trop de contacts qui pourraient se changer en conflits. Elle était régente ; mais son fils aîné, Louis XIII, pouvait se marier bientôt ; une belle-mère et une bru se gêneraient l'une l'autre dans ce palais où Henri IV s'était pourtant trouvé à l'aise. Et puis, cette grande dame florentine voulait son palais à elle, comme Catherine de Médicis avait eu le sien. Enfin, qui sait si elle vivait bien en paix avec elle-même, dans ces murailles des Tuileries et du Louvre hantées par l'ombre de son époux?

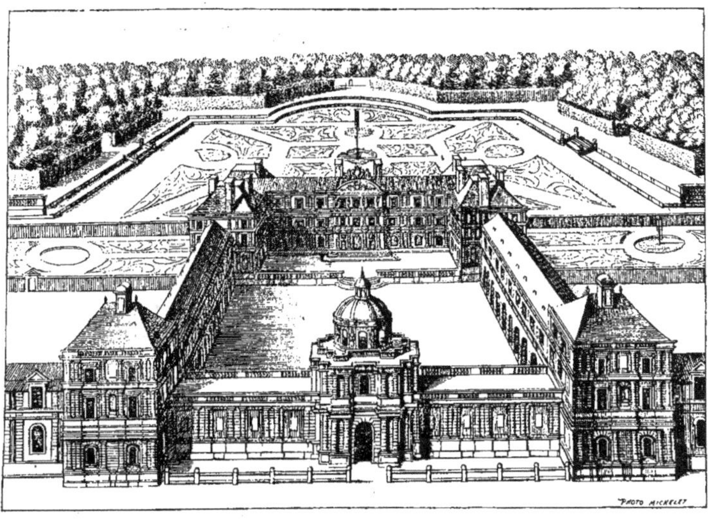

PALAIS DU DUC D'ORLÉANS, AUJOURD'HUI LE LUXEMBOURG

Elle acheta donc, en 1612, une grande maison bâtie au milieu du xvie siècle par Robert de Harlay-Sancy, et que sa veuve avait vendue au duc de Piney Luxembourg, dernier duc de cette illustre maison. L'édifice tombait en ruines, mais il était entouré de beaux jardins ou plutôt de beaux terrains plantés, tout prêts à recevoir tel caprice, tel chef-d'œuvre qu'on voudrait leur confier.

Le contrat de vente est le plus complet historique des origines de la propriété. Tenons-nous-en à son énergique simplicité. L'acte dit que « cet hôtel, qualifié d'hôtel *bâti de neuf*, consiste en trois corps de logis, cour devant, autres cours et jardins derrière, tenant aux héritiers Pellerin et au sieur de Mont-Herbu, et aux terres acquises par ledit sieur de Luxembourg devant la rue de Vaugirard. Item : le parc ; Item : trois arpents 42 perches tenant à la muraille des Chartreux ; Item : sept quartiers de terre même lieu ; Item : cinq autres, etc., etc.

« La vente est faite moyennant 90,000 livres. »

L'année d'ensuite, la reine acheta une ferme (le Pressoir de l'Hôtel-Dieu), sept arpents et demi ; vingt-cinq autres arpents de terre au lieu dit le boulevard ; l'an d'après, d'un particulier (c'était Antoine-Arnault d'Andilly), deux jardins, ensemble 2400 toises de superficie, puis elle se fit céder par les Chartreux, ses voisins, différents morceaux du clos de Vigneroi, en échange de terres avantageuses qu'elle leur livra et qui prolongèrent l'enclos des Chartreux vers Issy.

Quand Marie de Médicis se fut assuré la possession de ce territoire immense, elle chargea Jacques de Brosse d'y construire pour elle un palais, sur le modèle, autant qu'il serait possible, du palais Pitti, résidence des grands-ducs de Toscane à Florence. La reine caressait ce rêve, de retrouver, au moins par l'architecture, un souvenir de sa chère patrie, qu'elle regrettait si souvent, trop souvent même, sans cacher ce regret désobligeant au bon roi Henri IV, qui se plaisait tant à Paris lorsqu'il n'y était pas querellé par sa femme.

On se mit à l'exécution en 1615 sous les ordres et sous les yeux de Jacques de Brosse, et cet ouvrage considérable fut achevé en 1620.

Il pourrait paraître nécessaire de décrire le palais dans ses détails, mais cette fidélité de description qui devient un devoir, un besoin, lorsqu'il s'agit d'édifices ou de monuments disparus, ne serait ici qu'un hors-d'œuvre : tout le monde voit, de nos jours, le palais de Marie de Médicis. Les modifications sensibles qu'il eut à subir datent seulement de 1733, et ce sont plutôt des réparations que des changements. Disons ce qu'il était sous Louis XIV, c'est le décrire à peu près tel qu'il sortit des mains de l'architecte.

Son plan forme un carré qui serait exact, si la façade du côté des jardins n'offrait l'addition de deux pavillons énormes qui, avec le corps du milieu, doublent l'épaisseur du bâtiment et lui ôtent beaucoup de sa grâce. Mais, sauf cette réserve, toutes les parties du quadrilatère se correspondent et s'enchaînent avec une symétrie pleine d'art. Ce plan consiste donc simplement en une vaste cour entourée de quatre bâtiments. C'est d'un ordre et d'une clarté admirables. On pénètre dans la cour par deux façades principales, celle du côté du jardin vis-à-vis l'Observatoire, celle de la rue de Vaugirard, vis-à-vis la rue de Tournon. Celle-ci présente à ses extrémités deux pavillons, et au milieu, au-dessus de la porte, s'élève en un corps avancé de forme quadrangulaire, le dôme que deux terrasses relient à droite et à gauche aux deux pavillons. Ces terrasses étaient, dans l'origine, portées par un mur massif que l'on perça depuis de quatre arcades pour établir communication entre le dôme et les pavillons.

Une terrasse plus basse s'élevait au fond de la cour, décorée de belles statues de marbre qui furent vendues avec le mobilier de Marie de Médicis, lorsqu'elle s'enfuit du royaume expulsée par la haine de Richelieu. Cette terrasse, d'un agréable aspect, mais élevée de sept marches au-dessus de la cour, avait l'inconvénient de couper celle-ci dans sa largeur et d'empêcher les carrosses d'arriver directement au corps de logis principal.

Quoi qu'il en soit, le Luxembourg est un palais magnifique, d'une fière et sage architecture, auquel peu d'édifices en France pourraient être comparés.

Le reine n'en jouit guère. En construisant le Luxembourg, elle avait recherché surtout le voisinage de ses chers favoris, Concini, maréchal d'Ancre et sa femme, la Galigaï, qui habitaient leur riche hôtel rue de Tournon ; mais un jour d'émeute, le peuple pilla, saccagea l'hôtel, et un autre jour, de colère royale, Concini fut tué sur le pont-levis du Louvre, et la Galigaï conduite à la Bastille. Marie de Médicis, plus irritée qu'effrayée, demanda une explication au roi son fils qui refusa de la voir. On lui ôta ses gardes, on mura les portes qui, de ses appartements, communiquaient avec ceux du roi au Louvre : alors elle demanda l'autorisation de se retirer dans une ville de son apanage. On lui désigna Blois. Et quand elle eut, au moment des adieux, tenté vainement d'attendrir, de fléchir ce fils muet, inexorable, déçue de son dernier espoir, elle partit fondant en larmes, escortée de ses gardes qu'on lui avait rendus et des chevau-légers du roi, trompettes sonnantes, traversant les flots d'un peuple hostile qui n'osa l'insulter, mais la maudissait tout bas (1617).

Elle revint plus tard, réconciliée, après mille péripéties douloureuses, ayant levé une armée contre son fils ; elle revint plutôt prisonnière surveillée que reine triomphante et mère chérie. Quand elle eut achevé le Luxembourg, quand elle y eut entassé chefs-d'œuvre et richesses, lorsque Rubens eut peint pour elle vingt et un tableaux de sa vie, pages splendides qui racontent tant de merveilles et tant de gloire à la postérité, cette âme inquiète, soupçonneuse, intraitable, n'était pas satisfaite, elle prenait part à tous les complots contre le cardinal, se liguait avec son fils Gaston pour ressaisir l'autorité, elle se croyait à la veille de vaincre ; la journée des Dupes tourna contre elle. Humiliée, vaincue, il lui fallut reprendre encore une fois le chemin de l'exil et, cette fois, ce n'était plus Luynes qu'elle avait à combattre, c'était Richelieu, impitoyable, invincible, qui mourut la même année qu'elle, mais après elle (1642). L'exil de Marie de Médicis ne finit qu'avec sa vie.

Gaston d'Orléans, ce fils préféré de Marie de Médicis, survécut, aussi lâche que traître, à tous les malheureux qu'il entraîna dans ses criminels desseins. Il les vendit et les livra tous pour sauver sa tête, son bien-être et sa liberté. Marie de Médicis, morte de misère et de désespoir à Cologne, dans un galetas, lui légua le Luxembourg, où il acheva tranquillement sa trop longue carrière, non sans avoir encore, pendant la Fronde, conspiré contre Louis XIV, son roi et son neveu : il y mourut en 1660.

LE LUXEMBOURG (COTÉ DU JARDIN)

Rien ne fut changé sous Louis XIV à ce superbe palais. Les jardins en étaient magnifiques, remplis de charmilles, de bosquets et d'allées couvertes. Ils occupaient toute l'étendue que nous connaissons, plus, dans la partie occidentale, la section comprise entre la rue de Fleurus et le jardin, un tiers environ de la contenance, qui fut supprimée en 1782.

Au centre des jardins du Luxembourg, les architectes, vers 1620, constatèrent l'existence d'un ancien camp romain, des temps de Justinien.

Négligés après la mort de Gaston, et ruinés par l'hiver de 1709, ils furent refaits à neuf sous le règne suivant.

LES CHARTREUX

Il y avait près de deux siècles que les disciples de saint Bruno, établis dans la grande Chartreuse de Grenoble, édifiaient la chrétienté par leurs austérités, lorsque le roi

LES CHARTREUX

saint Louis, plein d'admiration pour la vie pieuse de ces solitaires, fit demander à dom Bernard de la Tour, grand-prieur de la Chartreuse et général de l'ordre, de lui envoyer plusieurs des frères pour les établir près de lui à Paris. Le grand-prieur adressa au roi cinq de ses religieux que le roi plaça au village de Gentilly dans une maison entourée de vignes et de terres qu'il avait achetées dans ce dessein. Les Chartreux vécurent là un an (1257).

Mais, dans les environs, s'élevait un château royal, maison de plaisance jadis du roi Robert, fils de Hugues Capet, vaste résidence nommée Vauvert, formant un domaine riche en prairies, terres et bois. Le séjour eût convenu beaucoup aux bons solitaires, mais c'était un château hanté, d'une réputation exécrable, abandonné depuis quelque temps. Il y revenait des esprits, on y entendait traîner des chaînes ; la nuit ce n'était que hurlements sauvages, et lueurs effrayantes, et spectres entrevus, dont un surtout, un monstre vert, avec une grande barbe blanche, brandissait une massue et semblait attendre les passants pour les exterminer. Aussi ne passait-il personne de ce côté. Chacun évitait, au contraire, les abords du terrible Vauvert. Que faire désormais d'un pareil château, c'était un château perdu.

Les Chartreux, gens difficiles à effrayer, comme il paraît, eurent le courage de demander au roi qu'il voulût bien le leur céder. Ils eussent désiré, dirent-ils, essayer si la pureté de leur conscience et la ferveur de leurs prières ne triompheraient pas des artifices du démon. Le roi y consentit, les Chartreux se logèrent dans Vauvert, et, en effet, ils n'y furent pas plus tôt logés que les diables disparurent. Il n'en resta rien, qu'un dicton parisien : *Allez au diable Vauvert*, c'est-à-dire : allez vous faire rompre le cou.

Ce château était situé, route de Paris à Issy, à l'entrée de la grande avenue qui conduit du Luxembourg à l'Observatoire, et la mauvaise renommée de Vauvert aurait, dit-on, fait donner le nom d'*Enfer*, à la rue habitée par les Chartreux. Ce n'est pas une hypothèse inacceptable, et je la préférerais, quant à moi, à la savante étymologie que voici : rue Inférieure (*via Inferior*), parce qu'il y en avait une autre, la rue Saint-Jacques, supérieure (*superior*).

Les Chartreux une fois à Vauvert n'en sortirent plus. Ils se contentèrent modestement d'une petite chapelle dénuée, trouvée dans le château, mais le roi commanda pour eux une église à Eudes de Montreuil, l'architecte de la Sainte-Chapelle. Saint Louis mourut à la croisade avant l'achèvement des travaux (1270), et l'église, terminée en 1324, fut dédiée en 1325. Édifice d'une simplicité qu'au xviiie siècle on appelait grossière.

Saint Louis avait l'intention de bâtir trente cellules pour ces solitaires, il n'eut le temps que d'en faire huit. Les Chartreux vivaient dans un silence et une sobriété exemplaires, ne se réunissant pour les repas que les dimanches, jeudis et fêtes. Hors ces jours, ils mangeaient isolément dans leur cellule. Le réfectoire était cette petite chapelle nue de Vauvert. Avec le temps, ils bâtirent un cloître, car il en était de l'aménagement de leur maison de Paris, comme au grand monastère de la Chartreuse. Toutes les maisons de l'ordre sont construites sur le même plan :

Un cloître, disposé en carré, autour d'un vaste préau qui leur sert de cimetière et au centre duquel un puits fournit, par le moyen d'une pompe, l'eau nécessaire à toutes les cellules. Tout chartreux est enterré dans ce cimetière. Simple frère, sa sépulture est marquée d'une croix. Père, d'une croix couverte. Chaque cellule forme un appartement composé d'un vestibule, d'une chambre à coucher, d'une troisième pièce servant de bibliothèque ou d'atelier, suivant les goûts ou le travail du religieux qui l'occupe. Outre cela, une cour et un petit jardin. Il n'entre jamais de femmes dans l'intérieur du monastère ; la chapelle particulière, dont l'accès leur était permis, occupait un coin de la première cour, hors de la double enceinte que les Chartreux ne dépassent pas. Dans une seconde cour, se trouvaient les logements destinés à leurs hôtes, car ils donnaient l'hospitalité, sans communiquer avec les étrangers. La règle de saint Bruno s'est toujours conservée inaltérée chez les Chartreux. C'est peut-être de tous les ordres religieux le seul qui n'ait jamais donné lieu à une réforme.

De l'église on passait dans le petit cloître orné de pilastres doriques d'un bon goût. C'était là qu'on voyait les fameux *Chartreux* de Lesueur, au nombre de vingt-cinq peintures sur bois, encastrées dans les arcs des pilastres et représentant les actions principales de la vie de saint Bruno, ces chefs-d'œuvre d'un des plus grands peintres de sentiment que la France ait eus, et qu'elle perdit trop jeune. Il entreprit cette suite de peintures en 1643 et l'acheva en trois ans. Elle est aujourd'hui au Musée du Louvre.

La simplicité des Chartreux n'excluait pas le goût. Leur couvent possédait plusieurs toiles des meilleurs maîtres, notamment un Christ que Philippe de Champagne appelait son meilleur ouvrage et qu'il légua aux Chartreux.

Les trente cellules que voulait fonder saint Louis ne furent guère occupées qu'au xv° siècle. Vers la fin du xvii° on en comptait quarante, et les Chartreux ne dépassèrent point ce nombre. Malgré leur désintéressement, leur modestie et leur abstinence, la quantité de dons qu'ils avaient reçus les rendit aussi riches que les plus riches communautés de France. Ils achetèrent beaucoup de terres autour d'eux, et les exploitaient eux-mêmes avec la réputation d'horticulteurs distingués.

Ces religieux, honnêtes, paisibles, et sans ambition, estimés des Parisiens sceptiques, furent expulsés et dépouillés comme les autres en 1790, et leur maison, vénérable à tant de titres, devint un amas de ruines. On vendit les pierres et la poussière s'envola.

LES CARMES DÉCHAUSSÉS

Il y avait à Paris plusieurs communautés de Carmes. — Ceux qu'on nommait :

du Grand Couvent, ceux appelés Carmes Billettes et enfin les Carmes déchaussés de la rue de Vaugirard. La notice parlera particulièrement de ceux-ci.

Une réforme sévère avait été appliquée à cet ordre par sainte Thérèse en 1568, et cette mesure ayant produit les plus salutaires effets en Espagne et en Italie, le pape Paul V crut pouvoir recommander ces religieux à la bienveillance d'Henri IV et le prier de les admettre à Paris. Deux Carmes déchaussés, porteurs de ce bref, en date du 20 avril

1610, étaient en route lorsqu'ils apprirent la nouvelle de l'assassinat d'Henri IV ; ils poursuivirent néanmoins leur voyage, et, présentés à la Reine Régente par le cardinal de Joyeuse, ils furent autorisés par l'évêque de Paris, Henri de Gondi, le 22 mai de la funeste année.

Les protecteurs ne leur manquèrent pas ; on mit à leur service, le jour même de l'autorisation, une maison rue de Vaugirard, dont le propriétaire, Nicolas Vivian ou Vivien, maître des Comptes, leur fit présent. Il devint ainsi leur fondateur.

Le bâtiment, peu considérable, était entouré de beaux et vastes jardins. Les Carmes se logèrent du mieux possible, et firent une petite chapelle d'une salle affectée naguère au prêche des protestants. Puis, Jean du Tillet, greffier au Parlement, leur en fit construire à ses frais une plus grande, et enfin, trois ans plus tard (1613), Marie de Médicis posa chez eux la première pierre d'une église nouvelle qui ne fut terminée qu'en 1620; et Nicolas Vivian, celle des bâtiments reconstruits du couvent dont il était le principal fondateur.

Les religieux de la rue de Vaugirard plurent au peuple de Paris ; ils allaient nu-pieds, par les neiges, avec de simples sandales, ils quêtaient modestement — car ils quêtaient. Industrieux, d'ailleurs, et travaillant beaucoup dans leur ruche.

Leur église — assez grande et d'un bon style, la première à Paris qui eût un dôme, offrait aux yeux surpris l'éclatante blancheur de ses murailles polies, brillantes, revêtues d'un enduit de la composition, de l'invention aussi des Carmes, un stuc italien dont ils surent longtemps garder le secret ; cet enduit s'appela depuis blanc des Carmes. Un élixir de leur invention, l'Eau de Mélisse, qu'ils fabriquaient par des procédés particuliers, obtenait chez les Pères un débit considérable, et a popularisé leur nom, que sans cela, peut-être, la foule aurait oublié aujourd'hui.

Ces religieux, uniquement occupés de leurs travaux et de ces innocents négoces, ne participaient en rien aux bruyantes prétentions de leurs congénères, les Carmes du Grand Couvent. Ces derniers se disaient institués par le prophète Élie, qui aurait été leur premier supérieur. Ils dirent cela trop haut, l'écrivirent trop souvent, et s'attirèrent, en 1698, un bref du pape Innocent qui leur interdit de toucher à cette question.

Leur origine, commune à tout l'ordre, était suffisamment respectable. Quelques solitaires, sous la conduite d'Albert, patriarche de Jérusalem, s'étaient retirés sur le mont Carmel au xii⁰ siècle, et observaient, sous une règle austère, les pratiques de la vie la plus pénible. Saint Louis les ayant vus à leur monastère du Carmel, en avait ramené six en France pour les établir hors Paris au port Saint-Paul, à l'endroit où furent les Célestins ; et cette communauté si étroite au début prit avec les siècles des développements considérables. D'où les richesses, l'orgueil et les abus aussi. Un de leurs prédicateurs ne s'avisa-t-il pas de prêcher qu'en France on ne devait obéissance qu'aux lois religieuses. C'était en 1654, au sortir de la Fronde ; le Parlement fit comparaître à sa barre le supérieur et l'admonesta sévèrement.

Guy Patin nous raconte qu'en 1658, à la requête du supérieur du Grand Couvent, les exempts vinrent prendre au monastère douze frères qu'ils conduisirent en carrosse au Fort-l'Évêque. — Ceux-là pour cause, non de politique, mais de bombances extra-régulières. — « On avait trouvé, dans une de leurs chambres, vingt-deux bonnes perdrix, pâtés, jambons, et force bouteilles de vin. »

Grâces au ciel, les Carmes déchaussés s'en tenaient à l'Eau de Mélisse. Leurs jardins bien entretenus faisaient l'admiration du quartier. Ils avaient bâti, sur leurs terrains environnant les cloîtres, de bonnes et belles maisons qu'ils louaient bel et bien, et « tout riches qu'ils étaient, dit Sainte-Foix, ils n'avaient pas cessé d'être modestes ; ils quêtaient toujours. »

LE NOVICIAT DES JÉSUITES

Troisième maison que s'empressèrent de fonder les Jésuites, rue du Pot-de-Fer, lorsqu'en 1603 il leur fut permis de rentrer en France.

Elle appartenait à Madeleine Luillier, veuve du sieur de Sainte-Beuve. C'était l'ancien hôtel de Mézières. Cette dame en fit présent aux Jésuites en 1610 pour l'établissement de leur noviciat, et l'on commença les travaux nécessaires à l'appropriation des bâtiments.

Quant à l'église du noviciat, elle ne fut entreprise que longtemps après. L'édifice, de proportions moyennes, fut traité avec un grand talent de distribution e. de régularité par un architecte jésuite, frère Martel-Ange, ce même artiste, auquel les Jésuites eurent le tort de préférer un autre architecte de leur congrégation, François Derrand, pour la construction de l'église Saint-Louis Saint-Paul. Ce père Derrand manqua son travail, tandis que Martel-Ange réussit complètement le sien. Lorsque les jésuites de la maison Professe s'aperçurent du résultat de leur fâcheuse préférence, il était trop tard, et ce fut en vain qu'on recourut à l'architecte du noviciat pour réparer les fautes de l'architecte de Saint-Louis ; il n'accepta même de construire le Noviciat, qu'autorisé par le général de l'ordre à travailler sans contrôle. Sa petite église est un morceau achevé.

Les jésuites, avec leur goût habituel pour la richesse des ornements, firent remplacer en 1709 l'ancien maître-autel, qu'ils trouvaient trop simple, par un nouveau dessiné par Hardouin Mansart, surintendant des bâtiments, et sous la conduite de Robert de Cotte, premier architecte du roi. On déploya, pour l'embellissement de ce morceau, toute la magnificence que les Jésuites recherchent dans leurs églises : les marbres les plus précieux, les statues, les bronzes dorés d'or moulu vinrent enrichir le sanctuaire et le tabernacle, mais le plus splendide de tous les ornements était la toile de Poussin, représentant un miracle de saint François Xavier ressuscitant un mort au Japon. On peut voir de nos jours cette grande composition au musée du Louvre.

L'église du Noviciat fut élevée aux frais de François Sublet, seigneur des Noyers, secrétaire d'État au département de la guerre, très apprécié de Richelieu qui lui confiait les grandes affaires. Disgracié après la mort du Cardinal, il se retira dans sa terre de Dangu, où il ne s'occupa plus que de son salut. Mort en 1645, il voulut être enterré dans l'église du Noviciat, sans aucune épitaphe.

Les Jésuites ayant été expulsés définitivement en 1763, la maison du Noviciat et les terrains de sa dépendance furent vendus. Les francs-maçons y établirent une loge dite du Grand Orient.

L'ÉGLISE SAINT-SULPICE

On a trop vanté l'antiquité de Saint-Sulpice. Une église exista dans le quartier ou le bourg Saint-Germain sous le nom de Saint-Père ou Saint-Pierre, mais elle parut

insuffisante aux nombreux paroissiens qu'elle comptait déjà au xi° siècle. On fut donc
obligé d'en construire une nouvelle vers 1211. Les uns prétendent qu'elle portait le
même nom que la précédente, Saint-Pierre; d'autres, parmi lesquels ce prudent
archéologue Jaillot, parlent d'une église sous le vocable de Saint-Sulpice, dont une
charte désigne le curé Raoul, *presbyter sancti Sulpitii* en date de 1210. Il est donc

prouvé qu'une église Saint-Sulpice existait à Paris à cette époque; et cette certitude doit
suffire à quiconque ne se délecte pas dans les obscurités d'une controverse sans utilité.
Cette paroisse du bourg de Saint-Germain, nommée Saint-Sulpice, fut agrandie d'une
nef sous le règne de François Ier.

Cela n'empêchait pas qu'une chapelle de Saint-Pierre fonctionnât dans ce même quartier. Un titre des archives de Saint-Germain-des-Prés, à la date de 1380, nous apprend que

le curé de Saint-Sulpice allait faire l'office à la chapelle Saint-Pierre aux fêtes annuelles, le jour de Saint-Pierre, le dimanche des Rameaux et y conduisait la procession, le jour des Cendres ; cet usage subsista jusqu'en 1658, époque à laquelle les desservants de ladite chapelle Saint-Pierre rachetèrent du curé de Saint-Sulpice, moyennant 18,000 livres, l'indépendance complète de leur petite église. Nous n'avons donc plus à nous occuper que de Saint-Sulpice, dégagée désormais de toute confusion originelle.

Cette église de Saint-Sulpice ne ressemblait guère, malgré toute son importance, à celle que Paris possède aujourd'hui ; ou, pour mieux dire, tout ce qu'elle a conservé du passé ne peut s'apprécier qu'à l'intérieur. Voulant rester fidèles au titre de cet ouvrage, nous ne décrirons ici que l'église connue jusqu'en 1715, mais après avoir rempli cette tâche, il nous sera permis d'esquisser à traits rapides les principales modifications qui, substituant un édifice tout nouveau à l'ancien, rendent méconnaissable celui que représente notre gravure de 1650.

Saint-Sulpice a toujours été l'une des plus considérables paroisses de Paris. Même aux temps anciens, elle eût pu composer quatre paroisses et en occuper largement les desservants. Seule, sur ce vaste territoire, et tombant de vétusté, elle sollicitait non seulement une reconstruction, mais des agrandissements proportionnés au nombre infini des fidèles. On fit une assemblée des plus notables paroissiens qui décidèrent la fondation d'une nouvelle église ; l'architecte Gamard fournit ses plans, le duc d'Orléans, Gaston, frère unique du feu roi Louis XIII, posa la première pierre (1646) ; on s'aperçut bientôt que l'église ne serait pas assez grande, et Levau donna un nouveau plan et la reine d'Autriche posa une autre première pierre (1655). Levau étant mort, l'exécution des travaux fut confiée à Daniel Gittard. Celui-ci, trouvant la chapelle de la Vierge trop resserrée, voulait la démolir avant d'aller plus loin. Les marguilliers s'y opposèrent. Gittard acheva donc la chapelle, bâtit le chœur, un carré long de soixante-huit pieds sur quarante-deux de large, terminé au chevet par un hémicycle de 20 pieds de rayon et percé, au pourtour, de sept arcades. Ce chœur avait, du sol à la corniche et de celle-ci au milieu de la voûte, quatre-vingt-douze pieds de haut ; Gittard fit aussi les bas côtés, la croisée et le portail de gauche, mais alors il fallut s'interrompre, la fabrique n'avait plus d'argent (1678) et tout au contraire elle devait plus de 500,000 livres.

Après diverses contestations, qui firent perdre le temps jusqu'en 1688, un arrêt du Conseil commit les sieurs Bignon, de la Reynie et le sieur la Briffe, conseillers d'État et maître des requêtes, pour arrêter, en présence des marguilliers et des créanciers, l'état des dettes et des ressources de la fabrique. On découvrit alors que les dettes s'élevaient à 672,000 livres, l'actif de la fabrique seulement à 143,000 livres. Le Conseil fit vendre les effets de la fabrique et, pour l'acquit du surplus, condamna les menses abbatiale et conventuelle de Saint-Germain-des-Prés à payer un sixième du principal, décidant que les cinq autres sixièmes seraient imposés sur les propriétaires du faubourg Saint-Germain au prorata de leurs taxes sur les boues et lanternes. Mais ce même arrêt permit aux habitants et intéressés de faire la recherche des sommes dues à la fabrique et des effets recélés. Un autre arrêt ordonnait aux marguilliers de Saint-Sulpice de communiquer tous les comptes aux syndics des habitants et des communautés séculières et régulières du faubourg. L'examen de ces comptes ne tourna pas à l'honneur des marguilliers. Une instance s'ensuivit, mais « elle parut si odieuse que les conseillers d'État furent priés, par l'autorité, d'assoupir l'affaire. »

Tous ces démêlés avaient lieu en 1691 et les travaux restaient toujours suspendus. Cet état dura jusqu'en 1719 ; alors le zèle et le génie charitable d'un seul homme sauvèrent la paroisse dans son existence et dans son honneur.

Cet homme de bien, Languet de Gergy, était curé de la paroisse. Il entreprit de tout concilier, de tout réparer, avec ses seules ressources. Il possédait en tout une somme de 300 francs. Il en acheta quelques toises de pierre, et annonça au prône qu'il allait commencer la reprise des travaux de son église. Cet exemple, ses exhortations, la foi qu'il apportait dans une telle œuvre, émurent non seulement ses paroissiens, mais la ville, la cour ; les dons lui arrivèrent de toutes parts : piété, charité, orgueil délièrent les cordons de toutes les bourses. Le roi voulut contribuer au succès par l'autorisation qu'il donna en 1721, pour une loterie dont le produit considérable termina tous les embarras.

L'histoire de Saint-Sulpice n'eût pas été possible sans l'empiètement forcé que nous faisons du xviie siècle sur le xviiie. Il reste à savoir que les travaux de Gittard furent continués par Oppenord, architecte d'un goût souvent équivoque. Par bonheur l'édifice était assez avancé pour qu'il ne le gâtât pas tout entier par son ornementation corruptrice. On sait que le portail de la croisée de droite et la nef furent achevés de 1719 à 1736 et que le grand portail, morceau capital de l'édifice, fut fondé en 1733 sur les plans et dessins de Servandoni moins heureusement inspiré dans l'exécution des tours qui flanquent ce beau portail.

Il est singulier que Saint-Sulpice, dans le cours de sa longue existence, n'ait offert aux chroniqueurs d'autres épisodes que deux historiettes de voleurs. Nous avons raconté celle des marguilliers, l'autre date de 1648, sous la régence d'Anne d'Autriche. Nous cédons, en la racontant, au besoin de montrer comment *pensait* Paris il y a deux siècles.

En 1648, dis-je, deux voleurs, entrés par une fenêtre à Saint-Sulpice, dans la nuit du 27 au 28 juillet, forcèrent le tabernacle de la chapelle de la Vierge, enlevèrent le saint ciboire et se débarrassèrent des hosties qu'il contenait en les jetant dans un confessionnal. Le bruit se répand du sacrilège; tout Paris s'émeut : on purifie l'église, on ordonne prières expiatoires, prédications, processions. Le 6 août, toutes les boutiques sont fermées ; les rues, sur le parcours de la procession, tendues et tapissées comme pour la Fête-Dieu ; à la procession, les prêtres de la paroisse, les Jacobins du faubourg, les religieux de l'abbaye de Saint-Germain, le nonce du Pape portant le Saint-Sacrement, la reine Anne d'Autriche, la princesse de Condé, les duchesses d'Enghien et de Longueville, la cour, une foule pieuse et recueillie, voulant par une manifestation d'éclat réparer l'injure faite au Saint-Sacrement. La Reine Régente malgré la chaleur du jour et la longueur du chemin assista jusqu'à huit heures du soir à toutes les cérémonies.

Dans Saint-Sulpice avaient été inhumés un grand nombre de personnages célèbres : d'Herbelot, savant professeur orientaliste au Collège de France, 1695, pensionné par Fouquet, appelé par Colbert; Galland, 1697 ; Blondel, maréchal de camp, célèbre architecte, 1686 ; Pierre Bourdelot, célèbre médecin, 1685 ; Julio Zombo, habile modeleur en cire, 1701 ; la comtesse d'Aulnoy, auteur de charmants contes de fées, 1705 ; Élisabeth-Sophie Chéron, poète et peintre, 1711 ; Jean Jouvenet, peintre produit et protégé par Ch. Lebrun, auteur des principales peintures des Invalides et de Versailles, 1717; Baluze, savant, érudit de premier ordre, 1718; le marquis de Dangeau, 1720 ; Jean-Baptiste Languet, curé de cette paroisse sauvée, régénérée par son zèle et ses vertus, etc., etc.

Et beaucoup d'autres sépultures plus anciennes encore, contenues dans l'église souterraine, où se voyaient quelques piliers massifs de l'église primitive ne servant plus qu'à constater l'exhaussement du sol de Paris depuis la fondation du vieux Saint-Sulpice.

L'AQUEDUC D'ARCUEIL

Nous avons dit à propos du Louvre et du palais Cardinal, combien Paris se préoccupait de l'abondance et de la qualité des eaux destinées à la consommation de la capitale. Les plus précieuses de ces eaux, les plus salubres et les plus pures étaient celles de Rungis d'où les amenait un ancien aqueduc romain, ruiné ou à peu près, dont les débris se voyaient encore vers 1730.

Sully avait ordonné (1609) des fouilles et fait creuser des tranchées de ce côté pour en arriver à la restauration de l'aqueduc ; la reine Marie de Médicis perfectionna ces travaux et fit construire un nouvel aqueduc sur les plans de Jacques de Brosses, son architecte. L'ouvrage fut achevé en 1624. Une partie de l'aqueduc traverse Arcueil et aboutit au Château-d'Eau près de l'Observatoire.

Le nom d'Arcueil vient des *arcs* ou arcades de l'antique construction, dont subsistèrent longtemps des suites d'arches çà et là interrompues.

L'aqueduc d'Arcueil avait 200 toises de longueur et douze de hauteur au plus bas.

Les eaux de Rungis donnaient trente pouces, dont dix-huit au Luxembourg et douze à la ville. En 1624, le roi Louis XIII inaugura une fontaine à la Grève où parvenait l'eau de Rungis.

AQUEDUC D'ARCUEIL

Ce quartier du Luxembourg contenait en outre :

3 abbayes et cours abbatiales, savoir : de Notre-Dame aux Bois, ordre de Cîteaux, rue de Sèvres ; de Notre-Dame des Prés, ordre de Saint-Benoît, rue de Vaugirard ; de Port-Royal, rue de la Bourbe, entre les faubourgs Saint-Jacques et Saint-Michel ; 1 Académie royale pour apprendre à monter à cheval, rue des Canettes ; 6 barrières : des sergents ou huissiers ; 3 bureaux, 1 brigade, 2 laissez-passer pour la sûreté des droits du domaine ; 1 bureau : des Carmes où l'on reçoit les droits sur vin, pied fourché, domaine ; barrage, etc. ; 4 boucheries ; 27 étaux ; 1 boîte pour lettres de la poste, rue de Bussy, au coin de la rue Bourbon-le-Château ; 5 carrefours : de Saint-Germain des Prés, où aboutissent les rues des Cordeliers, des Fossés-Saint-Germain des Prés, des Boucheries,

Neuve-Saint-Lambert et Fossés-Monsieur-le-Prince, de la Croix-Rouge, où aboutissent les rues de Sèvres, du Cherche-Midi, de Grenelle, du Sépulcre, du Vieux-Colombier; du Petit-Marché, où aboutissent les rues de Sainte-Marguerite, du Four, des Boucheries, de Bussy; de Saint-Michel, où aboutissent les rues des Francs-Bourgeois, de la Harpe, de Sainte-Hyacinthe et d'Enfer; de Bussy, où aboutissent les rues Saint-André-des-Arts, Dauphine, Mazarine, de Bussy, des Fossés-Saint-Germain-des-Prés ou de la Comédie; 2 chapelles : du Saint-Esprit, rue Notre-Dame-des-Champs; de l'Enfant-Jésus, au bout de la rue de Vaugirard; 1 château des eaux : réservoir des eaux de Rungis et d'Arcueil, au bout de la rue d'Enfer; 1 collège : du Mans (chapelle où se célèbre la messe tous les jours); 1 communauté : des prêtres de la paroisse de Saint-Sulpice, rue des Aveugles; 2 communautés laïques : une pour les gentilshommes, rue du Pot-de-Fer, une des Frères de la charité pour les écoles, rue de la Barouillère; 6 communautés de filles : du Bon Pasteur; des sœurs de la charité; de l'Institution pour enseigner aux jeunes filles à travailler; des Orphelins; de Sainte-Thècle; de Saint-Thomas de Villeneuve; 5 couvents et communautés, hommes : des Carmes déchaussés, rue de Vaugirard; des Chartreux, rue d'Enfer; du Noviciat des Jésuites, rue du Pot-de-Fer; des Pères de l'Oratoire, rue d'Enfer; des Prémontrés, dit de Sainte-Anne, carrefour de la Croix-Rouge; 6 couvents de filles : Bénédictines, rue Cassette; Bénédictines, rue Chasse-Midi; Bénédictines; Notre-Dame de Liesse, rue de Sèvres; Bernardines, rue Vaugirard du Calvaire, rue de Vaugirard; de la Miséricorde, rue du Vieux-Colombier; 6 corps de garde : gardes-françaises; pendant le temps de la foire de Saint-Germain, il y a un corps de garde dans le préau de ladite foire, 22 soldats et officiers; 2 corps de garde du guet; 2 écoles de charité pour garçons; 4 pour les filles; 1 égout; la foire de Saint-Germain des Prés, franche pendant 15 jours, entre les rues du Four, du Brave ou Tournon, des Aveugles, du Petit-Bourbon, des Boucheries ou Guisarde. On entre par les portes de Tournon, Chaudronière, de la Treille, de la chambre syndicale du Four et Guisarde; 2 fontaines : palais d'Orléans (Luxembourg), basse-cour des écuries dudit palais, rue d'Enfer; autre : cour des cuisines, Luxembourg; 2 hôpitaux : Incurables, rue de Sèvres; Petites Maisons, même rue; 8 hôtels considérables : des Ambassadeurs extraordinaires, maison royale, rue de Tournon; du Petit-Bourbon, rue de Vaugirard; de Condé, rue de Condé; d'Elbeuf, rue de Vaugirard; de Montmorency, rue du Cherche-Midi; de Sourdiac, rue Garancière; de Terrat, rue de Tournon; de Verrue, rue du Cherche-Midi; 2 marchés, carrefour Saint-Michel, pour le pain, mercredis, samedis; Croix-Rouge, toute sorte de vivres; 1 Palais d'Orléans appelé communément Luxembourg, rue de Vaugirard; 3 entrées, 2 rue de Vaugirard, une rue d'Enfer; 1 paroisse : de Saint-Sulpice, 4 entrées, rue des Aveugles, la principale, rues Garence, Férou, des Fossoyeurs; 1 préau de la foire Saint-Germain, 3 entrées rue du Brave ou Tournon, fermée été et hiver à 6 heures du soir une rue des Boucheries, de même, une rue du Four, fermée été et hiver à 10 ou 11 heures du soir; 3 réservoirs pour les fontaines publiques, clos des Chartreux, basse-cour du Luxembourg, rue du Regard : 1321 maisons; 58 rues et culs-de-sac; 3 séminaires : Saint-Louis, Saint-Sulpice, petit Saint-Sulpice; 1 théâtre de la Comédie-Française, rue des Fossés-Saint-Germain-des-Prés; 330 lanternes; 1 voirie : chemin de Vaugirard et de Vanves.

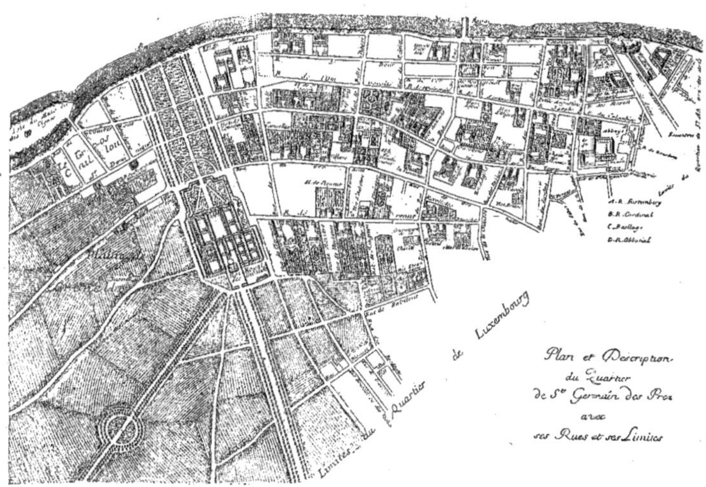

XXᵉ QUARTIER. — DE SAINT-GERMAIN-DES-PRÉS

L'ABBAYE DE SAINT-GERMAIN-DES-PRÉS

OILA une des plus célèbres, des plus vénérables antiquités de la France. Pour en faire l'histoire complète, un volume suffirait à peine et il ne nous reste que peu de lignes. Résignons-nous à abréger.

Vers le milieu du vᵉ siècle, Childebert, roi de Paris, troisième fils de Clovis, ayant battu Amalric et pris ses trésors, retourna en Espagne et mit le siège devant Saragosse ; les uns disent qu'il réussit, d'autres qu'il fut vaincu ; mais voici la version la plus accréditée : Childebert frappé de voir, sur les remparts, les assiégés portant, au lieu d'armes et de machines de guerre, une sorte de bannière que toute la ville escortait en procession, s'informa ; c'était l'Étole de saint Vincent.

Les gens de Saragosse n'avaient pas besoin de combattre, ils se croyaient assurés d'être délivrés par la relique de leur saint.

Childebert, ému, envoya dire aux assiégés qu'il lèverait le siège si la précieuse relique lui était cédée. Elle le fut; on y ajouta le don d'un fragment de la vraie croix, et Childebert revint en France triomphant. Sur les conseils de saint Germain, évêque de Paris, il fit bâtir une basilique pour y renfermer ses pieuses conquêtes : l'église s'appela Saint-Vincent et Sainte-Croix.

C'était une vaste et superbe abbaye, enrichie, par le roi, du fief d'Issy, domaine

SAINT-GERMAIN-DES-PRÉS

important qui s'étendait du Petit-Pont (Saint-Michel) à la porte Saint-Michel, de là au grand chemin de Vanves, puis au-dessus de Meudon, d'où, redescendant jusqu'à la Seine en face de la rue de Sèvres, la ligne d'enceinte remontait la rivière pour s'arrêter au Grand-Pont (le pont Notre-Dame). Le monastère ainsi doté, il s'y installa des religieux de la règle de Saint-Basile, que remplacèrent plus tard des Bénédictins. Aux viie et viiie siècles, cette abbaye porte les noms de basilique de Saint-Germain, ou de Saint-Vincent, ou de Saint-Vincent et Saint-Germain des Prés à cause de sa situation au milieu des prairies.

L'invasion normande arrive, le monastère est pillé, saccagé, puis rebâti, puis détruit encore jusqu'à trois fois. Enfin, vers 1100, les ruines en sont relevées par l'abbé d'alors, Morard, aidé des libéralités du roi Robert; et cet abbé meurt avant d'avoir achevé sa tâche. Toutefois, il semble que beaucoup de besogne fût déjà faite, puisque, tenté par les richesses de l'abbaye, le roi Philippe Ier, à l'instigation d'un certain Étienne, prévôt de Paris, vint à l'église pour enlever le trésor, mais se retira épouvanté en voyant Étienne, qui l'accompagnait, frappé de cécité par miracle.

Cette délimitation tracée par Childebert constituait plus qu'un espace, plus qu'un domaine, c'était un bourg tout entier, séparé de la ville et dans lequel les abbés de Saint-Germain étaient maîtres et seigneurs, très jaloux de leur autorité. Ils y avaient tous droits de justice. Lorsque Philippe-Auguste, par le tracé de son enceinte, eut enfermé dans Paris une section du territoire de Saint-Germain-des-Prés, il prétendit exercer son droit de justice à lui dans cette zone nouvelle de sa ville. Il y eut contestation, longue car elle dura 40 ans, vive car elle se compliqua des prétentions de l'évêque de Paris qui réclamait aussi pour lui la juridiction ecclésiastique à l'exclusion de tous compétiteurs. Il y eut même intervention du Pape, soutenant Saint-Germain, puis, sentence d'arbitres qui adjugèrent sa requête à l'évêque de Paris *intra muros;* mais en maintenant tous les droits de l'abbaye *extra muros,* sur son territoire.

Si dans cette querelle, à propos du privilège de Saint-Germain sur son territoire, le Pape avait soutenu l'abbaye, c'est qu'en 1163, son prédécesseur, Alexandre III, avait déclaré au concile de Tours que cette abbaye ne serait soumise à aucun archevêque ou évêque, mais au Saint-Siège seulement.

De fait, les droits et privilèges de Saint-Germain étaient considérables. Ils bâtissaient, sur leur enclos, autant d'églises ou chapelles qu'il leur plaisait, connaissaient de tous délits, appliquaient toutes peines dans leur ressort; à ce point que des faux monnayeurs, pris à Villeneuve-Saint-Georges et pendus par la justice de Saint-Germain-des-Prés (1256), ayant été réclamés par la justice royale, furent encore pendus, de par le roi; puis, Saint-Germain-des-Prés ayant prouvé son droit, furent dépendus des gibets de Villeneuve, et rependus à ceux de l'abbaye. — Arrêt du parlement tenu à Melun par saint Louis, 1257.

Autres privilèges, ceux-là, bizarres : le 28 mai, jour de la fête de saint Germain, les Maréchaux de France recevaient de l'abbé 12 pains, 12 septiers de vin et 12 sous parisis; mais ils devaient, eux, à la procession, marcher devant l'abbé un bâton blanc à la main; empêchés, ils devaient se faire représenter par un gentilhomme muni de leur pouvoir écrit.

L'abbé de Saint-Germain-des-Prés était généralement prince du sang ou cardinal.

40

Mais où cédaient parfois les rois, les évêques et le Parlement, l'Université ne céda pas. Elle grandissait, elle avait aussi ses privilèges. Élevée par ses doctrines contre l'autorité ecclésiastique régulière, non seulement elle protestait quand on touchait à son droit, mais elle le défendait de vive force. Ses archers à elle, c'étaient les écoliers ; ses prévôts, les docteurs, et Dieu sait si cette armée apaisait les querelles ! Elle les cherchait avec passion, soit dans la chaire, soit dans la rue. L'abbaye Saint-Germain-des-Prés, voisine de l'Université, ou plutôt suzeraine du territoire universitaire, ne tarda pas à s'en apercevoir.

En 1278, la mine sourdement chargée fit explosion.

Les Universitaires, maîtres et écoliers, s'allaient d'habitude *esbattre* hors la ville dans un vaste pré, nommé à cause d'eux : Pré aux clercs.

C'était une race bruyante et encline à mal faire ; hommes jeunes, fiers de leur force, toujours prêts à en user, engeance indisciplinée, querelleuse et batailleuse, en un mot, un voisinage redoutable et que les gens tranquilles ne voyaient pas d'un bon œil. Certes, en passant sur les terres de l'abbaye, ils ne se faisaient pas faute d'y gâter ou *escor-nifler*. L'abbaye avait donc pris en aversion ces écoliers qui le lui rendaient bien. L'abbé, Gérard de Moret, pour préserver, en cas de besoin, l'enclos de Saint-Germain, fit élever quelques murs, çà et là, sur le chemin qui conduisait au pré : les écoliers offusqués s'ameutent, et arrivant en forces, commencent à démolir ces murs. L'abbé, bon stratégiste, fait occuper par ses gardes les trois portes de la ville qui donnaient dans le bourg, empêchant ainsi les écoliers de l'intérieur de venir prêter main-forte aux autres ; le tocsin sonne, les domestiques et vassaux de l'abbaye accourent, joyeux d'appliquer une bonne leçon aux clercs, et la mêlée commence, funeste aux écoliers qui prirent la fuite, laissant force prisonniers et plusieurs blessés sur le lieu du combat.

L'Université porte plainte au Légat, prouve que l'abbé et ses religieux ont armé leurs sujets contre les écoliers, en ont battu, blessé mortellement plusieurs et menace de suspendre ses cours et fermer ses écoles, si elle n'obtient justice. Le cardinal Légat et le conseil particulier du roi donnèrent tort à l'abbaye dont les prévôts furent bannis ou emprisonnés, plusieurs vassaux exilés. L'abbaye dut payer deux cents livres de dommages-intérêts, diverses amendes aux parents des blessés et des morts, et fonder en expiation deux chapellenies, sur la présentation du recteur de l'Université. Et là ne s'arrêtèrent pas les conflits, qui renaissaient au moindre prétexte. Les écoliers avaient peu à peu gagné des recrues parmi les bourgeois, et une campagne commença, dont le but était de faire participer l'abbaye aux contributions levées par le roi sur l'entrée des denrées. Mais une décision du Parlement (1296) arrêta que le territoire de

Saint-Germain-des-Prés n'était pas faubourg, et, ne dépendant pas de la ville, n'avait rien à payer de ces contributions.

Cependant, l'Université continuant ses tentatives d'envahissement, et l'abbaye ses résistances, un nouveau cas donna revanche aux religieux (1403). Un écolier de Rouen coupa la manche et la bourse d'un bon gentilhomme qui écoutait pieusement un prédicateur dans le Pré-aux-Clercs. Le voleur, mis au Châtelet, fut réclamé par l'évêque de Paris, réclamé aussi par l'Official de Saint-Germain pour qu'il fût jugé par la cour de l'abbé. Le Parlement, conformément à cette demande, adjugea le voleur à l'official.

Ce Pré-aux-clercs fut l'occasion de mille querelles entre l'abbaye et l'Université. En 1547; les écoliers, excités par Pierre de la Ramée, principal du collège de Presle, fondirent sur l'abbaye, ouvrirent des brèches dans les murs, ravagèrent l'enclos, arrachant les arbres et les vignes, maltraitant ouvriers et vassaux de l'abbé, puis, vinrent brûler publiquement les ceps de vigne qu'ils rapportaient en triomphe. Ménagés par le Parlement, ils recommencèrent leurs dévastations sur les maisons de l abbaye bâties au petit Pré-aux-clercs (1555).

Le lieutenant-criminel Séguier, dans son rapport d'instruction, se plaignit de la *tolérance* des juges. Mais, en 1557, les écoliers démolirent et brûlèrent les maisons du Pré-aux-Clercs, toujours, attaquèrent les gens de l'abbaye, et résistèrent aux archers dont ils tuèrent le commandant.

Cette fois le Parlement se fâcha, manda le recteur et les chefs de l'Université qui avouèrent, en latin, n'être plus maîtres de leurs écoliers. Le roi fit répondre qu'il allait envoyer contre eux ses hommes d'armes, fit défense aux maîtres, écoliers internes ou externes de toute nation, d'aller au Pré-aux-Clercs, enjoignit aux externes d'entrer, sous dix jours, dans les collèges, aux écoliers étrangers de sortir, sous quinze jours, du royaume, et prit possession du Pré-aux-Clercs, dont, à partir de ce moment, sauf un essai aussitôt puni (1558), la tranquillité ne fut jamais troublée.

Quelques mots sur l'intérieur de l'abbaye, monastère et église, depuis les temps anciens jusqu'à la fin du règne de Louis XIV. Nous parlerons, après, des religieux de Saint-Germain et de leurs œuvres.

Rien de positif à dire du premier édifice, sinon qu'il fut bâti, par Childebert, sur le plan d'une croix. Chilpéric Ier fit élever aux deux côtés de Saint-Vincent et Sainte-Croix, deux oratoires, Saint-Symphorien, chapelle où fut inhumé saint Germain près de son père et de sa mère (576), et Saint-Pierre, où reposa le corps du premier abbé de Saint-Vincent, saint Doctrovée. Il ne reste de l'édifice de Childebert — on le suppose — qu'un débris, la tour de la façade, et un puits, appelé jadis puits de Saint-Germain.

L'édifice de la seconde époque fut bâti, comme le premier, en forme de croix ; il avait trois clochers, un au-dessus du portail, les deux autres de chaque côté de la croisée. Le chœur, dans le rond-point, est entouré de huit chapelles qui furent dédiées, à l'époque où Alexandre III dédia l'église, c'est-à-dire en 1163, presque en même temps que fut dédiée Notre-Dame, par le même pontife.

L'intérieur de l'église est conçu dans le style roman, sauf les morceaux exécutés vers

MAISON ABBATIALE DE SAINT GERMAIN-DES-PRÉS

le commencement du XIIe siècle ; ils participent du style gothique. Il est à regretter que les grands travaux de réparation et d'agrandissement entrepris vers 1650 n'aient pas respecté le caractère général de l'édifice, et qu'on ait cru devoir ajouter, dans les nefs de la croisée, les chapelles qui les encombrent.

Sur le grand autel érigé en 1704, on voyait la châsse magnifique de saint Germain soutenue par deux anges. Elle remplaçait la châsse antique donnée par le roi Eudes, vers 890, pour y renfermer les reliques de saint Germain qui avaient échappé aux

Normands, grâce à la piété des religieux de l'abbaye. La nouvelle châsse, commandée en 1408 par l'abbé Guillaume III, était de vermeil, incrustée de pierreries, et pesait 26 marcs et demi d'or, et 250 d'argent. En 1793, elle fut fondue à la Monnaie.

Les tombeaux de Saint-Germain-des-Prés, du moins ceux qu'on voyait encore en 1715, forment, après Saint-Denis, la plus illustre galerie qui existe de sépultures royales ; jadis y furent inhumés les rois et princes chrétiens de la première race, ceux-là même y étaient apportés qui, morts violemment ou tués à la guerre, n'avaient pas exprimé de volonté à l'égard de leurs funérailles. Toutes ces tombes ont été violées ou détruites, et l'on ne voit plus à Saint-Germain que celles de Childebert, d'Ultrogothe, sa femme, de Chilpéric, de Frédégonde, Clotaire II et sa femme Bertrude. Tous ces tombeaux furent réparés avec soin en 1653, à l'époque où, pour changer la disposition du chœur, on dut en lever le dallage. Ce fut alors qu'on découvrit, dans plusieurs tombeaux entr'ouverts par hasard, des corps enveloppés d'étoffes précieuses, chaussés de bottines, et ceints de baudriers. Dans deux grands cercueils de pierre étaient les corps entiers de Childéric II et de la reine Bihilde, sa femme. Les vestiges de leurs vêtements témoignaient d'une grande magnificence, et comme les ouvriers étaient seuls lorsqu'ils firent cette découverte, on ne douta pas qu'ils n'eussent détourné des ornements précieux par la matière et le travail, mais qui l'eussent été bien plus par ce qu'ils auraient révélé des coutumes et de l'histoire des siècles passés.

On trouva seulement dans le tombeau de Childéric II un petit vase de verre contenant un parfum desséché, mais qui n'était pas absolument sans odeur, les restes de l'épée royale, une ceinture, diverses pièces de monnaie d'argent carrées ; dans le cercueil de la reine, il ne restait que des ossements sous des étoffes, le tout tomba en poussière.

Près des rois, dans ces caveaux antiques, ont reposé : le second fondateur de l'abbaye, Morard, mort en 1014 ; Thomas de Mauléon, abbé, 1247 ; le célèbre architecte de la Sainte-Chapelle, Eudes de Montreuil ou Montereau, mort en 1266. Il avait bâti à Saint-Germain le magnifique réfectoire, un chef-d'œuvre, et la chapelle de la Vierge, sous les dalles de laquelle il fut inhumé ; Guillaume III, dit l'évêque, abbé de Saint-Germain, fameux docteur en théologie, auquel l'abbaye dut la châsse de saint Germain et le retable du grand autel, mort en 1418 ; Jean Grollier, savant protecteur des lettres, mort en 1565, à qui les plus riches bibliothèques du royaume devaient leurs livres les plus précieux ; Marie de Clèves, princesse de Condé, morte en 1574 dans la fleur d'une beauté à peine épanouie, et à la veille peut-être de monter sur le trône de France auprès d'Henri III. Elle avait, sans le savoir, inspiré à ce prince, alors duc d'Anjou, une telle passion qu'il en perdait la raison, faillit mourir de douleur en apprenant sa mort, et ne s'en consola jamais. L'histoire de cet amour, né subitement de circonstances étranges, sorte de magnétisme dont il subit l'influence irrésistible, est racontée par quelques historiens d'un temps où les réalités tenaient parfois du merveilleux. On célébrait, au Louvre, les doubles noces d'Henri de Navarre avec Marguerite de Valois, et du prince de Condé avec Marie de Clèves. On étouffait dans la salle du bal ; Marie de Clèves avait seize ans et venait de s'échauffer à danser. Pour se rafraîchir un moment, elle passa chez la Reine-mère dont une des femmes, la voyant baignée de sueur, la força de prendre du linge frais ; après quoi elle retourna au bal. Un moment ensuite, le duc d'Anjou, fort échauffé aussi d'avoir dansé, entre chez sa mère, rajuste sa coiffure devant un miroir, et pour s'essuyer le visage, prend le premier linge qu'il aperçoit. C'était la batiste encore humide, encore tiède, que venait de quitter Marie de Clèves. Il rentre parmi les danseurs ; assurément il connaissait la jeune princesse et l'avait rencontrée souvent sans faire à elle la moindre attention ; mais ce soir-là, en l'apercevant, il croit la voir pour la première fois. Il est frappé au cœur, sés yeux, fixés sur elle, ne peuvent plus s'en détacher. Il se trouble comme s'il venait de boire un poison, comme si un philtre embrasait ses veines. Cet amour le prit tout entier. Forcé de partir pour la Pologne, où l'attendait un trône, il accusait le sort, ne songeait plus qu'à revenir en France, et se piquait les doigts jusqu'au sang pour écrire à la princesse. Charles IX, son frère, étant mort, il dépêcha un courrier à Marie de Clèves pour lui dire qu'elle allait bientôt régner. Il s'enfuit de Varsovie, comme un transfuge, comptant réaliser son rêve, et faire rompre le mariage de la princesse devenue catholique, tandis que son mari était protestant. Mais tout à coup elle mourut d'un mal inconnu, inexplicable, dont on accusa d'être l'auteur, les uns disent le prince de Condé, les autres la Reine-mère (1574). Son corps fut conduit aux caveaux de Saint-Germain-des-Prés.

Quatre mois après, le cardinal de Bourbon, abbé de Saint-Germain-des-Prés, donnait un grand souper de cérémonie dans sa maison abbatiale. Henri III y fut à peine entré, que des frissons, des palpitations de cœur, le prirent, tellement violentes qu'il en perdit plusieurs fois connaissance, et la crise ne cessa qu'après l'enlèvement momentané du cercueil de la princesse ; cette chère absente l'avait poursuivi jusque-là.

Entre autres morts illustres dont le nom appartient à l'histoire de l'abbaye, rappelons Casimir V, roi de Pologne, qui, recueilli en France après tous ses malheurs et son abdication, fut gratifié par Louis XIV de l'abbaye de Saint-Germain-des-Prés, présent vraiment royal. Casimir mourut à Nevers (16 novembre 1672), léguant son cœur à l'abbaye ; son corps fut transporté à Cracovie.

Un prince landgrave de Furstemberg, abbé de Saint-Germain, mort en 1696. Il y fut inhumé, dans un tombeau ouvrage de Coysevox.

Une foule d'autres noms célèbres sont inscrits au nécrologe de l'antique

TOUR DE NESLE EN FACE DU VIEUX LOUVRE

abbaye, Bourbon, Condé, Verneuil, Douglas, Castellan, de Montfaucon, Boissard, Renaudot, etc., etc.

L'abbaye fut confirmée, par Louis XIV, dans toute la juridiction temporelle sur le bourg et l'enclos, nonobstant diverses oppositions soumises au roi en 1674, et combattues par un mémoire éloquent de Pellisson qui gérait, au nom du roi, l'économat de cette maison. Pellisson exposait à Louis XIV le préjudice matériel et moral dont cette suppression des droits de justice frapperait l'illustre et vénérable abbaye. Il gagna sa cause.

La foire annuelle, qui se tenait dans l'enclos de Saint-Germain et attirait une affluence considérable, remontait au règne de Louis XI. Ce prince en avait accordé l'autorisation à l'abbaye, en compensation des dommages soufferts par celle-ci sous les règnes de Charles VI et Charles VII (1482).

On raconte qu'en 1586, Henri IV, assiégeant Paris, fit sommation au capitaine qui commandait à Saint-Germain-des-Prés, reçut sa soumission, entra dans l'abbaye, et monta au haut du grand clocher pour voir de là sa ville de Paris, qu'il n'avait pas et qui lui manquait si fort. Il redescendit, rêveur, silencieux, évita l'église, fit un tour dans le cloître, et se retira sans avoir dit un mot. Cependant, les soldats qu'il avait amenés pour occuper le monastère dévorèrent toutes les provisions, tant ils avaient faim, et, la nuit venue, en partant, ils emmenèrent deux chevaux des écuries de l'abbé « pour payer, dit Félibien, la bonne chère de l'abbaye. »

Les bâtiments du monastère, vastes et d'un beau style, avaient un grand air de noblesse et de puissante solidité. On y admirait, entre autres beautés, le fameux réfectoire de Eudes de Montreuil : cent quinze pieds de longueur dans œuvre sur trente-deux de largeur ; et quarante-sept pieds et demi d'élévation, d'un superbe gothique, sans aucun pilier au centre.

Le tout se tenant sur des faisceaux de colonnettes filant en nervures, jusqu'aux arcades de la voûte.

La maison abbatiale, résidence des abbés, bâtie, par le cardinal de Bourbon, vers 1568, fut réparée ou plutôt reconstruite par le cardinal abbé de Furstemberg. Édifice simple, vaste, bien à sa place, bien de son époque.

De tant de tombes illustres, celles de nos rois furent transportées à Saint-Denis ; les autres ont disparu dans le tourbillon révolutionnaire. Il ne reste plus aujourd'hui, dans Saint-Germain-des-Prés, que les tombeaux de Casimir V, des Douglas et des Castellan, transférés au musée des Petits-Augustins avant la Terreur, et replacés plus tard dans l'église.

Mais ce que n'ont pu détruire ni la stupidité des révolutions ni la lâcheté des hommes, c'est le souvenir, ce sont les œuvres des bénédictins de Saint-Germain-des-Prés ; citons quelques-uns de leurs noms, ne pouvant les dire tous :

Mabillon, Dubreuil, Hugues Ménard, Michel Germain, Ruinard, d'Achery, Denis de Sainte-Marthe, Lobineau, Montfaucon, Félibien, honneur de la science, de la morale et des lettres.

LA TOUR DE NESLE ET L'HOTEL DE NEVERS

Le mur d'enceinte dont Philippe-Auguste entoura Paris était percé de dix portes, dont six principales, et toutes connues aujourd'hui. Ces murailles, flanquées de tours de distance en distance, offraient une résistance suffisante à cette époque, et chaque porte d'ailleurs était bien fortifiée.

Aux deux extrémités de l'enceinte méridionale, sur les bords de la Seine, se trouvaient deux grosses tours, l'une, de la Tournelle touchant au pont de ce nom et correspondant à la tour de Billy, l'autre nommée, à sa fondation, Tour Philippe Hamelin, et bien autrement célèbre, depuis, sous le nom de Tour de Nesle. A l'ouest de cette tour, s'étendait l'espace considérable occupé par les bâtiments de l'hôtel de Nesle, dont le voisinage presque immédiat fit donner ce nom à la vieille tour et à la porte Hamelin :

Tour de Nesle, Porte de Nesle.

Nous n'avons pas à décrire cet hôtel de Nesle bâti sur le terrain compris entre la rue Dauphine et la rue Mazarine, où sont aujourd'hui le palais de l'Institut et l'Hôtel des Monnaies.

Nous ne pourrions pas non plus, hélas ! rappeler, en les rajeunissant, les légendes dramatiques de cette Tour de Nesle, si poétiquement, si verveusement racontées en plein théâtre, et devenues à ce point populaires, que l'on s'exposerait, en les contestant, à passer pour un malveillant, très ignorant en histoire. L'écrivain, qui lança jadis par le monde ces mystérieuses chroniques, ces sanglantes mais équivoques accusations, Brantôme, est bien plus un poète qu'un historien. Or, comme il s'agit ici de donner la vérité, cuirassée de preuves et de dates, avouons que les festins nocturnes offerts dans la tour par de belles reines scélérates « aux *escholliers* et aux gentilshommes » que l'on faisait, au point du jour, noyer dans la Seine, avouons, à notre grand regret, qu'il ne se trouve, pour étayer ces traditions, aucun témoignage sérieux, et ne grossissons pas le dossier déjà volumineux de Marguerite de Bourgogne. Tenons-nous-en à l'histoire, ce sera trop encore pour l'honneur conjugal de Louis le Hutin. Cette Tour de Nesle survécut à sa

VUE DE LA TOUR DE NESLE

mauvaise réputation, et ne fut démolie que sous Louis XIV, en 1664, pour la construction du collège Mazarin.

L'hôtel de Nesle avait duré moins longtemps : théâtre d'une foule d'événements historiques d'une certaine importance, il eut aussi sa légende d'amour et de sombre poésie. Ce fut là, dit-on, que la duchesse de Nevers, Henriette de Clèves, apporta la

L'HOTEL DE NEVERS

tête de son amant Coconnas, victime, avec La Môle, d'une accusation de magie et de sortilèges soutenue contre eux par la reine Catherine, mère de Charles IX. Ces deux jeunes gens furent décapités en Grève.

Et Henriette, après être allée elle-même, la nuit, chercher la tête de Coconnas au pilori des Halles, chez le bourreau, la rapporta en son hôtel, la fit embaumer, et la garda longtemps dans l'armoire d'un cabinet, derrière son lit.

Une autre duchesse de Clèves, Marie de Gonzague, petite-fille d'Henriette, pleura, dit-on, bien amèrement, dans ce même cabinet de l'hôtel de Nesle, la mort de Cinq-Mars, plus coupable que Coconnas, et décapité comme lui.

Le duc de Nevers avait fait élever sur l'emplacement de l'hôtel de Nesle, à l'endroit où est la Monnaie aujourd'hui, une somptueuse habitation, l'hôtel de Nevers, dont sa veuve, Marie de Gonzague de Clèves, vendit le terrain et les matériaux. On y construisit l'hôtel Guénégaud, puis l'hôtel Conti, devenu plus tard l'hôtel des Monnaies.

Quant à cette vieille tour de Nesle, dressée toute noire sur un fond ouaté de nuages blancs, par un beau clair de lune, et trouée d'un feu rouge qui semblait courir sur les rides de l'eau, il n'est pas surprenant qu'elle ait inspiré les poètes et fait rêver les amoureux.

EMBARCATION ROYALE DE L'ÉPOQUE

L'HOTEL DE CHEVREUSE

Vis-à-vis du couvent des Dominicains réformés, rue Saint-Dominique, Marie de
Rohan, duchesse de Chevreuse, s'était fait construire un hôtel (1645). Fatiguée, dit-on,

HOTEL DE CHEVREUSE

des vicissitudes de sa turbulente existence, cette célèbre ouvrière d'intrigues et de
complots espérait, voulait peut-être, prendre un peu de repos, comme si le calme eût été
compatible avec sa nature.

Elle avait tourmenté son premier mari, Charles d'Albert, duc de Luynes, connétable
de France, favori de Louis XIII, qui ne vécut pas longtemps.

Elle tourmenta Louis XIII et le cardinal de Richelieu qui le lui rendirent avec
usure. Amie d'Anne d'Autriche, et sa confidente plus que son amie, elle soutint cette

princesse dans tous les périls de sa jeunesse orageuse, s'exposant elle-même avec
bonheur par amour du danger; remariée, quatre ans après la mort du connétable,
à Claude de Lorraine, duc de Chevreuse, elle continua ses intrigues, fut exilée par
Richelieu, et tellement exécrée de Louis XIII, qu'en mourant, ce prince, qui rappela
tous les exilés de son règne, n'excepta qu'elle de cette amnistie. On assure que, poursuivie
par les gardes du cardinal, elle traversa la Somme à la nage pour leur échapper et
gagner Calais. Ses deux ennemis, Louis XIII et Richelieu, étant morts, Anne d'Autriche
étant maîtresse enfin dans le royaume, madame de Chevreuse rentra en France.

On eût pu croire que les voyages, les malheurs et l'exil l'avaient calmée et l'âge
aussi, car elle avait quarante-quatre ans, mais non; elle revint plus passionnée que
jamais pour nuire, plus habile que jamais à brouiller tout ce qu'elle touchait. On
eût pu croire, qu'en qualité d'amie de la reine, elle lui rendrait de grands services
dans les complications de la Fronde. Ce fut le contraire. Anne d'Autriche soutenait
Mazarin contre les princes, madame de Chevreuse fit la guerre pour les princes à
Mazarin, oubliant qu'elle avait naguère conspiré avec lui la perte de ces mêmes princes.
Mais la reine plus sage et Mazarin plus fort réduisirent à néant les projets et les menaces
de cette dangereuse personne.

Belle, séduisante, emportée dans ses caprices, elle eut beaucoup d'amants et n'eut
pas d'amis ; pleine d'esprit et de courage, elle ne réussit jamais à faire à ses ennemis
autant de mal qu'elle s'en fit à elle-même. Elle vieillit sans avoir augmenté son crédit,
ni sa fortune, n'étant ni aimée, ni respectée, ni redoutée. Elle, la femme du bruit, elle
mourut obscure à 79 ans (1679), et, ne laissant de son second mariage que trois filles,
elle eut le chagrin de n'en pouvoir marier une seule ; ses biens et le duché de Chevreuse
passèrent aux fils du premier lit. L'hôtel de Chevreuse s'appela hôtel de Luynes, et
n'était connu que sous ce nom en 1702.

LE COLLÉGE DES QUATRE-NATIONS. — LE TOMBEAU DE MAZARIN

Richelieu avait refait la Sorbonne, Mazarin se piqua d'honneur et fonda aussi son
collège, destiné à l'éducation de soixante gentilshommes de Pignerol et de l'État
ecclésiastique (Italiens), de l'Alsace, de la Flandre et du Roussillon : Collège des Quatre-
Nations. Il dota très généreusement cette institution, la recommanda par son testament
à la protection de Louis XIV, et désigna, pour ses exécuteurs testamentaires, le
président de Lamoignon, Fouquet, Michel Le Tellier, l'évêque de Fréjus et Colbert.

LE COLLÈGE DES QUATRE-NATIONS. — AUJOURD'HUI L'INSTITUT

L'édifice fut établi sur l'emplacement occupé, entre la Seine et la porte Bussy, par le célèbre hôtel de Nesle, devenu, comme on vient de le voir, hôtel de Nevers, puis Guénégaud, puis Conti. D'Orbay, l'un des architectes chargés d'en dresser les plans, fit en sorte d'en accommoder l'aspect avec celui du Louvre, bâti par lui sur l'autre rive. On sait que la façade principale, quai Conti, est formée d'un hémicycle, ayant au

centre un avant-corps d'ordonnance corinthienne, et deux ailes dont la courbe vient rejoindre en avant, sur le quai, deux forts pavillons quadrangulaires. Sur l'avant-corps, le portail de l'Église est surmonté d'un dôme circulaire ayant au sommet son lanternin et une croix.

Je ne crois pas utile de poursuivre la description d'un édifice connu de tout Paris et du monde entier, moins sans doute à cause de sa noble architecture que des illustrations, en tout genre, qui ont eu et lui ont fait l'honneur de siéger sous sa coupole. Je pense que Mazarin, homme de goût, s'il voyait aujourd'hui par qui est habité son collège, se trouverait payé au centuple du présent qu'il a fait aux Lettres.

Il a voulu reposer dans son palais Mazarin comme Richelieu dans sa Sorbonne, et son corps demeura au château de Vincennes où il était mort (1661), jusqu'en l'année 1664, qu'on le transporta dans la chapelle Mazarine. Là s'éleva son tombeau sculpté par Coysevox. La statue de Mazarin, en marbre blanc, est agenouillée sur un sarcophage de marbre noir, au pied duquel sont assises trois figures de femme, symbolisant des Vertus. Près de Mazarin, un génie, allégorique aussi, maintient un faisceau prêt à se délier. Composition et travail dignes en tout point du grand artiste qui a signé l'œuvre.

Le collège Mazarin conserva sa destination jusqu'à la Révolution. Un décret impérial (1806) affecta ce palais aux séances de l'Institut. Elles ont lieu dans l'ancienne chapelle où reposa Mazarin.

NOTRE-DAME-DES-CHAMPS

Église antique, dont on peut faire remonter la fondation au temps des rois de la seconde race. Elle aurait été bâtie sur l'emplacement d'un ancien oratoire de Saint-Michel, dont on retrouva une statue, à cet endroit même, au commencement du xvii⁰ siècle. Jusque-là, l'église et l'enclos de Notre-Dame-des-Champs étaient occupés par les religieux du monastère de Marmoutier, près de Tours, et formaient une dépendance de ce monastère ; mais, à cette époque, l'ordre des Carmélites (elles s'appelaient d'abord Carmelines), réformé par sainte Thérèse, avait produit de tels résultats et opéré de si éclatantes conversions, que les Carmélites d'Espagne édifiaient tous les ordres religieux et tous les fidèles ; les Carmélites, si l'on veut nous permettre ce mot mondain, étaient à la mode. Quelques personnes pieuses eurent l'idée de faire venir d'Espagne des religieuses Carmélites, et la princesse Catherine d'Orléans de Longueville, cherchant pour celles-ci un établissement, obtint du cardinal de Joyeuse, abbé de Marmoutier, qu'il cédât aux Carmélites le prieuré de Notre-Dame-des-Champs. Ce ne fut pas sans de grandes difficultés dont le zèle de la protectrice triompha. Les bâtiments de Notre-Dame-des-Champs furent disposés pour leur nouvelle destination. La princesse dota le couvent d'une rente suffisante, et le pape Clément XIII approuva, l'an 1603, la formation, en France, d'un ordre entier de Carmélites, dont la maison de Paris devait être le chef-lieu.

ANTOINE COYZEVOX
Natif de Lion, Sculpteur ordinaire du Roy, ancien
Directeur et Recteur en son, Academie Royale.

Cette congrégation apporta en France et y entretint toutes les pratiques d'une saine doctrine, toutes les sévérités d'une règle et d'une discipline inflexibles, et l'ordre des Carmélites se répandit si rapidement dans le royaume que, vers la fin du xviiie siècle, on y en comptait soixante-deux maisons.

L'une de ces religieuses, illustre par ses malheurs et sa faiblesse trop cruellement expiée, Louise de La Baume Le Blanc, duchesse de La Vallière, entra aux Carmélites de Notre-Dame-des-Champs en 1676. Elle s'arrachait au monde, aux grandeurs, à l'amour.

Elle apportait à Dieu son cœur déchiré par l'inconstance de l'amant qu'elle avait aimé plus que tout, sans réfléchir qu'il était homme et qu'il était roi. C'était Louis qu'elle aimait et non Louis XIV, et un cœur comme le sien ne pouvait se donner qu'une fois. Jamais elle n'avait usé de son pouvoir que pour faire le bien, jamais elle n'avait offensé personne ; elle s'était toujours sacrifiée. Aussi, nul ne la méprisa lorsqu'elle était la maîtresse du roi ; et tout le monde la plaignit et l'admira lorsqu'elle se fut faite la servante de Dieu. Le roi et ses infidélités cruelles, la Montespan et ses triomphes insolents, elle avait tout enduré sans une plainte, espérant tout bas en mourir, et lorsqu'aux

Carmélites, jeûnant, se mortifiant, priant à nu-genoux, semant de la cendre sur ses aliments, voulant oublier ses douleurs d'autrefois à force de se créer de nouvelles tortures, lorsque témoins de cette longue agonie, ses amis lui reprochaient de trop souffrir : — Ah ! disait la douce victime, quand je crois avoir de la peine ici, je me souviens de ce que ces gens-là m'ont fait souffrir, et alors je ne souffre plus. » Elle mourut enfin, dans Notre-Dame-des-Champs, après trente-six ans de pénitence, et la

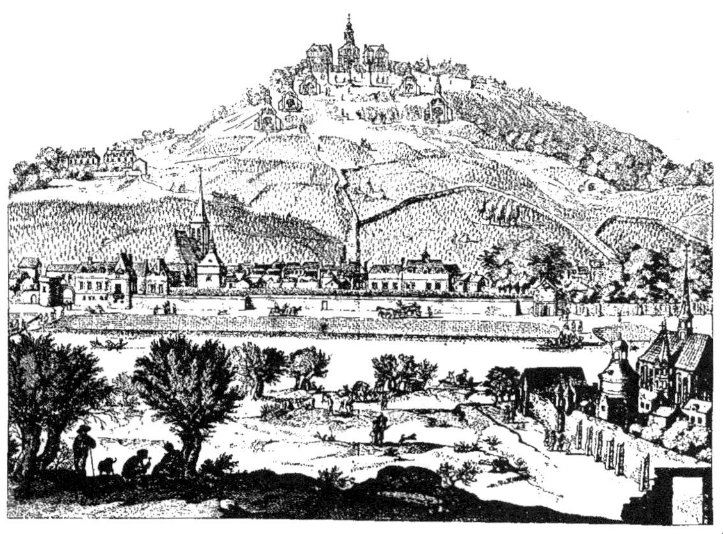

Montespan, disgraciée à son tour, étant venue cacher aux Carmélites la blessure, non de son cœur, mais de son orgueil, elle y trouva la sœur Louise de la Miséricorde, son pardon, son sourire et son exemple.

Quel siècle ! quelles âmes, quels cœurs !

Dans l'église de Notre-Dame-des-Champs furent inhumés le duc et la duchesse de Montausier, 1690-1691 : le fameux docteur Hecquet, médecin d'abord à Port-Royal-des-Champs, puis doyen de la faculté de Paris, et médecin de Notre-Dame-des-Champs

où il mourut après dix ans de retraite et d'abstinence ; l'historiographe Varillas, écrivain
d'une valeur contestable, mais honnête homme qui mourut pauvre, ayant refusé d'écrire,
à de riches conditions, une histoire de la Hollande, ennemie de la France ; enfin, le cœur
du grand Turenne et celui de la princesse de Conti, Anne Martinozzi.

En 1790, les Carmélites, église, couvent, furent démolis ; on vendit les bâtiments.

LE PALAIS DES THERMES

Le *Palais de Julien*, dit-on. S'il ne l'a pas fondé, Julien l'a du moins habité et
lui a laissé son nom, comme Valérien laissa le sien à la colline célèbre qui fut appelée,
Calvaire, puis *Mont Valérien*, hors Paris. C'est la plus ancienne ruine que possède Paris.
La construction de ses bains remonte au iii⁰ siècle. Une suite innombrable d'empereurs
et de rois en ont fait leur résidence : Julien y fut proclamé empereur par ses soldats;
Valentinien l'habita ; Gratien y faisait battre ses cent lions contre des ours. Maxime,
Childéric, Clovis n'eurent pas, à Paris, d'autre séjour. Childebert, Ultrogothe, sa femme,

s'y promenaient dans ses beaux jardins. Les Normands Rollon, Ragenaire s'y reposèrent, abrités par les immenses murailles et les dédales mystérieux de ce prodigieux Palais de *la montagne*. Lorsqu'en 1218, Philippe-Auguste le divisait en deux parties, pour bâtir son enceinte, 800 ans après sa fondation, les poètes l'appelaient encore la *Maison des Rois* (*Domus aula Regum*). Saint Louis ayant voulu installer la Sorbonne, acheta, dans ce but, des maisons devant le *Palais des Thermes*. On en suit pas à pas, obscurément, mais sûrement, les traces dans l'histoire. Enfin ces ruines, encore solides et importantes, furent vendues vers 1340 à Pierre de Chalus, abbé de Cluny, par l'évêque de Bayeux qui le tenait de Jean de Courtenay, premier du nom.

Il en restait, sous Louis XIV, un fragment magnifique : une salle immense située au fond d'une vieille maison de la rue de La Harpe. La voûte de cette salle atteignait à la hauteur des maisons voisines, et les murs en étaient enduits de stuc de quatre à cinq pouces d'épaisseur. Quel rôle a joué cette salle dans l'antique palais? Ce n'est plus désormais qu'on pourra le savoir. Et pourtant, aujourd'hui, grâce aux curieuses reconstructions qu'en a faites l'archéologie, cette ruine majestueuse, squelette galvanisé, occupe encore sa place parmi les monuments vivants de Paris.

HOTEL DES INVALIDES

Henri III eut l'honneur de songer le premier à protéger la vieillesse des soldats et des officiers français contre la misère et l'oubli. Il fonda (1575), rue de l'Ourcine, une maison *royale et hospitalière pour les officiers et les soldats infirmes*. Il leur conféra un ordre de Chevalerie dont l'insigne était : une croix nacrée, portée sur la poitrine avec cette devise : *Pour avoir bien servi;* l'ordre s'appelait : Ordre de la charité chrétienne.

Henri IV poursuivit l'œuvre en la complétant. Il dota la maison, l'agrandit et s'en déclara le protecteur. Mais Louis XIII transporta l'établissement à Bicêtre, où ces pauvres soldats, mal logés, mal nourris, mal entretenus, eux à qui Henri, et par suite Louis XIII devaient leur couronne, ces vieux débris de la milice française ne trouvèrent bientôt plus d'autre asile que des couvents d'hommes, où, mal accueillis, ils moururent malheureux.

Si Louis XIV n'a pas en entier la gloire d'avoir créé cette belle institution, l'on ne peut lui refuser d'en avoir réalisé les vues avec une grandeur, une générosité, une délicatesse de cœur incomparables. Il a placé les vieux soldats invalides de France, chez eux, dans le plus magnifique des palais, avec toutes les conditions d'une vie

large, douce et heureuse qu'ils doivent à la seule Patrie pour laquelle ils versèrent
leur sang.

En 1660, un arrêt du Conseil d'État, fixa les fonds nécessaires à la création de
l'hôtel et désigna l'emplacement; Louis XIV accepta les plans; on commença les travaux,
et dix ans après (1670), le roi posa la première pierre. Quatre ans suffirent, non pour

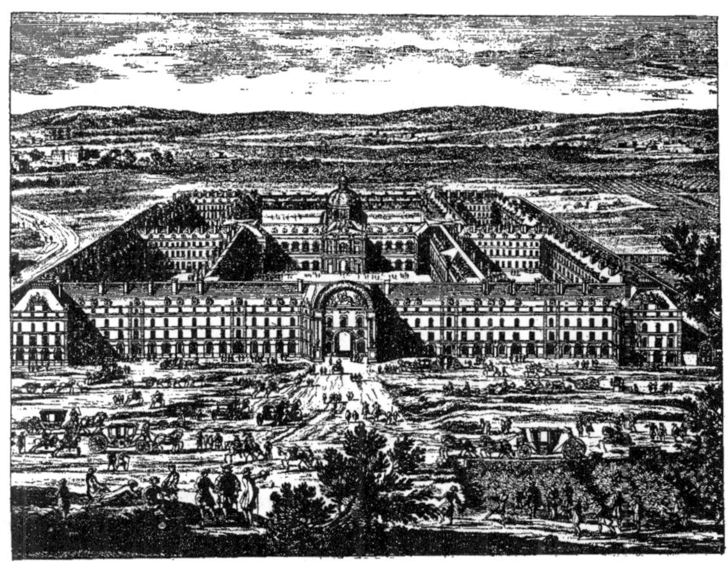

LES INVALIDES. — VUE GÉNÉRALE

achever, mais pour monter l'édifice qui se déploya, au nord-est de la plaine de
Grenelle, dans sa majesté et sa magnificence. L'église ne fut commencée qu'en 1675, les
travaux durèrent trente ans; le détail complet de son ornementation n'était pas achevé
à la mort de Louis XIV.

Mais l'hôtel des Invalides était déjà en plein fonctionnement de son service. Dès
1674, les bâtiments reçurent un certain nombre d'officiers et de soldats Toutefois, ce
fonctionnement ne fut complet qu'en 1704.

La façade de l'hôtel regarde le nord. Elle se développe sur un front de 200 toises ; quatre étages en hauteur ; elle a cent trente fenêtres. La statue équestre de Louis XIV surmonte la porte d'entrée principale. Au-delà, une cour d'honneur (royale ou impériale ou nationale), de 390 pieds de long sur 192 de large, entourée de quatre corps de logis portés sur un double rang d'arcades formant galeries. Au centre de chacun de ces bâtiments, un corps avancé avec fronton à droite et à gauche de cette cour : quatre

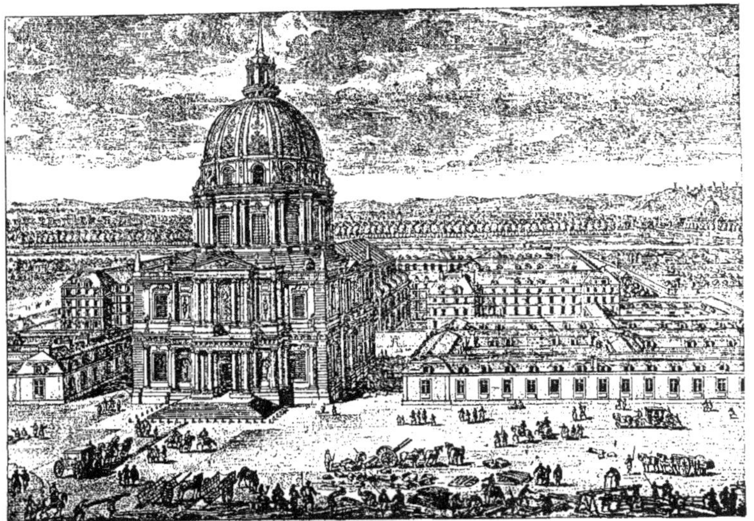

ÉGLISE DES INVALIDES

réfectoires, dont les murs représentent, peints à fresque, les principaux sièges, combats et grands événements militaires du temps de Louis XIV. Dans les deux autres bâtiments, les dortoirs, les logements des officiers supérieurs, regardant la plaine de Grenelle. L'un des grands salons de l'hôtel expose les portraits des maréchaux de France morts.

Du côté de Grenelle aussi, sont logés : la manutention, l'infirmerie, la lingerie et les magasins de l'hôtel. Il y a deux cuisines. On passe de cette grande cour par des galeries latérales dans six autres cours, ayant chacune sa destination particulière.

NICOLAS COUSTOU.

Rien de plus grandiose ne s'était vu jusqu'alors en France. Rien de plus soigné, de mieux approprié à tous les services. Jamais on ne vit, avec une administration plus exacte et plus économe, autant de libéralité, de prévoyance délicate et de magni-ficence.

La belle église des Invalides est l'un des plus splendides monuments que Paris possède. François Mansard s'y est surpassé en goût et en richesse d'imagination.

LES INVALIDES. — REFECTOIRE

Le dôme a 300 pieds de diamètre, c'est-à-dire 900 pieds de circonférence à la base. Il s'élève au-dessus de Paris à 223 pieds. Couvert jadis de lames dorées, il rayonnait sur la ville comme un phare d'honneur, il attirait la vue de quatre lieues, et proclamait du haut des airs la gloire militaire des Français. Il semblait dire à tous : « Regardez-moi. J'abrite, dans mes vastes flancs, les héros et leurs trophées. J'ai saint Louis et Charlemagne, taillés pour moi dans le marbre par Coysevox et Coustou. J'ai attaché à mes lambris neuf cent soixante drapeaux et étendards enlevés à l'ennemi. Mes parois furent peintes par Louis Boullongne, Jouvenet, Coypel et Charles Lafosse. Dans mes caveaux dorment Turenne et Vauban, dignes de recevoir, et qui recevront peut-être un nouveau Charlemagne !

« Et, tout autour de moi, sur le sol que j'honore de mes grandeurs, dans mes jardins, parmi la verdure et les fleurs, vont, viennent, se reposent et vivent joyeux, comme les abeilles autour d'une ruche immense, mes vieux soldats mutilés que réchauffe le soleil de Dieu, et qui, voyant en haut l'or de mon dôme, en bas le bronze de mes canons, sentent revivre en eux la jeunesse, la vaillance, l'héroïsme que je représente et que je consacre à l'immortalité ! »

De 1715 à nos jours, la France a beaucoup travaillé pour la gloire des Invalides, et, depuis un siècle et demi, l'hôtel fondé par Louis XIV n'a jamais chômé, de *Te Deum* pour son église, de victoires pour ses écussons, de drapeaux ennemis pour ses voûtes. ni de héros pour ses galeries. Rien ne lui a manqué, pas même ce grand Empereur d'Occident, le nouveau Charlemagne, hôte à jamais illustre de son caveau royal.

J'ai dit, quant au siècle de Louis XIV. Achevez le reste de l'histoire des Invalides, Français qui vous souvenez, Parisiens qui passez.

Ce quartier de Saint-Germain-des-Prés renfermait en outre :

2 abbayes et cours abbatiales : de Saint-Germain-des-Prés, rue du Colombier; de Panthemont, congrégation de Cîteaux, rue de Grenelle; 3 abreuvoirs pour les chevaux : quai des Augustins; quai de Malaquais; quai d'Orsay, à la Grenouillère; 1 bac au bas des Invalides pour passer au Cours-la-Reine; 1 bailliage seigneurial : de l'abbaye Saint-Germain-des-Prés, rue Cardinal; bateaux pour lessive, du Pont-Neuf au quai d'Orsay; 8 barrières pour la sûreté des droits du domaine : quai d'Orsay; du Pré-aux-Clercs; de Saint-Dominique; de Grenelle; des Récolètes; de Varanne; des Brodeurs; de la Traverse; 1 bibliothèque : du collège des Quatre-Nations, ouverte lundis, jeudis; 5 boucheries; bornes entre l'abbaye Sainte-Geneviève et celle de Saint-Germain-des-Prés; 1 carrefour : de Saint-Benoît, où aboutissent les rues de Taranne, de Sainte-Marguerite, de Saint-Benoît et de l'Égout; 1 chapelle : de Sainte-Reine, rue de la Chaise; 1 château de Grenelle, ancien hôtel de Craon, plaine de Grenelle; 2 cimetières : rue de Grenelle, rue des Saints-Pères; 1 collège : des Quatre-Nations, quai Conti; 2 communautés de filles : de Sainte-Aure au bout de la rue de Grenelle; des Filles Saint-Joseph, rue Saint-Dominique; 3 couvents, hommes : des Augustins réformés, rue des Petits-Augustins; des Jacobins (noviciat),

rue Saint-Dominique; des Théatins, dit Sainte-Anne-la-Royale, quai des Théatins,
4 couvents (filles) : de Belle-Chasse dit du Sépulcre, rue Saint-Dominique; Carmélites,
rue de Grenelle; Petites-Cordelières, id.; des Récolètes, rue du Barcq (Bac); de la
Visitation Sainte-Marie, id.; 3 corps-de-gardes françaises : rue de Grenelle; rue Sainte-
Marguerite; rue du Sépulcre; 1 demeure pour artisans privilégiés : cour Saint-Germain-
des-Prés; rue de Furstemberg; Cardinal et Abbatiale; 4 égouts; 1 fontaine publique,
rue Taranne; 1 gibet : de la justice abbatiale au milieu de la plaine de Grenelle; le
Gros-Caillou est une habitation de jardiniers et maraîchers (*sic*), où est aussi la boucherie
des Invalides, au bas des Invalides, bord de l'eau; 9 hôtels considérables : d'Auvergne,
rue de l'Université; de Conti, quai Conti; de Lauzun, quai Malaquais; de Liancourt,
rue de Seine; de Luynes, rue Saint-Dominique; de Mailly, quai Malaquais; des Mousquetaires, rue de Beaune et de Barcq (du Bac); de Richelieu, rue de l'Université; de
Villars, rue de Grenelle et autres inscrits au plan; 4 hôpitaux : de la Charité, rues des
Saints-Pères et Taranne; des Convalescents de la Charité, rue du Bac; des Enfants
teigneux, rue de la Chaise; des Invalides, rue de Grenelle et Taranne : 1 île du Mast
ou des Cygnes, au bout du Pré-aux-Clercs; 1 marché public : de Sainte-Marguerite,
pain les mercredis et samedis; vivres tous les jours, il y a un puits au milieu de la
place; 1 palais abbatial, de Saint-Germain-des-Prés; 4 places publiques : du Palais-Abba-
tial; du Marché-Sainte-Marguerite; de Saint-Benoît; de la Cour-de-l'Église-Abbatiale;
1 plaine de Grenelle, où est la maison seigneuriale de cette place qui a haute, moyenne
et basse justice, relevant de l'abbaye de Sainte-Geneviève, où l'on célèbre tous les
dimanches et fêtes la sainte messe, et où se font les revues et l'exercice du régiment
des gardes françaises; 1 pont : Royal ou des Tuileries; 2 ports : de Malaquais, où se vend
le bois neuf à brûler; d'Orsay, où se décharge le bois flotté; le Pré-aux-Clercs : s'étend
depuis l'île aux Cygnes jusqu'au quai d'Orsay, sur le bord de la rivière; 1 prison de
l'abbaye Saint-Germain-des-Prés, rue Sainte-Marguerite; 4 quais : de Conti, de la rue
Dauphine au coin de la rue de Seine; de Malaquais, de la rue de Seine à celle des
Saints-Pères; des Théatins, de la rue des Saints-Pères à la rue du Bac; d'Orsay, de la
rue du Bac au Pré-aux-Clercs; 1 séminaire des Missions étrangères, rue de Barcq (du
Bac); 52 rues et 2 culs-de-sac; 1215 maisons; 393 lanternes; voirie sur le chemin de
Vaugirard, vers Notre-Dame-de-Liesse; 3 arpents 1/2 acquis par MM. les directeurs de
ce quartier la somme de 4,500 livres.

FIN

TABLE DES MATIÈRES

www.ingramcontent.com/pod-product-compliance
Lightning Source LLC
LaVergne TN
LVHW050257060726
842525LV00002B/320